Rat Za Boga I Bosnu

"Volio bih da je to bio samo ružan san"

Author

Bajram Angelo Koljenovic

IZDAVAC :

AHB
American honor books
www.americanhonorbooks.com

Las Vegas NV

Koljenovic

Rat Za Boga i Bosnu

Zadržana sva prava

Ni jedan dio ove knjige ne smije se reproducirati ili prenositi u bilo kojem obliku ili na bilo koji nacin, graficki, elektronicki ili mehanicki, ukljucujuci i fotokopiranje, snimanje, prekucavanje ili putem bilo kojeg informaciono-pretraživackog sistema za pohranu podataka, bez pisanog odobrenja izdavaca.

Copyright ©2017 by
Bajram Angelo Koljenovic

ISBN 978-0-9791164-4-5

American Honor Books
www.americanhonorbooks.com
Las Vegas NV 89107

Rat Za Boga I Bosnu

Rat Za Boga i Bosnu

Autor: Bajram Angelo Koljenovic
Urednik:Halim Shaoyang Koljenovic
i Nadira Medina Koljenovic
Las Vegas NV- U,S

Prevod sa engleskog: Majo Dizdar
Bosnia & Hercegovina Sarajevo

Koljenovic

Rat Za Boga i Bosnu

Likovno rješenje naslovnice:
Halim Shaoyang Koljenovic
i Nadira Medina Koljenovic

Lektor i editor: Majo Dizdar

Copyright ©2017 by
Bajram Angelo Koljenovic

ISBN 978-0-9791164-4-5

American Honor Books
www.americanhonorbooks.com
Las Vegas NV 89107

Rat Za Boga I Bosnu

ZAHVALJUJEM:

Mojim roditeljima,
majci Nuriji i ocu Halimu
na životu koji su mi podarili.
Mojoj supruzi Man Kiu,
mome sinu Nilu,
našoj ljubljenoj k c eri Nadiri
i mome mladem sinu Halimu Shaoyangu.

POSEBNO SAM ZAHVALAN:
Maji Dizaru,
Dr,Islamskih Nauka Bayramu Mulic
Jamesu Nathanu Postu,
Maxu Hamiltonu,
Adnan Rudanovic
za prijateljstvo,
zbog kojega sam bogatiji covjek u srcu.

Dizajn za englesko izdanje The Unholy war, Nadira i Halim Koljenovic, Hajrudin Lule Mekic

Koljenovic

BAJRAM ANGELO KOLJENOVIC

SADRŽAJ

Zahvalnica	5
Predgovor	7
Angelova baština	8
Posveta	13
I Moje srce u ramu slike	17
II Kršcanstvo i islam	77
III Mostovi razumijevanja. Ili mostovi za nigdje..	114
IV Rodendansko slavlje	127
V Kratka uputa u islam	145
VI Nije lako biti Jevrej	165
VII Nije to sve o Bliskom istoku	223
VIII Još uvijek bosanski Amerikanac	245
IX Gradanin-ambasador	261
X Pariška mirovna konferencija	276
XI Historijske veze prošlosti i sadašnjosti	294
XII Pedrin – familija od utjecaja	321
XIII Agent Angelo i prijatelji	327
XIV Mate Boban i ministar Ramljak	355
XV Islamska Bomba	397
XVI Najokrutniji udarac	414
XVII Poziv na pravednost	425

Rat Za Boga I Bosnu

Ponizno sam zamolio moga dobrog prijatelja i moga koautora u nastanku romana „Krv Crne Gore", Jamesa Nathana Posta, da napiše predgovor za ovu knjigu, jer ga smatram covjekom kojega krasi duboko razumijevanje i ljubav prema ljudima i Bogu, kao i istinski patriotizam prema svojoj domovini.

PREDGOVOR

Danas se covjecanstvo suocava sa najvecom krizom u svojoj povijesti, u kojoj se riskiraju životi miliona ljudi, kao i trajno uništenje velikih gradova, što bi planetu Zemlju ucinilo neuvjetnim prostorom za život tokom hiljada buducih godina.

Kad se ljudske kulture pocnu ponašati kao zarobljenice zajednickog religijskog tijela, rezultat je pojava jedne velike svjetske zvijeri, koja posjeduje ogromnu moc i može pociniti strašno uništenje.

Bezbožni rat koji namjerava razoriti Svijet izgleda mi kao Hidra, zmaj s tri glave. Glave su ljudožderi i one ratuju bez prekida, pri cemu svaka glava pokušava ostati jedina. Kad odgrizu jednu, preostale dvije rastu. Na jednom vratu stoji zajednicka pravoslavna, katolicka, protestantska i mormonska glava, sa religijama koje su uvijek ratovale sa drugima, ali i medusobom. Na drugom je vratu šiitsko, sunitska i vehabijska glava, i tako redom.

Ogroman problem za sve nas je u tome što svaki od tih zmajeva posjeduje ogromnu moc da naškodi jedan drugome i da se usmrti cijela zvijer, sa svim njenim glavama. Govorim o ljudima koji pokrecu tijelo tih velikih zaracenih vjerskih zvijeri, ali i o nama

Koljenovic

ostalima koji nismo pristali na doslovno prihvatanje bilo koje od verzija mitološke price o Abrahamu i njegove cudotvorne, ali gnjevne slike Božije.

Angelo Koljenovic je roden u Crnoj Gori, na podrucju nekadašnje velike ilirske kraljevine smještene uz Jadransko more i Jadransko zalede, kasnije nastanjene Slavenima. Odrastao je u ilirsko-bošnjackom naslijedu, u orijentalno-osmanskoj tradiciji, u tada manjinskoj muslimanskoj zajednici. Odavno je, po vlastitom izboru, strastveno domoljubni americki državljanin i gradanin.

Zbog svega toga to je covjek koji je u poziciji da ima širok pogled na vjerski, kulturni, povijesni i politicki znacaj sukoba izmedu radikalnih predstavnika razlicitih vjerskih skupina.

Ova knjiga ima namjeru izraziti videnje autora kako pomoci ljudima svih vjerovanja da prepoznaju ono što im je zajednicko, da ih se uputi na vrijednosti koje su im svima zajednicke i najvrjednije, na zajednicki korijen i jednoga Boga prije svega. Možda bi tako svi oni mogli prepoznati da je jedini nacin da se pobijedi u ratu – izbjeci rat!

James Nathan Post
Albuquerque 2016

Rat Za Boga I Bosnu

PREDGOVOR

Prevod iz Engleskog

Rijetki su akcioni romani u kojima možete ocekivati i nešto više od uzbudljive radnje, koja ce vas držati prikovane uz knjigu od njene prve do posljednje stranice. Osim što ima taj kvalitet, ova knjiga posjeduje i druge kvalitete, dokumentaristicke prirode prije svega, pri cemu se autor bavi historijom ljudskog roda i ratovima koje on neprestano vodi od predantickih i antickih do današnjih dana i vremena, nerijetko u ime religije, sa razlicitim simbolima jednog te istog Boga na svojim zastavama.

Autor se posebno pažljivo bavi uzrocima i posljedicama bliskoisticnih kriza i arapsko-izraelskim sukobom, dakle prostorom koji je bio i fizicko i duhovno ishodište tri najvece monoteisticke religije, pri cemu veoma precizno definira i fenomenom terorizma. On svoju uzbudljivu pricu završava sa zakulisnim, špijunskim i drugim igrama koje su vodene u pozadini ratnih sukoba u Jugoslaviji 1991-1999, u kojima i sam ucestvuje, i to kao savjetnik tajnih službi svoje nove domovine, Sjedinjenih Americkih Država. Usprkos tome što se najveci dio knjige bavi ratovima i ratovanjem, ovo je u suštini duboko pacifisticko štivo, koje poziva na pomirenje zavadenih naroda i religija...

Nadira Koljenovic,
Las Vegas NV 2016

Koljenovic

Rat Za Boga I Bosnu

BAJRAM ANGELO KOLJENOVIC
AUTHOR
www.americanhonorbooks.com

Las Vegas NV

Rat Za Boga I Bosnu

Halim Koljenovic, potomak ugledne ilirske loze, iskreni komunist koji je želio jedino služiti svome narodu, snažan lider u porodici i zajednici, inspiracija moga života, moj otac...

Koljenovic

U znak sjecanja na moga oca Halim Koljenovica i njegove saborce:

Halim Koljenovic bio je kadet granicar u Ulcinju, gdje se rijeka Bojana ulijeva u Jadransko more. Tu se njegov otac ranije borio protiv vojski crnogorskog kralja Nikole i kralja Srbije Aleksandra. Moj se otac pridružio Titovoj komunistickoj revoluciji u nadi da ce i sam doprinijeti da se njegov narod spasi od srpskog uništenja, ali je Srbija uništila i njega i njegove snove.

Šemso Ferovic (Shemsë Ferri)

Šemso Ferovic, je proganjan od Aleksandra Srbije pa i komunizna kao jedan od najvecih neprijatelja te Proklete Jugoslavije.

Rat Za Boga I Bosnu

Šemso Ferovic, je volio svoj narod i ostao je vjeran Bošnjacima.

U spomen na prijatelje i saborce moga oca od Perioda1936 do 1941. do 1948., te od 1951. do 1962. godine, kada je otac bio zatvoren u komunistickom logoru na Golom Otoku, gdje su neki umrli, neki nakon logora prognani iz Jugoslavije, dok su neki na kraju živjeli dobro. Medu takvima bili su Milovan Đilas, Mazo Bajramov, Reko Maljov, Braha Galjov, Šemso Ferovic, Abo Mušov, Avdo Fekin, Hamdija Ferovic, Iso Deljanin, Vojo Novovic, Mileta Veskovic, Redo Bajrušov, Aljo Hot, Beco Bašic, Halil Vukelj Đeljinaj, Šefik Omanovic, Braho Mrkulic, Mustafa Memic i Becir Maljoku Đakova.

POSVETA

Ova knjiga posvecena je bosnjackim sinovima, borcima ljiljanima, koji su golim rukama branili svoj narod, kao i vojnim snagama Sjedinjenih Americkih Država koje su štitile i štite veliki americki narod od svakog zla. Neka Bog blagoslovi svakog od vas ko je nosio ili i danas nosi vojnu odoru ove velike nacije.

Bajram Angelo Koljenovic

Koljenovic

Ovi su ljudi upravo ovjerili srpski genocid koji je trebao istrijebiti bošnjacko stanovništvo Bosne i Hercegovine

Rat Za Boga I Bosnu

Kralj Nikola

Džafer-paša Koljenovic (1830 – 1877)
    U njemu je narastao duh buntovnika pa i avanturiste i zacinjala se ideja da se ne pusti kao lada bez kormila niz ustalasane vode života, vec da postigne nešto vece i znacajnije malo se zna o Dzafer Pasi.

Koljenovic

Moja majka i ja

Rat Za Boga I Bosnu

I

Jedan korijen, jedan Bog

MOJE SRCE U RAMU SLIKE

Bilo je to jedno od onih prekrasnih jutara u kojima nam je Sunrise Mountain pružala blagoslov pogleda na njene velicanstvene vrhove i lukove, a sunce nam preko njenih visova podarivalo svanuce novoga dana. Bio je to još jedan od onih prelijepih dana koje sam uživao u mome Las Vegasu.

Cuo sam kucanje na vratima moje spavace sobe i odmah zatim glas Anne Marie koja me je budila: "Dobro jutro Angelo."

Uspio sam ispuziti iz kreveta i otvoriti vrata: "Dobro jutro Anna Marie... Tako je rano... ."

Slegnuvši ramenima stidljivo je pokazivala rukom prema prednjem ulazu i rekla: "Neki je covjek na vratima. Pita za vas. Kaže da je vaš prijatelj."

Bio je to moj prijatelj Ari Dorelly, direktor Kazina Stardust hotela.

"Hvala ti Anna Marie. Pusti ga neka ude."

Ari mi je prilazio s osmijehom na licu.

"Žao mi je, prespavao sam", rekao sam.

"U redu je Angelo, stici cemo na vrijeme."

Klimnuo sam glavom prijatelju koji je došao da me odveze na aerodrom.

"Daj mi nekoliko minuta da se spremim, Ari", rekao sam.

Koljenovic

„Da spremim kafu?", pitala je Anna Marie preko Arijevih leda.

„Naravno, bit cemo ti zahvalni!"

Kao i uvijek, Anna Mari je bila raspoložena da pomogne. Bila je nesebican prijatelj. I lijepa kao boginja Venera. Ucas je nestala i sa kafama stigla baš kad smo krenuli da izademo. Tako smo mogli uživati u toploj kafi dok smo hitali ka aerodromu.

Cinilo mi se da sam od mjesnog lasvegaškog aerodroma Howard Hughes do Mexico Cityja stigao u tren oka, medutim tamo je vec padala noc. U pratnji Gustava Corala, drugog covjeka zakonodavne vlasti Duranga, Amadora Lozana i Davida Castilla, komandanta Mexicali Baja Californije, stigli smo do stare rezidencije Maksimilijana, jedinog cara Meksika, nedavno preimenovane u Hotel Howard Johnson Plaza, koji se nalazi na Trgu revolucije preko puta predsjednicke palate.

U Mexico Cityju sam bio gost mladih senatora, Lozana i Gustava, dvojca koji je bio iznimno rapsoložen da mi pomogne. Oni su živjeli u istoj cetvrti u kojoj je kratko boravio Ferdinand Maximilian Joseph prije nego što je 1864. okrunjen za cara Meksika. Prije odlaska u Meksiko Maksimilijan je bio na dužnosti vrhovnog komandanta Austro-Ugarske mornarice, noseci titule vicekralja Venecijansko-Lombardskog kraljevstva, te vojvode od Austrije. Na kraju je pogubljen po naredbi republikanskog predsjednika Benita Juareza 1867. godine.

Da kažem nekoliko rijeci o mojim domacinima. Amador Lozano je imao uspješnu karijeru i nekoliko godina nakon dogadaja koje ovdje opisujem, bio je izabran za predsjednika gornjeg doma u saveznoj vladi Meksika. Bio je glasnogovornik za vrijeme mandata predsjednika Salinasa, a zatim još dvije godine u toku administracije predsjednika Vicenta Foxa. Nešto kasnije, tokom rata u Jugoslaviji, Lozano mi je pomogao da usavršim moje politicke sposobnosti i obogatim veze na svjetskoj diplomatskoj pozornici, te da ucinim

Rat Za Boga I Bosnu

najviše što sam mogao da se iz Meksika vrši pritisak na priznanju Bosne i Hercegovine kao suverene države, clanice UN-a, kao i na uspostavljanju diplomatskih odnosa.

Bez obzira na vrlo jake veze srpske zajednice u Mexico Cityju i njihovo lobiranje ja sam bio pobjednik ove igre, cime sam ispunio svoj najvažniji zadatak. Bio sam ponosan što je Meksiko, kao najmnogoljudnija katolicka država u ovom dijelu svijeta, lobirao za Bosnu i Hercegovinu.

S druge strane, odnos izmedu senatora Amadora i mene je kroz godine bio sve cvršci i iskreniji, zbog cega sam se osjecao bogatijim covjekom u srcu i duši. Moj posjet prijateljima bilo je, nažalost, krtak. Usprkos tome što sam želio ostati duže u Mexico Cityju, morao sam se poslije tri dana vratiti kuci.

Po povratku u Las Vegas sa putovanja u Mexico City, te 1979. godine, Gino me je cekao na Aerodromu Howard Hughes. Radovao sam se što ga vidim, kao i uvijek uostalom. Nakon slijetanja i izlaska iz aviona docekao me je onaj poznati vreli zrak pustinje. Bilo je strašno vruce. Tog ljeta Death Valley (Dolinom Smrti) i pustinjom Mohave žarilo je preko 45 stepeni celzijusa. I koliko god sam bio sretan što sam se vratio kuci i dalje sam bio svjestan moje odgovornosti prema Ginu i da je moj zadatak da postavim neka pitanja.

"Kakva je situacija?", pitao sam. "Gdje je Ari Dorelly? "

Gino je stavio ruku na moje rame i rekao: "Angie, menadžer kockarskog odjela, Jim.... Mislim da nas vara."

"Oh, misliš na brata slatke Sandy Balsam?"

"Da", odgovorio je Gino sa jasnom zabrinutošcu u glasu.

"Šta predlažeš da ucinimo, Gino?", pitao sam.

"Ne treba žuriti. Pozabavit cu se s tim neki drugi put", odgovorio je Gino.

I jeste. Napustivši Vegas Jimi je otišao u egzil u Argentinu, gdje je 2008. umro. Sandy Balsam, Jimova sestra, bila je na njegovoj

Koljenovic

sahrani u Patagoniji u sjeverozapadnoj Argentini. Nakon Jimovog nestanka morao sam malo istražiti za Gina.

Postao sam blizak prijatelj sa Sandy, a tako je ostalo sve do danas. Te 2008. rucao sam sa Sandy u Hotelu Sahara, a ona mi je ispricala o sudbini njenog brata. Ljudi iz FBI razgovarali su s njom i rekli joj da je Jimi pametan covjek i da ga zbog toga cijene. "U pravu su, cim nije odležao svoje", rekao sam. Sandy me je zamolila da odem na njegovu sahranu, ali sam odbio.

Moj prijatelj Gino i ja koracali smo ruku pod ruku Howard Hughes aerodromom. Nakon kratkog prelaska piste našli smo se u salonu zracne luke Sky Lounge s pogledom na Las Vegas Strip, terminal i duge trake pisti. Imali smo tek toliko vremena da popijemo kafu i porazgovaramo o mome putovanju. Nagnuo se prema meni preko stola i pokazao prema svojoj limuzini. "Ceka nas, hocemo li ici? ", upitao je Gino.

Ustali smo i prišli njegovom automobilu, pred kojim nas je cekao njegov pouzdani vozac Nick Lorenzo. Hitro nam je otvorio vrata automobila i mi udosmo.

Automobil je klizio ravnom širokom trakom Stripa, glavnom i najblještavijom ulicom Las Vegasa, uz koju su se nizali Tropicana, Hacienda, Dunes, Caesars Palace, Sands, legendarna Howard Hughes rezidencija na Desert Innu, Frontier kockarnica... Krenuli smo do Stardust Hotel i Casina Resort, gdje je Gino bio predsjednik i partner iz sjene, koji je time dijelio i odgovornost za poslovanje Resorta.

Rat Za Boga I Bosnu

Gino me je izvijestio da nas je Max Hamilton, direktora Resorta, pozvao da ga zajedno posjetimo. U goste su dolazili prijatelji iz San Diega, pa je želio da i mi prisustvujemo tom sastanku.

„Angie, dobar prijatelj iz Californije želi da te upozna", rece Gino.

"Imaš prijatelje?", našalio sam se.

"Da, vjerovao ili ne!", odgovorio je Gino, smijuci se.

"Gino, želiš li cuti koliko je moj put bio uspješan za nas i za Hotel?", upitao sam ga.

„Naravno da želim. Pucaj!"

„Sreo sam Gustava u Mexico Cityju. Uspio sam napraviti dogovor o vracanju njegovih i dugova njegovih prijatelja... Obecali su da ce platiti dug."

"Dobar posao, Angelo", kazao je Gino.

"Nadam se da je u redu i to što sam ih pozvao da nas ponovo posjete. Da budu naši gosti u Stardustu... Avion, soba, hrana i pice na naš racun."

"Sjajno, ponosan sam na tebe", rece Gino Samorelli i dodade: "To je dobar dogovor. Tako se to radi, Angie, baš tako!"

"Vratimio se na temu mojih prijatelja koji se raduju susretu s tobom", nastavi Gino. „Radi se o veoma važnoj stvari. Nadam se da ceš im posvetiti malo svoga vremena."

"Naravno, naravno Gino, vidjet cu se sa njima zbog tebe... Ko su oni?"

"Oni su moji stari prijatelji s Akademije, važne face iz Armije i Mornarice", rekao je Gino. "Oni trebaju tvoju pomoc, tako su mi rekli. Potrebna im je poduka o sovjetsko-jugoslavenskom poslovnom ulaganju i njihovoj zajednickoj proizvodnji vojne opreme. Jugoslavija se natjece s nama na svjetskom tržištu u prodaji aviona i tenkova, prodajuci velike kolicine naoružanja arapskim zemljama, posebno Libiji, Iraku i Egiptu."

Koljenovic

"Uvijek imaš neke momke iz Vlade koji trebaju tvoju pomoc, Gino. Šta uopce znaš o vojsci?", upitao sam ga u šali.

Nasmijao i poljubio me u obraz.

"Angie, ja sam penzionirani marinac", rekao je, mada je znao da ja to itekako dobro znam..

Zagrlili smo se kao braca, a onda smo obojica prasnuli u smijeh.

"Uredu, Gino. Ucinit cu sve što mogu. Napokon, moja je dužnost da dam sve od sebe za ocuvanje sigurnosti našeg naroda. "

Smiješio sam se raspoloženo, ne shvatajuci da upravo ulazim u veliku avanturu koju danas u šali nazivam avanturom u stilu Jamesa Bonda.

***

Od tada, žrtvovao sam punih cetrdeset godina života koristeci moje kontakte koje sam imao u Las Vegasu i Europi. Kad se prisjetim prošlih dogadaja, pomislim kako je sve to imalo veze sa vracanjem duga Sjedinjenim Americkim Državama koje su mi otvorile svoja vrata kad sam napustio Jugoslaviju i postao americki državljanin.

Moj je život od tada cesto izgledao kao uzbudljivi filmski scenarij. Nije to bila, kako bi se nekome moglo uciniti, tek prosta avantura. To se postepeno pretvaralo u nešto mnogo ozbiljnije i smrtnosnije. Sve što sam uradio od tada do današnjeg dana bilo je spleteno u paukovu mrežu u kojoj sam ponekad bio zarobljen, i svaki put kad bih izašao iz te zamke, naucio bih nešto novo.

Bio sam vrlo sretan što mi je bio dodijeljen tako znacajan zadatak i što sam imao prijatelje kakve sam imao. Ja sam bio izabran da budem jedan od onih koji ce ucestvovati u slamanju kicme nacija i njihovih ideologija, kakav je bio slucaj sa Jugoslavijom, da doživim satisfakciju gradnje novih puteva i vidim rodenje novih nacija.

U igri su bile velike svjetske sile, pored Sjedinjenih Država, Kina i Rusija, a tajne podzemne igre koje su igrali njihovi ljudi od

Rat Za Boga I Bosnu

povjerenja, zahtijevale su posebne vještine i znanje. Morao sam nauciti brzo razmišljati, te biti vjerodostojan i precizan kao laserski pištolj. Tu nije bilo mjesta za pogreške. Bio sam testiran mnogo puta. Svaki put sam uspio preživjeti i izaci iz svega jaci i samopouzdaniji i sa više poštovanja od strane mojih nadredenih. Ubrzo sam se osjecao kao punopravni clan tima. Imao sam privilegiju raditi s najboljima i baviti se onim o cemu samo rijetki mogu cak i sanjati. Bio sam privilegiran da pravim mala skretanja sa puta, stajuci na kocnicu kad je trebalo.

Ljudi koji su bili ukljuceni u naše misije nesebicno su se i dobrovoljno žrtvovali za nacionalne, politicke i strateške interese Sjedinjenih Država i zapadne civilizacije. Bio sam spreman uciniti sve da doprinesem slomu bivše Jugoslavije, a realizacija ovoga cilja bila je moguca jedino prekidom utjecaja Rusije na južnom Balkanu. To je trebalo biti ostvarenje mojih snova.

Jedan od ciljeva bio je onemoguciti Rusiji i njenoj mornaricu slobodno kretanje po Jadranu. Uzajamno povjerenje agenata Dixona, Deacona i mene bio je kljuc uspjeha u realizaciji zajednicke vizije izgradnje ceste koja ce dovesti do mira nakon raspada i smrti Jugoslavije.

Pratio sam svaki trenutak ponovnog radanja zemalja mojih predaka, Bosne i Hercegovine i Crne Gore, kao i stvaranje suverenih država Kosova, Hrvatske, Slovenije i Makedonije, napokon slobodnih od krvolocnih cetnika i njihove vojne sile. Radili smo naporno i uvijek timski.

Ja sam radio s najboljima i bio jedan od clanova tima koji je pomogao u oblikovanju vrlo nestabilnog dijela svijeta, otimajuci ga iz ralja tiranije samokrunisanog kralja Slobodana Miloševica. Bilo je to prije nego što ce Bosna, Hrvatska i Kosovo biti potpuno opljackani. Osjecao sam moralnu obavezu ispricati pricu i odati pocast žrtvama, živim i mrtvim.

Koljenovic

Koliko god sam bio nesretan zbog tragicnih i krvavih dogadaja u Svijetu u kojima sam na ovaj ili onaj nacin i sam ucestvovao, u mome životu ipak postoji i mnoštvo sretnijih epizoda. I dalje volim život, i dalje naporno radim svaki dan kako bih svojim potomcima omogucio zdraviju i prosperitetniju buducnost nego što sam je ja naslijedio od mojih oceva i njihovih oceva. To nije prevelika želja i moguce ju je ostvariti ako je istinski želiš i ako se istinski boriš za svoj cilj.

***

Nisam se rodio u Sjedinjenim Americkim Državama. Ja sam jedan od
miliona muškaraca i žena koji su imali srecu postati naturalizirani gradani Sjedinjenih Americkih Država i za taj, najveci poklon koji sam ikada dobio, osjecam vjecni dug prema ovoj zemlji.

Vec u mojoj najranijoj mladosti sanjao sam o odlasku u Ameriku. Samo uz bezrezervnu podršku moga oca bio sam siguran da ce se moj san ostvariti. Bilo je neophodno dosta planiranja i donošenja znacajnih odluka prije nego što sam mogao napustiti sve što sam volio, znajuci da se više nikada necu vratiti. Odlucio sam ostaviti zemlju moje mladosti i dom moje porodice 1967. godine.

Ameriku sam prvi put posjetio kao mladic, znajuci da cu se brzo vratiti. Bilo je to kratko putovanje na relaciji luka Bar u Crnoj Gori, Bari u Italiji, zatim Rim i New York. Ali sam se u u Ameriku ponovo vratio 1973., ovoga puta zauvijek.

Americko državljanstvo, dakle, nisam stekao rodenjem. Da bi se ono steklo neophodno je naporno raditi, ali i uciti povijest SAD-a, Ustav, Deklaraciju o neovisnosti, cinjenice o ukidanju ropstva 13. Amandmanom, kojeg je Kongres usvojio 1865, Lincolnov govor u Gettesbyrgu na kraju americkog gradanskog rata, poznat kao „Gettysburg Adress", i tako redom, kako bi se i zvanicno dobilo americko državljanstvo.

Rat Za Boga I Bosnu

To je, prema tome, kod mene bilo licno postignuce. Kako je vrijeme prolazilo, a novi život tekao svojim tokom, osjecao sam da se oblikujem kao kamen izložen pustinjskom vjetru. Bilo je to, zapravo, ono što sam i priželjkivao.

Oblikovan i školovan od strane prijatelja s utjecajem i iskustvom, te zahvaljujuci razumijevanju onoga što definira velicinu americkog jedinstva, postao sam vatreni americki patriot. Briljantne ustavne ideje koje ima ova država vrhunac su društvenog napretka cijelog covjecanstva.

Osjecanje patriotizma, osjecaj je velikog ponosa i casti. Ako mislite drugacije, predlažem vam da doživite iskustvo moga djetinjstva u bivšoj komunistickoj Jugoslaviji koje sam opisao u mome romanu „Krv Crne Gore", i onda možemo razovarati o mome žaru prema americkom patriotizmu.

Jugoslavija nije bila mjesto sretnog djetinjstva ukoliko je vaš otac bio politicki disident ili politicki zatvorenik. Da li su se ta nesretna djeca trebala jednostavno prilagoditi, kao što sam ja cinio do smrti moje majke ili šta sam trebao ciniti? Ja sam upravo tako uradio, prilagodio se, zbog majke, da je poštedim dodatnih stresova. A nakon njene smrti odlucio sam misliti i djelovati po vlastitom nahodenju, postavši jedan od rijetkih koji se ne mire sa nametnutom im sudbinom, odrastajuci i uceci brzo, oslonjen sam na sebe.

To iskustvo ucinilo je da danas smjerno izražavam moju lojalnost, podršku i divljenje, da ako treba dam i svoj život za ovu divnu zemlju, domovinu slobodnih i finih, ali još uvijek nesavršenih ljudi, kakvih nigdje drugo nema. To je moj najveci ponos i ništa me više ne ispunjava nego kad kažem: "Ovo su moji zemljaci, ovo je moja domovina, Sjedinjene Americke Države."

Roden sam i odrastao kao musliman. Do moje zrelije mladosti, iskustva kojam sam imao sa drugim religijama obicno su bila neprijatna po mene. Komunizam, medutim, nije ohrabrivao upražnjavanje vjerske prakse, a ja sam kao djecak bio zatvoren

Koljenovic

unutar granica moga sela, odakle sam iz daljine gledao vjerske obicaje u okolnim selima.

Usprkos djelovanju iz drugog plana, katolicka i pravoslavna crkva gledalale su na nas muslimane s visine kao na konvertite koji su sa bogumilstva, katolicanstva i pravoslavlja prešli na islam. Zajedno sa jugoslavenskim Jevrejima, Albancima i Ciganima bili smo manjinski narod, koji nije simpatiziran od strane vecinskih katolika i pravoslavaca.

Pravoslavna crkva bila je vodeca vjerska sila u državi. Bez obzira na vladajuce društveno uredenje, socijalizam ili kapitalizma, predrasude su bile i ostale cinjenica iz svakodnevnice, mada se to uvijek pokušavalo prikriti u javniosti.

Kad sam imao svega sedam godina, poslije škole bih sa prijateljima svracao u katolicki crkveni kompleks u toj vecinski katolickoj albanskoj komuni. To je u suštini bila medicinska klinika koju je katolicka crkva postavila na putu prema Dolji, pored koje smo morali proci na putu prema kuci. Ušli bismo u prednje dvorište crkve i pili vodu iz njihovog dubokog bunara. Kad bismo bili prehladeni tražili bismo lijekove od sestara.

Dok bi nam pružale medicinsku njegu propitkivale bi nas o školi i našim školskim obavezama. Zatim bi dlanovima zagrabile ledenu vodu iz kofe kraj bunara i svojim bi nježnim rukama umivale naša prašnjava lica. One bi nas sve umile i posušile svojim mekanim bijelim keceljama koje su nosile kao svoje službene odore. Razgovor bi prešao na porodicna pitanja, na zdravlje roditelja, brace i sestara, pri cemu bi sestre govorile da našima kod kuce možemo prenijeti da u slucaju bilo kakve medicinske potrebe mogu svratiti kod njih, da ce im one pomoci bez ikakve naknade. To su bili trenuci koji mi i danas daju nadu da je svijet puno bolje mjesto nego što nam se to ponekad cini.

Rat Za Boga I Bosnu

Ti divni posveceni ljudi odani svojoj vjeri i veliki Bog pomogli su mi da shvatim da trebam davati kada god mogu i da ne tražim ništa zauzvrat.

Da li zbog ogranicenja komunisticke vlasti nametnutim islamskim institucijama ili pak zbog nedostatka volje islamske vjerske zajednice, takve usluge, nažalost, nisu pružane pripadnicima islamske zajednice. Isto se može reci za pravoslavnu crkvu, koja je uvijek bila zatvorena. Rijetko je bila otvorena cak i nedjeljom, u vrijeme nedjeljne molitve. Sve to pokazuje da su katolicke institucije funcionirale cak i u doba komunizma.

Neki poput mene imali su srecu da dobiju medicinsku njegu koja im je bila potrebna, iako smo živjeli u vremenu kada u mome kraju nisu postojale odgovarajuce institucije koje su brinule o potrebama obicnih ljudi, pogotovo onih koji nisu bili clanovi Komunisticke partije, poput seljaka, zemljoradnika, stocara ili onih koje je država osudila iz politickih razloga.

Tek kasnije, nakon godina citanja i razgovaranja s ljudima, naucio sam dovoljno o tim predivnim casnim sestrama koje su posvetile svoj život beskrajnom Bogu, da bih napokon shvatio da su njihove molitve i religija u suštinu vrlo slicni onima u cijem sam okruženju i sam odrastao. Cinilo mi se sasvim prirodnim da svaki covjek može prihvatiti bilo koji oblik Božijeg postojanja i djelovanja, ma kojoj religiji pripadao.

Vjerovanje da govorimo i obracamo se istom Bogu umnogome je utjecalo na moje pretke i njihovu odluku da prihvate islam. To je bila i ostala religija moje familije u posljednjih tristo godina. S druge strane, i danas su s majcine strane polovina njenog plemena muslimani, a polovina su ostali katolici.

Upoznavši moju zajednicu otkrio sam da su pripadnici svih religija željni duhovnog razumijevanja i boljeg medusobnog dijaloga. Smatram, medutim, da smo bili još veoma daleko od toga da naš odnos bude svršen. Prepreke su u gotovo svakoj bogomolji, u

Koljenovic

crkvi, u templu i džamiji, a židovski je bog Jahve, hiljadu godina prije proroka Abrahama i Mojsija, dao svakom covjeku pravo da propovijeda i personalizira svoju tvrdnju da ima iskljucivu ovlast da govori u ime jednog, Beskrajnog Boga.

Kada bi ljudi živjeli tako kao da zaista vjeruju u rijeci koje izgovaraju u svojim molitvama, imali bismo Raj na zemlji. Zbog toga sebe smarajte glasnicima Beskrajnoga Boga, budite inteligentni, informirani i odani. Ono što vam nedostaje jeste razumijevanje da ste vi, a ne vaš Bog, oni koji prave pomake i cine najrazlicitija postignuca.

Beskrajni Bog vam je namijenio da cinite ta postignuca, da ako vjerujete u Boga znate da ste vi više od tijela i uma i da možete spoznati Svemir u sebi. To je dar, a ne privilegija, stoga ga nemojte zloupotrijebiti. Imajuci tako slicne ideje i slicne religije, ocekivalo bi se od nas da brzo nalazimo zajednicki jezik, da postižemo korisne dogovore i da jedni drugima hrlimo u zagrljaj.

Osjacajuci tako veliku ljubav prema svojoj zemlji i Beskrajnome Bogu, moglo bi se ocekivati da cu biti rado prihvacen od moje nove zajednice, koja ce mi izraziti dobrodošlicu s ljudima nasmijanih lica, mojih sunarodnika, dobrodošlicu moje Amerike. Ali, to nece biti uvijek tako.

Dogadaj od 11. septembra 2001. izazvao je radikalizam medu mnogim politickim zvanicnicima u Sjedinjenim Americkim Državama, kakav je bio slucaj i sa kongresmenom Peterom Kingom, koji izjavio da je sindrom bolesti Amerike islam. Neki clanovi Kongresa pisali su Kingu, ne misleci, srecom, kao on. Kada su lideri poceli pozivati na krv muslimana, bio je to znak da je došlo vrijeme za novi korak nazad. Ista se greška dogodila 1941. godine, kada su, nakon japanskog napada na Perl Harbur i americkog odgovora objavljivanjem rata Japanu, americki Japanci bili zatvoreni u logore poput Jevreja u Europi.

Rat Za Boga I Bosnu

Evo kako su svoje neslaganje sa Kingovim izjavama pismeno izrazili clanovi Kongresa Pete Stark i John Dingell

Dragi predsjedavajuci King: Januar 7/2011
Pišemo vam u vezi predstojecih rasprava Odbora domovinske sigurnosti koji ce se, kako ste izjavili, fokusirati iskljucivo na radikalizam medu americkim muslimanima, te na domaci terorizam.

Mi se slažemo da Kongres i svi nivoi Vlade imaju obavezu da štite Ameriku od terorizma, bio on domaci ili inostrani. Usprkos tome, duboko smo zabrinuti da uski opseg i podvucene premise navedenih saslušanja nepravdeno stigmatiziraju i otuduju americke muslimane.

Tražimo od vas da ponovo razmislite o temi ovih rasprava i da umjesto fokusiranja na samo jednu religijsku grupu, proširite svoja ispitivanja na sve vidove nasilja izazvanih ekstremnim vjerovanjima. Mi vjerujemo da se ton i fokus ovih rasprava kosi sa elementarnim vrijednostima naše nacije.

Americki muslimani doprinose blagostanju naše nacije kroz mnoge profesije koje obavljaju kao doktori, inžinjeri, pravnici, vatrogasci, poslovni ljudi, poduzetnici, nastavnici, policajci i clanovi Kongresa. Njihov naporni rad pomaže da naša zemlja bude izvanredna.

Štaviše, bacanje negativnog svjetla na cijelu zajednicu umjesto fokusiranja na opasnosti sa margine, samo ce zategnuti odnose medu zajednicama i poljuljati povjerenje na cijoj su izgradnji lokalne, federalne i državne agencije za provedbu zakona toliko naporno radile.

Americki muslimani su dio našeg šireg americkog društva i treba ih tretirati kao takve, a ne gledati ih sa

Koljenovic

sumnjom. Izbor izmedu naših vrijednosti inkluzivnosti i pluralizma, i naše sigurnosti je lažan.

Ako želite ispitati nasilni ekstremizam, tražimo od vas da to ucinite ispitivanjem nasilja motiviranog ekstremnim vjerovanjima u svim njegovim oblicima. Izdvajanje samo jedne religijske grupe i krivljenje cijele zajednice za postupke pojedinaca nije samo nepošteno, vec nije ni mudro i našu zemlju nece uciniti ništa sigurnijom.

Sincerely, Pete Stark
and John Dingell,
members of Congress

Mr. King je davao veliku podršku IRA-i u borbi protiv britanske vladavine u Sjevernoj Irskoj, ali njemu nije bilo stalo da se sjeti toga ili je smatrao ljude perviše glupim da shvate njegove motive. Ne brinite gospodine King, vi nikada necete imati moju podršku ili podršku americkih muslimana u dijeljenju zemlje za vlastiti interes.

Ljudi bolje znaju nego što to vi mislite, gospodine Predsjedavajuci. Vi ste oportunist koji se moli za trenutak u kojem cete profitirati od krvi svojih sunarodnika. To je pogrešno. Dozvolite mi da vam pomognem i ukratko objasnim šta je terorizam. Terorizam je vid raka i njega je neophodno hirurški uklanjati, celiju po celiju, dok se ono što u organizmu nije dobro ne odstrani. Gospodine King, vi griješite u pogledu muslimana u Sjedinjenim Americkim Državama, jer mi nismo teroristi, niti podržavamo terorizam. Mi smo jedan od kamencica ugradenih u veliki mozaik Amerike, koji želi doprinositi njenom zajedništvu i prosperitetu.

Kako je to žalosno što Svijet nije u okvirima zdravog razuma, pa se stalno ratuje zbog religijskih razlika i neslaganja. Gospodin King bi se trebao prisjetiti da su njegovi preci u Irskoj bili potlaceni

Rat Za Boga I Bosnu

700 godina i da se i dalje nalaze pod krvavom cizmom britanske vojske.

Gospodine Liberman, ja sam siguran da se vi sjecate Kristalne noci koja se odigrala u Njemackoj 9. novembra 1939, kada su sinagoge gorjele i milioni patili. Ako se prisjetite svojih predaka, možda cete drugacije razmisljati o Americkim muslimanima. Naši preci su se borili u Revolucionarnom ratu 1775 na Bunker Hillu.

Svi smo mi žrtve terorizma. Muslimani bi mogli biti i jesu americki patrioti, gospodo King i Liberman. Muslimani i moji preci su bili u Sjevernoj i Južnoj Americi više od tristo godina. A vaši? Problem je u tome što su naši imigranti Bošnjaci iz Bosne i Hercegovine u Novom Svijetu morali potpisivati ugovore o mijenjanju svojih imena, pa se tako izgubio svaki trag njihovog prvobitnog identiteta. Nemojte se igrati loše politike; to nije zdravo za našu zemlju. Vaši huškacki govori zvuce samodopadno i samoreklamerski. Ne osjecam se sigurno u mojoj Americi, osjecam se sve više izoliranim, kao što sam se osjecao i u bivšoj Jugoslaviji.

Nadam se da nece doci do ponavljanja historije i ponavljanja scenarija poput onoga kada je 1740. godine britanski kolonijalizam gurnuo Irsku i Englesku u „veliku glad". Naravno, to je imenovano kao veliki dobrovoljni egzodus Iraca iz Irske u Ameriku, kao i Jevreja iz Engleske. Ili kao što je bilo njemacko „konacno rješenje" za Jevreje, Slavene i Cigane. Kakav bi, u tom smislu, mogao biti plan Amerike za njene muslimane. Da li cemo, možda, biti prinudeni da nosimo bedževe sa mjesecom i zvijezdom? Nedavno je bivši britanski premijer Tony Blair rekao u jednom intervju: „Sve je to zbog religija."

Kad cujem ovakav komentar s takvog mjesta, licno me to odmah podsjeti na pocetak djelovanja inkvizicije, koju je 1478. godine u Španiji osnovala katolicka crkva sa novim španjolskim vladarima Izabelom Kastiljskom i Ferdinandom Oregonskim, cemu

Koljenovic

je slijedilo veliko pokrštavanje i progon španskih jevreja Sefarda i maurskih muslimana.

U Sjedinjenim Americkim Državama muslimani se pocinju identificirati i demonizirati kao nedobrodošla manjina. Tristo godina kasnije vaše optužbe o nedobrodošlici muslimana jednako su smiješne, kao i optužbe jednog pripadnika Americkog Kongresa da se njegov pedesetgodišnji brak raspao kao posljedica stresa zbog muslimana koji žive blizu Kapitola. To je ista vrsta predrasude kakva je vladala u Jugoslaviji i mene navela na odlazak iz rodne zemlje 1969. godine.

Nakon raspada Sovjetskog Saveza u svijetu je vladalo nasilje i nesigurnost. Rusija je ratovala na Kavkazu, u Ceceniji, Moldaviji, Gruziji, Armeniji i Azerbejdžanu. Bio je to cisti užas i ocaj. U Belfastu, glavnom gradu Sjevene Irske, nakon 700 godina britansske dominacije situacija je i danas ista, mracni tamni oblak i dalje je nadvijen nad Sjevernom Irskom. Gospodin King bi trebao usmjeriti svu svoju energiju na oslobadanje Irske od britanske vladavine. Vrijeme je.

Maja 2011. Belfast je opet gorio. Šta se dogada sa pravdom u Sjevernoj Irskoj. Žao mi je, volio bih da mogu pomoci. Tako je i na jugu Balkana, na Mediteranu, gdje za Bosnu nema pravde i mira. Tako je i u Palestini i Izraelu gdje se svakodnevno prolijeva krv nedužnih Palestinaca. Ova tragedija je sindrom bolesne americke i jevrejske izraelske politike koja se plasira jednostranom televizijskom propagandom.

Rijec koja najbolje opisuje situaciju u Izraelu i Palestini je licemjerstvo. To je zemlja u kojoj se ljudi samo pretvaraju da vjeruju da imaju zemlju o kojoj su sanjali, zemlju slobodnog mišljenja, vrline, osjecanja, kvaliteta i standarda, pri cemu ona u suštini nema ništa od toga. To je vještacki kreirano stanje uma o polustoljetnoj izraelsko-palestinskoj drami koja se plasira na televizijskim ekranima americkih dnevnih boravaka.

Rat Za Boga I Bosnu

Jasno je da vjernici bombardiraju vjernike bez uvažavanja misticizma Abrahamove mitologije. Kao što je moj koautor James Nathan Post rekao u „Krvi Crne Gore": "Judaizam, kršcanstvo i islam nisu tri religije. Oni su tri zaracene frakcije jednog drevnog kulta, misticizma i carobnjaštva, poslušnosti i žrtvovanja, vjernika koji vjeruju u mitologiju i idolopoklonstvo tzv. Boga Abrahamovog.

Danas mi imamo jednu skupinu naoružanih sveštenika koji cuce u bunkerima u oblasti Megido tvrdeci da samo oni imaju pravu Abrahamovu krv, drugi tvrde da su potomci prvog sina i istinitog srca donesenog u pustinju u utrobi svoje majke, treci svetom krvlju proglašavaju samo ono što tece iz njihovih oltara.

Svi imaju nuklearno oružje i pripremaju se za zapocinjanje rata koji ce uništiti Svijet kakav znamo, kako bi dokazali da je njihova interpretacija bajke o Abrahamu jedina istina, a da su oni nasljednici svega što su Muhamed i Isus rekli, onoga što je rekao Mojsije, Abraham, što je rekao Bog. On je obecao svima koji Mu predaju svoja imanja i svoju krvnu lozu, da ce im pružiti vjecno spasenje.

Bez obzira da li su se Muhamed ili Isus uzdigli u nebo sa Stijene pod kupolom, zbog ovoga griješnoga rata covjecanstva je sišlo u pakao.

Povijest i moja mitologija trebali bi biti sredstvo uz ciju pomoc bismo trebali graditi bolje sebe. Religijski mitovi i njihova tumacenja doveli su do mnogih ratova u Svetoj zemlji i u drugim zemljama širom svijeta. Po zakonu covjeka i Beskonacnog Boga, život nije dozvoljeno živjeti radi vodenja rata, kako bismo kasnije mogli velicati mrtve i svoju svetu zemlju u Jeruzalemu. Jasno je da su takva ponašanja protiv svih nacela iza kojih stoji ljudski rod.

Religije su duboka rupa koja je zarobila covjecanstvo, koje ne zna kako da izade iz nje, to je jednostavno uvrjeda ljudskom umu, to je iluzija koja ljudima daje mogucnost da vjeruju u nagradu na kraju života, umjesto da sam život gledaju kao Pakao ili Raj, kao

Koljenovic

njihovu nagradu za vjerovanje u Božija djela, a ne ono što dolazi poslije. Umjesto svega toga mi imamo takvo stanje da se na zemlji ratuje neprekidno tokom tri cetvrtine stoljeca i da se ratovima ne nazire kraj. Izraelski i palestinski problemi su rješivi, ali gdje je mudrost i gdje su lideri koji ce ih riješiti? Ocigledno ih nema.

Niko nema želuca zaustaviti to brutalno ubijanje. Vec tri cetvrtine stoljeca Izraelci testiraju ubojitost svoje vojne opreme na palestinskim civilima, dok su Palestinci do savršenstva doveli borbu živim ljudskim bombama. To je tragedija bez premca, koju godinama gledamo na vodecim svjetskim TV-mrežama upakovanu u graficke prikaze dnevnih, mjesecnih i godišnjih izraelskih i palestinskih krvoprolica. Sve nam to nije dovoljno i želimo sve više, pristajuci na krvave izraelsko-palestinske sukobe kao na nešto najnormalnije, prepušteni svakodnevno toj TV-predstavi placenoj našim poreznim dolarima..

Nesebicno podržavajuci Izraelce mi mislimo da spašavamo Izrael. Ustvari, mi kopamo još dublju grobnicu za cijeli region Bliskog Istoka. Tamošnji sukobi služe kao izgovor za držanje jedne cetvrtine Svijeta u plamenu, pri cemu Izrael uopce nije zainteresiran za rješavanje palestinskog problema. Ako rat prestane, milijarde dolara prestat ce stizati u Izrael, što vecina gradana SAD-a podržava. Nema nikoga ko bi zaustavio izraelsko lobiranje u Washingtonu i širom SAD-a. Neko mora javno upitati, šta je važnije, izraelska i palestinska djeca ili zeleni americki dolari? Prosudite sami!

Ovo me je podsjetilo na tragicnu izraelsku podršku srpskoj agresiji na Bosnu i Hercegovinu i cetvregodišnje srpsko bombardiranje Sarajeva i drugih bosanskih gradova. Dok su stanovnici Bosne patili, te balkanske godine srpskog terora predstavljale su televizijski spektakl za gledaoce širom svijeta, kojima je stradanje drugih ljudi postalo normalno, nemojte ni sumnjati u to.

Rat Za Boga I Bosnu

Iz noci u noc smo na našim TV-ekranima gledali akcije izraelskih tenkova i mlaznjaka F-4, F-15 i F-16 i palestinskih bombaša-samoubica, ugodno zavaljeni u naslonjace naših dnevnih boravaka. Americki dnevni boravci postali su kucni bioskopi koji na programu uvijek imaju dostupnu omiljenu filmsku temu ranije olicenu u sukobima Indijanaca i kauboja, sada izmedu Izraelaca i Arapa.

Najgore je što rješenja nema ni na vidiku. Arapi su svakodnevno poniženi od strane Izraela i nemaju nacina da adekvatno odgovore. Uz to, bezuvjetna podrška SAD-a Izraelu bila je i ostala oružje arapskih vladara za rasplamsavanje strasti njihove mladeži. Smrt i svakodnevno stradanje direktno su asfaltirali cestu za rodenje teroristicke zvijeri i tragicnih dogadaja od 11. septembra 2001. godine.

Niko u Americi ne razmišlja o tome zašto je potrebno davati tako bezuslovnu podršku Izraelu. To je zato što ne marimo o tome šta je dobro, a šta zlo, pa kako onda možemo zadržati poštovanje svijeta prema nama, kad dopuštamo Izraelu da maltretira polovinu tog istog Svijeta? To jednostavno nije održivo u moralnom smislu, a takva politicka strategija nije u dugorocnom nacionalnom interesu Sjedinjenih Americkih Država, pa ni Izraela i njegovog opstanka u ovome dijelu Svijeta.

Mi jednostavno ne pomažemo na dugorocnoj sigurnosti Svijeta, to je jasno i treba da bude jasno dok god se ovako ponašamo. Mi treba da podržimo Izrael i njegovo postojanje, ali ne i njegova osvajanja tudih teritorija. Jasno je da prijatelji trebaju iskreno raspravljati o buducnosti i nacionalnim vizijama. Ali trenutno ponašanje Izraela štetno je za obje ukljucene strane, i za Amerikance i za Izraelce.

Pripadnici Izraelskih odbrambenih snaga bili su predugo za palestinskim vratovima. Arpska mladost i Svijet vide pretecu

Koljenovic

americke tragedije od 11.9. u sukobu izmedu Izraelaca i Palestinaca, što je dogadaj nakon kojega Svijet više nikada nece biti isti.

To je bio neoprostiv akt terora, a slike koje su otposlane sa mjesta njujorške tragedije izazivale su osjecaj bijesa koji se kao požar proširio umovima Amerikanaca. Ovaj je dogadaj pomogao da se kod Amerikanaca pojaca osjecaj da zajednica americkih muslimana i njihova vjera islam predstavljaju prijetnju americkoj nacionalnoj sigurnosti. To nije tako, naprosto zbog toga što su americki muslimani provjereni americki patrioti. Naravno, ne može se ocekivati da u svakoj etnickoj grupi nema i onih koji se ne slažu s nacinom kako zemljom treba upravljati i ko je „vozac". Dobro je znati da svi mi volimo Ameriku. Muslimani smatraju da ih cinjenica što javno izražavaju svoja gledišta, ne cini teroristima. To je samo jedan nacin da se ucestvuje u demokratskom procesu kako je garantirano americkim Ustavom.

Na taj nacin je postupio i Peter Salem, americki patriot i bivši rob, jedan od oko 500 africko-americkih muslimana koji su služili u Americkom ratu za neovisnost od Velike Britanije drugom polovinom 18. stoljeca.

Salem je roden kao rob u Framinghamu, Massachusetts, 1750. godine. Njegov vlasnik Lawson Buckminster ga je oslobodio kako bi se borio u vojsci americkih pobunjenika, a on se pridružio jedinicama u sastavu Edgeles Minuteman Company.

Salem se 17 juna 1775. borio na Bunker Hillu, gdje je svojim posljednjim metkom prostrijelio kroz glavu britanskog majora Johna Pitcairna i ubio ga, dok je ovaj podsticao svoje vojnike na borbu. Ubrzo nakon toga vojnici armije Nove Engleske skupili su medusobom novac da ga nagrade za njegovu hrabrost, a Salem je predstavljen i generalu Georgeu Washingtonu kao junak koji je ubio majora Pitcairna. Ostao je u vojsci još nekoliko godina, dovoljno dugo da se bori u krvavim bitkama za Concord, Saratogu i Stony Point.

Rat Za Boga I Bosnu

Nakon rata Salem se nastanio u Leicesteru u Massachusettsu gdje je izgradio skromnu kolibu. Tamo je proveo ostatak života jedva se prehranjujuci, zaradujuci pletenjem tršcanih sjedala za stolice. Peter Salem umro je u Framinghamskom prihvatilištu za siromašne 16. augusta 1816. Sahranjen je u neoznacenom grobu na Old Burying Groundu u Framinghamu. Godine 1882. grad Framingham je podigao spomenik u njegovu cast.

Tragedija koja se 11. septembra dogodila na Manhattanu je mjesto gdje su se ukrstile veze palestinsko-izraelskog problema. Ja sam bio nepokolebljivi pobornik Izraela svih godina mog života i zato smatram da bi SAD morale biti iskreni posrednik koji ce pomoci u pregovorima o uspostavljanju trajnog mira izmedu Izraelaca i Palestinaca. Previše je vec nevine krvi proljeveno. Vrijeme je da mislimo o tome da svakim dolarom koji Izraelu dajemo za oružje zapravo ubijamo izraelske gradane. Pa kako onda možemo tvrditi da podržavamo Izrael?

Ponovlja se davni rimski scenarij. Razlika je ovoga puta u tome što Washington D.C. nije glavni grad Rimskog carstva. Rim je na slican nacin finansirao izraelsku demagogiju kako bi Izrael držao pod svojom kontrolom. To je bila katastrofa za Izrael, pa bi bilo razborito reci da SAD trebaju pokušati sprijeciti da se historija ponovi. Jer, Washington je jedini prijatelj kojega Izrael ima.

Suština problema bezuslovne podrške SAD-a Izraelu je u tome da mi na taj nacin ucestvujemo u ubijanju i Izraelaca i Palestinaca. Mi takoder snosimo dio odgovornosti jer nismo sprijecili Izrael u oduzimanju palestinskih domova i raseljavanju miliona Palestinaca koje se dogada u posljednjih pedeset godina.

Mi Amerikanci se ponašamo kao otac ludo zaljubljen u svoju djecu koji ne vidi greške koje ona prave. To je neodgovorno s naše strane. Kad bismo trošili onoliko energije u podržavanju mira koliko trošimo u podržavanju rata, sigurno bi se vec pronašao nacin da se uspostavi mir izmedu Palestinaca i Izraelaca i omoguci im da

Koljenovic

konacno pronadu spokoj. Oni to zaslužuju, kao i ostatak Svijeta uostalom. Valjda je došlo vrijeme za to. Mi moramo okrenuti novu stranicu; to bi bilo dobro za sve.

Mislim da je kljucni problem u Svijetu u posljednjih šest decenija sukob izmedu Izraelaca i Palestinaca. Glavni ucesnici poticanja i potpirivanja vatre medunarodnih požara su bivši SSSR i SAD. Danas suparništvo i ideološko nadmetanje izmedu ove dvije velesile više ne postoji u onom obliku u kojem je postojalo ranije, pa zašto ne djelujemo zajedno za dobrobit cijelog covjecanstva.

Ne mogu se sjetiti niti jedne nacije na našoj planeti koja nije bila dirnuta ovim tragicnim ratom izmedu prvih rodaka. Kako onda možemo misliti da je buducnost Svijeta svijetla kada nismo u stanju stati u kraj jednoj ovako dugotrajnoj svadi.

Možda bi ovdje bilo interesantno navesti šta je Mark Twain mislio o Svetoj zemlji. On je zapisao da je to mali, stari, problematicni komad zemlje, koji zahtijeva stalnu pažnju, baš kao što stare ribarske mreže zahtijevaju stalno krpljenje.

Možda je jedino prirodno pustiti sukobljene strane da same pronadu izlaz iz svojih problema, u ovome slucaju Izraelace i Palestince. Vjerujem da su i jedni i drugi naprosto žedni trenutka mira u svojim životima.

Svijet i moja zemlja uzdrmani su do temelja dogadajem od 11. septembra. Amerika, kako je to vec bezbroj puta receno, više nikada nece biti ista. Prizori koji su videni toga dana na Manhattanu ne zaboravljaju se.

Da li su muslimani i islam prijetnja americkom nacinu života? Ne, oni to nikada nisu bili i nikada nece biti! Kako bi tako plemenite ideje, takva odanost vjeri i takva patriotska predanost kakvu americki muslimani imaju prema svojoj zemlji, mogli proizvesti tako užasne rezultate?

Rat Za Boga I Bosnu

Jednostavno receno, ja sam preneražen reakcijama ljudi i osjecam da sam u opasnosti. Vjerujem da ce islam kao religija preživjeti, bez obzira šta se dogada, ali ja brinem o ljudima.

Podsjetimo se krvavih aktera njemacke historije 1939-1945. poniklih u ugladenoj i dobro obrazovanoj klasi ljudi, u cistoj njemackoj naciji. Bila je to jedna od najmracnijih epoha u ljudskoj povijesti, kad su svi su željeli da budu s pobjednikom, Adolfom Hitlerom, koji se stavio na celo zastrašujuce njemacke ratne mašine. Neki su, doduše, Hitleru pristupili iz straha, medutim i oni, kao i ovi što su mu se pridružili dobrovoljno, bili su mu saradnici.

Vojno poraženi ili pak zastrašeni nepoznatim, Poljska, Jugoslavija, Bugarska, Madarska, Ukrajina i drugi, bili su nijeme žrtve i svjedoci dogadaja, pri cemu je vecina zapadnog svijeta pristala na Hitlerove ideološke ili religijske predrasude koje su mu pomogle da ostvari monstruoznu ideju znanu kao holokaust. Bilo je to plansko, sistematsko i sveobuhvatno istrjebljenje Židova, Roma i Slavena.

To su isti razlozi i dogadaji zbog kojih ja imam užasan strah od porasta novih nacionalizama, zbog kojih bih mogao biti lišen moga državljanstva i okrivljen za ucešce u nastanku svjetske krize, samo zato što sam covjek koji po rodenju pripada muslimanskoj religiji. To su oni putevi koje grade senator Lieberman i kongresmen King za mene i moju djecu kao muslimane, osporavajuci nam pravo da služimo našoj zemlji. Mracno i tužno vrijeme raspoznaje se na horizontu za muslimane. Nažalost, naucili smo vrlo malo iz povijesti i ranijih tragedija kroz koje je prošlo covjecanstvo.

Sudbinu Jevreja moguce je pratiti tokom veoma dugog perioda historije, od vremena njihovih izgona i lutanja po Svijetu, preko pada Rima i vladavine Bizantskog carstva, uspona i podjele kršcanstva na katolicanstvo i pravoslavlje, pojave islama, Huna, Otomanskog carstva, britanske i španske imperije, mracnog doba Zapadne Europe, poraza posljednje kineske dinastije Qing i izbijanja

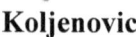
Koljenovic

kineske komunisticke revolucije, stradanja miliona nevinih ljudi u Drugom svjetskom ratu i drugih dogadaja presudnih za historiju ljudskog roda, da bi se, nakon svega toga, godine1948. pojavilo geopoliticko novrodence – jevrejska država Izrael.

Jednostavno je ukazati na one principe u doktrinama svake religije koje su prihvatile pojedine sekte i uz pomoc kojih su nastavile da se bore za svoje ciljeve. Takoder je lako pratiti dogadaje u proteklih pet milenijuma, od Abrahama naovamo, te vidjeti kako je povijest bila pokretana utjecajem ovih isprepletenih religija, koje se još uvijek kotrljaju na svojim klimavim tockovima lijepo udešenim i oblikovanim kao paukova mreža.

Kur'an i Biblija su, uz svo poštovanje, prava cuda književnosti, a vjerske vode se svadaju oko ostavinskih prava i obecanja za koje vjeruju da ih je Beskonacni Bog dao zajednickom pretku Abrahamu, proroku, stolaru, državniku, najpoštovanijem svešteniku svoga vremena – svetom ocu.

Koliko god kraljevi, pjesnici i beskrupulozni politicari mogu biti presudni za stvaranje klime nasilja i tiranije, oni su isto toliko znacajni za periode cvjetanja znanosti, umjetnosti, književnosti, geografije i astronomije, kakav je bio slucaj sa drevnim Bagdadom, draguljem Mezopotamije i kolijevkom nauke i znanja.

Dogadaji koji su stvorili uslove za politicke i vojne borbe zahtijevali su Abrahamov sud. Nasilje i tiranija bili su cesto vrlo kratkog vijeka, što je uvijek pratio progres, ali smo tek sa dolaskom religija na kraju dobili mracno doba. Religije kažu da je pomoc na putu. Ne, bolje je da sami sebi pomognemo. Cak i kad tako govorim, ja ne pretendiram da objasnim, a još manje da ponudim neko pametano objašnjenje koje bi moglo pomoci Svijetu da ispravno shvati Abrahamovu vjeru, koja se osjecala i osjeca kao karavan slomljenih tockova. Tokom mnogih stoljeca religijske su vode namjerno loše baratale pojmovima o prirodi zakona beskonacne Božije rijeci.

Rat Za Boga I Bosnu

Bez razumijevanja ili volje da se poduzmu aktivnosti za bolje sutra, predrasude i neznanje ce i dalje biti prisutni, a ja se unajboljem nadam da ce se pokazati kako bi neki od nas mogli biti glasnici Beskonacnog Boga i pokušati uciniti nešto dobro kao odgovor na ludilo i grubo narušeni mir obecan u Bibliji i Kur'anu.

To je suviše složen zadatak u kojega se, izgleda, niko nije voljan upustiti u ovome krajnje nefunkcionalnom svijetu. Vode su spremne voditi beskrajne ratove umjesto da grade mir, svaki od njih insistirajuci na tome da uništi nekoga ko mu osporava pravo da vjeruje u svoga Beskonacnog Boga ili pak da ospori svome neprijatelju da vjeruje u njegovog Beskonacnog Boga. Tragedija je vidljiva. Zapad je u bliskoistocnom sukobu, sa Izraelom i Palestinom u središtu, sveden samo na osude politickog vodstva koje nema želuca upotrijebiti svoju moc na preusmjeravanje naše buducnosti koja se nalazi na jednosmjernom putu u Pakao.

Pameti je nepojmljivo da niko nije spreman stati i razmisliti na trenutak o tome da su predrasude opterecenje koje zamagljuje prošlost i ugrožava buducnost, kao što razjarena rijeka podlokava svoje obale, bez volje da bilo ko doprinese poboljšanju u sadašnjosti ili sutrašnjici. Sve to lici na ludost maloumnika potopljenog pod vodu, koji nije svjestan da se davi.

***

Naša je porodica bila na okupu oko moga djeda sve do 1897. godine. Porodica nam je usadila osjecaj za stalnu borbu za pravdu i identitet. Mi imamo bogatu baštinu i kulturu ugradene duboko u naše živote, koje živimo kao u partiji karata, igrajuci sa kartama koje nam je neko drugi podijelio.

Naša vjera je dio takvog okruženja i takve igre, a mi, igrali ili ne igrali, nismo mogli promijeniti ništa u našim životima. Roden sam u muslimanskoj porodici u malom crnogorskom selu visoko u

Koljenovic

planinama, u zemlji koja se u vrijeme moga rodenja zvala Jugoslavija.

Nakratko samostalna kraljevina Crna Gora postala je pocetkom 19. stoljeca sastavni dio Kraljevine Jugoslavije, a od sredine istog stoljeca Socijalisticke Federativne Republike Jugoslavije. Kao musliman, ja sam etnicki Bošnjak iz provincije Sandžak, koji je sada u sastavu Crne Gore. Na sjeveru i istoku od nas, u Bosni i Hercegovini, muslimani su vecina, ali naša je subina da smo nas oko 60.000 u Crnoj Gori bili manjina.

Mnogo je godina prošlo prije nego što sam poceo razumijevati price koje su u mome djetinjstvu medusobom pricali ljudi oceve i djedove generacije o tome kako smo bili proganjani i ubijani od strane naših susjeda, pravoslavnih Srba. Sve što nije bilo srpsko oni su proganjali, silovali, ubijali i palili. U našem se kraju, nažalost, nije zadržala ni mala židovska zajednica. U Jugoslaviji je bilo dosta pomagaca nacista, i to iz svih njenih naroda, koji su se ukljucili u fašisticko istrebljenje Jevreja u vrijeme Drugog svjetskog rata. Tadašnja ustaška Nezavisna Država Hrvatska prednjacila je u nacistickom kolaboracionalizmu, stvorivši cak vlastitu fašisticku državu.

Danas, kao što se vec stotinama godina dešava na tom balkanskom prostoru, i dalje se provodi politika i praksa nasilja. Neki od clanova moje šire porodice, usprkos tome, i dalje žive u istom gradicu, dok su mnogi, poput mene, postali americki državljani.

Mi smo razdvojeni ali ne i odvojeni. Iako sam ja Amerikanac, nisu li oni još uvijek moja porodica u trenutku kad srpske cetnicke snage marširaju ulicama u hiljadama, pale zemlju i vode rat? I dok su moja americka vlada i ostali takozvani demokratski svijet stajali postrani i promatrali ludilo srpske jugoslavenske vojske i rojalistickih vojnika kako marširaju u kolju stotine hiljada ljudi

Rat Za Boga I Bosnu

pokušavajuci zaokružiti svoje takozvane pradjedovske teritorije, nisu li oni i dalje bili moja obitelj?

Sad kad je nekoliko neiskrenih muslimana, cija uvjerenja su ih udaljila od mira kojega islam nosi u svojim temeljima, ucinila u mojoj novoj domovini akte koje su americki kršcani i židovi pogrešno shvatiti i zbog toga osjetili strah i mržnju prema svim ljudima koje su poistovijetili sa islamom, zar ja sada ne trebam pokušati pomoci mojoj porodici zbog straha što cu biti opozicija vecinskom americkom stavu. Ja vjerujem da je u današnjem kompliciranom svijetu moguce savršeno jedinstvo u kojem americki musliman može biti americki patriot. I namjeravam dokazati da je to tako.

Postoje milioni ljudi moje vjere koji su posveceni Sjedinjenim Državama i nepokolebljivi su zagovornici svih njenih „zvijezda i pruga", najprepoznatljivijeg simbola SAD-a.

Postoje, medutim, i pripadnici drugih nacija, naturalizirani Amerikanci, koji su voljeli svoju novu domovinu, ali im ta ljubav u jednom kobnom trenutku nije uzvracena. U vrijeme Drugog svjetskog rata u SAD-u je živjelo stotine hiljada americkih gradana njemackog i japanskog porijekla, koji su sigurno voljeli Ameriku, ali su ipak bili proganjani od strane pojedinaca i americke vlade. I to ne zbog sebe ili kakvog svoga zlodjela, nego zbog Adolfa Hitlera, ludaka koji je vodio politiku fašizma, rasizma, vjerskih progona i militantnog nacionalizma, kojemu se u ratu pridružio i car Hirohito, objavivši rat SADu.

Ja ne želim kritizirati moje Amerikance kao potencijalno sposobne da nama americkim muslimanima ucine ono što je Hitler ucinio njemackim Jevrejima, ali svejedno osjecam potrebu podsjetiti da mi americki muslimani volimo naše Sjedinjene Americke Države isto kao što su njemacki Jevreji voljeli Njemacku. Ili koliko Amerikanci japanskog porijekla vole SAD.

Koljenovic

Ja cu u ovoj knjizi koristiti prava imena, jer svim srcem želim izvuci na svjetlo dana negativce (bitange i zlikovce), neka svi znaju o onome što su ucinili i za koga. Ja cu to uciniti koliko god je to moguce.

Volio bih imenom i prezimenom navesti osobu, koja se, nažalost, zove istim imenom i prezimenom kao jedna slavna licnost, pa zato ne zaslužuje da se dogodi nesporazum. Koji bi se, naravno, i dogodio, ukoliko bih ga naveo njegovim pravim imenom i prezimenom. Zato cu ga ovdje nazvati samo imenom. Ponekad je teško nazvati Petera prijateljem, iako smo bili saradnici, pa cak i zavjerenici u godinama kada je on bio jedan od najopasnijih internacionalnih tajnih agenata maršala Tita.

Ja bih takoder želio objelodaniti i imena nekih heroja, kako bi ti dobri ljudi dobili zasluženu pohvalu za obavljanje poslova koji se, nažalost, moraju zauvijek držati u tajnosti. Medutim, kako su to kripto ljudi, oni moraju zadržati i svoja kripto, dakle lažna imena, i nema podizanja zavjese sa te tajne.

Ja takoder nisam stvorio iskostruirane ili izmišljene likove kako bih, uz njihovu pomoc, pojacao dramu ove povijesne pozornice. Moja razmišljanja i moji zaljucci temeljeni su na mome vlastitom iskustvu, i mome vlastitom poznavanju povijesti, u koju sam veoma dobro upucen. Sve je tu, dakle, u potpunosti moje, a ljudi u ovoj knjizi su stvarni. Imena su promijenjena samo zbog zaštite privatnosti nevinih.

***

Moj djed po majci, Ibrahim Vukelj, bio je mladi oficir oslabljene Osmanske carevine, kada je 1912. ranjen i zarobljen na planini Greben. Tom prikom on je ukrstio oružje sa vojvodom Boricem, i umjesto da ga ubije, djed mu je poštedio život. Kako je Boric bio oficir pobjednika, crnogorskog kralja Nikole, moj je djed zbog svoga velikodušnog cina postao omiljeni kraljev prijatelj.

Rat Za Boga I Bosnu

Djed, kojega su u šali nazivali „Nikolin Turcin", zbog privilegija koje je imao kod kralja zadržao je svoje veliko imanje i položaj lokalnog aristokrate, docekujuci, hraneci i ispracajuci vojske koje su prolazile našim krajem i našim selom Gusinjem.

To mjesto nalazi se na križanju puteva za Istanbul, Dubrovnik, Skadar i Bec, okruženo najljepšim planinama i isprepleteno rijekama Vruja, Grncar i Dolja, punim predivne bistre vode i ribama u svim duginim bojama. Na kraju grada ove se tri rijeke spajaju u rijeku Ljucu. Ona putuje u susret Plavskom jezeru, koje otjece rijekom Lim, koja se opet ulijeva u Dunav, a ovaj u Crno more.

Ova je zemlja u prošlosti prošla kroz mnoge ratove. Krv je proljevana, a osveta je bila dio svakodnevnog života. Ponekad je izgledalo kao da rijekama tece krv umjesto vode. Ljudi se, medutim, nikada nisu prestali nadati da je zajednicki život moguc i da mogu živjeti u slozi po božijim i prirodnim zakonima. Postojali su, doduše, periodi mira, ali bi uskoro bili prekidani. Kao što se to posljednji put dogodilo 1990-tih, kada je plac nevinih ponovo prekinuo rijeku mira, a rijeka života ponovo pocela nositi krv i mrtva ljudska tijela, kao toliko puta ranije.

Pitam se da li ce ova napacena zemlja, bujna dolina Durmitora i Trojan planine, ikada vidjeti mir, na ovim prostorima za koja se cini kao da su zaboravljeni od Boga, ali su svejedno i dalje jednako lijepi. Ljudi su ovdje iz nekog razloga odlucili svoje razlike rješavati nasiljem uz pomoc gomila oružja, umjesto da svoje nesporazume rješavaju dijalogom i dogovorom, cime bi nestala potreba da se medusobno ubijaju, da ljudi, žene i djeca budu klani, silovani i nabijani na kolceve. Umjesto toga, oni bi se igrali, ucili i uživali sa svojim roditeljima u odrastanju i istinskoj vjeri u Boga.

Mnogo godina kasnije moj djed Ibrahim ce uzvratiti pažnju koju mu je godinama ukazivao kralj Nikola, omogucivši mu da se sakrije u plemickoj obitelji Hasa Ferovica, kada je Nikolu progonio

Koljenovic

njegov unuk Aleksandar, kralj Srbije, koji je bio u osvajackom pohodu na Crnu Goru.

Tada je Nikola, boraveci u ovoj kuci, slucajno ubio dijete u kolijevci. Dok je provjeravao pušku, ona je slucajno opalila i metak je pogodio dijete u drugoj sobi. Bio je to dogadaj koji nije nikada spomenut izvan porodice.

Prvi i posljednji crnogorski kralj Nikola ranije je gajio ambicije da ce u buducnosti postati kralj zajednicke države Crne Gore i Srbije. Sada je vapio za pomoci, moleci Europu da ga spasi od Srbije, ali bez uspjeha. Svi su ga izdali, i Rusija, i prijatelji, cak i porodica.

Bec, Rim, Berlin, London, Pariz i Washington imali su malo simpatija za Crnu goru i njenog kralja Nikolu. Europski saveznici smatrali su da je najbolje da se Srbija pobrine za Crnu Goru i njenog kralja. Zapadne velike sile su imale pune ruke posla i nisu brinule za male i ugrožene države i narode, kao što je bio slucaj i sa carem Etiopije Hajle Selasijem, koji je, kao i Nikola vapio za pomoc kako bi spasio svoju kraljevinu od Musolinijevog pokolja, a ovi nisu ni prstom maknuli da pomogu kralju Etiopije i njegovom narodu.

Kcerka kralja Nikole, kraljica Jelena, udata u italijansku kraljevsku porodicu Savojski, bila je zaokupljena prodajom svojih dragulja za finansiranje Musolinijevog rata u Etiopiji, umjesto da pokuša spasiti svoga oca od ludila i od rata. Crna Gora je na kraju prestala postojati kao samostalna država i kraljevina, a njen prvi i posljenji kralj Nikola umro je u dobrovoljnom izgnansvu.

Kraljevstva tog vremena su napadana i padala kao djecje igracke. Izgledalo je kao da neke europske velike sile i SAD nisu bili svjesni posljedica koje bi slijedile ako bi Etiopija pala pod vlast Musolinija. Što se uskoro i dogodilo, cime je Musolini krenuo u svoj zamišljeni ambiciozni projekt vracanja Italiji stare rimske slave.

Godinama nakon rata, povjerljivi covjek kraljevske kuce Savojski, vojskovoda i politicar Pjetro Badoljo, svjedocio je o tome

Rat Za Boga I Bosnu

kako je reagirao Musolini primivši telegram da je rat za osvajanje Etiopije završen. Ushicen, Mussolini je kazao: "Neka neko nazove kralja Viktora Emanuela." U kraljevskoj palati Savojskih kralj je poceo plakati od radosti", prisjeca se Badoljo, „a moje su noge drhtale".

Viktor je odmah telefonom pozvao svoju suprugu, kraljicu Jelenu, da joj saopci da su njihovi vojnici pobjednicki ušli u etiopski glavni grad Adis Abebu, cime je on, Viktor Emanuel III postao imperator, a Jelena imperatorica. Dva dana kasnije, Viktor je primio Musolinja u palati Savojskih i proglasio ga vitezom reda Savojskih.

Vec 9. maja 1936. Musolini je držao pobjednicki govor sa balkona Palate Venecija na rimskom trgu. Hiljade ljudi klicale su ispod njegovih nogu uzvikujuci: „Duce, Duce!", dok su ga milioni slušali na radiju. Rim je uskrsnuo. Italija je postala carstvo. A Musolini nije propustio da se javnosti obrati kao osnivac tog ponovo rodenog Rimskog carstva.

Musolini je sklopio savez sa Hitlerom, zbog cega je kasnije gorko zažalio. Prvo je 1943. uhapšen po naredbi kralja Viktora Emanuela, ali su ga oslobodili Nijemci. Nakon poraza fašistcke Italije njega su zarobili italijanski partizani, ubili i objesili naglavacke na trgu. Ista sudbina bila je namijenjena njegovoj ljubavnici i saradnicima.

Emanuelov punac, crnogorski kralj Nikola, pokušavao je u egzilu po završetku Prvog svjetskog rata dobiti pristanak europskih sila i Sjedinjenih Država da sprijeci srpsku aneksiju Crne Gore. Njegova su nastojanja propala i on je umro u izbjeglištvu 1921. godine.

Dvadeset godina kasnije Albanija i dalmatinska obala postaju Mussolinijeve italijanske pokrajine. U dvoru Savojskih nastaje veliko uzbudenje. Pripajanjem Crne Gore Italiji, ova donedavna balkanska kraljevina postaje dijelom kraljevstva ljubljene italijanske kraljice Jelene, kcerke bivšeg kralja Crne Gore Nikole.

Koljenovic

Kraljica Jelena Savojska bila je oduševljena što je kraljevina njenog oca Nikole obnovljena, i to upravo od jednog clana te iste kraljevske porodice, Petrovica. Tragedija je, medutim, bila u tome da niko nije bio kvalificiran da se prihvati da obnaša ulogu kralja Crne Gore. Pismenost je bio njihov najveci problem, kao i odbijanje clanova porodice da se vrate u rodnu Crnu Goru.

Za Plav i Gusinje 1912. je bila tragicna godina. Tada je ubijeno hiljadu tamošnjih ljudi, Bošnjaka, tako da crnogorski Bošnjci još mnogo godina kasnije nisu bili u mogucnosti ispuniti tu prazninu niti postati dio tadašnjih vladajucih struktura.

Nešto kasnije, moj djed Ibrahim nije bio zadovoljan kada se njegova kci, moja majka Nurija Vukelj, odlucila udati za moga oca Halima Koljenovica, ranijeg komunistickog ilegalca, kasnijeg šefa policije. Nije se radilo o tome da njen otac Nurija nije poštovao i volio tog odlucnog mladog covjeka, nego se radilo o tome da je njen izabranik pripadao onom istom komunistickom pokretu kao i njegov sin Halil Vukelj, što se djedu Ibrahimu nije nikako dopadalo, jer ni komunizmu, kao ni njima dvojici, nije prognozirao ništa dobro.

Djed Ibrahim je dosta dobro uspio izdržati pad i povlacenje Osmanlija 1912. godine, kao i kasnije ratove koje su vodile austrougarske, srpske, italijanske, njemacke i druge vojske tokom dva svjetska rata. Komunisticku ideju kolektivizma, koja je u socijalistickoj Jugoslaviji postala zakon, nije s oduševljenjem pozdravio.

Ibrahim je znao da je Halim Koljenovic dugo vremena nosio teret cijele svoje porodice, jer je njegov otac Bajram Koljenovic umro od uboda komaraca koji prenosi malariju, bolesti za koju nema lijeka, dok se borio protiv srpske vojske u mocvarama rijeke Bojane u albanskom ratu.

To je bio ozbiljan udarac za porodicu Koljenovic, jer je Bajram bio istinski pater familias, ali i lokalni moralni autoritet, uz to prvi rodak velikog osmanskog ratnika i dostojanstvenika Džafer-

Rat Za Boga I Bosnu

paše Koljenovica, namjesnika Jemena i Arapskog poluotoka. Turska i danas ima vojnu akademiju koja nosi ime Džafer-paše Koljenovica.

Moj djed Bajram je vec odavno bio „kum" naše zadruge, šire porodicne organizacije koja je živjela kao jedan kolektiv. Ovaj drevni ilirski porodicni nacin življenja imao je takvu društvenu strukturu u kojoj su se tacno znala prava i dužnosti svakog clana kolektiva, u kojoj su poštovani stari obicaji i drevni nacin dijeljenja pravde svojstven našoj kulturi i našim obicajima.

Poštivanje tradicije, obicaja i vlastitog nacina dijeljenja pravde, uvijek su u životima ovih ljudi bili snažnije prisutni nego zakoni aktuelnih vlasti, što je odgonetka zagonetke i nacina življenja i stereotipa koji se ima gledajuci prepoznatljive slike mafije, kao jake porodicne zajednice. Ispunjavanje dužnosti prema porodici, zakon casti i krvi, njima su uvijek bili na prvom mjestu.

Tako je bilo u posljednjih nekoliko hiljada godina i u mome plemenu. Pravo na porodicnu zemlju bilo je sveto pravo, a moj djed je bio tumac zakona drevnog naroda Bošnjaka kojem smo pripadali. Bajram Koljenovic, moj djed, postao je glavar svoje zajednice, bez obzira na svoju mladost. A kad su njegove presude kršene, ulicama je tekla krv.

Tako se dogodilo da moj djed Bajram Koljenovic, u petak poslijepodne jula 1897. godine, tacno na uglu glavnog gradskog raskršca na prašnjavoj ulici ubije covjeka pucnjem iz kolta kalibra 45, braneci cast svoje porodice.

I danas možete prošetati gusinjskom caršijom na kojoj je djed Bajram pucao i ubio covjeka, a onda izvukao bijelu svilenu maramu iz svoga pojasa duginih boja, obrisao pištolj i bacio maramu na covjeka na zemlji, dok su svecano odjeveni ljudi, zateceni ovdje u praznicnom šopingu, nijemo posmatrali. Bajram je bio znacajna licnost snažnog duha, ali je tragicno i prerano nestao, ostavivši mome ocu Halimu i njegovom bratu Halidu da nose teret brige o porodici.

Koljenovic

Bio je to strašan teret za mladog covjeka. Halim je bio jedan od najbolje obrazovanih mladi ljudi u gradu i srezu, koji se istakao u svim poslovima koje je radio, pa je na na kraju postao šef policije. Poput Ibrahima, njegovog punca, Halim je bio previše dobar u svome poslu da bi ga zadržao i nakon promjene vlasti. Iako je svojim zaslugama i utjecajem i sam doprinio dolasku Josipa Broza Tita na vlast, on je kasnije pao u nemilost Komunusticke Partije, kao intelektualna prijetnja i covjek sposoban da raste u redovima Partije. Zato nije ni cudo da su mu neki clanovi Partije, koje je on sam postavio na znacajne pozicije, "izmaknuli tepih pod nogama", optuživši ga za kradu i favorziranje staljinizma u odnosu na titoizam, zbog cega se u tim godinama išlo pravo iza rešetaka.

To ga je koštalo cetiri godine najtežeg robijanja na Golom Otoku, kamenitom ostrvu na sjevernom Jadranu, gdje pušu surovi hladni vjetrovi, ponekad brzinom do stotinu kilometara na sat. Goli Otok bio je ukleto mjesto na kojemu su hiljade ljudi ocajavale robijajuci u najstrašnijim uslovima. Niko se tamo nije bojao svemoguceg Boga. Tamo su ljudi živjeli u strahu od cinjenice da nema nikoga ko im može pomoci, niti obitelji koje ce oplakivati umrle. Umrli su završavali sami, „pokopani" u dubokom moru ili u neoznacenim grobovima.

Neko ce možda reci da su na Jadranskom moru zime kratke i blage. Jug Jadranskog mora je, medutim, nešto sasvim drugo od sjevera, gdje se nalazi Goli Otok. Južno su zime sasvim kratke i veoma blage, na sjeveru, pak, one su veoma hladne. Uz to, drugacija je klima uz obalu, a drugacija na ostrvima, izloženim svim cudima vremena, mora i vjetrova. Na Golom Otoku zime su doslovce brutalne. Cijeli je otok sazdan od samog kamena, bez ikakvog zaklona od hladnih vjetrova zimi i žareceg sunca ljeti. Ljetne vrucine cesto bi znale biti strašnije i nepodnošljivije od mucenja zatvorskih cuvara. Da su robijaši kojom srecom mogli posjedovati jedno obicno kokošije jaje, oni bi ga za ljetnih vrucina mogli jednostavno isprržiti

Rat Za Boga I Bosnu

na vrelom kamenu. Teško je i zamisliti kako je tim nesretnim ljudima bilo boraviti na Golom Otoku u bilo koje godišnje doba, u bilo koje doba dana ili noci, zatvorenima u pretrpanim sobama.

Ukoliko biste poželjeli vidjeti kako izgleda Gulag u Sibiru, niste imali potrebe putovati tako daleko, dovoljno vam je otici do Golog Otoka i imati potpunu sliku o tome šta je i kakav je bio Gulag u dalekom Sibiru.

Postojao je živ ocevidac, visoko rangirani veteran Drugog svjetskog rata, Šefik Omanovic, bivši partizan i komunist, baš kao i moj otac Halim Koljenovic, koji je ostavio svjedocanstvo o tom vremenu i o mome ocu.

Bajram Angelo Koljenovic

From: MUGDIM KARABEG <karabegm@sbcglobal.net>
Sent: Friday, October 05, 2007 10:37 AM
To: Bajram Koljenovic
Subject: Iskrenske istine
Attachments: PREPOZNAVANJE VREMENA.doc

Koljenovicu,

Prije tri dana sreo sam uzivo „dvojnika", tvog oca Halima.
Sefik Omanovic, 87 godina, iz Trebinja.
Prvoborac, stari komunista, predsjednik Skupstine Trebinja i ministar privrede BiH. Godine 1948. otpremljen na Goli Otok, poput Halima. Ostao tamo 3 godine.
Nije se odricao svojih ideala ali u 80. godini presao na islam i otisao na hadz, jer je u islamskoj ideologiji nasao postenje koje nije u komunizmu.
Ima izgradjeno misljenje o Titu kao vodji komunista i Jugoslavije i o Titu kao covjeku koji je odredjivao sudbinu muslimana.
Nazovi ga na broj> 1 773 761 0281. On je jos tri sedmice kod svoje sestre Sefike Seferovic u Chicagu. Razgovarali smo o tebi prije tri dana i voljan je da s tobom podijeli neka misljenja.

Obzirom da se mnogo bavis istorijom saljem ti provjerena dokumenta o Titu i Muslimanima. Procitaj, pa mozemo iza toga razgovarati. Ukoliko uistinu pises istorijske istine, onda je ovaj materijal dobar za provjeravanje sta je istina a sta neistina zamracena mrznjom s razlogom.

Pozdrav Karabeg

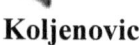

Koljenovic

Šefik Omanovic, poratni ministar privrede Bosne i Hercegovine, dao je jedino zvanicno svjedocanstvo koje dokazuje postojanje Halima Koljenovica kao politickog zatvorenika na Golom otoku 1948. godine. Ne postoji druga dokumentacija kojom se može dokazati da je Halim Koljenovic bio politicki zatvorenik na Golom Otoku. Omanovic je u visokoj starosti od 91 godine, 5. oktobra 2007. godine, svojim živopisnim sjecanjima podsjetio na prisutnost moga oca na Golom Otoku, kao svoga prisnog prijatelja tokom trogodišnjeg Halimovog zatoceništva na ovome paklenom ostrvu.

Neka dokumentacija pokazuje da je Halim proveo prvih sedam mjeseci po hapšenju u samici u malom crnogorskom gradu Andrijevici, nekako kao obješenom nad vodom rijeke Lim, sa celijom tako blizu rijeke da je njen žubor bio toliko jak da bi i mrtvu dušu probudio. Gdje je, medutim, bio ostatak vremena od tri godine i tri mjeseca?

Uistinu je nevjerojatno kako su dva Halimova bliska saradnika uspjeli strpati u zatvor nevinog covjeka. Njih su dvojica trebali biti ljudi od velikog Halimovog povjerenja. Medutim, u vrijeme svadbene noci jednog njihovog zajednickog prijatelja, jedan od pominjane dvojice opljackao je te noci Zadrugino skladište, što mu je poslužilo kao razlog za slanje Halima na „izlet u pakao". Time je taj covjek ukrao djetinjstvo Halimovoj djeci i uništio život njegovoj supruzi..

Halim je kasnije mnogo puta rekao da mu je vjencanje, kojom prilikom su se desili ti dogadaji, bilo najtužnije slavlje kojemu je ikada prisustvovao. Naši prvi susjedi i Halimovi ljudi od najveceg povjerenja sudjelovali u tom prljavom poslu. Sramotno je, ali istinito, da najbliži prijatelji i clanovi porodice ponekad mogu biti nejveci, najljuci i smrtni neprijatelji.

Halim nije nikad bio voljan govoriti mnogo o tome, izuzev da je njegov mladi prijatelj koji mu je smjestio pogriješio jer je ucinio ono što je ucinio, navodeci u razgovoru da je on zapravo bio mentor,

Rat Za Boga I Bosnu

ali ne i izvršilac onoga što se dogodilo, mada je dobro znao da je upravo taj covjek skrojio njegovu tragicnu sudbinu.

Goli Otok bio je mjesto gdje je moj otac platio cijenu svojih ideala, a o njegovoj sudbini odlucila je nekolicina od 60.000 ljudi, cuvara reda i poretka maršala Tita, kakva su bila i dvojica Halimovih mladih izdajnickih prijatelja, režimskih ljudi Komunisticke Partije Jugoslavije, ljudi režima-cudovišta, u cijem stvaranju je ucestvovao i moj otac Halim.

Iz mojih najranijih sjecanja pamtim trenutak dok naoružani ljudi izvlace moga oca iz kreveta, oficiri iste partije kojoj je Halim posvetio svoj život, vojnici iste lokalne birokracije i milicije koju je i sam organizirao i pomogao da profunkcionira.

Godine 2006. posjetio sam Bosnu, Hrvatsku i Crnu Goru i proveo jedan dan u Boki Kotorskoj. Ostatak odmora proveli smo na Istarskom poluostrvu, u nekada prestižnom odmaralištu austrougarske kraljevske gospode u drevnom gradu Puli, smještenom preko puta privatnog Titovog ostrva i preluksuznog odmarališta Brioni, na cije tlo za Titovog života obican jugoslavenski covjek uopce nije mogao krociti.

Za Tita je bilo do savršenstva dotjerano ostrvo Vanga, nekoliko luksuznih vila sa svim popratnim sadržajima, kakve su nekada sebi mogli priuštiti samo monarsi. Mada zvanicno državno, sve je to bilo napravljeno samo za Tita, kao i na desetine vila širom Jugoslavije, usred drevnih šuma, gdje je uglavnom lovio krupnu divljac.

Sa djecom sam posjetio Goli Otok i sobu gdje je moj otac bio zatocen i mucen. Ne bih želio nikome da doživi to iskustvo, cak ni najgorem neprijatelju. Osjecao sam ocevu agoniju i bol dok je bio u zatvoru. Kad je došao kuci, dozvolili su mu da radi minorne poslove, ponižavajuce za covjeka njegovog ugleda, znanja i iskustva.

Odrastao sam gledajuci kako policijsko-administrativni aparat naše komunisticke države manipulira pohlepnim i

Koljenovic

osvetoljubivim ljudima koji su nam postepeno oduzimali sve što smo imali i udaljavali nas od svega što smo nekada bili. Od velikih samoodrživih porodica koje su bogato živjele, pretvoreni smo u siromašne male zajednice na rubu egzistencije, klijenta države, a sve zahvaljujuci dvojici Halimovih bliskih prijatelja, od kojeg je otac jednom pomagao kad je bio djecak da odraste kao covjek, a kao odrastao covjek se pretvorio u doušnicko cudovište i ideološkog vjernika Komunisticke partije.

Biti clan Partije znacilo je biti spreman i vlastitu majku prodati za interes Partije. Ne slažuci se sa novim poretkom, ljudi poput moga oca odrekli su se ideologije za koju su se do jucer borili. Neki su svoje neslaganje platili životom, a neki su, poput oca, preživjeli, nastavivši živjeti u poniženju sa dušom ispunjenom najdubljim ožiljcima, traumama i svakako gorkim razocarenjem. Ni moj otac, medutim, ne bi preživio, da ga od strijeljanja nije spasio Iso Deljanin, prijatelj iz djetinjstva.

Izdaja od strane bliskih prijatelja, medutim, ucinila je da živimo u snovima ispunjenim sjecanjima na sretnu prošlost, gledajuci pri tome širom otvorenih ociju turobnu sadašnjost i neobecavajucu buducnost.

Tito i njegove sluge živjeli su u blagostanju, baš kao i za vrijeme rata. On nije bio tako velicanstvena i glamurozna osoba kako su se zapadni saveznici pobrinuli da izgleda. Tito je bio nemilosrdan i takav je morao biti svakoga dana i svakoga casa, što je bolest od koje su bolovali svi samozvani carevi i kraljevi, brinuci uvijek samo o svome opstanku, uplašeni teorijama zavjera i dvorskih spletki, kako se, uostalom, osjecao i njegov prethodnik, kralj Aleksandar.

Istini za volju, medu oko 20 miliona svojih gradana, Tito i jeste imao neprijatelja i jeste uvijek bio u opasnosti, pa je vjerovao da ce uklanjanjem svih prepreka za koje je ocjenjivao da mu prijete, produžiti dugovjecnost svoje vladavine. Upravo zbog toga bilo je

Rat Za Boga I Bosnu

potrebno konkretnom i posebno represivnom akcijom ukloniti ili pak „prevaspitati" sve svoje neistomišljenike, kako je zvanicno proglašeno robijanje ljudi na Golom Otoku.

Neke je samo zatvarao, kao moga oca, neki su pak likvidirani ili jednostavno nestajali, a ja sam danas siguran da je Tito to radio duboko uvjeren u ispravnost svojih stavova i ponašanja.

On je napravio mnoge greške tokom svoje dugovjeke karijere. Ali se uspio održati tako što je kao gušter mijenjao boje, a namjesto odsjecenog repa izrastao bi mu novi. Uspkos tome, recimo, što marksizam kao zvanicna komunisticka idelogija nije priznavala konfesionalizam, crkve i džamije nisu rušene i vjernici su ih mogli posjecivati, i na druge nacine javno ispoljavati svoje vjerovanje u Boga, medutim oni nisu mogli biti clanovi Partije, pa ni zauzimati iole znacajne rukovodece funkcije u društvu.

To su, vjerujem, bili elementi koji su zemlju održali jedinstvenom. Ljudi su dosta dobro živjeli s relativno malo rada, a vodio ih je covjek koji je imao harizmu i bio hedonist, što nije ni skrivao. Brojne žene su u njegovom životu odigrale znacajnu ulogu, a on je i u najtežim svojim vremenima uspijevao biti savršeno i luksuzno odjeven, po posljednjoj modi.

Pitao sam Omanovica kakav je Tito, po njemu, zapravo covjek bio. Rekao mi je da Tito nije bio zao covjek, i da ga je nepravedno u bilo cemu porediti sa Hitlerom, Staljinom ili nekim trecim diktatorom ili zlocincem, ali da je njegov ego bio ogroman, uostalom, to je karakteristika svih slavnih licnosti. Uz to, on je imao jednu veoma mudru osobinu. On nije, poput vecine drugih državnika socialistickog bloka protežirao clanove svoje porodice i oni nisu ni po cemu imali veca prava od drugih ljudi, što je narod znao i cijenio. S druge strane, djeci iz bivših brakova privatno je bio dobar otac.

Ali eto, usprkos tome, Tito je bio covjek koji je mnoge svoje ljude poslao na robiju, medu ostalima i Omanovica i moga oca, koji su se i upoznali na Golom Otoku, gdje su zajedno robijali cetiri

Koljenovic

godine. Upitao sam Omanovica koje su najvece žrtve koje su Titovi saborci dali za oslobodilacku borbu i za samog Tita.

Po njegovom mišljenju, bila je to bitka na Neretvi 1943., kao i padobranski desant u Drvaru, koji se desio za Titov rodendan 1944. Bitka na Neretvi, ambiciozna ratna operacija koju su Nijemci kodirali kao Fall Weiss ili Bijeli slucaj, bila je zamišljena tako da Nijemci sa domacim kolaboracionistima, cetnicima i ustašama, satjeraju u kanjon rijeke Neretve partizane i da ih dokrajce zajedno sa Vrhovnim štabom. Zahvaljujuci genijalnom Titovom lukavstvu i rušenju mosta na Neretvi, preko cijih su nebranjenih razvalina tokom noci partizani uspjeli probiti, njemacka operacija je propala, a ubijen je veliki broj ljudi sa obje strane, posebno su tu stradali cetnici Draže Mihailovica. Umjesto poraza, bila je to velika partizanska pobjeda.

Druga velika bitka sa mnogo poginulih dogodila se kod bosanskog gradica Drvara 25. maja 1944. godine, na dan Titovog rodenja. Hitler je na Drvar, u blizini kojega se u jednoj pecini smjestio Vrhovni štab partizana i engleska vojna misija, poslao jedrilicarski desant sa 900 specijalaca, ciji je cilj bio da u obruc stave Vrhovni štab, a Tita ubiju ili, još bolje, uhvate živog i dovedu ga u Berlin. Borba je trajala satima i mnogo je vojnika poginulo sa obje strane, ali su partizani uspjeli zadržati Nijemce, dok se Tito sa clanovima Vrhovnog štaba kroz vrleti izvukao na slobodnu teritoriju. Izbjegavajuci da govori o vlastitom junaštvu, Omanovic je spomenuo i druge bitke u kojima su partizani dali ogromne ljudske žrtve, poput bitke na Sutjesci, poznate kao Operacija Schwarz, u kojoj se, kao i u drugim njemackim ofanzivama u Jugoslaviji, vodila neravnopravna bitka izmedu brojno malobrojnijih i slabo naoružanih partizana, protiv u svemu nadmocnijeg neprijatelja.

Ogromne su bile žrtve koje su pojedinci i citave porodice dali za Tita i komunizam, medu njima, statisticki, najviše je bilo muslimana. Jedan od tih ljudi bio je moj otac Halim Koljenovic, a jedna od tih porodica bila je naša porodica. A naše je stradanje

Rat Za Boga I Bosnu

pocelo 1947. godine, kada je moj otac odbio da nastavi biti clan Partije. To je bio kraj dobrog života za porodicu Koljenovic.

Zanimljivo je da je njemacki komandant Plava i Gusinja, prilikom odlaska njemackih vojnika iz Gusinja, upozorio moga oca Halima da ce mu cetnici vratiti dug, kao što se kasnije i dogodilo.

"Jeste li upoznali Milovana Đilasa?", upitao sam Omanovica. Oci su mu zablistale kad sam ga spomenuo.

"Naravno da jesam", kazao je. „Bio sam svjedok kad je licno ubio jednog našeg vojnika. A zašto? Zato što je taj vojnik zaboravio promijeniti stražu pred prostorijom gdje je spavao Tito. Zašto pitaš za njega?"

Rekao sam mu da sam svojevremeno sreo Milovana Đilasa u New Yorku, u Hotelu Dubrovnik. Tu se zatekao i neki mladi Hrvat sa svoja dva prijatelja, koji ga je pokušao upucati.

„Na trenutak sam pomislio da sam napravio veliku pogrešku spašavajuci Đilasa da ga ovaj ne ubije. Ali sam se onda sjetio da je Đilas volio oca", rekao sam.

Omanovic rece da je Đilas bio neustrašiv covjek, pravi planinski lav.

„Uz to, on je bio arhitekt Titovog uspjeha", kazao je Omanovic. Zanimljivo je da mi je to isto za Đilasa rekao i moj otac, i da je Đilas, uz to, bio Titova mudrost.

"Da, i arhitekt Titovog uspjeha", kazao sam, ali time i agonije moga oca i moje porodice, pomislio sam. Moja majka je umrla 1962. godine pokušavajuci dobiti zagarantirano, besplatno lijecenje komunisticke države. Koje nije važilo za lijecenje moje majke Nurije Koljenovic, zbog politickog progona mog oca nakon što je svojevoljno napustio clanstvo u Komunistickoj partiji. Bio je to pravi šamar za komunizam i nekoliko bivših prijatelja mog oca, koji su se pobrinuli da on visokom cijenom plati svoju tvrdoglavost.

Bio sam još vema mlad kad sam poceo razmišljati o tome kako da se oslobodim tamošnjeg nacina života, kako da odem iz

Koljenovic

Zemlje i jednog se dana vratim i kaznim ljude koji su se ogriješili o moga oca. I jesam. Nisam, medutim, pri tome osjetio nikakvog zadovoljtva, osjecao sam samo tugu. Politicki život moga oca i smrt moje majke bacili su clanove moje porodice u ralje pakla. Nisu postojali dobri dani za nas, sinove i kceri Halima Koljenovica, samo paklene vreline i najhladnije zime.

Obecao sam sam sebi da cu naci mjesto na Svijetu gdje je posao države da zaštititi ljude i pomogne im da dobro žive, da žive bez predrasuda, u društvu u kojem nije bitno jesi li židov ili katolik, gdje ce svako imati slobodu da se klanja „svome" Bogu, a da zbog toga ne bude obilježen i proganjan.

Kao mladi vojnik u Jugoslavenskoj Narodnoj Armiji (JNA) bio sam obucavan za komandosa. Zacudo, dodijeljen sam Prvoj brigadi Prvog bataljona Garde maršala Tita u Beogradu, stacionirane u garnizonu na Topcideru.

Sudbina je htjela da 13. januara 1969. budem ranjen i operiran na Vojno-medicinskoj akademiji (VMA) u Beogradu, u bolnici u kojoj sam proveo osam narednih mjeseci. Nakon otpusta iz bolnice služio sam u Generalštabu JNA u Beogradu, okružen Titovim omiljenim generalima. Medu njima su bili generali sa najvišim armijskim cinovima, dr. Isidor Papo, Jajnjic, Spasojevic, dr. Dunjic, te general Ljubicic, komandant Topciderskog garnizona.

Bila je velika privilegija upoznati i biti blizu takvih licnosti za koje sam ja tada obavljao sitne poslove, zatim upoznati Dedinje kao najelitnije rezidencijalno mjesto u bivšoj Jugoslaviji, gdje je i Tito imao svoj „Beli dvor", te Topcider, kao glavno sjedište Titove garde. To je bilo mjesto na kojem se onaj ko je htio mogao brzo i dobro izobrazovati, kao i proniknuti u pozadinu politicke stvarnosti nepoznate obicnom covjeku.

Nakon što sam završio obavezno služenje vojnog roka, 1969. godine sam se zaputio u Italiju u posjetu mome palestinskom prijatelju Faiku, kojega sam upoznao na VMA u Beogradu.

Rat Za Boga I Bosnu

Jugoslavija je u to hladnoratovsko vrijeme napetih odnosa izmedu Istocnog i Zapadnog politickog bloka, uz Egipat i Indiju bila jedan od lidera treceg, Nesvrstanog politickog bloka, i kao takva imala prijateljske odnose sa brojnim africkim i bliskoistocnim i dalekoistocnim zemljama, pa i sa Palestinom. Mnogi su se mladi Palestinci obucavali na jugoslavenskim vojnim akademijama i fakultetima, pa otuda i moje poznanstvo sa Faikom.

***

Po dolasku u Italiju dobio sam izvrsno placen poslovni angažman i otkrio ogroman svijet trgovinske i moci krupnog kapitala, nepoznat izvan granica komunistickih zemalja, u kojima su vladali drugaciji zakoni i pravila života i rada.

Mada sam upoznao mnogo ljudi i zemalja, brzo sam shvatio da postoji samo jedno mjesto na Svijetu koje covjeku poput mene nudi pravu priliku za slobodan i prosperitetan život, zemlja u kojoj sam mogao ispuniti sve svoje snove. Bila je to Amerika, Sjedinjene Americke Države.

Ukrcao sam se u Panamov džambo-džet na aerodromu Lido de Ostia na periferiji Rima, mjestu predivne prirode na obalama rijeke Tibar, gdje sam se vec bio sasvim udomacio i stekao prijatelje. Bio sam ispunjen nekim dvojnim emocijama napuštajuci Italiju, mjesto koje mi je dalo neki okus slobode. Ali, ja sam je želio još i više, što je valjda bilo tipicno iskustvo za svakoga kome je istinska sloboda življenja bila uskracena toliko dugo.

Osam sati kasnije stao sam na americko tlo. Tako je pocelo moje veliko americko iskustvo. Na njujorškom Aerodromu Kenedi cekao me je moj daidža Ramo Vukelj i jedan njegov prijatelj. U potpuno novom Pontiacu Le Mans, krenuli smo u brzi obilazak Grand Concoursa, Jenki stadiona, prošli kraj mnogih nacionalnih spomenika, te kroz 42. ulicu i Brodvej.

Koljenovic

Tada sam na ulici vidio jednog malog covjeka deformiranih stopala. Pete su mu bile sprijeda, a prsti s leda. To me je za trenutak vratilo natrag u kucu moga oca u Crnoj Gori u Gusinju. Kad sam bio mali, moja nana Lila mi je pricala o mjestu u kojem žive ljudi stopala okrenutih naopako za ples sa Đavolom, cime su bili kažnjeni za grijehe koje su pocinili.

Odjednom, cak i sa svim tim prijateljski raspoloženim ljudima oko sebe i svega dobrog što mi se dešavalo u tom trenutku, osjetio sam se potpuno sam. Moje srce je lupalo u grudima i željelo ponovo biti u toj prekrasnoj poznatoj staroj kuhinji, pored te tople peci na drva, i piti sa nanom Lilom vrelu tursku kafu iz maloga fildžana..., svjestan da se to više nikada ne može ponoviti.

Ja sam vec izabrao novi put za sebe. Povratka nije bilo. Pitao sam se na trenutak da li sam pogriješio i da li sam se, umjesto u Raju, zapravo našao u Paklu.

Mali covjek s deformiranim nogama cinio mi se veoma sretan. To je bio trenutak u kojem sam trebao otkriti istinu. Nije izgledao poput malog demona, bio je samo jednostavan mali covjek koji uživa u lijepom danu kao i ja. Ako ga je mucio njegov deformitet, to sigurno nije pokazao.

U želji da saznam njegovo ime, prišao sam mu i predstavio se, ali nisam ga mogao tek tako upitati o njegovim nogama, od kojih sam nespretno sklanjao pogled.

Covjek se vrlo ljubazno osmjehnuo i zamolio me da ne brinem za njega i da ga ne sažaljevam.

"Uopce se ne obazirem na to što me neki ljudi žale", rekao je. „Ja vodim sasvim normalan život, imam svoj posao i svoje prijatelje, i u svemu mi je dobro... Zovem se Đulio."

Razgovarao sam s njim na italijanskom, a on se nasmijao. "Moji preci su
iz Italije, ali ne govore jezik. Ja sam po svemu Amerikanac."

Rat Za Boga I Bosnu

Pružio mi je svoju ruku i snažno je tresao u znak dobrodošlice. Bio sam oduševljen.

"Molim vas, dopustite mi da vas zovem moj Divovski Mali Prijatelj", rekao sam. "Veliki u srcu i mali u tijelu. Upravo sam stigao iz Crne Gore. Hvala vam što ste razvedrili moj dan, gospodine Đulio. Ja cu živjeti u Forest Hilsu ", rekao sam.

Nasmijao se i kazao: "E pa fino. Tu živim i ja, i moja porodica, i mnogi moji prijatelji. Nadam se da cu vas još vidjeti. Možete ponekad svratiti u naš italijanski restoran „Tutto Bene" u Kvinsu, neposredno uz Kennedijeve tornjeve. Tamo vam je isto kao da ste u Italiji.

Kad je vidio da sam iznenaden i oduševljen njegovim rijecima rekao je: „Ne postoji u Americi sve cega ima u Njujorku, ali cete u Njujorku pronaci sve cega ima u Americi."

To što je rekao nije mi u tom trnutku imalo smisla, ali s mojim lošim engleskim pomislio sam da mi je upravo rekao da je, sada kad sam u Njujorku, potrebno da što brže naucim razmišljati poput Njujorcanina i izgledati i osjecati se kao Amerikanac, jer ako sam u Njujorku mogao biti kod kuce, mogao sam biti kod kuce bilo gdje u ovoj zemlji.

Tako sam neko vrijeme živio u Njujorku. U ovome sam gradu veoma brzo stekao mnogo novih prijatelja. U neko doba krenuo sam na Zapad, osjecajuci se baš kao junaci moga omiljenog stripa iz djetinjstva „Go West, young man". Najednom sam otkrio ogroman i za svakoga otvoren slobodan prostor, zemlju mogucnosti o kojoj sam sam kao djecak sanjao godinama. Obreo sam se i zaustavio u Las Vegasu, u Nevadi, obecanoj zemlji.

To je uistinu bila zemlja meda i mlijeka, a ja sam brzo ucio o slobodi, ne znajuci isprva kako da je koristim i uživam u njoj. Upoznao sam se sa bezbrojnim zakonima o gradanskim pravima koja su u potpunosti ostvariva jedino u Americi.

Koljenovic

Svaki naredni izglasani amandman americkog Ustava i svaki novi zakon davali su gradanima sve više vjerskih sloboda. Posebno je otkrice za mene bio clan VII Zakona o gradanskim pravima, kojim Vrhovni sud SAD-a garantira prostor i vrijeme za pojedince koji žele da se u vrijeme rada posvete molitvi.

Iako nikada nisam bio vjernik koji se dnevno posvecuje molitvi, bio sam impresioniran cinjenicom da ovaj zakon uopce postoji, a da njegova primjena omogucava hiljadama muslimana, jevreja, sika, hindusa, budista, kao i kršcanske vecine, da se dnevno mole i da ni za vrijeme radnog vremena ne propuštaju ni jednu molitvu.

Uveren sam da je americki Zakon o ljudskim pravima najznacajniji ikad napisan dokument. On ne govori o kršcanstvu ili islamu, nego o ljudskom duhu slobode, o tome da je Bog, ma kojim ga imenom nazivali, dobar i milostiv, da oprašta svakom ljudskom bicu podjednako. Rijec je o pružanju ruke pomoci kad je to ljudima potrebno, bilo koje oni rase ili religije bili.

***

Godinama kasnije sjedili smo u našoj kuci u Las Vegasu, moja supruga, djeca i ja, i vecerali s covjekom po imenu Giles Pace, koji je ranije radio nešto što mnogi od nas nisu odobravali, a ja sam ne bih nikada ucinio. Pomagao je bijelim Južnoafrikancima da ugnjetavaju svoje crne sugradane.

Da sam ga tada susreo vjerojatno bi mu slomio obje noge, kako se nikada više ne bi vratio u SAD. A onda bih ga poslao Mugabeu, predsjedniku Zimbabvea, koji bi uzeo svoj alat i preparirao ga da služi za ukras. Gledajuci unatrag, drago mi je što se nismo sreli tih dana.

Upoznavši ga bolje, shvatio sam da razmišljamo slicno, i da život, prirodu i Boga vidimo na isti nacin. Obojica smo bili spremni

Rat Za Boga I Bosnu

boriti se za gubitnike, opredjeljujuci se bez ikakvog licnog interesa. Nismo uvijek bili na istoj strani, ali smo bili ista vrsta muškaraca. Upoznao sam njegovu lijepu ženu i prekrasnog djecaka Madisona, koji je tada imao cetiri godine. Nosio sam ga na ramenima i volio ga kao i moju djecu. Postali smo najbliži prijatelji, pa i više od toga od trenutka kad sam shvatio da je Pace bio spreman riskirati svoj život za naše ljude u Bosni. Za mene nema jaceg razloga da nekoga pocnem osjecati kao svoga vlastitog brata. Na kraju krajeva, jedna majka i ne može ti roditi sve one ljude koje osjecaš bracom. U svakom slucaju, ja sam ga smatrao vlastitim bratom.

Mnogi koji su culi šta je Giles Pace ucinio za bosanske ljude, smatrali su ga pravim herojem. On je odlikovan za svoje junaštvo u ratu u Vijetnamu, ali njegovo junaštvo u Bosni i na Kosovu je prošlo nezapaženo i bez pohvale nadredenih. Medutim, heroj je heroj, bez obzira da li dobije ili ne dobije medalju za ono što je uradio.

Uostalom, u najvecem broju slucajeva priznanje za junaštvo dolazi uglavnom samo onda kad ljudima pogreb heroja pruži priliku da se fotografiju na vjecnom ispracaju, uz puščane salve, zastave i plac supruga ili majki.

Možda Gila Pacea danas negdje u Bosni neko i pamti, zahvalan za ono što je ucinio za tu zemlju. Ne znam. Ali znam da ja sve pamtim kao da se jucer dogodilo. Istina se nikad ne zaboravlja. Poput dokumenta koji slijedi, a koji govori o tome kako se njihovi neprijatelji spremaju, dok Bošnjaci spavaju.

Koljenovic

Pace je bio u Bosni 1992. godine, još u vrijeme ostvarivanja rane faze dobro pripremljenog sistematskog genocida nad muslimanskim narodom. Režim Slobodana Miloševica instalirao je u Bosni rasisticke ludake u liku njegovih cetnickih šakalskih ubica. Vecina ljudi u Svijetu vidjela je putem TV-ekrana samo ono što se dešavalo u Sarajevu, i smatrala je to cijelom istinom o agesiji na

Rat Za Boga I Bosnu

Bosnu i Hercegovinu. Medutim, oni nisu imali pojma da su se najgore stvari dešavale u planinama, malim gradovima i selima, daleko od kamera i daleko od bilo kakve pomoci.

Sve znacajne medunarodne institucije u Svijetu, na celu sa UN-om, nažalost i sa SAD-om, bili su složni u stavu da Bošnjacima ne treba biti dozvoljeno da se naoružaju, cime bi, tobože, bilo sprijeceno rasplamsavanje rata. To je bila prljava politika Džordža Buša, predsjednika SAD-a, zatim Fransoa Mitterranda, predsjednika Francuske, premijera Velike Britanije Johana Majora i svakako, krvavog neprijatelja Bosne i Bošnjaka, UN sekretara Butrosa Butrosa Galia.

Ono što je u toj prici bilo najžalosnije, jeste da su srpski agresori vec bili do zuba naoružani oružjem i orudem JNA, a da su napadnuti Bošnjaci bili potpuno goloruki, prepušteni na milost i nemilost preobraženoj JNA zvijeri, te srbijanskim, crnogorskim i bosanskim cetnicima.

Bilo je to jednostrano ratovanje. A jednostrano ratovanje zove se masakr ili genocid. Eto, na takvo je stanje u Bosni pristao Svijet, ne željevši zaštititi napadnutu i potpuno nezašticenu, pretežno vecinski muslimansku stranu, s obzirom da je medu braniteljima bilo i mnogo bosanskih Srba i Hrvata, koji su Bosnu i Hercegovinu osjecali svojom jedinom domovinom.

Srbija i Crna Gora su, sa druge strane, bili su sljedstvenici onoga što je ostalo od Jugoslavije, željevši tom teritoriju prikljuciti dijelove Bosne i Hercegovine sa vecinskom, pa i djelimicnom srpskom vecinom, te tako napraviti veliku Srbiju. Tako su ove mini države, sa svojim profašistickim bolesnim liderom Slobodanom Miloševicem mislili riješiti „muslimansko pitanje", sasvim po uzoru na to kako je Hitler riješio „jevrejsko pitanje". Po uzoru na Srbiju, i susjedna Hrvatska je, sa svojim vodom Franjom Tudmanom, Miloševicevim partnerom, željjela odlomiti komad Bosne za sebe.

Koljenovic

Evropljani su dali Miloševicu šest do devet mjeseci da vojno zaposjedne Bosnu i za svagda riješi „tu stvar". Muslimansko stanovništvo u Bosni i Hercegovini, izgleda, nije bilo poželjno u srcu Europe, pa su Srbija i Hrvatska obecale da više nece biti muslimanske Bosne. Miloševic, medutim, nije ucinio ono što je obecao Europljanima. Napadnuti je uzvratio udarac...

Pace je bio gore u brdima poviše Jadranske obale, pokušavajuci se preko Splita prebaciti u planinske masive oko Tuzle. Iako su gradovi u Bosni, poput glavnoga grada Sarajeva, moderni i sofisticirani kao i vecina europskih gradova, življenje u planinama kojima Bosna obiluje još je tradicionalno i ponekad izgleda kao da su ta mjesta zaledena prije jednog ili dva stoljeca.

Ljudi u tim bosanskim zabitima nisu ni glupi ni potpuno neobrazovani. Vecina ih ima osnovno obrazovanje, mnogi dobro citaju i pišu, ali je njihovo življenje sasvim jednostavno i bez velikih zahtjeva. Na njihovim malim stocarskim i poljoprivrednim imanjima živi se onako kako su živjeli njihovi preci prije sto i dvjesto godina, katkada i znatno duže. Zemljište je lijepo i bogato, ali je priroda gruba, puno je visokih stijena i strmih planinskih vrhova, uskih klisura, teških šuma i erodiranih planinskih vododerina.

Klima je vlažna, kako za toplijih, tako i za hladnijih godišnjih doba. Kad nema leda ima blata. Asfaltirane ceste su vrlo rijetke, kao i elektricna infrastruktura i telefoni. Ljudi provode vrijeme obradujuci i navodnjavajuci zemlju, popravljajuci stare zidove, ograde i krovove, sadeci i žanjuci, gajeci stoku, popravljajuci i krpeci, kuhajuci i svakodnevno cisteci, što je stvar stoljetne rutine, pri cemu se drže drevne porodicne tradicije koju veoma cijene.

Protjerani izvan tog uskog plodnog pojasa doline, gdje su njihove porodice živjele generacijama, oni su postali izbjeglice. I gde god bi se okupili i sklonili, znali su da ce ih srpska pravoslavna vojska na kraju opkoliti i odvesti ih na sjever, sigurni da se više nikad nece vratiti svojim domovima. To se našim ljudime

Rat Za Boga I Bosnu

neprestanio dešava ponovo i uvijek ce se ponovo dešavati, dok god postoji ideja o cisto pravoslavnoj velikoj Srbiji.

Na zapadu je Hrvatska, a oni su znali da ih ni Hrvati katolici ni malo ne vole. Nije to bilo tako davno, pedesetak je godina tek prošlo, kad su hrvatske ustaše hapsile i u logore deportirale muslimane zajedno sa Jevrejima, u ime nacista kojima su se ustaše divile i odano im služile.

Na jugu je Crna Gora, zemlja moga djetinjstva, u kojoj su Bošnjaci u manjini. Crna Gora je bila poslednja jugoslavenska država i dalje lojalna Srbiji. Moji sunarodnici su znali da im je isto, kud god da krenu. Nisu imali kuda bježati, osim u celjusti krvolocnih srpskih i crnogorskih cetnika.

Da su kamioni koje je moj saradnik i prijatelj Giles Pace pokušavao provuci kroz te uske doline bili natovareni oružjem, on bi sigurno bio ubijen. Na njega bi pucale patrole lokalnih Srba i cetnika želivši mu oteti oružje, ali i trupe UN-a. Istina je, medutim, bila da je on nosio konzerviranu hranu za bebe, neke osnovne antibiotike i mlijeko u prahu.

Robusni dostavni kamioni prolazili su stazama punim rupa i zapreka, koje su teško savladavali usprkos dvostrukim osovinama i pogonu na sva cetiri tocka. Osobito je bilo gadno
kada je vreme pocelo bivati sve lošije, pri cemu su kamioni mogli sletjeti s puta na jutarnjemledu ili pak upasti do osovina u podnevnim suncem razglibljeno blato.

Giles Pace na naslovnoj stranici američkog vojnog magazina „Soldier of furtune" sa fronta kod Tuzle

Rat Za Boga I Bosnu

Naredenje kojim Ho Chi Minh unapredjenje svoga generala Chu Cong Hoa u vrhovnog komandanta Vijetnamske oslobodilacke armije. Nekoliko godina kasnije Giles Pace ratuje na vijetnamskom frontu protiv ovoga generala, zatim u Zambabueu i napokon u Bosni i Hercegobvini i na Kosovu

Koljenovic

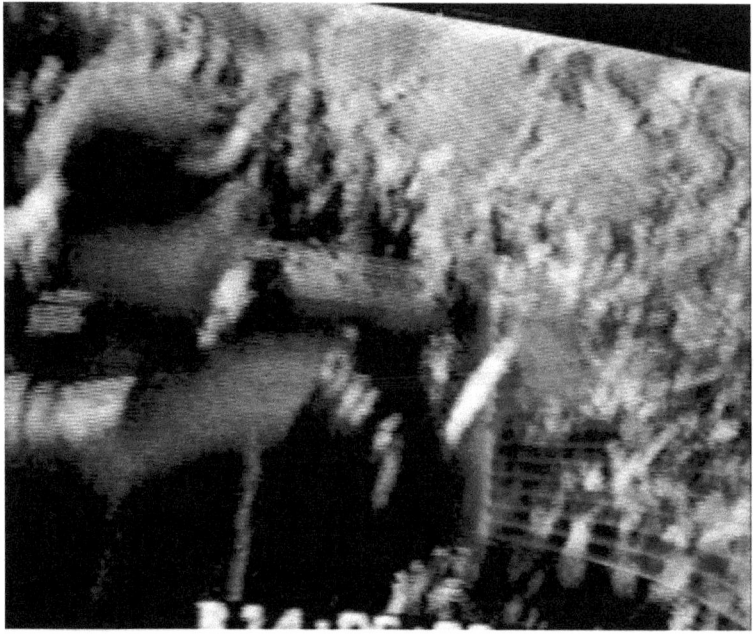

Giles je u Tuzli po odobrenju Selima Bešlagica, ratnog nacelnika grada, obucio branioce da utvrde rovove i ucvrste straže, a vec prvi dan je i sam pucao na cetnike

Pace nije išao kroz doline i klisure na tenku T47 sa dobro naoružanom grupom dobro izvježbanih vojnika. On je sa sobom imao samo jednog covjeka i obojica su bili naoružani ruskim automatima AK-47, poznatijim kao „kalašnjikov". Za njih su mogli puno lakše pronaci municiju nego za americku automatsku pušku M-16.

"Ja bih im uvijek uvijek uzvratio vatru, kad god bi zapucali na nas", rekao mi je. "Nisi mogao znati ko su bili ti momci što su pucali, poneki obuceni u vojne uniforme, ponekad u maskirnu uniformu, neki su bili u civilnoj odjeci. Kad god bismo naišli na njihove patrole oni bi zapucali sa nekoliko hitaca, ja bih im uzvratio i oni bi uvijek odustali od daljnje pucnjave i cekali skriveni dok im

Rat Za Boga I Bosnu

ne izademo iz vidokruga. Pri tome, vikao sam im: „Pacovi, pokažite se", ali njima nije padalo na pamet da mi izadu na nišan."

Lokalni ljudi su bili seljaci, pobožni, lijepi i vrijedni ljudi, koji su samo hteli da budu dobri muslimani, ne mudžahedini, za koje nisu ni culi dok se ovaj rat nije srucio na njih. Vecina ih nije znala ni šta je to, ali je zato citav svijet to znao, to jest najveci je dio javnosti imao svoju predodbu o muslimanima, kakva je stvorena u medijima, narocito na televiziji.

Cetnici su, medutim tacno znali ko su oni, da su nenaoružani i miroljubivi ljudi, koji su samo željeli da se u miru radaju, rastu i rade, žene se i dobivaju djecu, i da u miru umiru, poštujuci njihove drevne muslimanske obicaje, s kojima nikome nisu cinili nikakvo zlo. Napadnuti sa svih strana od cetnika, oni nisu bili cak spremni ni na bježanje, i tako biti lovina ostrašcenim cetnickim bandama ubica. Sve što su mogli uciniti bilo je da stoje na svojim trijemovima, lijepi starci i njihove supruge u starim cistim haljinama i pletenim džemperima, mladici s lopatama protiv cetnickih kalašnjikova, i, naravno, mlade žene, djevojke, najbespomocnije od svih. Sve što su mogli uciniti bilo je da stoje tamo i cekaju šta ce im se dogoditi, a cetnici su mogli s njima raditi šta su htjeli.

Uvijek je zapocinjalo kucanjem nekoliko naoružanih muškaraca na njihova vrata, zatim davanjem ženama prilike da pomognu svojim muškarcima saradujuci i pružajuci malo „prijateljske zabave" cetnickim vojnicima. Cim bi majku raširili na stolu i iživjeli se nad njom, zamijenili bi je kcerkom, a cim bi se, ranije ili kasnije, neki muž, otac ili brat, usprotivio dovoljno glasno, prerezali bi mu grkljan kamom i pobili sve muškarce u kuci.

U ponašanju ovih ubica nije bilo nikakvog dvoumljenja. Oni su prilježno i sa zadovoljstvom „radili svoje", a njihovi mediji i njihovi politicki lideri svoje, ponavljajuci uvijek istu pricu o vjekovnoj ugroženosti Srba i njihovom proganjanju. Istina je ovoga puta bila sasvim drugacija, i šta god da su oni i njihovi politicki i

Koljenovic

vojni lideri govorili u kamere svjetskih i vlastitih medija, prava istina je bila drugacija i sasvim neupitna. Bio je to nesumnjivi, strašni zlocin. Bilo je to istrebljenje nesrba u stotinama hiljada svim raspoloživim sredstvima, premlacivanjem, mucenjem, silovanjem, i na kraju ubijanjem, polijevanjem benzinom i paljenjem, dok tijela ne bi izgorjela do neprepoznatljivosti.

"Zašto sam bio jedini koji je bio tamo naoružan?", upitao je glasno Pace. "Bilo mi je dopušteno da budem tamo samo zato što sam upravo donio mlijeko za djecu i nešto lijekova. Ali, pitam ja vas, šta je dobro bilo u tome što sam ja donosio mlijeko djeci da prežive, ako ce tu istu djecu sutra opkoliti Srbi i pobiti ih. Ljudi koji su se zalagali za slanje humanitarne pomoci, kako je to cinila mormonska crkva, onima kojima je nametnut embargo na oružje i time onemogucena odbrana vlastitih života, su licemjeri. Oni samo pokušavaju izgledati dobro u vlastitim i tudim ocima, bacajuci hranu preko zidova u koncentracijski logor i ne cineci ništa suštinski korisno. Dok neko ne ode tamo s dovoljno topova s kojima bi kontrolirao dogadaje, slanje humanitarne pomoci omogucit ce samo jednu stvar – da ljudi u opkoljenim enklavama ne umru sasvim gladni."

To je strašna cinjenica za covjecanstvo. Koliko god pokušavali promijeniti tu cinjenicu, na kraju posljednja rijec uvijek pripadne momku koji može oboriti drugog udarcem u usta.

Po Paceu, sve to pocinje vrlo rano i svi mi to pravilo naucimo vec u obdaništu. "Tako je to sve do atomske bombe. Zadnju rijec uvijek ima superiorna sila. A mi se uporno nadamo da vlast pripada nekome dobrom, poput nastavnika koji u ruci drži šipku i s njom održava red u razredu. Znamo da u stvarnosti nije tako. Kao što znamo da neko mora da održava red. U slucaju Bosne, ta snaga se svodi na jednu stvar. "

„Znam, na puške!", rekao sam.

Rat Za Boga I Bosnu

"Tako je! Da parafraziram Maoa, „Opstanak ovisi o snazi puške", rekao je on. To što se odigrava u Bosni, ne odigrava se unutar nekih kulisa nekog SF filma. Tamo se zlocin cini nad stvarnim ljudima, nad komšijama i poznanicima, nad njihovim imanjima i njihovim zajednicama. Da su ti bosanski seljaci bili dobro naoružani, oni ne bi imali nikakvih problema braniti i odbraniti svoje domove od srbijanske agresorske vojske i bosanskih cetnika.„

Pace je znao šta sam osjecao prema cetnicima, hordama kukavickih hijena koje nocu napadaju nebranjena seoska imanja, ubijaju, siluju i pljackaju, ne štedivši žene, djecu i starce. Cak i da Svijet odluci da brzo zaustavi Srbe u njihovim genocidnim pohodima, bilo je potrebno poslati na njih najbolje obucene i naoružane trupe, koje bi u svemu bile nadmocne nad srpskom saveznom vojskom i cetnickim hordama.

Nakon toga su mogli naoružati i uvježbati lokalne milicije da se brane, a onda su mogli otici. U svakom slucaju, onaj presudni faktor koji je stanje na terenu cinio takvim kakvo je bilo, bile su puške. Negiranje Bošnjacima prava da se naoružaju i brane od napada cetvrte po velicini vojske u Europi, znacilo je biti saucesnik u zlocinima Slobodana Miloševica.

Ja sam nosio pištolj u toku moje šarolike karijere u Las Vegasu, i ne jednom sam bio u situaciji u kojoj je posjedovanje pištolja znacilo razliku izmedu života i smrti. Bio sam itekako svjestan da ako neko uzme moj pištolj od mene da cu se naci u takvoj situaciji da me ta osoba upuca mojim vlastitim pištoljem. Pištoljem koji je bio namijenjen za odbranu moga života. Kao naturalizirani Amerikanac ja sam veoma poštovan mudrost Drugog amandmana.

Kao ratni veteran, znao sam, kao što je i Pace znao, da postoji tacka u svakom ljudskom sukobu u kojemu ne postoji zamjena za oružje. Bez obzira na to šta kažu zakoni, javnost ili religija, ako u

Koljenovic

takvim trenucima nemate oružje, onda slobodno možete staviti svoju ženu na stol, pognuti glavu i kleknuti.

Pokazao mi je slike koje je napravio stojeci na sredini prekrasne duge asfaltirane piste aerodroma bez aviona. "Gledaj ovo. Ovo je aerodrom u Tuzli. Ova lijepa moderna pista nalazi se samo osam kilometara od mjesta gdje su ti ljudi izgladnjivani, a UN pistu drži zatvorenom za zracni promet. Da su UN takvi humanitarci kakvima se predstavljaju, sve što bi trebali uciniti bilo bi da daju dozvolu volonterskim ekipama letaca da ga koriste. Da su htjeli to da ucine, mi se ne bismo morali probijati kroz cetnicke linije po planinama da dostavimo nekoliko kamiona hrane za bebe u Tuzli."

„To treba zahvaliti Butrosu Butrosu Galiu, zaštitniku cetnika na kormilu UN-a", procijedio sam gorko.

"Umjesto toga, oni su rekli da se zracna luka ne može koristiti jer oni nisu mogli garantirati sigurnost slijetanja aviona", nastavio je Pace. „Do davola s tim! Zašto ne uzmemo stvar u svoje ruke i iskoristimo svoje znanje i iskustvo. Angie, znam mnoge momke, vijetnamske veterane, koji ce letjeti u vrucim misijama u Bosni kako bi ljudi tamo dobili hranu i lijekove, kad se vec oni plaše da ce biti oboreni nekim hotdogom dok lete u njihovim F-16."

"Ili jednim od Miloševicevih Mig-21", dodao sam, slegnuvši ramenima i prošavši nervozno prstima kroz kosu.

"Pitam se jesu li oni uopce odlucili na cijoj strani da upotrijebe svoje F-16", kazao je Pace suho.

Nije prošlo mnogo vremena od tog našeg susreta, kad je prica o naoružanju Bošnjaka i drugih koji su željeli ratovati na njihovoj strani, Srba i Hrvata, ponovo došla na red. Ko zna da li bih ja ikad ucinio išta sasvim konkretno da pomognem ljudima u Bosni, mojim ljudima, da nije bilo tog naocitog mormonskog ratnika Gilesa Pacea, koji je ucinio veoma konkretne stvari da pomogne mome narodu, kao da je njegov, bez ikakve namjere da njegov heroizam bude na bilo kakav nacin nagraden.

Rat Za Boga I Bosnu

Ja sam i do tada nešto pokušavao, ali sam, gledajuci Pacea i ono što on radi, shvatio da su svi moji pokušaji da preko štampe i pisama koje sam slao na adrese znacajnih politicara, necu ništa uciniti i da je to zapravo samo gubljenje vremena. Bilo je to, naravno, u redu, pokušavati i tako pomoci, ali jednostavno nije bilo efekta.

Najednom mi je postalo jasno da je jedini nacin da se pomogne Bošnjacima napadnutim od do zuba naoružanih srpskih trupa - naoružati ih, kako bi sami pružili otpor agresoru. Sve dok mi samo pricamo o tome kako bi ih trebalo naoružati, bilo je to zapravo samo tepanje našem egu. Jedina prava stvar bila je zaista uciniti nešto da se ti ljudi naoružaju. Sve drugo bilo je kao razlika izmedu dosadnog amaterskog krimica i drame kakvu je znao izrežirati samo Alfred Hickok.

Riješio sam da potražim stare prijatelje i upoznam ih sa svim što se dešava u bivšoj Jugoslaviji i Bosni. Na moje ogromno iznenadenje, oni su bili potpuno neinformirani i nezainteresirani o tome šta se dešava na drugoj strani Atlantika i Mediterana. Tim prije su rado prihvatili da pomognu u svemu u cemu mogu.

Stvari cesto izgledaju nevjerovatno jednostavno, narocito ako se dešavaju drugima. Lako je zapoceti rat, ali nije ga lako zaustaviti. Ako hocete da projektirate, dovedite arhitekta, on ce vam dizajnirati kucu ili konjušnicu, samo recite šta želite. Medutim, ne pitajte ga kako dobiti rat. Ako odete kod doktora, on ce vas pregledati, ustanoviti oboljenje i napisati vam recept. Upitajte ga za savjet o ratu, nece vam znati odgovoriti. Jedini koji ce vam znati odgovoriti na vaša pitanja su generali, zato se njima obratite kad tražite takav savjet. S njima cete dobiti rat.

Ako izložite problem generalu, on ce odmah preporuciti: „Zapocnimo rat, gospodine predsjednice", a onda ce vam reci kako da ga pokrenete. Usprkos tome što je ulazak u rat možda bio

Koljenovic

nepromišljen, zagovaranje njegovog napuštanja svejedno se karakterizira kao hereza, defetizam i izdaja, što je dvostruko glupo.

Cujemo kako ljudi i menadžeri rata nakon osam godina podviga Georgea W. Busha u Afganistanu kažu: "Gubimo Obamin rat." To je tako obeshrabrujuce. Pa to nije Obamin rat, to je Bushov rat. On nas je doveo do teroristickog bezakonja, unutar i izvan vlada. Zato je potrebno definirati ovaj rat i opametiti se.

Rat Za Boga I Bosnu

II

KRŠĆANSTVO I ISLAM

Jedna osoba koja se predstavlja kao istinski patriot upitala me je jednom da li ja mrzim Ameriku. On je optužio muslimane i mene da mrzimo Ameriku zbog „uvrjedljivih" komentara koje sam izrekao o podjelama i mržnji, te o onome što se događa u našoj zemlji danas, a moje riječi hvale za našeg predsjednika naišle su na njegov negativan komentar, s obrazloženjem da: „On uopće nije Amerikanac!" Pri čemu je, zamislite, mislio na Predsjednika SAD-a.

Odgovorio sam mu da je Predsjednik rođen na Havajima, u jednoj od pedeset država SAD-a. Također sam mu rekao da živim u Las Vegasu posljednjih pola stoljeća, nakon što sam u SAD doselio iz Crne Gore.

Da li ja mrzim Ameriku? Ne, ja volim Ameriku. „Onaj ko mrzi Ameriku si ti!", rekao sam mu. „Ono što ti voliš je fantazija, slika iz 18. stoljeća, koja prikazuje raj u kojem ti i tvoji susjedi živite na hiljadama jutara zemlje otete od Indijanaca. Vi ste na toj slici samozadovoljni slobodni ljudi koji u nepreglednom prostranstvu uživate u blagodatima zemlje i prirode, jašući slobodno na tek ukroćenim konjima. Eto, to si ti i to ste vi!"

Također sam mu rekao da su svi oni koji tako misle i govore iste boje i religije, da svi govore samo engleski i svi voze automobile koje je proizvela firma za koju rade, da svi znaju koju žrtvu treba prinijeti na oltar idola kojega obožavaju u njihovoj crkvi, u kojoj se

Koljenovic

u njihovoj preponosnoj aroganciji mole da mi ostavimo „njihovu" Ameriku i vratimo se tamo odakle su naši pradjedivi došli; u Crnu Goru, Bosnu, Hrvatsku, Irsku, Italiju, Poljsku, Kinu, Vijetnam, Meksiko, Arabiju, Iran i Pakistan, Kubu i Jamajku i druga mjesta za koja nikada nisu cak ni culi.

Rekao sam mu da volim Ameriku, usprkos svim njenim slabostima i mnogim ljudima poput njega koji me mrze zbog moga porijekla, nacionalnosti i religije. Podsjetio sam ga da je neko u Bibliji mudro primijetio: "Onaj ko sije mržnju u vlastitoj kuci, žnjat ce oluju."

„Pitanje je samo koji dio Amerike ti ne smatraš svojom kucom, pa misliš da u njemu možeš sijati razdor koji nece ugroziti cijelu naciju. Ako se budeš tako ponašao, ti ceš biti taj koji ce biti gubitnik", rekao sam mu.

Imamo mi dobar primjer kad su u socijalisticke Jugoslaviji Bošnjaci ukinuti kao nacija, cime su stvoreni daleki preduslovi da jednoga dana, možda, nestane i njihova država. Kasnije, padom komunizma, ljudi su se u Jugoslaviji poceli otvoreno dijeliti i po religijskoj pripadnosti, što je bila jedna od zastava s kojom su mahale novostvorene vlasti u želji za stvaranjem vlastitih jednonacionalnih država.

Medutim, kad vjerskö tijelo legne u krevet sa svjetovnom vlašcu i upotrijebi smrtonosni mac civilnog zakona da silom nametne svoj vjeronauk i svoje tabue, Biblija to naziva "Ljubakanjem s kraljevima zemaljskim" i s pravom tvrdi da je vjersko tijelo koje se nocu pretvara da je mladenka, u stvarnom životu kurva.

Americki Ustav poziva sve vjerskc ustanove da izbjegavaju miješanje religije i politike, jer se spoj „iskrenog domoljublja" i pobožnosti kršcanske desnice u americkoj politici zvanicno smatra nepoželjnim. Biblija i Ustav se slažu da takav "blud" trebaju izbjegavati i crkva i država podjednako, inace bi se moglo desiti da

Rat Za Boga I Bosnu

iz svjetla dana ponovo udemo mracni Srednji vijek. Ako želite da vaše crkvene ili religijske ustanove postanu korumpirane, ne postoji brži i bolji nacin nego da ih uvedete u opaku igru politike, novca i sile.

Ista pravila važe i za islam i judaizam. Osnovne premise tri glavne monoteisticke religije temelje se na teološkoj dogmi porodicnog idola poznatog kao Bog Abrahamov, koja u svom korijenu nije samo mitološka fantazija, nego zamka i prevara, bogohulna duhovna ucjena koja se temelji na idolopoklonickim lažima.

Te laži su razgolicene u revolucionaroj knjizi Jamesa Nathana Posta "Temeljna blasfemija", u kojoj autor pokušava obodriti svoje citatelje da otkriju da je Bog veci od krvožednih malih tirana i idola cije su slike urezane na stranicama bilo kojeg izdanja knjige o Abrahamovu Bogu, ciji je svijet spreman voditi nuklearni rat. Ako mislite da znate šta kršcanstvo ili islam ustvari zahtijevju, morate vjerovati, a ono što je samo po sebi jasna i logicna posljedica vjerovanja, jeste da knjigu preporucite za citanje.

Na žalost svih mudrosti i dobrih namjera islama, judaizma i kršcanstva, sve te religije posjeduju psihološku zamku koja vjernike navodi da sve koji ne pripadaju njihovim religijama, sektama i njihovim doktrinama, smatraju inferiornim u ocima Boga. Važno je upitati se: „Gdje je bio Bog Abrahamov pola miliona godina prije pojave monoteistickih religija, dok se covjek molio kamenim i drvenim bogovima, živio gol, bos i primitivan?"

Ekstremni stavovi nekih ljudi, kako na Istoku tako i na Zapadu, nažalost reduciraju islam na puritanski pokret koji samo traži kažnjavanje onih koji ne prihvataju totalitarnu vlast njegovog radikalnog klera. S druge strane, u nekim kršcanskim crkvama radikalizam zagaduje sve što je dobro u kršcanstvu. Islam je, medutim, kao i kršcanstvo, duboka covjekova vjera i nada u mir i oslobodenje od svakog grijeha, destrukcije i samodestrukcije.

Koljenovic

Razvoj covjecanstva u posljednjih pet hiljada godina napravio je nevjerovatno bogat mozaik kultura, religija, tradicija i obicaja. Nacinalna baština vidljiva je u mnogim elementima života pojedinih naroda, pa i u odijevanju.

Jedan od karakteristicnih odijevnih predmeta žena naroda kojemu ja pripadam, cesto je, ali ne i obavezno, marama, kojom udate žene u javnosti pokrivaju svoje glave. To nije zar, to je veo, medutim taj komad odjece ne treba odmah i uvijek povezivati sa islamom, kako je to u svijetu najcešce obicaj. Veo je samo dio kulture, ali ne i religijskog obicaja. Uostalom, nošenje vela prvo se pojavilo u judaizmu i kršcanstvu, a tek kasnije i u islamu. Isusova majka i sestra su ga nosili. Što znaci da je taj dio ženske odjece nasljedstvo koliko Jevreja, toliko i Arapa, i to kao dio kulturne, a ne religijske tradicije.

Mudro je, medutim, ne zaboraviti da se islam ne može reducirati na jednu osobu, bilo koje rase, boje kože ili nacionalnosti, kao i da muslimane ne bi trebalo tretirani kao ljude koji žele zaustaviti Sunce da se diže iznad Zemlje.

Pravo muslimana je da imaju bogomdanu slobodu, pristojno obrazovanje i zakonski riješena ljudska prava, kao što je napisano u sjajnoj americkoj Povelji o ljudskim pravima. Koja poziva svakoga da snosi odgovornost za sebe i ne želi covjeka uciniti slijepcem koji ce sa svojim štapom formalno popuniti prostor koji mu garantiraju demokracija, zakonom i božijom voljom zagarantirana ljudska prava.

Dakle, šta je islam: ideologija ili nacin života? Za vecinu muslimana to je nacin života. Muhamed nije postigao pobjedu macem, nego kreativnom i genijalnom politikom nenasilja. Kur'an osuduje sve ratove kao nasilje, dopušta samo samoodbrambene ratove.

Posljednji božiji poslanik Muhamed je govorio sa svojom zajednicom prije svoga putovanja u Nebo, pozvavši muslimane da

Rat Za Boga I Bosnu

koriste religiju da se približe drugima, a ne da se udalje jedni od drugih, jer su svi ljudi braca, navodeci Božiju uputu: "Evo smo vas stvorili, muškarce i žene, da živite u plemenima i narodima, tako da znate jedni za druge. "

Islam nikada nije bio razlog ukidanju ljudskih sloboda. Naprotiv, islam se može tretirati kao grana znanja i saznanja, kojom su obogacena ljudska srca, bez pretenzije da ova religija sa svojim ucenjima bude silom nametnuta covjecanstvu. Islam samo podstice osjecaj za slobodom ljudskog uma i njegove duše, bez potrebe da lažnim obecanjima privuce nove vjernike.

Pitanje je, dakle, ko je opcinjen lažima i kome treba sila za utjerivanje njegove „istine"? Kako, uostalom, razlikovati muslimane sa dobrim i muslimane sa lošim namjerama, posebno nekome ko je sklon pojednostavljivanju i poistovjecivanju?

Treba reci da zaista postoje oni koji vjeruju da su u pravu kada silom teže nametnuti njihove laži, i koji vjeruju da imaju pravo igrati se Boga, provodeci svoju istinu kroz cijev svoga pištolja. To su oni negativci, na Istoku i Zapadu, koji su islam iskoristili kao vrlo ucinkovito sredstvo borbe za ciljeve koje su sebi zacrtali da ih ostvare.

Istok tvrdi da brani islam, a u stvari ga koristi za kontrolu gladnih i siromašnih masa, uskracujuci vjernicima pravdu. Gorka je istina da se islam cešce koristi za odbranu moci šacice pojedinaca, nego da bogata vladajuca manjina u muslimanskom svijetu ispuni svoje obaveze prema svojim sunarodnicima i suvjernicima i tako daju primjer dobrog islamskog ponašanja.

S druge strane, Zapad koristi taktiku zastrašivanja i kontrole svoje javnosti filujuci ih svakodnevno preko medija prizorima stvarnog ili iskonstruiranog islamskog terora, cime se stvara klima neprijateljskog raspoloženja prema islamu i muslimanima, a strah od jednog neprijatelja, socijalistickog bloka i komunizma, poslije pada berlinskog zida i SSSR-a zamijenjen je strahom od novog

Koljenovic

neprijatelja, islama i muslimana. Iskonstruirani ili pak nasilno stvoreni islamski terorizam, koji cesto nastaje kao odgovor na terorizam prema islamskim državama i muslimanima, stvara novi fanatizam i na jednoj i na drugoj strani, kojim se u slucaju Zapada maskiraju pravi uzroci ratova, koji leže u ekonomskom profitu i neokolonijalizmu kršcanskog i jevrejskog Zapada prema bogatim islamskim zemljama, punim ogromnih zaliha nafte, plina i drugih prirodnih bogatstava.

Meni to sve izgleda kao bogomdano bogatstvo dato na upotrebu narodu, ali kako mu tuda i domaca vlast ne da da uživa u tom bogatstvu, narod ima pravo na revoluciju.

A mi necemo maštati dalje o tome, jer evo ovdje imamo crno na bijelo Oca osnivanja Talibana i Bin Ladenove ideologije, mada možemo vjerovati da je Regan imao zdrav rezon prema ovim revolucionarima, ali da je politika u Americi, pod utjecajem Izraela i njegovih lobista, dovela do savremenih tragicnih dogadaja.

President Ronald Reagan's Meeting With The Taliban At The White House In 1985

"These Gentlemen Are The Moral Equivalents Of America's Founding Fathers."
      - Ronald Regan, 1985

Rat Za Boga I Bosnu

Prilikom susreta u Bijeloj kuci sa afganistanskim talibanima 1985. godine, predsjednik SAD-a Ronald Regan je izjavio: Ova gospoda su moralni ekvivalent osnivaca Amerike

Moj prijatelj Michel Sckot, veteran i saradnik ove grupe, za ove poštovane ljude na slici sa presjednikom Reganom kaže sljedece: „Tako se to radi. U Afganistanu su tajni agenti CIA-e stvorili Osamu Bin Ladena, naoružali Afganistance i obucili ih za borbu protiv Rusije od koje je Afganistan bio napadnut. Sada ti isti ljudi, koje smo naoružali za rat protiv Rusije, ratuju protiv Amerike, skrivajuci se u pecinama Tora Bore i obarajuci americke avione raketama koje smo im mi dali.

U Iraku je, ista ta tajna mreža za specijalna djejstva naoružala Sadama Huseina prilikom irackog rata protiv Irana, ciji islamski lideri su svrgnuli šaha Rezu Pahlavija, koji je opet bio držan na vlasti od istih tih CIA-inih tajnih agenata. Nakon što je iransko-iracki sukob završen, odjednom su celnici Zapada, britanski premijer Tony Blair i dva predsjednika Busha, poceli tvrditi da Sadam Husein proizvodi ogromne kolicine biološkog oružja za masovno uništavanje žive sile, koje su vec koristili protiv svojih kurdskih stanovnika, a kojaga su dobili preko CIA-e još tokom iransko-irackog sukoba.

Takvo ponašanje došlo nam je na naplatu nakon što su George Bush i Sadam napokon razriješili svoje stare racune, pri cemu Sadamova smrt i nije neka tragedija, ali jeste smrt pola miliona drugih ljudi.

U danima prije nego što su americke bombe pocele padati na Bagdad, Sadam je izjavio da je on zaštitnik islama, medutim taj isti islam zapravo je trebao zaštitu od Sadama, kojega su Amerikanci na kraju ulovili kao progonjenu zvijer i vlastorucno objesili.

Koljenovic

Zapad i Izrael moraju malo „ohladiti" od Arapa i Perzijanaca. Islam i slika o islamu poceli su se na Zapadu mijenjati i blatiti od onoga trenutka kad su politicari odlucili voditi njihov sveti rat na Istoku protiv Arapa. Tako je bilo i u doba križarskih ratova. I umjesto da vodimo nove krstaške ratove, mi prvo trebamo napraviti jedan korak unazad i dobro promisliti o našem angažmanu u ratovima u Iraku i Afganistanu.

I drugo, mi moramo biti svjesni da islam prakticira više od milijardu ljudi diljem svijeta, kao i da islam nije samo religija, nego i nacin života, koji mi ne trebamo i ne smijemo pokušavati nekome promijeniti, a da je rat svakako najveca prepreka neminovnoj uspostavi boljih odnosa izmedu Istoka i Zapada.

S druge strane, radikali predstavljaju veliki problem i u arapskom svijetu, jer vjeruju da sa Zapadom ne treba voditi nikakav dijalog, zato što je Zapad agresor i Đavo, s kojim nema nikakvog smisla pregovarati. Po njima, oni koji žive na Zapadu, zbog toga su osudeni da završe u Paklu.

Otkako je Osama bin Laden zapoceo vlastiti križarski rat protiv Zapada
i medijski objelodanjivati svoje stavove o Zapadu, siromašni i obespravljeni ljudi poceli su vjerovati da je on Bog licno, pa su pojedini fanatici Zapad prepoznali kao metu svoje osvete.

U sovjetskoj revoluciji 1917. godine narod je pozivao na promijene, ali niko kod kuce niti u inostranstvu nije slušao njihove pritužbe. Ljudi su umirali i trebali su pomoc, baš kao što je danas u arapskoj revoluciji obicnim ljudima potrebna pomoc. Problem je ovdje još i u tome što se religija i politika kuhaju u istom loncu, a lideri spavaju u istom krevetu. I dok vragovi plešu zajedno, narod gubi i dobiva samo probleme i patnju.

***

Rat Za Boga I Bosnu

Eufrat i Tigris žure da se spuste s anadolskih planina tekuci prema rubu Crnoga mora, odbijajuci uporno da se ujedine u jednu rijeku. Umjesto toga, one izmedu sebe tvore livade Božijeg Rajskog vrta, hraneci zemlju Abrahamovu, izvor života u srcu plodnog polumjeseca.

Bilo ovo rodno mjesto covjecanstva ili ne, ovaj komad zemlje uzima se kao kolijevka civilizacije. Semitski narodi, Arapi i Jevreji, zatim Arijevci, Perzijanci, hindusi i vedski ljudi, svi oni vode zajednicku krvnu lozu pristiglu od tamo davno prije pocetaka pisane povijesti.

Ovdje su, u ovom zlatnom polumjesecu, ljudi poceli stvarati prve pisane simbole, koristiti njihovu magiju za bilježenje dogadaja i promjene u svakodnevnom životu. Oni su izmislili rijeci za pisanje price o prošlosti i zabilježili pocetke racunovodstva, cime se zapocelo sa pisanjem ljudske povijesti.

Prateci dogadaje kroz stoljeca do današnjih dana možemu uživati u tom dugom putovanju punom znacajnih dogadanja, možemo i maštati, na primjer o tome kako je bilo biti kralj Kir Veliki. Njegova pobjeda nad Babilonom duboko je utjecala na daljnji tok povijesti, a stvari bi bile sigurno drugacije da je neko drugi od slavnih osvajaca bio na njegovom mjestu.

Kir je omogucio puno sudjelovanje gradana u javnom životu i osvojio srca i umove ljudi. On je bio prvi veliki vojni lider koji je imao vlastitu strategiju ratovanja uskladenu sa snagom svoje vojske, kao i strategiju vladanja državom, osvojenim teritorijima i narodima.

Jednako prepoznatljiv i kao državnik i kao vojnik, provodeci politiku velikodušnosti umjesto represije, kao i poštivanja drugih lokalnih religija, bio je u stanju pretvoriti pokorene narode u svoje gorljive sljedbenike. Kir je pružio gradanima slobodu kretanja do bilo kojeg mjesta u njegovoj ogromnoj carevini, a Kirov cilindar, glineni stub na kojem su zapisani njegovi zakoni, smatra se prvim pisanim spomenikom o ljudskim pravima.

Koljenovic

Od 535. do 530. godine prije Krista Kir finansira povratak više od pedeset hiljada Jevreja u svoju pradomovinu u današnje Hašemitsko Kraljevstvo Jordan, u dolinu rijeke Jordan u Gazi. Tako je Kir, svojim licnim potezom, na neki nacin omogucio kasnije formiranje svih drugih monoteistickih religija nastalih u ovom regionu.

Bez njegove slobodarske politike prica o Abrahamu možda nikada ne bi bila upamcena i zapisana, a storija o Djevici Mariji i rodenju Krista ostala bi zabilježena samo u porodicnoj tradiciji. Kir bi danas rekao: "Djeco moja, ne brinite, znao sam šta radim. Na kraju krajeva, napravio sam ispravnu stvar. Abraham je uradio ono što sam ocekivao da ce uraditi, a vi ste svi moja djeca i ja sam ponosan na vas i na vaš uspjeh. "

Covjecanstvo nije bio velikodušno prema drugima i to je bila posljednja takva misija spašavanja jednog naroda. Od tada smo otkrili nove religije, nove bogove, nove poslanike, a mi smo danas podijeljeni i cinimo sve što možemo jedni protiv drugih, ne zbog etnickih ili kulturnih razlika, nego zbog razlika u vjerama koje nazivamo judaizam, kršcanstvo i islam.

Rat Za Boga I Bosnu

Za one koji ne znaju šta je to vagon sa slomljenim tockovima, evo i odgovarajuca fotografije. To takoder može biti situacija u kojoj se putuje bez plana i cilja i još gore bez sigurnog prevoza

Medu svim dobrim i zlim djelima koja su se dogodila u vremenima starih i novih carstava i njihovih vladara, jedino si ti, Kir Veliki, bio darežljiv i milosrdan. Niko drugi nije bio takav, pocevši od Aleksandra Velikog, preko Julija Cezara, Mongola, muslimanskih vladara, Pape Urbana II i njegovih križarskih ratova, do Timurhanovih krvavih pohoda. Sinovi Abrahamovi, Božijom milošcu naseljeni su na Zapadnoj obali dugo nakon što je vagon sa slomljenim tockovima napokon stigao.

Isus Krist je roden u Betlehemu i navodno je poslan da covjecanstvo i Svijet spasi od prokletstva. Rim, medutim, nije želio biti spašen, a Isus je shvacen kao opasnost za Carstvo. Ime Kristovo kasnije je cesto bila goruca baklja koja je išla ispred ljudi u mnogim ratovima u ime Boga, ali je takva baklja cesto bilo i ime posljednjeg poslanika Muhameda. Njihovo ime poslužilo im je samo kao izgovor za ono što cine i kao pokušaj da ne budu osudeni za svoja djela. Da li je Bogu zaista stalo do dnevnih ljudskih gluposti, naših nedjela i terorizma u njegovo ime? I Kako mu to izgleda kad vidi kako ljudi vjeru i vjerovanje stoljecima koriste za svoje najmracnije ciljeve, urlicuci: "Smrt nevjernicima..., smrt židovima... smrt kršcanima..., smrt muslimanima..."

Pitam se kako to da svako razgovora sa Bogom, osim mene. Možda bih trebao prestati okretati svoje lice na istok, prema Meki. Znam, svi mi imamo pravo moliti se Beskonacnom Bogu ili zazivati višu silu, ali pravi posao je kada vam Bog odgovori. To je tek stvar za divljenje. Jeste li zapazili u posljednje vrijeme na TV-u kako Bog vodi vojske u ratu, lijeci bolesne, pomože igracima da dobiju nogometnu utakmicu. Impresivno je vidjeti propovjednike na TV-u

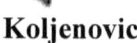

Koljenovic

koji su postali miltimilioneri samo zato što uvijek zazivaju Boga i njegovo ime, i neprestano placu: "Bože, blagoslovi me i pošalji mi svoj novac... Bože, blagoslovi Ameriku." To je vec postao zajednicka refren. A ja mislim da je Bog vec dovoljno blagoslovio Ameriku, da smo vec odavno dobili više od onoga što nam po božijem i ljudskom pravu pripada.

Ostatak svijeta nije bio te srece. Zato tamošnji vjernici moraju moliti glasno iz petnih žila, jer vecina nemaju planinu Sinaj, Betlehem, Meku i Medinu. To je pravi peh. S druge strane, neki ljudi imaju sve to, poput Bin Ladena, i to samo zbog toga što tvrde da Bog pripada samo njima. Kroz stoljeca svaka strana moli za svoju stranu, naša za svoju, a neprijateljska za svoju. Nije mi jasno ko je božiji neprijatelj i šta oni pricaju. Bog je kidnapovan od ovih kao što su Bin Laden, zapadni kršcani i mali broj fanatika, medutim, to kod Boga ne prolazi.

Ono što je jedino važno Svemogucem Bogu jeste spašavanje Planeta od ludaka. Posljednjih godina naše kobne povijesti mi cemo biti svjesni da nismo smjeli ignorirati majcine suze. Sve religije prakticirale su neki oblik prisilnog preobracenja masa na svoju stranu i odbijanja uz riskiranje otudenja ili smrti. To se u posljednjih pet stotina godina dogodilo i u našoj novootkrivenoj zemlji Americi. Rusi su ubili i nasilno preobratili i istrijebili hiljade kavkaskih i kaspijskih Kozaka i pripadnika turkmenskih plemena, jer su drugaciji. Vecina južnoamerickih domorodaca, naroda Ognjene Zemlje i Argentine, Inka, Azteka i Maya, preobraceni su u katolicanstvo ili ubijeni. Od Sjevernog pola do Kalifornije, Britanska Imperija je stvorila kolonije u kojima je ubijeno na stotine hiljada sjevernoamerickih indijanskih domorodaca.

Hernando Cortes i njegovi španjolski osvajaci koloniziraju Novi Svijet i pokrštavaju lokalno indijansko stanovništvo. Cortes ubija hiljade domorodaca i njihovog kralja Montezumu, uništava njihovu kulturu i gradevine, otima neprocjenjive kolicine zlata,

Rat Za Boga I Bosnu

domoroce pretvara u robove. Cortes je u njegovom dnevniku napisao da nikada nije vidio tako lijep grad kao Tenochtitlan i njegove palace sa plutajucim vrtovima. Kad je Cortes završio sa svojim „poslom", tamo više nije bilo plutajucih vrtova.

Tokom sukoba u Jugoslaviji i Ruandi jedna grupa ljudi pokušala je uništiti drugu, jer jedna grupa vjeruje da je Krist Bog, a drugi vjeruju da je on samo prorok i glasnik Beskonacnog Boga.

Židovski rabini su rekli da je prorok Izaija najavio dolazak Krista kao samog Boga, tako da Krist nije trebao doci kao tesar ili ribar, nego kao neko ko ima mnogo vecu moc i ugled. Ipak, kada su Rimljani insistirali na tome da je Bog došao na zemlju u oblicju rimskog cara, Jevreji su se pobunili.

Iako nisam kršcanin, mislim da mogu reci da su Krist i njegova misija skoro uspjeli, usprkos tome što je Krist došao kao siromah, propovijedajuci pravdu i bolji život za covjecanstvo. Ni Muhamed, ni Isus nisu nikada tražili od ljudi da ubijaju jedni druge u njihovo ime. Umjesto toga oni su tražili od ljudi da prihvate jedni druge i da žive u bratstvu jedni s drugima.

Jasno je da zapadnjaci zaboravljaju ili namjerno ignoriraju udio koji su islam i ljudi sa Bliskog istoka imali u razvoju civilizacije i prenošenju dotadašnjih i novih znanja na Zapad. Cak se može reci, da nije bilo islama, ne bi ni kršcanstvo opstalo. Islam je, na neki nacin, moralni stup i izvor hrane za kršcanstvo. Tokom više od dvije hiljade godina velike su civilizacije, od Perzijanaca do Aleksandra Makedonskog, Rimljana, egipatskih faraona, preko vode posljednjeg mongolskog carstva Timura, zatim Konstantina i Osmanlija, neperekinuto prenosile i razvijale dotadašnja dostignuca u polju arhitekture, nauke, astronomije, matematike, medicine, lingvistike, književnosti.

Koljenovic

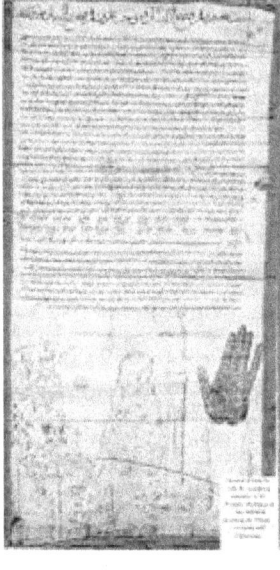 

Originalni dokument „potpisan" otiskom dlana Poslanika Muhameda u kojem se nalaže muslimanima da poštuju i cuvaju krščane. Dokument se nalazi u Turskom nacionalnom muzeju u Istanbulu

Sve do 1492. godine i vremena španjolskog osvajanja Novog Svijeta, usprkos ratovima koje je Sveto rimsko carstvo vodilo protiv muslimanske Granade i Cordobe, tamo su stajali najljepši spomenici i gradevine muslimanskog bliskoistocnog naslijeda, preuzetog sa prostora Tunisa, Libije, Casablance u Maroku, Jeruzalema i Petre u Jordanu, Edenskog vrta u zemlji Babilon, Meke i Medine u pustinjama Saudijske Arabije.

Dok je Europa živjela u mracnom srednjem vijeku u malim plemenskim zajednicama, na Bliskom istoku su cvjetale kulture i carstva u kojima su tekli med i mlijeko, kineska svila bila dnevna garderoba, a trgovina bila razvijena širom tada poznatog svijeta, sa najnaprednijim naucnim dostignucima, što Zapad nije priznao još stotinama godina kasnije.

Rat Za Boga I Bosnu

Dok su se samostanske biblioteke s pocetka renesanse mogle pohvalili svojim knjižnim blagom od dvadeset ili trideset rukopisa, islamske biblioteke u Cordobi, Alhambri i Granadi imale gotovo pola miliona uvezanih knjiga, pisanih na arapskom jeziku na najljepšem pergamentu izradenom od konoplje, cija se smola koristila kao medicinski analgetik.

Mnogi davno izgubljeni tekstovi velikih grckih umova cuvaju se danas u katolickim samostanima. Oni su sacuvani zahvaljujuci tome što su ovi tekstovi bili prvo prevedeni i zapisani na arapski, da bi ih tek kasnije po arapskim prijevodima na latinski preveli katolicki svecenici.

Sa arapskog su na latinski prevodena i druga naucna djela nastala u islamskom svijetu. Tako se u jednom od njih opisuje niz eksperimenata na islamskom sveucilištu u Cordobi, gdje se govori o izradi letecag uredaja sa pernatim krilima, nalik onome koji je pet stotina godina kasnije pokušavao osmisliti DaVinci.

Oni su imali visoko razvijen studij astronomije i navigacije, te su precizno izracunali promjer Zemlje stotinama godina prije nego što je Kolumbo isplovio na svoj sudbonosni „put u Indiju", otkrivši Ameriku. Koristeci brojeve preuzete iz indijske matematike, razvili su savremeni oblik racunanja koji se temelji na uvodenje u racunanje broja 0, što je omogucilo složene matematicke operacije i zbog cega je, napokon, naziv za nulu uzet iz arapskog jezika.

Oni su stvorili sfericnu trigonometriju i algebru, što je arapski naziv koji oznacava "spajanje, namještanje (polomljenih) kostiju", koje je izumitelj koristio za opisivanje metoda rješavanja kvadratne jednacine. Nedostatak sistema matematike koji su uveli Arapi bio je glavna prepreka Rimljanima u njihovom napretku u nauci.

Kur'an je nacin života za sva vremena. To je jedan od temeljnih propisa Kur'ana u skladu s cijim ucenjem bi sav svijet

Koljenovic

jednoga dana trebao biti ujedinjen u islamu, kad ce svi ljudi živjeti u skladu sa Božijom mudrošcu, voljom i zakonom.

Zbog toga je liderima islama oduvijek bilo sasvim prirodno da islam uzima sve više i više svijeta pod svoj šator, pri cemu je islam sam sebi preporuka i zbog toga ga nije potrebno nametati silom ili bilo kakvim drugim vidom pritiska. Život je kratak i skora smrt ce pokazati da su najbolji od svih ljudi i stvorenja oni koji imaju cvrstu vjeru i cine dobra djela.

Ja mislim da bi se svi istinski vjernici morali osloniti jedni na druge kako bi zajednicki stvorili što stabilniji i prosperitetniji svijet. Medutim, medu narodima, kulturama i religijama, oduvijek su se isprjecivali zidovi, i to u doslovnom smislu, pocevši od Kineskog, preko Berlinskog, do savremenih zidova i žicanih ograda koje se danas, s pocetka 21. stoljeca, dižu na rubu Zapadne Europe prema europskom i daljem istoku.

U tom smislu svakako je najmarkantnija i najznacajnija pojava podizanja preko devet hiljada kilometara dugog Kineskog zida, gradenog u vremenu od 500 godine prije nove ere, pa sve do 17. stoljeca, zida koji nije odvajao samo narode i civilizacije, nego je zaslužan i za odvajanje kultura i religija, da bi se ta odvojenost i posebnost uglavnom održala do danas, usprkos tome što u taoistickoj, konfucijanskoj i budistickoj Kini odavno ima znacajan broj i muslimana i kršcana, ali je ova velika zemlja ipak i uglavnom ostala samo svoja, narocito u pogledu religije i kulture.

U svakom slucaju, nagadanja pojedinih teoreticara o tome da je Kineski zid podignut upravo zbog toga, da odvoji i sacuva Kinu i kinesku kulturu, filozofiju, religiju i civilizaciju opcenito od drugih civilizacija, kultura i religija, nisu održiva. Ovaj je zid, jednostavno, nastao stoga da ocuva teritorijalni i državni integritet Kineza i njihove države, pa je time ocuvao ovaj prostor i od svih drugih, za Kineze neželjenih utjecaja izvana. On ipak nije sasvim sprijecio

Rat Za Boga I Bosnu

prodor drugih religija na svoj ili teritorij koji je osvajanjem pripao Kini.

Broj kršcana i muslimana od skoro milijardu i 400 miliona stanovnika u toj najmnogoljudnijoj zemlji zanemariv je za ukupnu masu stanovništva Kine, ali ako se njihov broj posmatra izdvojeno, onda se ipak radi o veoma respektabilnim ciframa.

Bio sam nemalo iznenaden otkrivši da u Kini živi 117 miliona muslimana. Još sam više bio iznenadjen shvativši da za 1400 godina postojanja islama i stoljecima dugog njegovog prisustva u Kini, islam tu još uvijek nije shvacen kao religija saosjecanja i davanja. Tako je i u zapadnom svijetu, a i ja sam, nažalost, jedan od onih Zapadnjaka koji povremeno pogrešno shvataju vlastitu religiju.

Kur'an se, naravno, ne može ni na koji nacin „kriviti" za zloupotrebu i pogrešno shvatanje islama. Krivce treba tražiti u pohlepi i pogrešnoj interpretaciji religije njenim konzumentima, pri cemu se lokalni obicaji i samostvoreni plemenski zakoni, koji nemaju veze sa religijom, stavljaju u ravan sa Kur'anom i vjerskim ucenjima, što je isto kao da današnje moderne državne zakone integrirate sa Biblijom ili Kur'anom.

Odvajanje religije od države je jedini garant da dvije tako razlicite institucije nikada ne smiju biti integrirane u jednu. Zemaljski zakoni su garancija mira i sigurnosti za gradane. Kur'an ili Biblija su, po mom mišljenju, štivo za meditaciju nakon napornog radnog dana. Moje vlastito iskustvo kaže mi da je meditacija korisna i, hvala Bogu ili Alahu, svejedno, za njegovo vodstvo i zdravlje koje je podario mojoj porodici i mojoj zemlji. On mi je uvijek davao unutrašnji mir i volju za oprost za sve koje nosim u svojoj duši.

Islam je predstavljen Svijetu kroz licnost Muhameda, poslanika Božijeg, koji je kroz Kur'anske upute izgovarao Božiju rijec. Odmah po objavljivanju ove religije poslaniku Muhamedu, islam je imao neobican efekat na prostor Arabijskog poluotoka. Nakon što su stoljecima vodili neprestane meduplemenske ratove,

Koljenovic

stavši pod zajednicku islamsku zastavu Arapi su se ujedinili, a njihove medusobne borbe su prestale.

To je bio preduslov stvaranja velikih islamskih država i krajem srednjeg vijeka stvaranja carstva veceg nego što je bilo Rimsko. Tokom 530 godina osmanske vladavine na Bliskom istoku vladao je relativni mir. Medutim, krajem XIX stoljeca mnoge bliskoistocne zemlje sklopile su savez sa zemljama zapadne Evrope, u nadi da ce se osloboditi Turaka. Oni su vjerovali obecanjima Zapada da ce ih osloboditi od osmanske uprave, te da poslije toga nece intervenirati u njihovim unutarnjim poslovima. Dakle, oni su se od Zapada nadali oslobodenju, nikako novoj okupaciji, pri cemu bi sa Zapadom održavali prijateljske odnose, razvijali medusobnu trgovinu i sve drugo što ide uz odnose sa prijateljskim zemljama. Rezultat je bio oslobadenje transkontinentalnog prostora Jordana od strane britanskih i drugih saveznickih vojnih snaga. Oni tada svoje zapadne saveznike nisu nazivali nevjernicima niti okupatorima, nego oslobodiocima, da bi Britanci godinama ostali na tim prostorima, stvorivši od Jordana svoje glavno uporište na Bliskom istoku.

Saveznici su glavne borbe sa Turcima vodili za oslobodenje Bliskog istoka, Egipta i drugih sjevernoafrickih država, za teritorije država Perzijskog zaljeva, Asirije, arabijskih pustinja, Meku i Medinu, dom proroka Muhameda, za Ur, rodno mjesto Abrahama i Babilon u današnjem Iraku, za teritorije Etiopije i Somalije. Ono što je Zapad radio pod agendom humanitarne i politicke akcije, na kraju se pokazalo kao ekonomski i strateški program skriven od Arapa, koji nisu bili ni svjesni šta se nalazilo „pod njihovim krevetom". Bilo je to ono što mi na Zapadu nazivamo "crno zlato", a Indijanaci „zatrovana voda".

Obuzeti industrijskom revolucijom zapadnjaci su shvatili kakvo bogatstvo leži u naftnim poljima pod zemljama Bliskog istoka, te da ih oni moraju osvojiti po svaku cijenu, politicku i vojnu. Oni su znali da su naftne rezerve Arapskog poluotoka i ostatka

Rat Za Boga I Bosnu

Bliskog istoka daleko vece od polja u Teksasu i Oklahomi, te da se na Istoku nalazi bogatstvo u mjeri u kojoj oni nisu ni sanjali. Zato je Zapad odlucio da je preuzimanje kontrole bliskoistocnih nafnih polja projekt od najvece važnosti. Da bi to ostvario, Zapad je te prostore odlucio pokoriti kombinacijom stvaranja unutrašnje politicke i ekonomske nestabilnosti, da bi na kraju, zavadivši prvo tamošnje vladare i zarativši plemena, upali sa svojom vojnom silom da tobože gase ratne požare koje su sami potpalili i preuzmu kontrolu nad masama.

Posljednji vladar Arapskog poluostrva krajem 18. stoljeca, tacnije posljednjeg desetljeca tog stoljeca, bio je niko drugi do moj predak Džafer-paša Koljenovic. Arapi su ga zvali Celicnom Rukom, što je bila reputacija koju je zaradio cvrstom vladavinom prava i kontrole društva, jer je bio covjek koji je striktno poštovao zakon i red. Po svemu, on je bio poštovana osoba, pri cemu je neizostavno pitanje kako neko ko nosi epitet covjeka celicne pesnice, može biti tako široko poštovan. Odgovor je jednostavan. Džafer-paša je samo dobro obavljao svoju dužnost, a ljudi koji su ga bolje poznavali znali su da je on bio u stanju shvatati neciju želju za slobodom, makar ona bila izražena i kod ljudi koji su bili pripadnici i njegove vojske.

Da bi se pobijedile Osmanlije, moralo se poceti sa Arabijom i Egiptom. Ako se Arapi pobune protiv Osmanlija, oni ce prihvatiti pomoc koju ce im ponuditi Britanska imperija i Zapadni svijet, pa ce se po istom metodu nastaviti oslobadanje Bliskog istoka. Bila je to zamisao koja je dobro prihvacena, a entuzijazam o ovoj zamisli širio se kao požar Istokom. Obecanja Velike Britanije i velikih sila krenula su sa sloganom: „Vaše oslobodenje je cekalo predugo." Zapad, medutim, pod ovom parolom nije mislio na oslobodenje Arapa od Osmanlija zbog Arapa, nego zbog sebe. Osmanlije je trebalo skloniti da bi se na njihovo mjesto instalirao Zapad.

Drugim rijecima, to je podrazumijevalo kolonizaciju Istoka od strane Europljana, kao i novi križarski rat kojim bi bili vraceni

Koljenovic

teritoriji koje je engleski kralj Ricard sramno izgubio od arapskog ratnika Salahudina. U Jeruzalemu, rodnom gradu kršcanstva, dogodio se ponižavajuci poraz krstaša, a Ricard je poslat kuci slomljenog srca, jer mu nije bilo dozvoljeno da posjeti rodno mjesto Isusa Krista, a možda i više zbog toga što je izgubio svoju princezu, koja nije odoljela Salahudinovom šarmu, barem tako kazuje legenda, a tako su govorili i njegovi vojnici.

Britanci su ispravno racunali. Oni nisu morali proglasiti krstaški rat da bi osvojili Istok. Kršcanski svijet mogao je ponovo šetati Mekom i Medinom, bez ispaljenog metka. Kakav nacin da se zagospodari teritorijem.

Nakon pada njihovog carstva, neuspjeha u Prvom svjetskom ratu, borbi sa invazionim grckim trupama, Turcima je bilo jasno da je došao odlucujuci trenutak za njihov opstanak. Situacija je bila teška i cak obecavala moguci nestanak Turske.

Medutim, ova je zemlja nakon mnogo stoljeca ponovo iznjedrila jednog istinskog politickog i vojnog genija, Kemala Ataturka. On i njegovi generali povlace vojsku na prvobitne nacionalne granice. Obrazovan na zapadnjackim, tacnije na britanskim vojnim i politickim tradicijama, Ataturk se istovremeno obracunava sa unutrašnjim i spoljnim neprijateljem, kojeg poražava na obalama Dardanela i Carigrada. Turska je ponovo preživjela, a drevni Konstantinopolis ili Carigrad, dobiva novo ime – Istanbul. Medutim, Engleska, Francuska i ostatali saveznici, ostvarili su svoju želju – Jeruzalem se najzad „vratio kuci".

Teško je ne složiti se sa cinjenicom da su, nakon tragicnih vojnih neuspjeha francuskog kralja Filipa Augusta II, engleskog kralja Ricarda i njemackog Fridriha Barbarose, krstaške vojske pocinile najveca zvjerstva u povijesti svjetskog ratovanja, na Siciliji, Kipru, Akri i na svakom drugom mjestu gdje su krocili svojom nogom...

Rat Za Boga I Bosnu

Filip i Barbarosa shvatili su uzaludnost svoga pohoda na vrijeme, ali je Ricard bio uporan. Napokon, pritisnut Salahudinovim vojskama, on shvata da je pokušaj zauzimanja Jeruzalema ravan samoubistvu i do nogu potucen vraca se u Europu.

Krstaški ratovi nisu nikome donijeli nikakvo dobro, pa ni zavojevacima. Umjesto toga, ovi su ratovi donijeli razaranja i smrti sa obje strane, a kršcanstvo vrtili natrag u mracno doba.

Koliko god je Ricard imao srece i živ se izvuklo pred nadmocnim Salahudinovim vojskama, toliko nije imao srece vracajuci se natrag u Francusku, cijim je dijelom vladao i osjecao tu zemlju više svojom nego rodnu Englesku, u kojoj je kao kralj proveo svega pola godine. Zavaden sa pola europskih vladara putovao je inkognito, da bi ga pred Božic 1192. izmedu Beca i moravske granice zarobio vojvoda Leopold V Austrijski, i optužio ga za smrt jeruzalemskog kralja Konrada.

Leopold je Ricarda predao njemackom caru Henriku VI, koji je za njega od Engleza tražio 150.000 maraka otkupa. To je bio dvogodišnji prihod engleske krune. Ricardova majka, vojvotkinja Akvitanije, uspjela je sakupiti novac za otkup. U tu svrhu crkvi je konficirano zlato i srebro, povecani su porezi, a sveštenici su morli platiti vrijednost cetvrtine svojih imanja. Tako je, nakon zatoceništva dugog cetiri godine i devet mjeseci, te isplacenih 90.000 zlatnika, iz ropstva osloboden u Engleskoj danas toliko glorificirani Ricard Lavlje Srce.

Kad se zaputio u svoj krstaški pohod, Ricard je mislio da je Engleska nepobjediva i toliko civilizirana zemlja da joj u svijetu nema premca. On je, medutim, na svome dugom i krvavom križarskom putu vidio mnogo naprednija kraljevstva od svoga.

Po povratku, bio je razocaran otkrivši da Engleska nije ništa od onoga što je on zamišljao. Putujuci stotine i hiljade kilometara kroz Europu i Bliski istok, od doline rijeke Dunava, Makedonije, Soluna, Istanbula, Anadolije, Sirije, sjeverne obale Libanona,

Koljenovic

Richard je vidio neuporedivo razvijenija i kulturnija društva nego što su ga oni imali u Engleskoj. Svugdje se mogla kupiti svila i med, raskošan život vodio se na svakom koraku. To je bio svijet koji je uznapredovao u književnosti i poljoprivredi, sa uspješnom ekonomijom i nekom vrstom demokratcije.

Ni izbiliza nije bilo tako u europskim carstvima iz kojih je on došao. Zemlje Istocnog Mediterana živjele su raskošnim životom u odnosu na tadašnju Zapadnu Europu. Sve je cvjetalo od bogatstva i kulture, od Konstantinopolisa, Atine i Damaska, do Aleksandrije, u tim gradovime predivne arhitekture i kucama koje su imale kupatila i biblioteke sa desetinama i stotinama knjiga iz književnosti i nauke pisanih na grckom, latinskom, arapskom i hebrejskom jeziku. Ništa od toga u Engleskoj tada nije postojalo.

Mora da je Ricardu veoma teško pao povratak u svoje kraljevrstvo koje je još živjelo u najcrnjim tradicijama europskog mracnog doba. Kod kuce u Londonu ljudi su kroz prozore svojih stanova direktno na ulicu bacali sve svoje smetlje, pa cak i vlastiti izmet i urin, što je dovodilo do infekcija koje uzrokuju parazite, cireve, smrtonosne zarazne bolesti i napokon najgoru pošast od svih, kugu.

Richard se zasigurno osjecao pozvanim da kao njen kralj pokuša uciniti sve da Englesku dovede barem blizu razine na kojoj su bili Sirija, Damask, Konstantinopolis, Bec i Rim. On je, medutim odmah morao shvatiti da je to bila nemoguca misija, pa je, po mom mišljenju, tada odlucio napustiti Englesku, otici u francuski dio svoga kraljevstva, i pokušati tamo casno skoncati svoj život. Što mu je i uspjelo, život jeste skoncao, ali ne casno kako bi pripadalo jednom kralju.

Samo engleska povijest prikazuje kralja Ricarda kao plemenitu osobu i domoljubnog junaka. Mislim da ima dovoljno argumenata da hitoricari povedu ozbiljnu raspravu o njegovim uspjesima i neuspjesima. Ako bi me neko upitao da ga smjestim u

Rat Za Boga I Bosnu

skali od jedan do deset, ja bih ga okarakterizirao kao prekrasnog covjeka, sanjara kojemu se ni jedan njegov san nije ostvario. Ricardovi snovi su se, medutim, uistinu ostvarili kroz nove generacije njegove loze, tako da je Engleska, od vremena njegove nesretne smtri, napredovala cak i preko najsmjelijih Ricardovih maštanja. Mislim da bi on bio veoma ponosan na današnju Englesku i njegov narod. Englezi su stvorili imperiju koja se prostirala od predjela izlaska, do predjela zalaska sunca. Oni su ispunili i svoj san osvajanja Jeruzalema i stvaranja nove države Izrael. To je bila nezamisliva pobjeda o kojoj su drugi mogli samo sanjati.

Iako se niko nije usudio javno pohvaliti tim planom niti ga staviti u kontekst sa Vatikanom i njegovom dugorocnom politikom, pošteno je reci da je stvaranje Izraela bio rezultat skrivene namjere buržoazije Engleske i ostatka Europe da se oslobode židovskog naroda. Sveta zemlja je preoteta u saradnji sa Saudijcima. Turci su poraženi od Engleza, Francuza, Italijana i Holandana, koji su poslije njih postali kolonizatori vecine africkog kontinenta, cije ostaci su dodijeljeni Španiji, Njemackoj i Portugalu. SAD je dobio mali komad kolaca.

Rast Britanskog carstva bio je zapanjujuce brz i pametno ostvaren. Engleska je kolonijama dala lokalnu samoupravu, a džavna odgovornost bila je prepuštena kraljevskoj porodici, što je preko kraljice Viktorije kasnije u dužnost pripalo njenim nasljednicima.

Stanovnici kolonija pod vlašcu Britanske monarhije imali su pravo upražnjavati svoju kulturu, tradiciju i religije, naravno uz poštivanje zapadnoeuropskih državnih zakona. U svemu drugom mogli su živjeti prema svome izboru. Engleska je tako bila produžena ruka Boga, a to je bio dobar nacin za osvajanje srca i umova stanovnika vecine britanskih kolonija, od Indije do Afrike, Sjeverne Amerike i Australije: "God save the Queen".

Francuzi s druge strane, sa svojim napoleonskim kompleksom, nisu uspjeli osvojiti srca i umove ljudi u bilo kojoj od

Koljenovic

njihovih kolonija. Šta se dogodilo, nakon svega? Njihova vojska je tada, a i danas, bila posljednja od posljednjih, sa ljudima sa dna u svakom pogledu, sa beskucnicima i nesretnicima, vanbracno rodenima, kriminalcima i ubicama, koji sacinjavaju tu vojsku Francuskih legionara.

Bilo bi im najbolje kad bi demontirati takvu organizaciju. Njihova reputacija iz prošlosti je strašna. Oni su upamceni kao ubice i silovatelji, s krvlju koju su na svojim rukama nosili uz blagoslov francuske vlade, s Napoleonom kao svojim nacionalnim herojem i generalom i predsjednikom Charlom de Gaulleom, ciji je san bio sa Francuskom ujediniti Republiku Alžir. Kako je uopce pomišljao na to, kad ih Alžirci nisu ni na kakav nacin prihvatali, kao ni da budu dio francuske Republike? Ljudi su ih jednostavno imenovali onim što jesu bili, okupatorima, zbog cega su Francuzi ucinili sve da Alžir zadrže barem kao svoju koloniju. Alžirski oslobodilacki ratovi donijeli su Alžircima strašne posljedice, krvarenje i razaranja.

Francuzi su tobože željeli uvesti savremenu europsku demokraciju u Alžir, ali politicka medicina kojom su se pri tome služili kako bi pomogli bolesnom narodu Alžira, bila je trovacka. Licila je na šaku otrovnih pilula koje su svakodnevno davali bolesniku za njegovo što brže ozdravljenje. Poniženje kojem su Alžirci bili izloženi njima nije bilo prihvatljivo. Kao ni stanovnicima drugih francuskih kolonija, Libije, Maroka, Tunisa, Sirije, Libanona, cija kolonizacija je rezultirala ubistvom stotina i hiljada nevinih ljudi.

Legionari su u pustinjama ustrijelili stotine ili možda hiljade ponosnih pustinjskih ratnika jahaca. Na snazi je bio zakon odmetnutih šerifa koji su u mnogim slucajevima znali ubiti covjeka koji je šetao ulicom. S druge strane, Francuzi su ucinili sve da u svjetskoj javnosti ove svoje žrtve prikažu kao necivilizirane divljake, sljedstveno cemu ih nije trabalo ni žaliti.

Rat Za Boga I Bosnu

Izopaceni ljudski um pokazao se sredinom prošlog milenija u svoj svojoj raskoši. Europa tog vremena bila je, navodno, prenaseljena, pa su se brzo trebala pronaci odgovarajuca rješenja za zapad Europe. Tako je zapocela utrka za kolonije. Engleska, Portugal, Nizozemska, Italija, Austrija, Njemacka, bili su glavni trkaci u ovoj krvavoj utrci, u kojoj je osvajanje bio sredstvo, a cilj porobljavanje citavih naroda, koji ce, zajedno sa svojim prirodnim bogatstvima, služiti svoje malobrojnije europske gospodare.

Kraljica Španjolske Izabela dala je Kristoferu Kolumbu, italijanskiom avanturistu, brodove i potreban novac za putovanje preko Atlantika, sa ciljem da se pronade novi, kraci morski put do prebogate Indije i njenih bogatstava. Istovremeno, Izabela Aragonska željela se po svaku cijenu riješiti svega što je smatrala nepotrebnim za svoju zemlju, a to su, prije svega, bili španski muslimani, dojucerašnji vladari Španije, i židovi. Do tada silno napredna i liberalna Španija u to vrijeme pada u najcrnji period svoje povijesti, vladavinu inkvizicije.

Španija je punih prethodnih osam stoljeca, u vecem, a onda u sve manjem obimu, bila pod vlašcu muslimanskih maurskih plemena, koji su od Španije nacinili jedan od najljepših životnih prostora. Drasticne promjene nastaju samim krajem srednjeg vijeka, to jest 15. stoljeca, kad se vjencanjem aragonskog kralja Ferdinanda i kastiljske kraljice Izabele, stvaraju uslovi za formiranje vece vojne sile, koja je uspjela pod svoju vlast staviti gotovo citavu Španiju i, što je najvažnije, protjerati iz Španije muslimane i židove, što je cinjeno u velikoj mjeri i uz pomoc zloglasne inkvizicije.

Istovremeno, sticajem sretnih okolnosti, Kolumbovim otkricem Amerike i koloniziranjem tog kontinenta od strane Španije, ova se zemlja silno obogatila, prije svega pljackom zlata i drugih dragocjenosti otetih od poraženih i na najbrutalniji nacin masovno ubijanih domicilnih indijanskih plemena. Tako Španija prekonoci

Koljenovic

postaje pomorska i kolonijalna velesila i jedna od najbogatijih svjetskih kraljevina.

Treba reci da je u reformaciji nove kršcanske kraljevine Španije glavnu ulogu vodila kraljica Izabela, ne njen muž Ferdinand, pri cemu upravo njoj pripada zasluga za odluku da se investira u Kolumbova revolucionarna putovanja, ali nažalost i za stradanje Indijanaca, ali i španskih židova i muslimana, koji su ili protjerani ili su pak nasilno prevedeni na kršcanstvo.

Masovnim izgonom ova dva naroda Izabela je postigla još jedan veoma znacajan cilj. Njenoj su kruni u vlasništvo pripala sva bogatstva protjeranih muslimana i židova, kojima je bilo zabranjeno da bilo šta od materijalne vrijednosti ponesu sa sobom i iznesu iz zemlje. To je istovremeno znacilo i ogromno bogacenje njenih španjolskih podanika, što joj je priskrbilo veliku popularnost i odanost kod naroda.

To bogatstvo je u neslucenim razmjerama povecano vec spomenutim otkricem i kolonizacijom Amerike. I dok je Izabela bila okupirana podjelom bogatstva prognanih muslimana i židova, ona nije ni slutila kakav ogroman posao za krunu i nju licno upravo radi Kolumbo, kojeg je pomogla u njegovoj prekomorskoj avanturi. Isprva Kolumbo i njegovi drugovi nisu bili ni svjesni da su otkrili novi kontinent. U trenutku kad se Kolumbo vratio kuci Izabela je vec bila završila svoj domaci zadatak, ono malo muslimana, židova i Roma koji se nisu iselili, bilo je vec pokršteno, i sada je Španija bila u potpunosti cista katolicka zemlja.

Sasvim je sigurno da su postupci kraljice Izabele u sprovedbi njenih zamisli i planova cesto bili neopravdano brutalni i okrutni. Medjutim, osvrnuvši se danas na te dogadjaje od prije pet stotina godina, na sve ono što je Izabela uradila kod kuce protjerujuci nešpanjolce i one koji se nisu htjeli pokrstiti, te što je ucinila na Novim kontinentu, ubijajuci i pokrštavajuci domicilno stanovništvo, kršcanstvo sigurno ne bi bilo ono što je danas.

Rat Za Boga I Bosnu

Praveci danas retrospektivu tih dogadaja, ovoj bi kraljici povijest mogla suditi kao istinski nemilosrdnom vladaru, ili pak kao uistinu sjajnom vladaru, ili je okarakterizirati objema epitetima istovremeno. Da je, medutim, Izabela danas ucinila to što je ucinila krajem 15. stoljeca, mislim da bi njena zemlja bila bombardirana slicno Libiji ili Iraku, odnosno bivšoj Jugoslaviji, i bilo bi neizbježno suditi joj za zlocine protiv covjecnosti.

Ipak, jedno je sigurno, upravo je ona bila osoba koja je omogucila da se posadi i primi sjeme za izrastanje Novoga svijeta kakav je on danas. Nastanak novoga svijeta placen je teškom cijenom, ali ne osvajaca, nego osvojenih, domacih ljudi širom Južne, Srednje i Sjeverne Amerike. Tako je jedna civilizacija nestala sa ovoga kontinenta, a rodena je druga, ciji sam i ja postao dio. S druge strane, promijenjena je vlasnicka struktura nad zemljom i bogatstvima, pa su domicilni izgubili sve, a Europljani uzeli sve.

Šta se dogadalo kod kuce, u Španiji? Izabela je vjerovatno ocekivala da ce protjerivanjem nekršcana ili njihovim pokrštavanjem trajno izbrisati tragove njihove kulture, a Španiju ovjekovjeciti iskljucivo kršcanskim vjerskim i drugim sibolima. Ona bi se vjerovatno veoma iznenadila kad bi vidjela da su neke džamije, sinagoge i druge islamske i židovske gradevine preživjele do današnjih dana i da predstavljaju povijesne spomenike koji nas podsjecaju da je u Španiji citavih osamsto godina, koliko su tamo vladali muslimani, postojalo jedno sretno integrirano multinacionalno i multikulturalno društvo, sa individualnim slobodama i bibliotekama punim knjiga, u kojima je bilo pohranjeno sve dotadašnje svjetsko znanje, dostuno baš svakom pismenom stanovniku tadašnje Španije.

To je cudan i duboko potresan poriv, ta želja da eliminirate sve oko sebe što vaše društvo cini šarolikijim, bogatijim, drugacijim, pluralistickim u svakom pogledu, što je bio glavni cilj nekolicine vlastodržaca poput Hitlera ili pak državnika poput Isabele i njoj

Koljenovic

slicnih. Šta uopce znaci ta želja i kuda vodi, da eliminirate oko sebe sve osim sebe i da ne dopustite nicemu izvan vas da dode u kontakt s vama. Cak ni priroda to ne dopušta svom bilju i cvijecu, pa ako nema vjetra da raznosi polen sa jedne biljke na drugu, ili pcela da ih i ne znajuci oprašuju, mi nikada ne bismo mogli uživati u ljepoti cvijeca koje vidimo u našim vrtovima i svuda oko nas.

Imao sam zadovoljstvo posjetiti Alhambru u Granadi i vidjeti sva islamska povijesna mjesta u Španiji. Nigdje nije bilo muzike da svira. Nigdje nije bilo onih predivnih trbušnih plesacica da plešu uz muziku koja se nekada mogla cuti medu zidovima tih zgrada. Nije bilo arapskih konja da poskakuju, niti majki i oceva da pozivaju djecu na veceru za stol. Bili su samo prazni zidovi sa mozaicima na kojima su se vidjeli prizori prekrasne kulture koja je šutjela gotovo pet stotina godina.

Pitam se, je li Španija danas nešto bolja bez svojih divnih drevnih stanovnika koji su bili prisiljeni napustiti svoju prelijepu domovinu. S puno samopouzdanja usudio bih se ustvrditi da nije tako, da današnja Španija i današnji Španjolci nisu ništa bolji bez njih. Postoji mnogo toga što je Španija propustila da joj se dogodi, pa zato to nije moglo ni biti zabilježeno na tim predivnim mozaicima na kojima je zapisana povijest Španije.

Mnoge stvari u životu pocinju na jednom mjestu, i završavaju na tom istom mjestu. Uostalom, i sam život zapocinje u Majci Zemlji i na kraju se vraca njoj.

Gledajuci unatrag u povijest, nekoliko poteza koje su napravili španjolski kralj i kraljica, Izabela i Ferdinand, imali su dugorocne i neslucene posljedice za covjecanstvo i uveliko su promijenili historijski tok, od kojih je prvi i svakako najznacajniji bio finansiranje Kolumbovog otkrica Amerike. Španjolska tako u kratkom vremenu postaje najmocnja zemlja i organizator krstaških ratova, te širitelj kršcanstva, ali ne finansijskom podrškom ili davanjem materijalnih darova, nego oštricom maca.

Rat Za Boga I Bosnu

Ako pretpostavimo da je za Španjolce i druge kršcane koji su ucestvovali u krstaškim ratovima, bilo nekog vlastitog opravdanja što macem žele pokoriti narode koji vjeruju u svoga, jednog Boga, Javea i Allaha, cime onda mogu pravdati svoj krvavi pohod oštricom maca na americke Indijance, tamo barem nije bilo ni muslimana ni židova.

Španjolci su ipak najvece i najdalekosežnije promjene napravili upravo u životu americkih starosjedilaca, pokrstivši milione ljudi, koji su i do tada imali svoje bogove, ali ne jednoga Boga. Takva pretvorba zaprepastila je i same Europljane. To je, izmedu ostaloga, doprinijelo neslucenom rastu i napretku citavog kontinenta, tako da su tamo u posljednjih petsto godina napravljena ogromna dostignuca.

Nisu, medutim, na dva americka kontinenta sve novoformirane države ravnomjerno ekonomski napredovale, niti su društva bila podjednako pravedna, ili, bolje receno, nepravedna prema svijim podanicima. Najznacajniji pozitivni iskorak u tom smislu napravljen je u Sjedinjenim Americkim Državama, u državi za koju se može reci da je u njoj sloboda i rodena, premda je u Svijetu i ranije postojalo, ali samo nekoliko, država i društava, sa razvijenim stepenom demokracije i slobode.

Mnogo toga se promijenilo tokom ljudske historije, potaknuto stalnom covjekovom željom za uspjehom, za znanjem i boljim životom. A ta želja još uvijek gori u covjeku i osnovno je pogonsko gorivo njegovog napretka.

U prapovijesti je bio covjek, konj i farma, te neke životinje i jednostavni proizvodi koji su covjeku osiguravali svakodnevni opstanak. Covjek je tako živio tisucljetima bez promjene i nekog veceg napretka. Covjekovo kreativno razmišljanje, medutim, postalo je motor njegovog velikog tehnološkog napretka, koji je otišao toliko daleko da covjek danas može stvoriti sve što mu na pamet padne, a vrijeme u kojemu danas živimo, barem kada je tehnološki napredak

Koljenovic

u pitanju, najbolje je vrijeme u cjelokupnom životu ljudskoga trajanja.

S druge strane gledajuci, ovo je vrijeme koje je milionima ljudi donijelo život gori nego što je ikada bio u povijesti Planeta i covjecanstva. Ljudi koji u Svijetu odlucuju o sudbini ljudske vrste neprestano govore o tome kako nece dopustiti da priroda i ljudi s njom stradaju zbog ljudskog utjecaja i neprestane gladi za tehniloškom napretkom, koji ima strašne posljedice. Prema onome što ovi ljudi izjavljuju oni žele biti humani. Ili mi to samo tako mislimo.

Ljudi su stvorili milosrdna invalidska kolica, da invalidi lakše rade za povecanje dohotka povlaštenih. Stvorili smo još jedno medicinsko cudo, protetiku, pa se ljudima amputiranih nogu i ruku dodaju vještacki udovi uz pomoc kojih oni mogu i dalje nesmetano da žive i, što je još važnije – da rade kao kad su bili zdravi.

Kako li se osjecaju ti ljudi dok ih vještacki neprestano drže izmedu Raja i Pakla. Nemam pravo suditi o ljudskom životu i smrti, ali ipak mi se cini da imam pravo postaviti sebi pitanje gdje i kad pocinje i završava Raj i Pakao. I da imam pravo zapitati se glasno koliko sladak život mora biti, kad covjek i u najvecoj boli još uvijek voli život.

Moje je mišljenje da je jedina prikladna mjera covjecijeg uspjeha od trenutka njegovog rodenja do dana posljednje presude, ono što je on uspio postici živeci u tom kratkom vremenu izmedu te dvije kapije koje se zovu Raj i Pakao. Preživio sam najtežu borbu za svoj život, i mogu vam posvjedociti iz prve ruke da je život sladak, ma koliko u nekim trenucima ocajni i beznadni bili. Oni, pak, ciji je citav život jedna velika nesreca, veoma dobro znaju kako izgleda Pakao.

Stanje najbliže paklu na Zemlji stvaraju oni, koji vodeni pohlepom i moci iskorištavaju religije i na taj nacin grade režime za iskorištavanje i represiju stanovništva, podjednako muškaraca, žena,

Rat Za Boga I Bosnu

djece i staraca, ciji život se odvija u stanju koji najbliže nalikuje ljudskoj predodbi o nebeskom Paklu. Ne postoji u tome ništa ezotericno ili tajno.

Citava, beskrajno velika prostranstva, od transkontinentalnog kopna Jordana, doline Babilona i visoke pustinje Saudijske Arabije na obalama Crvenog mora i Indijskog okeana, kojima su vlasnici nekada bile drevne države i velika carstva, raskomadani su u savremenom dobu na male regije, ne mogavši se oduprijetri modernim vojskama i tehnologijama.

Svaka od ovih regija data je na upravljanje onim lokalnim utjecajnim familijama koje su pristale da vode strane razvojne projekte koji su ih ucinili bogatijim od sultana iz prošlosti, radeci poslušno za vlasnike britanskih, americkih i kineskih korporacija s kojima su se zajedno bogatili. Ono što je zajednicko takvim lokalnim vodama i onima za koje rade, jeste da niti trenutka ne mare za prave vlasnike prirodnih bogatstava, dakle za lokalno stanovništvo i da su u stanju nanijeti im svako zlo, pa i zbrisati ih sa lica zemlje ukoliko se drznu da ih sprijece u njihovim planovima i eksploatatorskim radnjama.

S petrodolarima koje su poceli primati od prodaje nafte, zapadne sile su uspješno podmazivale lokalne partnere i od pocetka su se ponašali kao da je sve to njihovo vlasništvo. Arape je, s druge strane, obuzela slast shoppinga i zabava u kojima su uživali u zemljama Zapada, kupivši u paketu i njihovu kulturu. Tako su stanovnici Sjeverne Afrike preko noci doživjeli neku vrstu kulturne revolucije, preselivši se iz šatora u najmodernija gradevinska zdanja od betona i celika, a najbogatiji medu njima u luksuzne limuzine, helikoptre, jahte i avione.

Vremenom, domicilno je stanovništvo pocelo shvatati neprirodnost prihvatanja zapadne kulture. Uz to su proniknuli i u suštinu prevare i izdaje njihovih lidera, koji su u svemu išli naruku zapadnjacima i njihovoj kulturi. Bilo je to jednostavno previše i

Koljenovic

prebrzo ucinjenih promjena, koje nisu bile rezultat ideja domaceg stanovništva. Oni su tu kulturu prozreli kao zlu i korumpiranu, što je stvorilo odredenu kulturnu nervozu medu njihovom elitom.

Evo jedne price koju je ispricao jedan poslovni covjek sa Zapada, koji se bavio prodajom bicikla, a jedan je bicikl donio na poklon sinu lokalnog arapskog vode. Mladi covjek je pokušao pokazati svome ocu svoje nezadovoljstvo poklonom, kazavši kako je naredio svojim slugama da stave pored bicikla nešto hrane, tako da mu da priliku da dokaže da predstavlja nešto više nego obicni bicikl. To se može porediti sa pricom o tome kako su djeca znala ostaviti Djedu Mrazu tanjur halve ili kolacica u znak zahvalnosti za poklone koje im donose, što, u oba slucaja, odražava šta mlada generacija misli o Svijetu i ponašanju starijih i njihovom oduševljenju njihovim ovozemaljskim uspjehom.

Nesumnjivo je da se prilagodba zapadnom nacinu života ljudi iz zemalja u tranziciji ne može nikada u potpunosti ostvariti, izuzev ukoliko se u ovim zemljama ne dogodi potpuno prihvatanje zapadnjacke kulture i veoma brzih promjena koje se tamo dogadaju.

Zanimljivo je pogledati kakve je posljedice imalo otkrice i upotreba nafte za njihove bliskoistocne vlasnike, a kakve za Zapad, koji njihovu naftu kupuje. Crno zlato je ucinilo da Zapad porobi Bliski istok, i to na taj nacin što vlasnicima nafte ovaj proizvod placaju dolarima, koji ovi dodu ponovo potrošiti u Americi, kupujuci sve ono što se jede, pije i nosi.

Ima jedna drevna prica kad je ostarjeli Indijanac iz Oklahome susreo naftaša usred americke naftne groznice, te mu u razgovoru o sreci i bogatstvu rekao: "Ja sam bogat i slobodan covjek. Imam obilje bizona koje mogu loviti, imam vlastito meso koje sam sam ulovio, nosim odjecu od kože koju sam sam napravio, imam zdravu prirodu koju slobodno koristitim. Ja sam sretan covjek"

Rat Za Boga I Bosnu

Naftaš se, međutim, pohvalio svojim argumentima, o tome kako mu njegova naftna polja donose toliki prihod da s njim može riješiti ama baš svaki problem na ovome svijetu.

Mudri starac poveo je naftaša u vožnju i doveo ga na mjesto gdje kilometrima unaokolo nije bilo niti jednog izvora pitke vode. Kad se naftaš požalio da je žedan i zatražio da se napije vode iz Indijanceve cuture, ovaj je odbio, kazavši: „Pij iz svojih crnih izvora nafte, evo ih svuda unaokolo", te uzeo cuturu i uslast se napio vode.

Ista stvar može se dogoditi na Bliskom istoku, kad njihove zalihe sirove nafte presuše, a svijet više ne bude imao koristi od njih. Tada ce ponovo nastupiti tamno doba covjecanstva, ali ovoga puta ne u Europi i na Zapadu, nego Africi, Dalekom i Srednjem istoku. Nastupit ce anarhija i haos tamo gdje nikada ranije nisu videni.

Dok god oni naftom i plinom budu mogli kupovati plodove zapadnih dostignuca, njima ce ti plodovi biti gorki. Jer ti plodovi nisu dobijeni vlastitim radom i uspjehom, vlastitim znanjem i kulturom, prihvaceni u želji za vlastitim napredovanjem, nego su kupljeni necim Bogom datim. Da su oni sve to zaslužili svojim radom ili barem svrsishodnije iskoristili, oni bi, uz ostalo, uspješno afirmirali i svoje najbolje kulturne tradicije, kao i vrijednosti svoje religije islama, koji ovako polako gubi svoj izvorni sjaj. Oni su htjeli pobijediti Zapad igrajuci njihovu igru, ne ponašajuci se pri tome u skladu sa vlastitim vrijednostima, podliježuci požudi i hedonizmu. A njihov osjecaj poraženosti se povecavao pred ociglednom nadmocnošcu drugog igraca, Zapada, koji je tu, vlastitu igru, naravno, igrao veoma dobro, najbolje.

Zemlja u kojoj je Krist roden i bio prepoznat kao covjek mira, dugo prije nego što je bio razapet na križu bila je natopljena ljudskom krvlju. Bila je to zemlja ljubomornih i krvožednih zaracenih bogova, zemlja u kojoj su kasnije rodene monoteisticke religije, širene svetim spisima, koje su se temeljile na konceptu sukoba između duha dobra i zla.

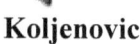

Koljenovic

Od tamo, sa Istoka, je došao judaizam, kršcanstvo i islam, uvjerenje da se ljudski rod treba fokusirati na duh svjetla i dobrote, a ne tame i zla. Medutim, unutar same religije poceli su se redati raskoli, prvo izmedu judaizma i kršcanstva, zatim raskol u kršcanskoj crkvi i podjela kršcanstva na katolicanstvo sa sjedištem u Rimu i pravoslavlje sa sjedištem u Carigradu, a zatim se na sve to pojavio i islam sa svojom Kupolom na stijeni u Jeruzalemu, sa Mekom i Medinom. Ovako veliki broj tako snažnih religija izazvao je silne nevolje za stanovništvo, pojavivši se na relativno malom teritoriju medu ljudima koji su tako dugo živjeli u dolini rijeke Jordan, u hebrejsko-jevrejskim zajednicama.

Prvobitno je nastao judaizam, sa stanovništvom ciju je državu Judeju krajem starog vijeka u vazalnom odnosu držala Rimska imperija, a u prvom stoljecu po Kristu i formalno je prikljucila svome carstvu.

Teško da su vlasnici tog mjesta, rimski paganski okupatori, shvatali nakon raspeca Krista novorodenu religiju kršcanstvo, kao i Herodov zlocin i pokušaj da iz straha od prorocanstva ubije ucenika Tore imenom Isus Krist.

Kršcani su tražili smrt Jevreja, željevši da oni plate cijenu za ubistvo jedne osobe. S druge strane, hiljadama godina jedna je mala ljudska kultura bila potlacena i porobljena, ili u najboljem slucaju dobivala slobodu da se rasprši po svijetu. Više od svega drugoga židovski je narod posvuda sanjao o povratku kuci u Judeju, što je prvi put uspjelo Mojsiju, koji je izveo svoj narod iz Egipta u doveo ga u Izrael, Bogom obecanu zemlju, mjesto na kojem je proljeveno mnogo krvi prije nego što su Jevreji stigli tamo.

Jevreji su još puno puta raseljavani sa tog svoga svetog prostora, a posljednji put su se vratili 1948. godine, i cinilo se da su se oni definitivno, po drugi put, vratili u svoju obecanu zemlju. Do vremena rodenje Izraela, polovicu svjetske židovske populacije je sa mape svijeta izbrisala fašisticka banda Adolfa Hitlera. Samo su se

Rat Za Boga I Bosnu

rijetki spasili bjekstvom u zemlje u kojima Hitler nije imao nikakvog utjecaja, ostavivši u Njemackoj sva svoja silna pokretna i nepokretna bogagatva koja su marljivo skupljali stoljecima.

S tacke gledanja muslimanske i kršcanske populacije, medutim, stvaranje države Izrael doživljeno je kao oživljavanje duha iz boce, izgubljenog u pustinja stoljecima.

Odjednom je duh shvatio da je on konacno osloboden od života u boci i da može krenuti svojim putem. Konacno je zajednica koju je taj duh predstavljao ugledala svjetlo nade u povratak. To poratno vrijeme i stradanje Jevreja u svjetskim razmjerima doživljeno je s njihove strane kao jedinstvena prilika da postanu nacija sa svojom zemljom u vlasništvu, što je ostvareno preko nekih za to raspoloženih ljudi iz susjedstva i preko Okeana. Sve se s pocetka cinilo kao nemoguc san, koji se, na kraju, ipak ostvario. Sada je duh ovdje i on namjerava ovdje da ostane. I ne pada mu na pamet da, nakon svega, ide natrag u bocu, javno obznanivši kako nije nimalo zabavno biti ogranicen u tako skucenom prostoru Aladinove lampe, makar ona bila i carobna. On i oni koje on predstvalja, medutim, jako dobro znaju da samoizolacija ili dobrovoljni egzil ne vode nikuda, osim u ponovni progon židovskog naroda i skladu s takvim stavom se i ponašaju.

Pravo na postojanje njihove države stvorene doslovce svim raspoloživim sredstvima, prema vecini je sasvim opravdano. Zbog progona koji su doživjeli, Jevreji su s vremena na vrijeme bili neljubazni prema svojim susjedima kršcanima i muslimanima. Možda nisu znali za bolje ili su mislili da cine pravu stvar kad su neljubazni prema vlastitom susjedu i bližnjem. Sve je to, ponajoprije, posljedica njihovog strašnog stradanja tokom Drugog svjetskog rata, njihovih rana i patnji koje odjekuju u njihovim glavama i dušama, samrtnih krikova njihovih djedovi i roditelja, brace i sestara, dok umiru od gladi u gestapovskim logorima Poljske, ili se u milionima sa dušom rastaju u plinskim komorama koncentracionih logora

Koljenovic

napravljenih da se ostvari „krajnje rješenje", kako su fašisti nazvali ubistvo citave jedne rase i citavog jednog naroda.

Nitko od nas nije ni prstom maknuo da pokuša spasiti Jevreje od tragedije koja im se dogadala. Jedini put kad smo intervenirali bilo je kad je našem opstanku zaprijetilo klanje u nacistickoj Europi.

Muslimani i kršcani posebno, pretvarali su se da su tobožnji spasitelji odabranih sinova Abrahama, ali upravo su oni, kršcani, bili ti koji su ih ubijali u plinskim komorama istocnoeuropskih logora, ne hajuci za strašne krikove koji su se dizali nad zemljom i probijali se direktno u nebo koje je nijemo šutjelo.

Mi svi možemo biti krivi za mnoge stvari, ali ja doista vjerujem da u ocima i srcu našeg Velikog Jedinog Gospodara, Stvoritelja Svemira i svega što u Svemiru postoji, možemo biti nevini u njegovim ocima. On nas muslimane može vidjeti kao nesposobne, ali ne i bezosjecajne. Kad se u Novoj zemlji, Americi, pojavila i legalizirala nova, muslimanska religija, to je bilo gotovo necuveno, to je u toj zemlji bila potpuno strana stvar, strano tijelo u njenom kršcansko-protestantskom tkivu. Dotadašnje unutrašnje podjele na americkom kontinentu bile su izražene neslaganjem i sukobima izmedu katolika i protestanata, a sada se, odjednom, pojavio i islam.

Cisto rimsko kršcanstvo bilo je podijeljeno na više razlicitih grupa. Protestanti, luterani, katolici i pravoslavni, mormoni i najnoviji i najradikalniji, preporodeni kršcani, koje ponekad nazivam Nesretnim Misfits društvom.

Rane šezdesete godine obilježila su burna vremena, Vijetnamski rat, Woodstock, hipiji i Beatlesi, Jimmy Hendrix, Bob Dylan, bitnici i konacno, kao vrhunac, uvodenje te strane vjere islama u Ameriku. Imam Muhamed i njegov sljedbenik, Louis Farrakhan, strastveni i miroljubivi mladi Malcolm X, obecavajuci voda, koji nažalost nije živio dovoljno dugo, uveli su islam u crno-bijelu Ameriku. Uostalom, crna Amerika je uglavnom i bila

Rat Za Boga I Bosnu

muslimanska kad su ih kao robove u lancima doveli iz Afrike. Bilo je obavezno da se svi robovi svuku, da im se utvrdi vjerski identitet, i ako su muslimani da im se daju kršcanska imena. Islam, dakle, uopce nije bio stran zemljoposjednicima u robovlasnickoj Americi, ali im je poznavanje i poštivanje islama bilo strano.

Pojavio se još jedan veliki crnacki voda, mladi i ambiciozni dr. Martin Luterr King, koji je pokušao propovijedati mir i jednakost za sve ljude, bez obzira na rasu, boju kože ili vjere. Nesretna smrt ovog Afroamerikanca prekinula je njegovu velicanstvenu misiju, ostavivši nam u naslijede svijest o tome kako bismo trebali postupati jedni prema drugima kao svojim bližnjim bicima, bez ikakvih predsrasuda u bilo kojem pogledu.

Smrt tih ljudi, boraca za ljudska prava i ravnopravnost medu ljudima, rasama i religijama, medutim, nije bila uzaludna, a ono što je rekao još jedan slavni ubijeni Amerikanac, mladi predsjednik SAD-a Džon Ficdžerald Kenedi, sasvim se uklapa u duh onog boljeg i najboljeg dijela Amerike, pa i ovih crnackih voda za ravnopravnost. Dž. F. Kennedy je rekao: "Ne pitajte šta vaša zemlja može uciniti za vas, upitajte se šta vi možete uciniti za svoju zemlju..." Njegove su rijeci duboke i vrlo teške i svakako patriotske prije svega.

Gledajuci postinuca americkih gradana posljednjih pedesetak godina, jedno od najvažnijih je upravo to što su Amerikanci prepoznali temeljnu duhovnu slicnost religija za koje nam se ranije cinilo da nas odvajaju.

Takoder je važno da smo prepoznali i prihvatiti da sve religije mogu da vjeruju u istoga Boga, bez obzira kojim imenom imenujemo tog jednog te istog Boga i te religije, ali da su kulture koje sa sobom donose religije, one po kojima se vjernici razlikuju, i da je to sasvim u redu, i ne bi trebalo biti drugacije, te da pripdanci jedne kulture ne bi smjeli pokušavati mijenjati pripadnike druge kulture.

Koljenovic

III

MOSTOVI RAZUMIJEVANJA... ILI MOSTOVI ZA NIGDJE...

"Kad god se se u Americi i na Zapadu pojave nesporazumi o prirodi islama, tu je uvijek i mnogo neznanja o dugu naše kulture i civilizacije prema islamskom svijetu. Takav naš stav je zapravo nepravda koja proizlazi iz naslijeda kojega smo dobili sa poviješcu koju smo naslijedili.

"Islamski svijet, iz središnje Azije do obale Atlantika, bio je svijet u kojem su procvjetali nauka i ljudi od nauke. No, buduci da smo skloni da islam vidimo kao neprijatelja Zapada, kao stranu kulturu, kao strana društva i sisteme vjerovanja, tada smo skloni ignorirati i izbrisati i njihov veliki znacaj za našu vlastitu povijest. "

Princ Charles,
nasljednik Britanske monarhije

Postoji nekoliko razloga zašto je gradenje novih mostova razumijevanja ili popravci starih mostova razumijevanja izmedu islama i Zapada od ekstremne važnosti. Nažalost, muslimani vec dugo nisu u mogucnosti prezentirati svoj slucaj na nacin koji bi bio razumljiv i prihvatljiv americkoj javnosti.

Rat Za Boga I Bosnu

Ponekad je, naime, Islam predstavljen na tako sofisticiran i akademski kompliciran nacin, da to umovi obicnih ljudi jedva mogu shvatiti.

Politika i pristrani mediji vješto manipuliraju neobrazovanim masama ljudi u SAD-u, svakodnevno i tendenciozno prezentirajuci islam na tako brutalan nacin, da njegova prava suština uopce ne može doprijeti do srca obicnih ljudi. Kad je televizija neciji jedini izvor informacija, vrlo je teško zadržati cistu savjest i bez posljedica podnijeti smrtononi teret kojim mediji svakodnevno bombardiraju svoje konzumente.

Cini se da ne postoje strogo odredene smjernice po kojima muslimani žive na Zapadu. Medutim, svaki dan, gdje god da se okrenete, neprijateljstvo prema muslimanima je sve otvorenije i stvara se sve više nerazumijevanja i nepovjerenja izmedu islama i Amerike. Iako poneki takav dogadaj cesto ostavi gorak osjecaja u ustima, nemojte se bojati islama.

Sudbina Sjedinjenih Americkih Država je da u njoj postoji i živi mnogo vjera, ukljucujuci i islam, a da ce muslimana u buducnosti biti još više. Stoga Amerikanci moraju što prije spoznati hitnost i potrebu da se prevladaju predrasude i neprijateljstva, tako ce biti bolje i za islam i za Ameriku. Razgovori o razumijevanju doprinijet ce izgradnji povjerenja, medusobnog poštovanja i razumijevanja. Tada ce ljudi obiju vjera otkriti šta je dobro u kršcanstvu ili islamu, kao i cinjenicu da su to u suštini dva oblika vjere u jednoga, zajednickog Boga.

Historijski gledano, dugo vremena nakon što je 570. godine poslije Krista roden Muhamed a.s. i nakon što se sreo sa Džibrilom (Gabrielom), islam je došao u centar interesovanja i na Istoku i na Zapadu. Na Istoku, Islam je postao središte privlacnosti i masovnog prihvatanja, a na zapadu središte umjetnickog i naucnog interesa, jer je Zapad brzo prepoznao znacaj islama za književnost, umjetnost, matematiku, geometriju, orijentaciju i astrologiju.

Koljenovic

Neki muslimani tvrde da brane islam od svojih neprijatelja s obzirom da na Zapadu neki evandelisticki celnici smatraju da islam prijeti njihovom nacinu života. Islam je od 1912. godine postao prljava rijec Istoka, koja se baca u lice Zapada, ali to nije moj, nego arapski problem, kojega oni trebaju rješavati, i to na taj nacin što ce više vremena provoditi s knjigom i perom u ruci, umjesto da ubijaju jedni druge. A to što Zapad ne razumije misticnost Istoka i obrnuto, što Istok ne shvata zbunjenost Zapada, ne dešava se prvi put u povijesti.

Naprimjer, kao što je Veliki muftija Bosne rekao. "AleksandarVeliki je mogao postati buduci vladar Azije na istoku pod uvjetom da je imao strpljenja razvezati Gordijev cvor, a ne presijeci ga macem. Kralj Granade u Španjolskoj, Hassan bin Ismail, mogao je izgradili više Alhambri u Europi pod uvjetom da je cijenio raznolikost europskog vjerskog i kulturnog života, kako su to radili njegovi veliki prethodnici stoljecima prije njega."

Osim toga, Europi je trebalo veoma mnogo vremena da prihvati ucenje velikog filozofa, pravnika i lijecnika Ibn Rušdija, poznatog i kao Averroesa, isto kao što je Istoku trebalo jako dugo vremena da prihvati cuveno Monteskjevo djelo De l'Esprit des Lois (Duh zakona).

Ovi povijesni primjeri jasno ilustriraju cinjenicu da su Istok i Zapad uvijek bili u procesu dijalekticke interakcije, koja im je cesto pomagala da promijene tok povijesti prema boljim uvjetima života za covjecanstvo.

Prvi povijesni most razumijevanja izmedu Istoka i Zapada bila je biblioteka u Bagdadu, a drugi u Andaluziji. U Bagdadu je muslimanski kalifa Man'mûn doveo najvece umove Istoka i Zapada da rade prevode dotadadašnjih ljudskih znanja i mudrosti zapisanih u drevnim knjigama. U Andaluziji zapadni intelektualci su posjecivali muslimanske unuverzitete za studij humanistickih znanosti, što je vremenom rezultatiralo europskim humanizmom i renesansom.

Rat Za Boga I Bosnu

Mnogi savremeni muslimanski ucenjaci današnjice vjeruju da se Istok i Zapad upravo nalaze na pragu trece povijesne interakcije. Na temelju onoga što je do sada receno neki su skloni vjerovati da je islam žrtva i Istoka i Zapada. Zašto je to tako? Prvo, Istok je u ovome trenutku akademski preslab da obnovi nacin življenja u skladu sa islamskim idealima, kao što su sloboda, demokracija i ljudska prava. S druge strane, Zapad je možda previše arogantan da prepozna tu cinjenicu i da pokuša da pomogne.

Islam je žrtva i Istoka i Zapada i zato jer Istok pravi tek stidljive promjene, a vrijeme je prebrzo da bi se univerzalni duh islama uzdigao iznad plemenskog mentaliteta kojem najcešce pripada. Zapad je, opet, previše ksenofobican da bi prepoznao cinjenicu da je islam njegov dobar susjed i da to treba i ostati.

Nažalost, ekstremna stajališta nekih ljudi i na Istoku i na Zapadu reduciraju islam na vlastiti doživljaj ove religije, i tako s jedne strane guše islam kao vjeru slobode, a muslimane guše kao slobodoljubive ljude. Zaboravljaju, medutim, da se islam ne može svesti na neku odredenu rasu, boju kože ili nacionalnost, te da muslimani imaju bogomdato pravo na slobodu, pristojan život, demokraciju i legitimna ljudska prava.

Muslimane ne treba tretirati kao nezrelu djecu koja ne mogu snositi odgovornost slobode, izazove demokracije i legitimitet ljudskih prava. Ne, to nije istina. Islam nikada nije bio razlog za ogranicavanja slobode. Bilo je upravo suprotno, islam je ucio covjecanstvo da ne smije biti prisile u vjeri.

U religiji mora postojati pravo slobode izbora, jer laž ne može biti nametnuta, a istinu ne treba silom nametati. Dakle, pitanje je: "Ko nameće laž i kome treba sila da nametne svoju istinu?"

Ocito, oni koji vjeruju da imaju pravo nametati laž i koji misle da imaju pravo da igraju ulogu Boga, imaju tendenciju da nametnu samo svoju istinu. Još jednom, islam se koristi i zloupotrebljava i na Istoku i na Zapadu. Zašto?

Koljenovic

Prvo, Istok tvrdi da brani islam, a ustvari ga koristi da njime pokrije vlastite nedostatke. Dakle, gorka je istina da se islam koristi da brani muslimane, umjesto da muslimani brane islam njegovim najboljim tradicijama.

Na Zapadu se islam koristi da stvara dodatno neprijateljsko raspoloženje javnosti prema ovoj religiji, tvrdeci kako je neprijatelj razotkriven i kako se islamske sredine naoružavaju oružjem za masovno uništenje.

Nadalje, islam se koristi i zloupotrebljava i na Istoku i na Zapadu kako bi se pokazalo da je islam, kao nacin života više od jedne milijarde muslimana diljem svijeta, prepreka na putu za bolje odnose izmedu Istoka i Zapada.

Ljudi na Istoku koji vjeruju da ne bi trebalo biti dijaloga sa Zapadom tvrde da je Zapad Vrag, a da su oni koji žive na Zapadu time osudeni na odlazak u Pakao i na taj nacin zloupotrebljavaju ime islama. Isto tako, neki ljudi na Zapadu vjeruju da islam kao ideja koja je došla s Istoka nije prihvatljiva za Zapad, naprosto zato što je to orijentalna ideja.

Oni, medutim, ne žele znati da je zahvaljujuci samoj ideji islama i islamske tradicije sacuvana grcka kultura, isto kao ni cinjenicu da je islam prihvatio i priznao prethodno objavljene religije, time što je Božijom voljom u islamsku svetu knjigu Kur'an ugradeno ucenje božanski nadahnutih knjiga Tore i Evandelja.

Ljudi na Zapadu koji ne pokazuju nimalo volje da se lijece od bolesti ksenofobije zaista zloupotrebljavaju islam i relativno lako pronalaze puteve da promoviraju islamofobiju. Oni, medutim, ne znaju ili nece da priznaju da znaju da Kur'an ne dozvoljava ubijanje nevinih ljudi ili pak sebe samih, što zapravo rade oni što se opašu eksplozivom i izazovu i svoju i smrt najcešce sasvim nevinih ljudi.

Americki muslimani moraju više saradivati, medusobno i sa drugima, i u potpunosti participirati u društvu u svakom aspektu života, kako bi ih njihovi susjedi bliže upoznali i shvatili kako to

Rat Za Boga I Bosnu

nisu ljudi koji su spremni napraviti bilo kakav i najmanji zlocin i da im je jedina fantazija da rade, zarade i izdržavaju svoju obitelj. Tada ce onima što iz potaje (u doslovnom i prenesenom smislu) podmecu požare, biti teže ostvariti svoju osnovnu namjeru – izazvati nepovjerenje izmedu muslimana i njihovih susjeda.

Mediji figuriraju kao propovjednici sukoba, nazivajuci muslimane jahacima deva, a vjerske licnosti poput Pata Robertsona izjavljuju kako Bog dnevno poziva na rat sa islamom. Radikali poput Osame Bin Ladena, s druge strane, pozivaju na grozan rat i razaranja od strane muslimana, a obojica ovih, takozvanih „božijih ljudi", zapravo samo nastoje napraviti pakao na zemlji.

Mnogo je ucinjeno u posljednje vrijeme kako bi se zalijecile rane prošlost i održalo koliko toliko podnošljivo stanje tolerancije, ali svi mi moramo uciniti mnogo više, jer su naše buducnosti isprepletene kao paukova mreža. Zato je ovo trenutak za razmišljanje i preispitivanje svega što je negativno i za fokusiranje na bolje sutra. Jednostano je neophodno da razgovaramo jedni s drugima i urazumimo se.

Ko ce reci da Svijet danas nije puno bolji? Šta je naša prednost u odnosu na ranija vremena? Možda su naši preci imali više barbarskog u sebi nego što imamo mi danas. Ako je to tako i ako je slucaj zaista takav, onda mi danas, sjedeci udobno u našim kucnim ili uredskim foteljama, možemo pokušati dati smisao Svijetu oko nas.

Ako to nije tako, ako su ljudi zaista ostali isti kao prije, to onda izgleda kao da smo se vratili unazad, da se sporazumijevamo dimnim signalima, puhanjem u rogove i udaranjem u bubnjeve, u vrijcme Poni-ekspresa i golub-ekspresa, da za slanje poruka koristimo somalijske trkace na duge staze ili da se jednostavno dozivamo s brda na brdo i tako izmjenjujemo poruke i najnovije vijesti (možda cak i sretne vijesti) i prenosimo pomake u ljudskim dostignucima.

Koljenovic

Želim uci u vlastitu dušu i upitati se: "Da li ja poznajem samog sebe? Mogu li ja reci samome sebi nešto o sebi? Mogu li si reci da sam bio i da i dalje jesam dobar covjek?"

Pokušao sam, ali nisam dobio odgovor.

Zapisana poslanicka prorocanstva raznošena su kao mladi polen nošen vjetrom od cvijeta do cvijeta. Naši preci proputovali su velike udaljenosti i svakodnevno nailazili na najlude svjetove koje su ikada vidjeli, ali i na nepoznata mjesta na kojima je svaki novi korak donosio opasnosti i bolesti za njih i njihove porodice.

Teško ih je zamisliti dok sa svojim saplemenicima nailaze na druga plemena i seljake koji se plaše za vlastiti posjed i život i žele ga zaštititi. Covjek je od grabežljive prirode, kao i mnogi dugi sisavci, savršeno opremljen za opstanak, pa i kanibalizam. Gdje god da su se kretali, ovi su ljudi sigurno u velikom broju ginuli u sukobima sa drugim plemenima.

Neprilagodenost klimi, neprijateljski prirodni okoliš i razlicite vrste životinja i insekata na koje nisu navikli, znacili su za ove ljude svakodnevnu borbu za opstanak koja ih je cinila iskusnijima, jacima i prilagodljivijima.

Njihova borba i shvatanje života, i njihova ljubav prema svojim obiteljima, pomogli su im da izdrže da žive, da omoguce sebi još jedan dan života, pa još jedan, i tako od pamtivijeka do danas.

Ti drevni ljudi postali su pravi istraživaci prirode, nastavljajuci tamo dokle su stigli njihovi preci. Njihova volja za opstankom bila je bezgranicna. Oni su trijumfirali zahvaljujuci prije svega neprestanim nastojanjem da ocuvaju ljudski život. Svaka generacija je poduzimala nove korake s novim vizijama i istraživackim pothvatima koji su covjeka neprestano vodili sve dalje i sve visocije. Evolucija ima smisla, kao što imaju smisla svi oni naizgled nepovezani procesi koji se dešavaju u supernovi, koja se urušava u svoje jezgro i pretvara se u neutronsku zvijezdu ili masivnu crnu rupu.

Rat Za Boga I Bosnu

Nemoguce je i zamisliti šta je sve Zemlja prošla prije tebe i mene, i samo za tebe i mene. Možda smo svi mi samo san koji ce proci. Je li otok Kreta u Sredozemlju jednom bio dio nekog kopna, nekog nepoznatog kontinenta. Legenda kaže da je nekada bio dio civilizacije Atlantide. Ili je to sve samo prica, samo bajka? Niko ne može odgovoriti na to pitanje.

Ja mogu samo reci da bih se mogao osjecati kao kod kuce kad god vidim krajolik Kaspijskog jezera i Crnog mora, zelenilo doline rijeke Dunav.

Zatvorite oci i zamisliti kako je zaista izgledao krajolik na prostoru na kojem Kaspijskog mora i Pontus Euxinusa još nije bilo. Tamo su bili samo potoci i bogate doline s djecom koja se igraju i majkama i ocevima koji pokušavaju osigurati egzistenciju svojih obitelji i pripreme kraljevskih vojski s kojima nastoje zaštititi svoja sela i gradove od osvajaca.

Ako bi covjek mogao u mašti zaploviti u taj svijet cudesnih vremena i krajolika od prije nekoliko hiljada godina, možda bi se našao u vrlo slicnom svijetu ovome u kojem živimo danas. Svaka religija temelji se na ucenju da smo mi, ljudska bica, nešto više nego samo tjelesno tijelo, a svi smo, za fizickog boravka na Zemlji, zaokupirani obavezama, tugama i radostima, kojima je ispunjen ovaj kratki trenutak vremena kojega poznajemo kao život.

Pa i ako imamo besmrtnu dušu, našim besmrtnim dušama ni tada ne bi bila jasnija velika tajna Univerzuma, Boga i Božijeg stvaranja. Ako pak vjerujemo da je važno promatrati putovanje kroz historiju, koraci moraju biti okrenuti buducnosti, ako ne zbog nas, a ono zbog drugih, koji dolaze za nama. I napokon, mi nikada ne smijemo sumnjati da Bog sve što cini za covjeka, cini u najboljim namjerama prema covjecanstvu.

Mape religija trebalo bi ispisati u simbolima kako bismo na lakši nacin pratili njihov historijski hod. Znamo da takvih mapa nema, a da ima, vidjeli bismo da covjek u njima nije stremio ka

Koljenovic

zajednickom cilju, na onaj nacin kako je neko rekao da: „Svi putevi vode u Rim!". Što bi u našem slucju znacilo kako sve religije vode do jednog Boga, ako se za Bogom, naravno, traga otvorenog srca. Nažalost, vecina ljudi kroz povijest nisu se složili s tim. Oni su njihove religije koristili kako bi se odvojili od onih koji ne koriste istu mapu, da s njom što brže dodu do svoga Boga, pri cemu u prvi plan treba staviti rijec SVOGA, a ne jednog, dakle istog i zajednickog Boga. Tako se ponašalo covjecanstvo tokom cijele svoje pisane povijesti, radeci zapravo protiv samoga sebe.

Drevne knjige, priznajem, dobro su napisane i vrijedne svakog poštovanja, a njihove poruke zastrašujuce uvjerljive. Ako ste iz tih knjiga saznali sve što u životu znate, i zato mislite da je ono što je u njima napisano jedina istina, tada je vaša vjera cvrsta kao stijena, bilo da je ona empirijska ili ne. Ali, ne treba brinuti. Bog ne kažnjava svoje podanike samo zato što su spremni moliti se Tori, Kur'anu ili Bibliji. On im je, uostalom, i dao taj izbor. Sve je to onda, uostalom, isto, ako se prizna da je Bog jedan.

Mi smo u posljednjih pet stoljeca naucili toliko o našem svijetu i oko naše povijesti, kao i jedni o drugima, da bi svaka razumna osoba mogla ocekivati da bi, premda su ljudi pronašli neslaganje medu razlicitim verzijama vjerskih "mapa", trebalo hitno i transparentno potvrditi njihovo zajednicko porijeklo i brzo doci do sporazuma o njihovim temeljnim zajednickim istinama.

Nažalost, to se nije dogodilo, a mi sada ponovo stojimo na pragu novog svjetskog rata, naoružani nuklearnim i biološkim oružjem, boreci se zbog minornih neslaganja u njihovim religijama. Takva borba je bogohuljenje prema svemu onome u što ljudi tvrde da vjeruju.

Ali, ne dajte se prevariti. Strašni ratovi, pokolji i nepravde na Srednjem istoku i oni u balkanskim državama, ne vode se samo zbog nafte, odnosno politickih režima, osvajanja novih predjela. Ishodište ratova krije se u vjerskom fanatizmu i netrpeljivosti, koji ljude

Rat Za Boga I Bosnu

motiviraju na progon i zlocine nad ljudima koji nisu njihove vlastite religije. Uostalom, u vrijeme drevnih ratnih pohoda na Istok nafta nikome nije znacila ništa, a ti ratovi nisu bez razloga nazivani krstaškim.

Nafta, režimi, osvajanja su samo mape i cipovi u toj krvavoj igri, koja se igra medu ljudima koji sve što rade, rade radi onoga što misle i osjecaju prema svojim religijama. I svaki od njih tvrdi da djeluje u ime Boga, i radi ono što mu njegov Bog zapovijeda da ucini.

To su ljudi koji su ubijedeni da su pojedina prorocanstva upucena njima, da oni moraju biti ti koji ce po svaku cijenu dokazati ispravnot prorocanstava, kao i tvrdnju da su ona upucena upravo njima. Ono što je najtragicnije jeste cinjenica da su cak i frakcije unutar jedne religije u vjecnom sukobu.

Svi oni tvrde da obožavaju Boga. Nažalost, vjernici svake vjere su ubijedeni da Bog voli samo njih, a svaki je spreman ubiti drugog da mu dokaže da je on pravi sljedbenik i nasljednik.

Moji kršcanski prijatelji ubjeduju me u istinu da je njihova religija jedna suosjecanja, puna tolerancije i opraštanja vjera, koja poziva na iskrenost prema svojoj braci u vjeri. Price o njihovom progonu neistomišljenika i griješnika, kako vele, netacne su. Moji židovski prijatelji ukazuju mi da je njihova religija zapravo jedan zakon, pošten prema svima, neopsjednuta na bilo koji nacin izmišljanjem i lovljenjem nekakakvih krivaca i krivnji, pojedinaca i grupa. A ja njima, isto tako, ukazujem da je islam kakvog ja poznajem i volim, poziv na cist i moralan život, nikako na stvaranje kultova divljih ubilackih fanatika..

Nema nicega u samom islamu što bi vjernike potaknulo da Amerikance ili bilo koje druge ljude vide kao Sotonu koji mora biti uništen. Danas na Arapskom poluotoku stoji troglava hidra, a svaka njena glava je naoružana s oružjem koje može ubiti cijelu Zvijer, svaka spremna ubiti druge dvije glave. Svaka od njih pretendira da

Koljenovic

bude jedini nasljednik na zemaljskom posjedu istog Boga. Svaka od njih nosi krunu ove ili one države.

Kao musliman u Americi, ja naravno volim i poštujem svoju religiju, mada nisam ritualni musliman, pri cemu mislim na obavljanje svakodnevnih religijskih radnji. Kao takav, ja sam sve više uznemiren zbog zlikovacke uloge koju Amerikanci sve više pripisuju muslimanima. Osjecam se sve nemocnijim uciniti bilo šta kako bih pokazao da sam musliman i da satanizacija muslimana nece ni na koji nacin umanjiti moj veliki osjecaj patriotizma i ljubavi za ovu, moju zemlju.

Jedan od mnogih razloga zbog kojih toliko volim Ameriku je da covjek ovdje može biti i musliman i patriot, a uz to stajati rame uz rame sa kršcanima i jevrejima, crncima i bijelcima, koji se osjecaju sasvim isto kao ja.

Nisam se jednom uhvatio uplašenim, dok sam mislio o njemackim patriotima koji su 1930. iznenada proglašeni negativcima i izdajnicima zato što su bili Jevreji. Šta si mogli uciniti osim da prosvjeduju: "Mi smo Nijemci, mi smo patrioti, mi podržavamo njemacku državu u ratu i miru", vikali su. To, medutim, nije bilo važno. Važna je bila samo jedna „sitnica". A ta sitnica bila je da su oni bili Jevreji.

Šta ja mogu uciniti? Ja sam Amerikanac, ja sam patriot, i kao takav podržavam Sjedinjene Americke Države, u miru i ratu. Nisam arapski musliman, ako je to uopce bitno, ali jesam Bosanac musliman iz srca Europe.

U nastojanju da pomognem potomke mojih predaka u Bosni, ispostavilo se da mojoj vladi u Washingtonu mogu biti dragocjen u americkim naporima da u Bosnu vrati mir i uvede stabilnost u državu, poznatu po tome da u njoj živi više naroda i postoji više religija, sa svim svojim posebnostima i iskljucivostima. Ne mogu baš reci da sam u tom pogledu bio americki James Bond, ali s ponosom mogu reci da sam bio prijatelj ljudi kakvi su bili uzor za

Rat Za Boga I Bosnu

stvaranje filmskog lika Jamesa Bonda. O tome nešto kasnije, ali sve to ne bi trebalo promijeniti nacin na koji ce me ljudi ubuduce doživljavati.

Pitam se koliko ljudi misle da je termin "americki musliman" nekakav oksimoron, to jest da u sebi spaja nešto nespojivo. Da li ostatak Amerike zaista iskreno vjeruje da ne postoje muslimani, americki patrioti? Ako se danas Amerikanci plaše da je svaki americki Jevrej zapravo izraelski patriot skriven u ormaru, onda kome oni misle smo mi muslimani lojalni", Osami Da Bombi", koji je ubio moje sunarodnjake, ili vode prijateljskih muslimanskih naroda?! Jesmo li dostigli tacku u kojoj Amerikanci vjeruju da postoji nešto u islamskoj vjeri što nas prirodno odreduje da budemo fanaticni ubice i teroristi, i da svako od nas samo ceka svoj ludi trenutak kad ce eksplodirati od bijesa i okolo krenuti juriti na naše susjede i na njihovu djecu.

Šta ja mogu uciniti? U najboljem slucaju mogu reci šta sam do sada cinio i ucinio, šta mislim i kako se osjecam.

Ja sam musliman, americki patriot. Ja sam to napisao da potaknem druge americke muslimane da ustanu i svakom jasno daju na znanje da su i oni americki patrioti. Mi nismo neprijatelji. Mi cemo do kraja ostati Amerikanci i to svima trebamo jasno dati na znanje, neka to svakome bude jasno. Potaknite i druge muslimane da se na taj nacin javno izjasne. Da se, dakle, može biti i musliman i biti Amerikanac. Testirajte svoje ideje patriotizma na drugima.

Radite ono što radite najbolje i budite patriot svoje zemlje. Naša buducnost je u Sjedinjenim Americkim Državama.

Nema smnje da cu ja ovom knjigom ponekog i uvrijediti, možda zbog mojih otvorenih stavova, možda zbog moga poznavanja pravih cinjenica iz povijesti i vjere koju otvoreno izlažem, ili pak zbog cinjenica koje sam pisao o ludilu ucinjenom u ime Boga, kraljeva i milionskih armija. Nisam želio povrijediti nikoga, muslimana, kršcanina ili židova. Iskreno se nadam i molim

Koljenovic

samo da svaki covjek nade u svojoj vjeri mudrosti i snage da se ne prikloni besmislenim svadama, fanatizmu i sektaštvu.

Svi mi imamo iste fundamentalne ciljeve, isti smisao za odgovornost, iste životne vrline i moralnu cestitost. Svi mi znamo sve o oprostu, kao i o beskrajnoj Božijoj ljubavi za svu svoju djecu. Medutim, kada ste posljednji put digli svoj glas u ime covjecanstva? Zato, ucinite sve da se vaši glasovi cuju.

Vrijeme je. Vaša zemlja ceka. Ja ne propovijedam, ja samo molim svakog covjeka da razmisli gdje smo i šta smo, šta stavljamo na kocku našom šutnjom i nedjelovanjem. Ne cineci ništa mi cemo nestati kao zrnca prašine u pješcanoj oluji. Mi moramo izabrati pravi put i neprestano ici naprijed, za dobrobit naše zemlje, ali i cjelokupnog svijeta i covjecanstva. To je jedini ispravan put kojim treba ici. Sljedeci put kad u nekoj prilici uzmete rijec, zapamtite da je praštanje za greške ucinjene u prošlosti, najveca vrlina covjeka.

Moramo graditi mostove medu ljudima i njihovim zajednicama, mostove u srcu i umu, za zbližavanje svakog americkog covjeka, a time i svih ljudi u svijetu.

Rat Za Boga I Bosnu

IV

ROĐENDANSKO SLAVLJE

Imao sam zadovoljstvo jednoga dana 1994. godine prisustvovati rodendanskom slavlju u raskošanoj vili jednog od najistaknutijih židovskih biznismena u Las Vegasu, Sheldona Adelsona, vlasnika Venecije, jednog od najpoznatijih temošnjih hotela-kockarnica.

Na proslavu cetvrtog rodendana Adelsonovog sina pozvali su me njegov savjetnik Louise i Lucy McPalmer (Hawai Queen), dobra Sheldonova prijateljica. Adelsonov biznis krenuo je u tom periodu veoma dobro. Prethodno je prošao kroz mnoga iskušenja i padove. Bilo je teško, ali je prebrodio teškoce i sve ekonomske krize. Izvorno demokrat, Adelson je, nakon što je veoma povecao svoje bogatstvo, postao republikanac. Žalio se: "Nije fer da ja placam vece poreze nego bilo ko drugi?"

U predsjednickoj kampanji 2012. godine, u kojoj je Adelson bio najveci donator Republikanskog nacionalnog odbora, desila se sindikalna pobuna u njegovim lasvegaškim kasinima. Njegov uspjeh je utjecao na njegovu beskrupuloznost u politici i poslovanju, i postao je definitivno drugaciji covjek od onoga kojega sam upoznao na proslavi rodendana njegovog sina.

Adelson je kritizirao predsjednika Obamu, govoreci da ga plaši njegov socijalisticki privredni kurs, kojega smo, kako je govorio, iskusili tokom gotovo cetiri godine. Zato i ne cudi što se

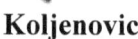
Koljenovic

pricalo o tome kako je izjavio da bi želio da njegov sin bude snajperist IDF-a.

Sheldon Adelson, roden augusta 1933, americki je gradanin i glavni izvršni direktor Las Vegas Sands Corporation, nadredene kompanije Venecijanske Makao Limited kojom upravlja, Venecijanskog Resort Hotel Casina i Sands Expo. On takoder posjeduje izraelski dnevni list Israel Ha-Yom. On je na Forbesovij listi 400 najbogatijih naveden kao osmi najbogatiji Amerikanac. Njegovo licno bogatstvo procjenjuje se na 24.900.000.000 $, što je podatak od marta 2012. godine, cemu treba prikljuciti i vrijednost David Hotela u Jeruzalemu.

Ovom je rodendanskom slavlju prisustvovao veliki broj zaista znacajnih ljudi iz americkog javnog i poslovnog svijeta, ukljucujuci i velikog ponocnog idola Waynea Newtona, s kojim sam bio dobar prijatelj. Neki od gostiju bili su izraelski politicari i poslovni ljudi, ukljucujuci i cuvenog politickog komentatora iz Jerusalem Posta.

U neko doba proširila se vijest da je došlo do teroristickog bombaškog napada u blizini židovskog kvarta u Buenos Airesu. Mnogi ljudi bili su ozlijeđeni i to je, naravno, postao glavni predmet razgovora na zabavi.

Nisam imao želje ucestvovati u raspravi o tom groznom incidentu, ali nisam mogao izbjeci da cujem komentare drugih. Iako je potvrdeno da teroristi nisu bili Palestinci, bio sam izvan sebe cuvši negativan i hladan ton sagovornika koji su nagadali o tome ko je to ucinio.

Ja sam, naime, ocekivao više žaljenja zbog žrtava, a manje rijeci ljutnje i mržnje prema svima koje su ovi ljudi smatrali krivima. Argentinski narod je bio ranjen, i krivac nije otkriven, ali su ovi, valjda po navici, poceli nagadati o Palestincima.

Ko god bili ti teroristi, i makar, vjerovatno, nisu imali nikakve veze sa Jevrejima i Izraelom, jedan od gostiju je rekao:

Rat Za Boga I Bosnu

"Volio bih da su na našim granicama, pa bismo im odmah mogli uzvratiti za sve što su ucinili."

Razgovarali su o snazi Izraela i o potjeri za antisemitskim ratnim zlocincima u Južnoj Americi. Tokom razgovora upitao sam se u sebi da li je iko od ovih ljudi ovdje ikad spomenuo SAD kao zemlju koja je bila njihov veliki brat i njihov najveci zaštitnik, ili je pak tema njihovog razgovora uvijek Izrael i samo Izrael.

Bilo je više od dvadeset stolova u rodendanskom party roomu. Ja ovdje necu navesti ime djecaka, jer cu ispoštovati njegovu privatnost, pa cu ga nazvati Madison. Medutim, imena koja sam vidio na rezervacijama na stolovima nisu bila istinska imena gostiju. Umjesto toga, na karticama su bila ispisana imena biblijski junaka i povijesnih mjesta u današnjem Izraelu, Judeji i Samariji.

S obzirom da je Madison uživao velike prednosti dvojnog državljanstva, a živio je u jednom od najpopularnijih mjesta u Amerikeci i u Svijetu, ocekivao sam da cu možda vidjeti malo americkih obilježja na pisanim cestitkama. Možda sam ocekivao cuti da ce u cast Madisonu spomenuti nekog od americkih heroja, posebno onih koji su omogucili da Izrael bude ono što je danas.

Bilo je govora o Europi, pri cemu ni prema cemu ili prema bilo kome u Europi u njihovom govoru nije bilo osjecaja neke ljubavi, osim prema Engleskoj. Imao sam dojam da, ako su se ikada mogli osjetiti dovoljno sigurni i neovisni, da bi ti ljudi Europu stavili u jednu ogromnu topovsku granatu i poslali je na putovanje u daleke galaksije svemira, cak bez izdvajanja i ovoga uvaženog gospodina kod kojega smo gostovali u povodu rodendana njegovog nevinog lijepog djecaka.

Držao sam to dijete u narucju, zagrlio ga nježno i iskreno i poljubio ga u obraz zaželivši mu sretan rodendan, na isti nacin kako bih to ucinio sa svojim djetetom. Njegova majka i otac prepoznali su istinsku ljubav koja je izvirala iz moga srca i mojih ociju, i ja sam pocrvenio zbog njihove ljubaznosti i poštovanja prema meni.

Koljenovic

Djecakova majka bila je rodena Izraelka, vrlo inteligentna žena koja je oko sebe širila osjecaj povjerenja. Iako je bila fizicki sitna, ona je izgledala visoka i bio sam siguran da se tako osjeca i u svome srcu. A govorila je tiho, skoro pa stidljivo.

Za ovu bih ženu rekao da je veoma lijepa u umu, srcu i duši, i definitivno divna majka, kakvu bi svako dijete poželjelo imati. Shell je bio sin bostonskog biznismena, na cijim je finansijskim temeljima Adelson izgradio bogatstvo u ovoj velikoj demokratskoj zemlji, te je postao milijarder, jedan od najbogatijih ljudi na Svijetu.

Rekoh mu da mora da je velika stvar biti covjek od tako velike moci i utjecaja, da te ljudi slušaju kad govoriš i šta govoriš. Uz svo poštovanje, rekoh mu, volio bih kad bi mi dopustio da i ja njemu kažem svoje mišljenje o jednoj, po meni, veoma znacajnoj temi.

Kako se odmah složio, rekoh mu da se nadam i da bi mi bilo drago ako dijeli moje mišljenje da imigranti poput nas, pa i židovi i muslimani, trebaju biti više zahvalni narodu koji nam je dao sve što nam je potrebno, cak i više od toga. Takoder mu rekoh kako pretpostavljam da je on zahvalan na tome Americi i da ne zaboravlja da mu je ova nacija omogucila da stvori sve što danas ima, a ima sve što se na svijetu može poželjeti. On je na to samo kratko odgovorio: „Naravno, naravno", što „naravno" nije moralo znaciti ništa.

"Voli li vaš djecak muziku?", upitao sam kasnije, obrativši se ovoga puta gospodi Adelson. "Moja djeca vole klasicnu muziku", dodadoh.

Djecakova majka je odgovorila s velikim osmijehom na licu: "Ne slušamo ništa osim klasicne muzike. Želite li da vam nabrojim nešto od omiljenih stvari?"

Nasmijao sam se i odgovorio: "Ne, molim vas, dopustite da pogodim, vjerujem da ima barem jedna zajednicka stvar koju volimo."

Rat Za Boga I Bosnu

Spomenuo sam neke od klasicnih legendi. Oboje smo se smijali i ona je rekla da vjeruje da klasicna muzika poboljšava inteligenciju u djece.

Sa svojim teškim hebrejskim naglaskom pitala me je kakvu muziku ja volim. Rekao sam joj da sam bio rock and roll djecak iz šezdesetih godina, i da sam zbog toga imao puno problema, jer naš predsjednik države Tito nije odobravao rock muziku, plašeci se prevelikog utjecaja Zapada i nekih komunizmu neprihvatljivih zapadnih vrijednosti koji su se kroz muziku veoma lako širili.

Sheldon se složio da su šezdesete godine bile revolucionarne i da su to bila neugodna vremena. "Vijetnam je svakako tužno poglavlje americke povijesti", rekao je on. "Predsjednik Johnson nije mislio o onome u šta se upušta. Toliko je mnogo naše djece poginulo, a rane su još svježe. Mi smo imali demonstracije i ubijanje u našim kampusima. Reci cu vam istinu, po prvi put u životu bojao sam se za svoju zemlju, ali hvala Bogu, ovdje sada živimo u miru i blagostanju."

"Shell, vi ste vrlo sretan covjek", rekoh. „I veoma sam pocastvovan što vas poznajem. Covjek nije u prilici svaki dan razgovarati sa tako utjecajnim gradanima poput vas, gospodine. Vaša lijepa supruga mi je rekla ... "

Prekinuo me je i rekao: "Ona je divna žena i ona uistinu veoma brine o meni. Angelo, da li bi popili šoljicu kafe sa mnom?", upitao je gotovo bojažljivo i uspravio se laktom na stolici. Odgovorio sam da ce mi biti cast da nam obojici ulijem po šoljicu kafe i krenuli smo ka njegovoj kuhinji.

Otvorio sam ormaric u kojem sam pretpostavljao da se nalaze šoljice za kafu i izvadio dvije sa simbolom Davidove zvijezde, pri cemu se prisjetih da je moj domacin vlasnik jednog od najpoznatijih hotela u Jeruzalemu.

Pogledao sam kroz prozor dok sam nam ulijevao kafu i ono što sam vidio mlatnulo me je poput direktnog udarca u glavu. Pored

Koljenovic

bazena bila je jedna mala kuca, ispred koje sam vidio visokog muškarca u crnom odijelu, kako gleda ka zidu bazena, gdje su druga dvojica bojila njegov zid. Bilo je posve jasno da taj covjek pripada profesionalnom obezbjedenju, da je, pogogadate li..., bivši, a možda i aktivni agent FBI-ja.

"Da li taj covjek radi za vas, gospodine", upitao sam? On je klimnuo glavom i tiho rekao: "Prošle noci, Angelo, neke odvratne osobe našarale su neke grafite na zidovima bazena. Htio sam ga ocistiti i ponovo obojiti prije partija, ali nismo stigli."

Osjecao sam se kao da mi je srce palo u cipelu. U meni se javilo saosjecanje prema njegovoj patnji, a zatim i osjecaj sažaljenja. Lako je shvatiti kad osjetite sažaljenje prema nekome jer je gladan ili nema krov nad glavom, ili zato što nije mogao kupiti igracku ili novi par cipela za svoga malog djecaka. Takvu nesrecu je lako razumjeti. Ali je bilo cudno osjetiti sažaljenje prema covjeku koji može kupovati i prodavati hotele ili mlazne avione i brodove, baš kao da su komadi namještaja.

„Kakvi gadovi!", rekao sam. "Ko im daje pravo da uništavaju tudu imovinu?"

"Ne, Angelo", rekao je, "Ne radi se o imovini, ona je najmanje bitna. Ono što mene brine je prijetnja upucena sigurnosti moje porodice..."

Napravio je malu pauzu, pa duboko uzdahnuo. „Oni su nasprejali kukasti krst preko Davidove zvijezde na plocicama bazena."

Završio sam ulijevanje kafe, stavio krem i dva šecera, promiješao njegovu i moju kafu, i otišli smo zajedno do stola. Spustio sam kafe na stol, stavio ruku na njegovo rame, i pun iskrene sucuti tiho rekao: "Shell, prijatelju, hajte da mi popijemo kafu i pokušamo popricati o necemu manje mucnom."

Pogledao me je izboranim ocima na svome starom i umornom licu i rekao: "Hvala vam Angelo."

Rat Za Boga I Bosnu

Kakav dirljiv trenutak. Biti u društvu sa jednim tako mocnim i utjecajnim covjekom, koji se predamnom, eto, bez imalo ustezanja pokazao ranjiv kao i svako drugo ljudsko bice. Ocigledno je tražio razumijevanje u nekome, makar to bio i neko njemu gotovo potpuno nepoznat i svakako ne neko ko je pripadao krugu ljudi u kojem se sigurno kretao, govorio i osjecao.

Imao sam osjecaj da svo to ogromno bogatstvo koje ovaj covjek posjeduje, njemu u tom trenutku nije ništa znacilo. Pomislih kako bi bilo lijepo kad bi sad gospodin Adelson mogao ovim istim svojim ocima pogledati šta se dešava s druge strane Atlantika, u dalekim prašnjavim predjelima Bliskog istoka, gdje ljudi umiru svakog trenutka, cak i ovoga u kojem nas dvojica žalimo zbog ispada koji je mome domacinu nanesen sa ocigledno krajnje zlom namjerom.

Kako je jedna mala zemlja poput Izraela postala clan kluba posjednika nuklearne bombe i to bez pristanka ostatka svijeta? Tako što su joj pomogle vlade Sjedinjenih Americkih Držva i Južne Afrike, od kojih je ova druga bila poznata po tome da strogo nadzire ono stanovništvo koje nije bilo po volji vladajuceg sloja i same vlade. Izraelska vlada nije po tome bila daleko od južnoafricke ideje o kontroli stanovništva.

Tu se, sad, pojavljuje i zagonetka finansiranja tolikog broja oružja u pojedinim malim zemljama svijeta, koje se, ponekad mi se cinilo, koristi tek da bi se na ljudima isprobao njegov kvalitet. Uzgred, meni se, a nadam se se i mnogim drugim Amerikancima, nimalo ne dopada što je najveci broj oružja kojim se vrlo uspješno medusobno ubijaju Palestinci i Izraelci kupljen americkim poreznim dolarima. A kupljen je upravo zahvaljujuci utjecaju ljudi poput Adelsona. Sve to prate i poražavajuce statistike, koje kažu da prakticno nema porodice sa izraelske ili palestinske strane, koja nije bila direktno pogodena strahotom tog njihovog neprestanog rata, izgubivši barem jednu voljenu osobu.

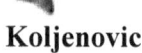

Koljenovic

Neki od njegovih gostiju su vec postavljali pitanja kakva su se mogla i ocekivati. Jeste li nazvali policiju? Je li policija nešto ucinila da uhvati pocinitelje? Nacin na koji su oni to pitali, medutim, kao i njihov govor tijela, ucinio mi se takav kao da oni zapravo uopce ne brinu niti ih zabrinjava to što se dogodilo njihovom domacnu. U suprotnom, ocekivalo bi se da izraze odredenu ogorcenost. Ništa od toga. Sve je djelovalo nekako rutinski, kurtoazno, kao da se dogodilo nešto na šta su oni bili davno svikli, što se dešava svakodnevno, pa se i ne dožvljava kao neki senzacionalan ispad.

Možda su se oni u ustvari drugacije osjecali i zaista željeli izraziti mnogo više sucuti, ali kao da se od njih ocekivalo da njihova pitanja i njihova briga odražavaju odredeni pristojan nemar. Osjecao sam se nestvarno i bilo mi je neugodno što se nalazim medu ljudima koji pokazuju tako malo sucuti za tudu bol i osjecanja.

To su bili dobri ljudi, uspješni ljudi, utjecajni ljudi, ljudi koji su se osjecali dobro pokazujuci se u svojim skupim odijelima od kašmira, parfimirani Armani parfemima. Nisam milioner, ali sam i sam vlasnik odjece od kašmira, ali ne pridajem tome nikakvog znacaja. Ja svoja skupa odijela kupujem samo zato što se u njima dobro osjecam, jer su dobro krojena i prijaju mome tijelu, a ne zato što mi to nešto znaci. Osjecao sam se tužno zbog njih, shvativši da su ti ljudi samo prisutni na zemlji, ali da se osjecaju kao da su iznad svih patnji i problema s kojima se susrecu obicni ljudi.

Slušao sam goste kako caskaju oko politike i ekonomije, te kako se opraštaju od domacina prilikom odlaska: "Lijepa zabava, Shell..." Pri tome nije bilo ni rijeci o slavljeniku, djecaku Madisonu.

„Lijepa zabava..." Niti jedne rijeci u smislu: „Hvala za poziv...", nekoliko brzo razmijenjenih politickih komentara, i to je bilo sve. Razgovarajuci sa gospodom Shell na odlasku, ona me je srdacno zagrlila i zahvalila što sam dao vlastiti dorinos da njihov

Rat Za Boga I Bosnu

parti uspije. Ispricao sam se i otišao, ne oprostivši se od Shella. Jednostavno ga nisam htio gnjaviti s oproštajnim frazama.

Nisam mogao prestati misliti o tom partiju. Kad god bih na naslovnicama novina ugledao nerede i ubijanje na Bliskom istoku, uvijek bih se sjetio tih mocnih ljudi koje sam upoznao na rodendanu malog Madisona Shella.

Zašto oni ne ucine nešto da se to zaustavi? Nisam mogao shvatiti i oprostiti im kako se rodendan koji je trebao biti posvecen jednom djecaku, pretvorio u politicki skup, i kako je moguce da toliki broj gostiju tako javno izrazi gorku mržnju prema najvecem dijelu svijeta u kojem živi.

Kako, uostalom, ja ili bilo ko drugi može spavati mirno, znajuci da takvi mocni i utjecajni ljudi sjede diljem svijeta, piju kafu i razmišljaju kako da raskomadaju ovaj planet na komedice, kao što se komada pogaca. Jedem pogacu, a ono što ne mogu pojesti, stavim u top i ispalim u daleku galaksiju, kako niko drugi ne bi mogao dobiti taj komad koji sam ja odbacio.

Šta misliti o tome? Da je to sebicno, ili pohlepno, ili zlo pojedinacnih ljudi ili grupe ljudi? Najlakše bi bilo tako reci. Medutim, nije tako. Istina je drugacija. Nisu u pitanju pojedinci, niti grupa ljudi, u pitanju je ljudski rod, i ljudska priroda koja nas tjera da zaštitimo svoj licni teritorij, kao, uostalom, i svaka druga vrsta što cini na ovom našem prekrasnom planetu.

To nisu notorni pohlepni zlikovci koji kokodacu u svojoj materijalistickoj požudi za zlatom. To su dobri ljudi koji su odgovorni za razlicite organizacije i pokrete, koji slave rodendane, bar micve i krštenja, cija djeca idu u školu ili u bogomolju, cak i nedjeljom.

Da li bi se cetvorogodišnji mali jevrejin osjecao drugacije na njegovom rodendanu od cevorogodišnjeg muslimana ili kršcanina ili bilo kojeg drugog djecaka? Ovi ljudi sigurno nisu bili ni svjesni da ovo dijete ne zna da se sav ovaj narod skupio zbog njega. Uostalom,

Koljenovic

šta bi jednog cetvorogodišnjeg djecaka više impresiniralo ili dirnulo, ovozemaljska moc jednog oca, ili pak siromaštvo drugog, ili kad bi vidio kako njegov otac brine za njega i grli ga? Ja sam, cini se, bio jedini koji je tom djetetu posvetilo malo svoje pažnje, i to bez ikakvog interesa. I bilo mi je baš drago zbog toga.

Danas, u 21. stoljecu u stanju smo sve poslati dodavola. Nema potrebe da gledamo kroz cijevi topova ka dalekim galaksijama. Zašto osjecamo toliku mržnju i nerazumijevanje prema svakom drugom i drugacijem? Je li sukob ponosa i pohlepe, isprican u prici o Kainu i Abelu, definitivni izraz nepromjenjivosti ljudske prirode? Jesmo li jednostavno prokleti od Svemocnog Boga zbog tog nesretnog dogadaja u prapovijesti? Ja to ne mogu prihvatiti!

Moram vjerovati da Beskonacni Bog nije stavio prepreke na našem putu kako bismo pali preko njih i odustali, nego kao iskušenja koja trebamo prebroditi i nadrasti kako bismo krenuli dalje. Moramo prestati sa razmišljanjem da nema izlaza iz osjecaja da smo zarobljeni u mjehuricu vode negdje u bekrajnom moru.

Možda mi posjedujemo vjecne duše, a naši su životi vjecno putovanje. Tamo gdje je pocetak, tu je uvijek kraj, a svaki kraj je uvijek novi pocetak. Zbog toga ne prestajem gubiti nadu za covjecanstvo. Uostalom, nije li istina da smo mi uvijek u stanju pružiti puno više ljubavi i brige, nego mržnje.

Nadam se da ce rodendan moga malog prijatelja biti nešto što ce on zapamtiti s ljubavlju. I nadam se danu u kojem cu vidjeti poštene mocnike koji ce iskoristiti svoju moc da pomognu uplakanim majkama svih cetvorogodišnjaka u svijetu da sa radošcu i u sigurnosti svojih domova slave rodendane svojih sinova i kceri.

U 21. stoljecu Izrael je postao zemlja koja nudi udoban dom za sve Jevreje. Izrael je utocište za rješenje svih njihovih teškoca, kao i za sve njihove probleme koje su preživjeli u eksperimentu kojim je 1948. stvorena država Izrael. Ona je od tada postala državaa

Rat Za Boga I Bosnu

svjetske moci, prepoznata kao neko na koga se u Svijetu mora racunati.

Kako je to dobar osjecaj, biti tako malen i teritorijem i brojem stanovnika, a tako mocan. Pri tome mislim samo na bliskoistocni jevrejski zemljišni posjed i broj stanovnika Izraela. Ako se tome doda finansijska i svaka druga moc koju Jevreji kao pojedinci i kao zajednica posjeduju u Svijetu, to prevazilazi i najsmjelija maštanja.

Kad uzmemo u obzir pažnju medunarodne mreže izraelskih gradana u inozemstvu i milione pristaša mnogih nacionalnosti, možemo vidjeti da Izrael ima mogucnost za veliku buducnost. Nedostaje im samo jedna stvar - nisu naucili prihvatiti svoje susjede.

Ono što Jevreji u svijetu moraju uciniti jeste osloboditi se gorcine koja dolazi od osjecaja hronicne žrtve. Oni se moraju riješiti tog osjecaja, bez obzira na to što imaju simpatije Svijeta kao žrtve masovnog nasilja i što u toj ulozi potražilaca pravde imaju vrlo konkretne beneficije medunarodnog karaktera i podršku medunarodne zajednice tamo gdje je nikada niti jedan drugi narod ne bi imao.

Nesretna posljedica tog licemjerja je ne samo da Izrael Jevreje vodi do odredenog samodestruktivnog mazohizma, nego ih vodi i tome da druge ljude vide kao svoje protivnike. Prosudite sami.

Nesretna posljedica toga je da ce ljudi zakljuciti da takvo ponašanje podržava stereotip o separatistickom jevrejskom predatorstvu, cija okrutnost nikome nece donijeti ništa dobro.

Moje stajalište je da je Adelson castan Amerikanac koji zaslužuje poštovanje, a Izrael je, uz sve svoje nevolje, casna zemlja. Adelsonova ljubav prema Izraelu takoder je u redu, ali ja vjerujem da bi americki Jevreji imigranti morali osjecati i pokazati mnogo više zahvalnosti prema ovoj zemlji nego što to cine. Uvijek Izrael i ništa osim Izraela. Pa, to je ploca koju konacno treba okrenuti i konacno zapjevati neku drugu pjesmu.

Koljenovic

Predsjednik Buš je 2008. pozvao na okoncanje izraelske 41-godišnje okupacija palestinske zemlje i naveo da želi uspostaviti mir prije isteka njegovog mandata. "Polazište za uspostavu mira su permanentni pregovori o statusu Izraela i Palestine, koji moraju zadovoljiti obje strane", rekao je on.

"To bi trebao biti kraj okupacije zapocete 1967. godine", rekao je Buš. „Sporazum mora uspostaviti Palestinu kao domovinu za Palestince, baš kao što je Izrael domovina jevrejskog naroda."

Okupacija Palestine je izazvala strašne posljedice za obje strane. Danas postoje citave generacije Palestinaca koji su rodeni pod okupacijom i ne poznaju osjecaj slobode življenja u svojoj zemlji, kao što na drugoj, izraelskoj strani, postoje generacije Izraelaca koje citav svoj život žive u znaku dominaciju nad Palestincima.

Predsjednik Bush je takoder ponovio zahtjev prema objema stranama da se pridržavaju svojih obaveza u skladu sa ugovorom poznatim kao "mapa puta" i njegovim odredbama, ukljucujuci prestanak bilo kakvog teritorijalnog širenja Izraela ili izgradnje novih naselja na palestinskoj teritoriji, kao i garanciju da buduca palestinska država mora biti "održiva, stabilna i suverena".

"Model švicarskog sira ne funkcionira kada su u pitanju državne granice", rekao je tada Buš novinarima.

Mi americki muslimani imamo interes i opredjeljenje za trajni mir izmedu Izraelaca i Palestinaca. Što se tice našag položaja u Sjedinjenim Americkim Državama i našeg tretmana od strane americkih vlasti i americke gradanske vecine, mi od naših lidera moramo zahtijevati odgovornost zasnovanu na temelju pravde, svaki put kad vidimo da se zaobilaze postulati o jednakosti, a islamofobija krene da raste.

„Hladni rat jedva da je završio, a vec se uveliko poceo tražiti novi globalni neprijatelj na kojeg ce Sjedinjene Americke Države usmjeriti svoju spoljnu politiku. Na njihovoj listi najvecih globalnih

Rat Za Boga I Bosnu

prijetnji sve ubjedljivije je prvo mjesto zauzimao sve prisutniji osvetnicki – fundamentalisticki islam. Islam je po mnogo cemu izgledao kao nešto uz šta je veoma pristala neprijateljski intonirana poruka: On je velik; on je zastrašujuci, on je antizapadni; on pociva na siromaštvu i nezadovoljstvu; on se rasprostire preko ogromnog prostranstva globusa, koji na televizijskim mapama može biti obojen zeleno na isti nacin kako su komunisticke zemlje obicavale svoje zemlje bojiti crveno."

David Ignationus, The Washington Post
National weekly Edition, March 16-22, 1992.

U svome posljednjem intervju koji je dao, Alija Izetbegovic, bivši predsjednik Bosne i Hercegovine, upitan koje se pojave u Svijetu najviše plaši, odgovorio je: „Porasta antiamerikanizma na Istoku i islamofobije na Zapadu."

Sjecam se kada je, 12. septembra 2001, Jean-Marie Colombani iz Le Mondea, napisao cuvenu frazu: „Danas smo svi mi Amerikanci". Nekoliko godina kasnije izgleda kao da svi mi postajemo antiamerikanci.

Europljani su se usprotivili americkoj inostranoj politici cim su Bushove jednostrane odluke postale prijetece i za njih. Ujedinjene Nacije suocavaju se, medutim, sa mnogo vecim stepenom antiamerikanizma u Egiptu, Turskoj, Indiji i Pakistanu, u zemljama od kojih ni jedna nije bogata, postmoderna ili pacifisticka.

Podrška Ujedinjenih Nacija Sjedinjenim Državama u posljednje je vrijeme dramaticno opala. Naprimjer, 75 procenata Indonežana izjasnili su se 2000. godine proamericki. Danas, više od 80 procenata Indonežana neprijateljski je raspoloženo prema Ujka Semu. Istovremeno, sa izuzetkom Izraela i Velike Britanije, ni jedna zemlja danas nema postojanu proamericku vecinu. Na pitanje zašto ne vole SAD, ljudi u drugim zemljama dosljedno navode Busha i njegovu politiku. Pažljiva analiza ovoga fenomena, medutim,

Koljenovic

sugerira da je uzrok takvog mišljenja mnogo širi i dublji nego što su to Bush i njegova politika.

Termin „hipersila", napokon, skovao je francuski ministar inostranih poslova da opiše Ameriku Billa Clintona, a ne Georgea W. Busha. Jedna od najznacajnijih pokretackih sila antiamerikanizma u Svijetu svakako je današnji ideološki vakum.

Francis Fukyama je, po mome mišljenju, bio u pravu kada je napisao da je propast Sovjetskog Saveza istovremeno oznacio kraj velikog ideološkog natjecanja o tome kako organizirati ekonomski i politicki život.

Sukob izmedu kapitalizma i socijalizma izazivao je politicka sporenja i oblikovao politicke partije i njihove programe širom Svijeta u periodu dugom skoro citavo stoljece. Pobjeda kapitalizma, medutim, ostavila je Svijet bez ideologije nezadovoljstva, bez jednog planski gradenog seta ideja kritike Svijeta otkako on postoji.

Oduvijek je postojao prostor za stvaranje ideologije nezadovoljstva, koja omogucava onima koji su izvan glavnih svjetskih tokova da uzmu ucešca u svjetskim politickim i ekonomskim zbivanjima, te da i oni kreiraju svjetsku geopoliticku scenu. Prema Faridu Zakariju, istaknutom komentatoru na temu islama i Zapada, ovakvo uvjerenje obicno nastaje kao reakcija na svjetski dominanu stvarnost, pa je tako, recimo, uspon kapitalizma i demokracije u posljednjih 200 godina proizveo opozicionarske ideologije - ljevicarstvo (komunizam i socijalizam) i desnicarstvo (ultranacionalizam i fašizam).

Stvarnost današnjeg Svijeta predstavljaju snažne Sjedinjene Americke Države, cija moc pocinje da se ispoljava u veoma agresivnom ponašanju na medunarodnoj sceni, zbog cega antiamerikanizam postaje jedan od nacina na koji ljudi promišljaju o Svijetu i njihovoj poziciji u njemu.

To je nacin mišljenja koji prevazilazi politicke dimenzije i zadire sve do ekonomskog i kulturnog prostora i svega onoga što oni

Rat Za Boga I Bosnu

podrazumijevaju. Tako ce u buducim izborima u Brazulu, Njemackoj, Pakistanu, Kuvajtu, Španiji, cak i u Palestini, Sjedinjene Americke Države biti znacajna tacka predizbornih kampanja. U svakoj od ovih država znacajan broj glasova dobit ce oni koji se u svojoj kampanji budu odupirali moci Sjedinjenih Americkih Država. U mnogim državama nacionalizam se dijelom pocinje definirati upravo kao antiemerikanizam.

Možeš li se usprotiviti supersili? To je film u kojem politicki islam pocinje uspješno da igra. A sa politickim islamom u porastu – mi se suocavamo sa islamofobijom na Zapadu. Mišljenje je mnogih zapadnih intelektualaca da islam Zapadu danas predstavlja ono što mu je jucer predstavljao komunizam: veliku prepreku, negiranje, istinsku prijetnju nacinu zapadnog života i zapadnoj civilizaciji. Neki ljudi na Zapadu vjeruju da je dijalog izmedu islama i Zapada gubljenje vremena, pa zato Zapad svoj jedini put da izade nakraj sa islamom i muslimanima vidi u argumentu sile, ne u sili argumenata.

Upravo ovakvo, desnicarsko gledanje na islam, prihvaceno je od Bushove administracije i kreatora njegove spoljnje politike. To je dobro primljeno i u mas-medijima, narocito nakon dogadaja od 11. septembra 2001, koji je šokirao cijeli Svijet.

Istovremeno, na Istoku postoje ljudi koji su oduvijek vjerovali da je Zapad stari neprijatelj islama i da ce se muslimani morati obracunati sa Zapadom sa štapovima i kamenjem.

Oni koji znaju historiju krstaških pohoda od Alpa, preko Anadolije, Libanona i Jeruzalema, znaju da su se ti pohodi svodili na krvavo nekriticno ubijanje i pljackanje muslimana, ali i kršcana. Oni ne vjeruju da postoji mogucnost uspostave i održanja dijalog izmedu islama i Zapada sve dok se križarski mentalitet bude vodio njihovom dosadašnjom logikom, tako da je moguce postojanje samo dijalekticke suprotnosti izmedu dvaju ideoloških pokreta.

Poput mnogih koji vide kako islam biva zloupotrijebljen od strane Al Qaide, mnogi i na Istoku i na Zapadu dobro vide da

Koljenovic

americke kršcansko-evangelisticke religijske elite zloupotrebljavaju Ameriku sa izgovorom prijetnji islamskog terorizma.

Kako ce vrijeme pokazati, ni islam, a ni takozvani islamski fundamentalizam, po svojoj definiciji nisu antizapadni. Ili da antiamericki stav islamskih grupa i pokreta na Srednjem istoku nije, po sebi, usmjeren protiv kršcanstva ili zapadne civilizacije.

Njihovi stavovi su reakcija na politiku Sjedinjenih Država, osobito na podršku Washingtona Izraelu i autoritarnim režimima, kao i na dugu historiju americkih vojnih intervencija u ulozi loših momaka.

S druge strane, mi takoder možemo raspravljati i o zloupotrebi islama pod prijetnjom zapadnjackih materijalistickih vrijednosti. U nekim islamskim zemljama, ukljucujuci Indoneziju, Jordan, Libanon, Nigeriju, Pakistan, više od 70 posto populacije vjeruje da nad islamom visi stalna prijetnja.

Podrška terorizmu nalazi uporište upravo u uvjerenju da su veliki dijelovi islamskoga svijeta žrtve narastajuce nepravde. Neki eksperti, medutim, s pravom dokazuju da je percepcija prijetnje islamu promišljeno njegovana od strane islamskih politickih grupa i autoriteta pojedinih islamskih vlada, s ciljem da se kod stanovništva dobije podrška njihovim programima.

Medutim, ako pogledamo rat koji se trenutno vodi u Siriju, tu je sasvim jasno da nema govora o terorizmu vlade nad gradanima. Teško je dokazati podršku terorizmu jer se cesto radi o politickoj propagandi protiv islamskih zemalja, koja je uglavnom veoma uspješna i još uspješnije podiže tenzije protiv islama u svijetu. Zato se nemojte iznenaditi svakodnevnim terorizmom, koji ce i dalje svakodnevno biti s nama, dok god postoje represivne (aparthejd) vlade širom Svijeta.

Povijesno, terorizam nikada nije bio poražen, njega se samo pokušavalo kontrolirati, poput atoma, pri cemu nikada ne znate tacno šta od njega ocekivati. Postoji nekoliko dobrih razloga zašto je

Rat Za Boga I Bosnu

izgradnja razumijevanja izmedu muslimana i rimokatolika, baptista, protestanata i ostatka Zapada iznimno važna za podrucja Bliskog istoka, koloniziranog od strane Britanaca i Francuza u posljednjem stoljecu.

Nažalost, muslimani nisu uvijek bili u mogucnosti da prezentiraju njihov slucaj na takav nacin da bi bio razumljiv i prihvatljiv americkoj javnosti, baptistima, luteranima, protestanatima, rimokatolicima i jevrejima. Ponekad je islam bio prezentiran na tako sofisticiran i akademski kompliciran nacin da se teško moglo ocekivati da ljudi shvate da muslimanima islam nije samo religija, nego i nacin života, strogo odreden uputama Kur'ana. Ponekad je, opet, islam bio predstavljen na tako grubo pojednostavljen nacin da on nikako nije mogao doprijeti do srca obicnih ljudi.

Poteškoce u jasnom razumijevanju islama i izostanak uputa muslimanima kako da žive na Zapadu, stvorili su nepotrebno nerazumijevanje i nepovjerenje izmedu islama i evangelizma u Americi, koji cesto vode do žestokih osjecanja. I pored toga Amerika ce i dalje biti prostor egzistencije mnogih vjera, ukljucujuci i islam. Zbog toga, što prije reaiziramo urgentnu potrebu da nadvladamo naslijedena neprijateljstva, to ce biti bolje i za islam i za druge americke vjernike.

Historijski gledano, u jednom dužem periodu islam je bio u fokusu i Istoka i Zapada. Na Istoku islam je centar privlacenja, a na Zapadu on je centar pažnje i opreza. Generalno, Istok vjeruje da je islam rješenje, dok Zapad misli da je islam problem, kojega treba riješiti uz ratne bubnjeve koji se svakodnevno cuju u Izraelu, uz uvijek ratobornog Davida koji se sprema krenuti na Golijata, pri cemu se Netanyahu nada da ce se riješiti Ahmadinedžada ili ko vec u tom trenutku bude na vlasti u Iranu i steci popularnost koja ce ga uzdignuti na najvisociji tron u Izraelu.

Koljenovic

Na Istoku neki tvrde da islam mora da se brani od njegovih neprijatelja, s obzirom da na Zapadu neki vjeruju da je islam prijetnja njihovim životima. Ali, to nije tako. Islam je postao magicna rijec i neodgonetnuta zagonetka za Zapad, pa se odnos Istoka i Zapada sve više pretvara u jednu velika puzlu koju niko ne želi sastaviti.

Jedan od najvecih izazova našeg vremena je da se nade neki konsenzus o medusobnom priznavanju naših zajednickih dobrih osobina i ciljeva, koji ce ove stare ideološke neprijatelje staviti za jedan stol kako bi mogli zapoceti medusobni dijalog. Kad se to dogodi, Svijet ce biti sigurnije mjesto.

Po mom mišnjenju, igrac koji konrtolira citav problem je Izrael i sve dok Izraelci ne shvate da su oni ti koji ce na kraju izgubiti sve što su do sada stvorili ako ne pristanu da ratuju protiv svakoga ko ne vidi Svijet njihovim ocima, nece biti mira u Svijetu. Trenutno je glavni problem u tome što na svojoj strani imaju najjaceg moguceg saveznika u Svijetu, SAD, koji bezrezervno nastavlja davati politicku i svaku drugu podršku Izraelu. Da nije tako, sve bi to danas bilo sasvim drugacije.

Rat Za Boga I Bosnu

V

KRATKA UPUTA U ISLAM

Islam je velika svjetska religija i druga je najrasprostranjenija religija (poslije kršcanstva). To je nacin života (din) za oko 1,5 milijardu ljudi. Arapska rijec islam doslovce znaci „predavanje" ili „potcinjavanje", a sa svojim korijenom s-l-m znaci „mir". Pod znacenjem imena ove religije podrazumijeva se predavanje ili potcinjenost Božijoj volji. Onaj koji je na taj nacin predan je musliman.

Mada, gledano historijski, islam kao religija datira od pojave Muhameda a.s. s pocetka sedmog stoljeca, u organiziranom religijskom smislu islam treba posmatrati kao nastavak monoteistickih religija nastalih prije Muhameda, na osnovu ucenja Božijih poslanika Ibrahima (Abrahama), Muse (Mojsija) i Ise (Isusa). U Kur'anu Abraham je ukazivao na nas muslimane.

Sljedbenici ovih i drugih Božijih poslanika su smatrali da imaju pravo „dotjerivati" njihova ucenja, ali je Bog, u svojoj milosti, poslao Muhameda, kao svoga posljednjeg poslanika, da covjecanstvo još jednom uputi na istinu i na njegovu posljednju objavu, na Kur'an.

Islam je *din*, pa zbog toga muslimani islam radije nazivaju nacinom života, nego religijom. To je tako i zbog toga što se rijec islam, narocito kad se ona odnosi na prošlost, cesto koristi da uputi na društvo, kulturu ili civilizaciju, isto koliko i na religiju. Dok ce

Koljenovic

historija kršcanstva obicno obuhvatiti samo materiju koja se odnosi na religiju u najužem smislu, historija islama smije diskutirati, naprimjer, o politickim pitanjima, o literaturi i umjetnosti, o porezima i zemljoposjedništvu, o plemenskim i etnickim migracijama, i tako dalje. U svome širem smislu islam je ekvivalent ne samo kršcanstvu nego i onome što se obicno naziva kršcanski svijet.

Glavna vjerovanja

Muslimani vjeruju u postojanje jednog Boga, na arapskom jeziku Allaha, i u Muhameda, Božijeg poslanika na Zemlji, i da je Kur'an zbirka otkrovenja koja je Bog, preko Muhameda, prenio covjeku. Kur'an, prema tome, sadrži Božiju rijec u doslovnom smislu, koja nas cesto upucuje na Božiji govor (*kalam Allah*).

Muslimani vjeruju da je Muhamed posljednji u nizu Božijih poslanika, to jest da poslije njega nece biti poslan više ni jedan. Kur'anska fraza „pecat proroka" je muslimanima u tom smislu razumljiva.

Pojam „proroka" (poslanika) islam dijeli sa idejom koja je razvijena u judaizmu i kršcanstvu još u najranijem periodu kršcanske ere. Arapska rijec *naby*, koja je jedna od najfrekventnijih rijeci za „poslanika" u islamu, odgovara hebrejskoj rijeci *nebi*, najviše korištenoj rijeci za „proroka" u Starom zavjetu. Osnovna ideja nekoga kome je dana poruka od Boga jeste da je dodijeli svim ljudima ili pak pojedinim grupama ljudi. Kur'an prepoznaje veliki broj poslanika koje je Bog poslao na Zemlju prije Muhameda, a vecina njih su u jevrejskoj i kršcanskoj tradiciji poznati kroz Bibliju i druge spise.

Po islamskom vjerovanju, ono što je najranijim Božijim poslanicima bilo povjereno sa objavama koje su dobili od Boga, trebalo je biti zajednicko naslijede, što važi i za Muhamedovo

Rat Za Boga I Bosnu

poslanstvo koje mu je dato kroz Kur'an, a u svojoj dubokoj suštini ta su poslanstva bila identicna.

Mojsijevo poslanstvo bilo je Tora, a Isusovo Indžil (Evandelje, ort. Jevandelje). Saglasno ovome pojmu, postoji samo jedno Evandelje i to je knjiga otkrovenja povjerena Isusu. Ono nije isto kao ijedno od cetiri evandelja sacuvana u Novom zavjetu koja izvještavaju razlicito o Isusovom životu. Nakon smrti, svaki covjek bit ce suden za svoja djela i bit ce osloboden ili proklet u ovisnosti o onome u šta je vjerovao i kakva je djela cinio za svoga zemaljskog života.

Muslimani sebe vide, zajedno sa jevrejima i kršcanima, kao djecu Ibrahima (Abrahama), koja pripadaju razlicitim granama iste religiozne porodice. I Kur'an i Stari zavjet pricaju pricu o Ibrahimu (Abrahamu), Sari (Sarah) i Hadžeri (Hagar), Sarinoj egipatskoj sluškinji. Dok jevreji i kršcani vode porijeklo od Abrahama i njegove žene Sare preko njihovog sina Isaka, i Arapi vuku svoje religiozne korijene preko Ibrahima, ali preko njegovog prvorodenog sina Ismaila, rodenog u vezi sa Hadžerom (Hagar).

Islamski „fundamentalizam"

Druga polovina 20. stoljeca je vrijeme uspona i dominacije onoga mišljenja koje bi se moglo nazvati pogrešnim pristupom u rješenju zagonetke pravilnog shvatanja „krize islama".

Mnogi su dokazivali da su krize sa kojima se suocavaju muslimani bile rezultat spremnosti nekih muslimana da slijede pogrešne ideje i vrijednosti modernog sekularnog Zapada. Ono što je trebalo uraditi, tvrdilo se, je preispitati tradicionalne vrijednosti. Sa ove tacke gledišta kriza islama videna je kao rezultat korupcije pojedinih muslimanskih vlada, kao i porasta sekularizma i zapadnog utjecaja u muslimanskom svijetu.

Koljenovic

Oni koji su iznosili ovakve dokaze cesto su, ali ne i uvijek, zagovarali upotrebu nasilja u cilju obaranja nepravednih i korumpiranih vlada. Ovakvom pristupu cesto je pripisivan islamski fundamentalizam.

Ispravnost ovakvog tumacenja otvorena je za diskusiju, a od samih muslimana to tumacenje je najcešce odbacivano kao pogrešno. Ideje religijskog „fundamentalizma" zapravo su nastale u raspravama kršcanstva, u kojima je fundamentalizam obicno korišten kao preporuka onim grupama kršcana koji su insistirali na tvrdnji da je Biblija doslovna rijec Božija, i da Biblija, zbog toga, od strane kršcana treba biti smatrana punovažnim autoritetom. U ovome kontekstu na „tradiciju" je obicno gledano negativno, kao na nešto što je kvarilo izvornu istinu o obliku kršcanstva kako ga je poucavao Isus.

Muslimani ne vole upotrebu tog izraza u vezi sa islamom, pošto su, kako oni kažu, svi muslimani saglasni u tome da je Kur'an doslovna Božija rijec, pa su, prema tome, svi muslimani fundamentalisti. U zapadnim medijima islamski fundamentalizam je sinonim za ekstremni i militantni islam.

Ibn Taymiyya je cesto citiran kao najutjecajniji teoreticar radikalnog islama, otkako je argumentima pledirao za prociščenje islama od onih elemenata za koje je on smatrao da su uzrok porasta korupcije koja se uvukla u islam njegovog vremena. Ibn Taymiyya je kasnije utjecao na takve figure kakav je, recimo, Ibn Qayyam ili kasnije Muhammad Ibn al-Wahhab, rodonacelnik pokreta poznatog kao vehabizam. Pa je zato, možda, ironicno to što je Kraljevina Saudijska Arabija, u kojoj su vlast uzele upravo arabljanske vehabije, danas jedno od najistaknutijih mjesta koja se smatraju odgovornim za korupciju u islamskom svijetu i za prenošenje zapadnog utjecaja u islamski svijet.

Kako god bilo, muslimani su se u stvarnosti, kao i sljedbenici drugih religija, morali ponašati na razlicite nacine i prezentirati svoju

Rat Za Boga I Bosnu

raligiju na razlicite nacine, u odnosu na razlicite historijske kontekste.

Pogrešno je pomisliti da je islam oduvijek bio širen ratom i ratnim pohodima. Premda se njegov „rodendan" poklapa sa arabljanskim osvajanjem Srednjeg istoka i Sjeverne Afrike u 7. stoljecu, i premda je islam ušao na Balkan kao rezultat otomanske ekspanzije od 1300. godine nadalje i širio se na zapad Afrike slijedeci džihad u 18. stoljecu, islam kao religija generalno nije širen snagom maca. Period vojnih osvajanja obicno je imao za cilj širenje teritorija koji ce živjeti po muslimanskim zakonima, ali ne i da bi se na taj nacin nemuslimani silom preobracivali u muslimane.

Preobracanje na islam obicno je teklo u veoma dugom vremenskom periodu nakon što bi muslimani osvojili neku teritoriju, a prelazak domicilnog stanovništva na islam ponekad se dešavao i protiv želje muslimanskih vladara. Prihvatanje islama za vlastitu religiju obicno je bivalo motivirano željom i akcijom u tom smislu onih ljudi koji su željeli da postanu muslimani, ne zato što su na to prisiljavani protiv svoje volje, nego zato što su oni to istinski željeli.

Zašto su neki ljudi željeli preci na islam, a drugima to nije bilo primamljivo, veoma je kompleksno pitanje. Da bi se na njega dali odgovarajuci odgovori potrebno je poznavati mnoge religije, društva i društvena uredenja, te druge politicke i ekonomske faktore. U svakom slucaju, za širenje islama u nekim dijelovima Svijeta, trgovina i bogatstvo islamske kulture i civilizacije, bili su isto tako važni kao i propovijedanje vjere. I islam je, baš kao što su kršcanstvo i budizam, univerzalna religija otvorena za sve, bez obzira na nacionalnost, spol ili socijalni status.

Naravno, medu muslimanima u Svijetu postoje mnoge etnicke i socijalne razlike, medutim jedna od najprivlacnijih osobina islama je upravo njegovo insistiranje na potpunoj jednakosti svih ljudi pred Bogom. Jedna od osnovnih snaga islama takoder je i u

Koljenovic

putu kojega su razliciti ljudi bili u stanju prepoznati u pronalaženju osjecaja vlastitog identiteta u islamu.

Šta je džihad?

Džihad (težnja ili borba) naziva se katkada šestim stubom islama. Znacaj džihada ima porijeklo u Kur'anskoj naredbi da covjek mora da se bori (doslovni prijevod znacenja rijeci džihad je borba) u ime Boga, i to po uzoru na poslanika Muhameda a.s. i njegove najranije sljedbenike i drugove.

Džihad kao borba odnosi se na teškoce i kompleksnost postizanja dobrog života: na borbu protiv zla u samome sebi u cilju postizanja vrline i cestitosti, praveci ozbiljne napore da se dobro obavlja svoj posao i unaprijedi društvo. U ovisnosti o okolnostima u kojima neko živi, to takoder podrazumijeva borbu protiv nepravde i tlacenja, širenje i odbranu islama, kreiranje pravednog društva i odbranu islama, kao i kreiranje pravednog društva kroz propovijedanje, ucenje i, ako je potrebno, oružanu borbu.

Dva široka znacenja džihada, nenasilje i nasilje, su suprotstavljena u dobro poznatoj poslanickoj tradiciji. Koja na jednom mjestu kaže kako se Muhamed a.s. vratio iz jedne bitke i tada rekao svojim sljedbenicima: „Mi smo se vratili iz manjeg džihada (rata) u veci džihad." Pri cemu se pod vecim džihadom podrazumijevala mnogo teža i mnogo važnija bitka, a to je bitka protiv ljudskog ega, sebicnosti, pohlepe i zla.

U najopcenitijem smislu, džihad upucuje na obavezu svih muslimana, pojedinaca i zajednice, da slijede i ispunjavaju Božiju volju; da vode moralan život i da proširuju islamsku zajednicu kroz propovijedanje, edukacijom, primjerima, pisanjem itd. Džihad takoder ukljucuje pravo i istinsku obavezu odbrane islama i zajednice od agresije i ugnjetavanja.

Rat Za Boga I Bosnu

„...zašto se vi ne biste borili na Allahovom putu za potlacene, za muškarce i žene i djecu, koji uzvikuju – Gospodaru naš, izbavi nas iz ovoga grada, ciji su stanovnici nasilnici, i Ti nam odredi zaštitnika i Ti nam daj onoga ko ce nam pomoci!" (Kur'an, 4:75).

Kroz povijest, poziv na džihad ujedinjavao je muslimane u odbrani islama i muslimanskih zemalja. Na taj nacin su se, recimo, afganistanski borci svojevremeno borili u deceniji dugom džihadu protiv okupacije od strane Sovjetskog Saveza.

Džihad je višeznacan pojam, koji se upotrebljava, ali i zloupotrebljava kroz islamsku historiju. Iako je džihad uvijek bio jedan znacajan dio islamske tradicije, posljednjih godina neki smatraju da je univerzalna religijska obaveza za sve istinske muslimane da se pridruže džihadu u cilju promocije islamskih reformi ili revolucija. Neki se osvrcu oko sebe i vide da svijetom dominiraju korumpirani autoritarni režimi i bogate manjinske elite zaokupljene jedino vlastitim ekonomskim prosperitetom i zapadnim kulturnim vrijednostima.

Vlade Zapada su shvatile da pomaganjem represivnih režima i eksploatiranjem regionalnih ljudskih i prirodnih resursa, mogu da uskrate muslimanima njihovu kulturu i njihovo pravo da budu vodeni u skladu sa njihovim vlastitim izborom, kao i da im uskrate njihovo pravo da žive u pravednijem društvu. Usprkos cinjenici da se od džihada ne ocekuje da bude iskorišten za agresivne ratove, on nažalost jeste bio upotrebljavan i zloupotrebljavan od strane pojedinih vladara, cak i od strane sekularnih muslimanskih vlada ili pojedinaca.

Kur'an je protiv terorizma

Kao i sve druge svjetske religije, ni islam ne podržava, niti zahtijeva nelegitimnu upotrebu nasilja, pa tako ni Kur'an, kao sveta knjiga muslimana, nije zagovornik terorizma. Kako zakljucuje John

Koljenovic

Espozito, Allah je u Kur'anu neprestano spominjan kao Bog milosti i samilosti, isto kao i pravedni sudac. Zaista, svako poglavlje Kur'ana pocinje sa upucivanjem na Božiju milost i samilost. Medutim, islam u teškim vremenima dozvoljava i zahtijeva od muslimana da brane svoju vjeru i da odbrane muslimane od neprijateljskog napada i tlacenja.

„Dopušta se odbrana onima koje drugi napadnu, zato što im se nasilje cini – a Allah je, doista, kadar da ih pomogne; - onima koji su ni krivi ni dužni iz zavicaja svoga prognani samo zato što su govorili: „Gospodar naš je Allah!" A da Allah ne suzbija neke ljude drugima, do temelja bi bili porušeni manastiri, i crkve, i sinagoge, a i džamije u kojima se mnogo spominje Allahovo ime. A Allah ce sigurno pomoci one koji vjeru njegovu pomažu – ta Allah je zaista mocan i silan!" (Kur'an 22:39,40)

Pitanje samoubistva malo je diskutirano u islamskoj egzegetskoj literaturi. Postoji samo jedan ajet u Kur'anu za kojeg se cini da je bitan za samoubistvo: *„I ne ubijajte sami sebe. Osorni, Bog je zaista milostiv prema tebi."* (4:29)

Tradicionalno, muslimanima je bezuslovno zabranjeno da izvrše samoubistvo, zato što jedino Bog ima pravo da oduzme život koji je on darovao. Poslanicka tradicija (*sunnet*), najcešce, najjasnije i apsolutno zabranjuje samoubistvo. Božija kazna za samoubistvo sastoji se od beskrajnog ponavljanja akta kojeg je samoubica izvršio.

Ali, usprkos islamskoj tendenciji o bezuslovnoj zabrani tog akta, neki ekstremisti u znak odgovora na nepodnošljivu izraelsku okupaciju i izraelsko tlacenje Palestinaca, uveli su praksu bombaša-samoubica kao novi i njima jedini dostupan nacin ratovanja. Preciznije, ovakav nacin borbe muslimana prvi put se dogodio kao odgovor i reakcija na samoubilacki napad dr. Barucha Goldsteina, Jevreja koji je u Izrael emigrirao iz Sjedinjenih Americkih Država, a koji je 25. februara 1994. godine ušetao u džamiju Patrijarha u

Rat Za Boga I Bosnu

Hebronu ubivši 29 muslimanskih vjernika prilikom njihove zajednickog namaza u vrijeme džume (kalam Allah).

Judaizam i kršcanstvo u islamu

Jevreji i kršcani u Kur'anu se navode kao „ljudi Knjige". Ovaj vrlo specijalan status unutar islama oni uživaju zbog toga što je Allah objavio Svoju volju kroz Svoje poslanike, ukljucujuci Ibrahima a.s. (Abrahama), Musu a.s. (Mojsija) i Isu a.s. (Isusa).

„*Reci, mi vjerujemo u Allaha i u ono što se objavljuje nama i u ono što je Objavljeno Ibrahimu, i Ismailu, i Ishaku, i Jakubu, i saplemenicima, i u ono što je dato Musi i Isi i vjerovjesnicima – od Gospodara njihovog; mi nikakvu razliku medu njima ne pravimo, i mi se samo Njemu iskreno klanjamo.*" (Qur'an 3:84)

Ovakvo gledanje na ljude Knjige dolazi otud što su sve tri monoteisticke religije nastale preko poslanika Ibrahima a.s. (Abrahama). U Qur'anu se navodi da je Allah Jevrejima poslao svoju prvu veliku objavu (Toru) preko poslanika Mojsija (Muse a.s.) a zatim i kršcanima preko poslanika Isusa (Ise a.s.). Stari zavjet je viden kao mješavina Allahove objave i ljudskih izmišljotina. Isto se tvrdi i za Novi zavjet kojeg Kur'an vidi kao knjigu u kojoj su kršcani razvili „nove" i netacne doktrine kao što su, recimo, tvrdnja da je Isus sin Božiji, isto kao i tvrdnja da je Isus svojom smrcu iskupio i okajao ljudske grijehe.

Korisno je podsjetiti da se islam kroz historiju držao prema drugim religijama, posebno prema judaizmu i kršcanstvu, mnogo tolerantnije nego što su se ove dvije religije odnosile prema islamu. U svakom slucaju, muslimansko-kršcanski odnosi vremenom su postajali sve lošiji, prvo zbog prituzbi na islam i muslimane od strane krstaša, zatim europskih kolonijalista, i na kraju savremenih politika i politicara.

Koljenovic

Posljednjih desetljeca, konzervativne i exstremisticke interpretacije islama, kako ga, recimo, propovijedaju kršcanski lideri poput Pata Robinsona, Franklina Grahama, i Jerrya Falwella, olicenje su netolerancije, poziva na progon i nasilje. Lokalni religijski vode koji zagovaraju ekskluzivan i militantan pogled na religiju, nahuškavaju generacije vjernika-istomišljenika koji ce, u datim okolnostima, izaci na ulice i krenuti u ulicni rat protiv onih za koje misle da su njihovi neprijatelji po religiji. Ovakva situacija bi, nažalost, dovela do paljenja crkvi ili džamija širom Svijeta.

Glavni izvor konflikata u savremenom svijetu je, medutim, više u ekonomskim i politickim motivima, nego u religijskim. Jedan od takvih, aktuelnih primjera, jeste izraelsko-palestinski sukob, u cijem središtu je politicki sukob izmedu novoosnovane jevrejske države Izraela i težnji Palestinaca da ponovo stvore svoju državu.

Historija odnosa izmedu islama i ljudi Knjige

Odnos jevreja i kršcana prema islamu, isto kao i odnos kršcana prema judaizmu, duga je i kompleksna prica, uslovljena historijskim i politickim realnostima, kao i religijskim doktrinama. Dozvolite da podsjetimo da su u vrijeme pojave poslanika Muhameda u Arabiji živjeli i jevreji i kršcani, te da ih je bilo i u ummahu (*ummetu*), ranoj muslimanskoj zajednici u Medini.

„*Allah je od svakog vjerovjesnika kome je knjigu objavio i znanje dao – obavezu uzeo: „Kad vam, poslije, dode poslanik koji ce potvrditi da je istina ono što imate, hocete li mu sigurno povjerovati i sigurno ga pomagati? Da li pristajete i prihvatate da se na to Meni obavežete?*" - Oni su odgovarili: „*Pristajemo!*" – „*Budite onda svjedoci,*" – rekao bi On – „*a Ja cu s vama svjedociti.*" (Kur'an, 3:81)

U svojoj mladosti, poslanik Muhammed je predvidao da ce „ljudi Knjige" prihvatiti njegovu poslanicku poruku i da ce biti

Rat Za Boga I Bosnu

njegovi prirodni saveznici. Sam Kur'an potvrduje slanje poslanika i objavu jevrejima i kršcanima i prepoznaje ih kao dio muslimanske historije: „*Zapamti, Mi smo Musi Knjigu dali i mnogo mu apostola poslali, osnaživši ga sa Božijom miloscu.*") (Kur'an 23: 49-50)

U pocetku, poslanik Muhamed se predstavljao kao posljednji poslanik koji na novim osnovama obnavlja Abrahamovu religiju. Muslimani su se, u to vrijeme, kao i jevreji, za vrijeme molitve okretali prema Jeruzalemu i postili na nacin na koji su postili jevreji. Poslanik Muhamed napravio je jedno posebno mjesto sa kojeg se moglo doci do jevrejskog plemena u Medini.

Ti jevreji imali su jake politicke veze sa plemenom Kurejša, glavnim rivalom i neprijateljem islama, koji su se snažno protivili Muhamedovom ucenju. Neposredno poslije toga, poslanik Muhamed a.s. je primio objavu, mijenjajuci pravac klanjanja sa Jerusalema na Meku, oznacivši tako i u tom pogledu razliku izmedu islama i judaizma.

Kada je poslanik Muhamed a.s. ucvrstio svoju politicku kontrolu nad gradom Medinom, on je dao da se napiše poznati dokument koji se odnosi na tada još malu muslimansku zajednicu. Dokument je naslovljen kao Ustav Medine (c. 642). Njime je Muhamed a.s. regulirao socijalni i politicki život Medine. U tom se dokumentu navodi da su muslimanski vjernici ukluceni u jednu zajednicu, ummet (narod), koja je odgovorna za red i sigurnost te zajednice, kao i za suprostavljanje neprijatelju u vremenima rata i u vremenima mira.

Plemena su ostala odgovorna za ponašanje njihovih pojedinih clanova, a cisti presedan bilo je tijelo zaduženo za ukljucenje pripadnika drugih religija u zajednicu pod vodstvom muslimana. Jevrejskoj populaciji garantirana su prava na njihovu internu religijsku i kulturnu autonomiju, ukljucujuci primjenu jevrejskih religijskih zakona, u zamjenu za njihovu politicku lojalnost i vjernost muslimanima.

Koljenovic

Ustav Medine predstavljao je jak dokaz islamu svojstvene poruke miroljubive koegzistencije, dokaz o održivosti religijskog pluralizma u regijama pod muslimanskim rukovodstvom, kao i o pravu nemuslimana da budu ravnopravni clanovi i ucesnici šire muslimanske zajednice.

U pojedinim historijskim periodima, u mnogim muslimanskim društvima Jevreji su našli dom u kojem su, kao ljudi Knjige ili *dhimmi*, živjeli, radili, i cesto napredovali. Vitalne jevrejske zajednice postojale su u muslimanskim zemljama kao što su Turska, Iran, Maroko i Egipat.

Kada su katolicki vladari krajem 15. stoljeca protjerali Jevreje iz Španije, mnogi od njih su utocište našli u zemljama muslimanske Otomanske imperije. U Sarajevu, glavnom gradu Bosne i Hercegovine, gradnju nekih od sinagoga za jevrejske izbjeglice protjerane od španjolskih katolika pomagali su otomanski sultani licno.

Dobri politicki odnosi izmedu jevreja i muslimana poceli su stagnirati od vremena borbi izmedu Arapa i cionista, pri cemu je prekretna tacka takvih odnosa bilo ustanovljavanje jevrejske države Izrael.

Odnos kršcana i muslimana je cak i kompliciraniji od odnosa jevreja i muslimana. Usprkos zajednickim teološkim korijenima, muslimani i kršcani bili su u svadi od samog pocetka, to jest od same pojave islama, koji je ljudima ponudio jednu drugaciju religijsku i politicku viziju. Baš kao što su kršcani vidjeli svoju vjeru kao zamjenu za savez jevreja sa Bogom, sada je Kur'an porucio da je Bog napravio novi savez, objavivši svoje definitivno buduce starateljstvo nad Muhamedom a.s., „pecatom proroka", to jest nad posljednjim svojim poslanikom.

Poput kršcanstva i judaizma, i islam proklamira univerzalne poruke i misije, ali istovremeno upucuje i otvoreni izazov

Rat Za Boga I Bosnu

prethodnim religijama, pa su zbog toga kršcanstvo i islam historijski pratili i koegzistencija i konflikti.

Osim toga, nevjerojatno brzim širenjem islama i osvajanjem istocnog krila Rimskog carstva narušena je i politicka moc i hegemonija kršcanstva. Kako god, povijest islama i kršcanstva oduvijek su pratili suživot, ali i sukobi.

Muslimansko je osvajanje Bizanta, medutim, cesto bilo dobro došlo pojedinim kršcanskim grupama, koje su od strane „oficijelne" katolicke crkve bile proganjane kao hereticke. Muslimanska vladavina takvim je skupinama „heretickih" kršcanskih vjernika bila dobro došla, zato što im je davala više slobode da prakticiraju svoju vjeru, a istovremeno im nametala manje poreske obaveze. Usprkos prvobitnom strahu, muslimanski su vladari dokazali da mogu biti kud i kamo tolerantniji nego što je to bilo imperijalno krcanstvo, garantirajuci kršcanskom i jevrejskom stanovništvu religijske slobode.

Unaprjedenje duhovnog života odražavalo se kroz tendenciju ranih muslimana da inkorporiraju najnaprednije civilizacijske tekovine iz zatecenih društava, ukljucujuci rimska i persijska administrativna iskustva, te grcko-helensku nauku, arhitekturu, matematiku, medicinu i filozofiju. Kršcanski i jevrejski gradani mogli su zadržati svoje istaknute pozicije i pomagati muslimanima u sakupljanju i prevodenju velikih dostignuca nauke i filozofije, kako sa jezika Istoka na jezike Zapada, tako i obratno.

U svakom slucaju, veoma brzo širenje islama zaprijetilo je i kršcanskoj Europi. U jednom trenutku izgledalo je cak da ce muslimanski ratnici zbrisati Europu, sve dok ih vojskovoda Charles Martel (Karlo Martel) nije zaustavio 732. godine u južnoj Francuskoj i potisnuo ih natrag.

Krstaški ratovi, djelovanje inkvizicije, kao i europski kolonijalizam, predstavljaju glavne periode konfrontacija i

Koljenovic

konflikata izmedu islama i kršcanstva, kao što je to, na drugoj strani, bilo vrijeme ekspanzije Otomanske imperije u Europi.

Najbolji primjer interreligijske tolerancije u historiji je jedan period u sedamstogodišnjoj muslimanskoj vladavini Španijom, koji traje od 756. do oko 1.000, za kojeg se smatra da je bio vrijeme medureligijske harmonije na tome prostoru. Muslimani u Španiji, tadašnjoj Andaluziji, ponudili su jevrejima i kršcanima, koji su tražili utocište od klasnog sistema u Europi, šansu da postanu uspješni mali zemljoposjednici. S druge strane, nadbiskup Sevilje napravio je jedan prijevod Biblije sa komentarom za korisnike arapskog jezika u kršcanskoj zajednici.

Poslanik Muhamed licno se angažirao u dijalogu sa kršcanima Najrana, što je rezultiralo njihovim medusobnim dogovorom, na osnovu kojeg je Najranima bilo dozvoljeno da svoju molitvu obavljaju u Poslanikovoj džamiji.

Naredni primjer dijaloga je slucaj Muawiyyaha (661-669), petog kalife, koji redovno šalje pozive zavadenim kršcanima Jakobitima i Maronitima, da dodu na kraljevski dvor i da diskuturaju o razlicitostima.

Debate i dijalozi se takoder vode na španskom (andaluškom) muslimanskom dvoru, a u 16. stoljecu vodene su interreligijsko-teološke diskusije izmedu katolickih svecenika i muslimanskih naucnika, kojima je medijator bio Mughal Emperor Akbar (mongolski imperator Jalaluddin Mohammed Akbar 1556-1605). Ove debate nisu uvijek vodene izmedu „jednakih" (mnogi su se ponašali strogo po imperativu da pokušaju dokazati da je druga religija „pogrešna", što je takoder bio slucaj i sa dijalozima iniciranim od kršcana). Cinjenica da su debate bile dozvoljene i podsticane, ukazuje ipak na izvjestan stepen otvorenosti razmjene stavova izmedu religija, što je bila znacajna etapa u edukacijskim i kulturnim dostignucima muslimanskog svijeta.

Rat Za Boga I Bosnu

Štaviše, u vrijeme krstaša, usprkos konfliktu sa njima, muslimani su tolerirali prakticiranje kršcanstva, bez ijednog takvog slucaja sa druge strane. Neki dogovori izmedu kršcana i muslimana omogucavali su u 13. stoljecu kršcanima slobodan pristup svetim mjestima koja su tada bila zaposjednuta od muslimana.

Veliki kršcanski svetac Franciss of Assisi (osnivac franjevackog reda, Franjo Asiški) susreo se 1912. sa muslimanskim vodom Salahudinom, braticem sultana Malika al-Kamila. Sultan je garantirao slobodu bogoslužjenja za svojih više od 30.000 kršcanskih zarobljenika nakon što su neprijateljstva bila obustavljena, kao što im je dozvolio i slobodu izbora da se vrate u svoje zemlje ili da se bore u sastavu njegovih armija.

Osim toga, islam je ostavio otvorena vrata svojih teritorija jevrejskim izbjeglicama progonjenim u kršcanskoj Europi u vrijeme inkvizicije, što su ovi svesrdno iskoristili.

Muslimani Otomanske imperije su najbolji primjer pozitivnog tretmana religijskih manjina u vecinskim muslimanskim podrucjima. Otomanska vlast prepoznala je cetiri zajednice zasnovane na religijskim osnovama, poznate kao *milleti*: grcku, armenijsku, muslimansku i jevrejsku zajednicu.

Pod sistemom milleta islam podrazumijeva primarnu poziciju, ali i svaki drugi millet bio je pod autoritetom svojih vlastitih religijskih voda i dozvoljavano mu je da prati svoje vlastite religiozne zakone. Clanovima manjinskih religija bilo je dozvoljeno da zadrže visoke vladajuce pozicije. Shodno svemu tome, jasno je da su odredene forme religijskog pluralizma i tolerancije bili važna komponenta otomanskog nacina vladanja.

Dobar primjer religijskih sloboda koje su prakticirali osmanski vladari je poznata Ahdnama, povelja o neogranicenoj slobodi djelovanja bosanskih franjevaca, koju je 1463. godine franjevcima urucio licno sultan Mehmed II Osvajac, kada je Bosna pala pod osmansku vlast.

Koljenovic

Religijski pluralizam bio je znacajno prisutan u muslimanskom svijetu. Na osnovu iskustava iz historijske prošlosti vidi se kakav je bio status nemuslimana u islamskom svijetu, jer su mnoge islamske zemlje, zapravo bile samo nominalno islamske, a u suštini sekularne.

Od kraja 18. stoljeca naovamo, islamski je svijet poceo da stice negativna iskustva sa povecanim pritiskom vojne i politicke sile i tehnološkog napretka modernog Zapada. Nakon stoljeca islamske politicke i kulturne nadmoci i osjecaja samopouzdanja, svijet islama je, danas je konacno jasno, na ekonomskom i tehnickom nivou, unajmanje zaostao za Zapadom.

S druge strane, muslimane i dalje zbunjuje cinjenica da su zemlje Zapada i dalje, najmanje nominalno kršcanske, što dodatno zbunjuje muslimane, s obzirom da oni duboko vjeruju da je islam posljednja objava koja treba da zamijeni kršcanstvo.

U 20. stoljecu, stvaranje države Izrael na podrucju na koje je gledano kao na jedno od epicentara islama, probudio je kod mnogih muslimana snažan osjecaj da je to bila kriza s kojom su stavljeni na kušnju zbog njihove religije, to jest da su u krizu uvuceni upravo zbog svoje religije.

Tolerancija

Na Svjetskom forumu u Davosu u Švicarskoj, na kojem je ucestvovalo i dvadeset vjerskih lidera iz raznih religija, reisu-l-ulema dr. Mustafa ef. Ceric iz Bosne i Hercegovine govorio je o "Vjeri i religiji", a na istu je temu izlagao i rabin, ser Jonathan Sacks, jevrejski celnik Commonwealtha.

Sesiju je moderirao bivši britanski premijer Tony Blair, koji je nedavno postao rimokatolik. "Dobrodošao", rekao sam: "Savim je u redu za Tonyja Blaira da se vrati kuci, u svoju katolicku vjeru za vrijeme konferencija."

Rat Za Boga I Bosnu

Premijera Turske je iritirao povišeni ton i retorika predsjednika Izraela Shimona Peresa, koji je, kao i obicno, opravdavao izraelske napade na Gazu.

"Ne brinite", komentirao sam, "to se opravdava vec nekih 50 i nešto više godina, navikli smo vec na to. Oni ce se pobrinuti za Palestince. Mnogo je jeftinije istjerati ih, nego im dati rucak. Nažalost, smrt je nacin života u Izraelu i Palestini. "

U odgovoru na pitanje kako religija može utjecati na ponašanje, tako da se trend netolerancije i nerazumijevanja izmedu naroda i nacija pretvori u toleranciju, receno je da se prije svega treba držati pravila razumijevanja i uvažavanja drugog i drugacijeg.

Ceric je u tom smislu uputio na dva povijesna i jedan savremeni primjer kad su muslimani uz pomoc svoga islamskog ucenja pokazali kako je moguce transformirati netoleranciju u toleranciju i nerazumijevanje u razumijevanje. On je citirao jevrejskog autora Stanforda J. Shawa, koji je napisao "Turska i holokaust", gdje kaže:

"Ni ljudi iz Republike Turske, a ni oni u Europi i Americi, nikada u potpunosti nisu shvatili koliko je Turska, kao i Osmansko carstvo koje joj je prethodilo, citavih sedam stoljeca služili kao glavno i sigurno utocište progonjenim narodima, muslimanima i nemuslimanima, što se dešavalo od 11. do kraja 18. stoljeca, pa i do danas.

Na mnogo nacina Turska je odigrala ulogu koju su, s kraja Drugog svjetskog rata i 1950.-tih preuzele Sjedinjene Americke Države, kao takozvani zaštitnik interesa Zapada i stabilnosti zemalja proizvodaca nafte u Zaljevu, u šta je, naravno, spadala i briga o sigurnost Izraela, „drugog prijatelja", koji je podržavao genocidnu vladu Jugoslavije tokom agresije na Bosnu."

Izrael je pozvao Slobodana Miloševica u državni posjet tokom agresije u Bosni i Hercegovini. Milošević, Mladic i Karadžic su odgovorni za genocid pocinjen u Bosni i Hercegovini. Ako to

Koljenovic

imamo u vidu, onda možemo shvatiti zašto je Turski premijer Tayyip Erdoan bio je razdražen govorom povišenim glasom izraelskog predsjednika Shimona Pereza, koji je opravdavao napade na Gazu u kojima je izraelska vojska ubila na stotine nevinih civila, medu njima i mnogo djece, žena i starijih osoba.

Historijski gledano tursko prijateljstvo prema Jevrejima je i vece i dulje u odnosu na bilo koju drugu europsku zemlju, bolje reci u odnosu na bilo koju zemlju u Svijetu. Zbog toga je premijer Erdoan rekao da Izrael treba da proguta "gorku pilulu", to jest da saluša neprijatnu istinu o Gazi. Nažalost, Izrael sluša samo "drage prijatelje".

Niko nema monopol na bol i patnje, niko nema monopol na samoopredjeljenje i samoodbranu, niko nema monopol na slobodu i dostojanstvo; ali usprkos tome, Palestinci pred ocima cijelog svijeta pate pod izraelskom okupacijom. Mnogo je nepravdi ucinjeno prema Palestincima i mnoge nece biti nikada ispravljene, a osnovna je nedostatak volje svjetskih mocnika da se uspostavi istinski iskren dijalog oko rješenja takozvanog „palestinskog pitanja".

U vrijeme španjolskih progona Jevreja provedenih 1492. pod palicom inkvizicije, oni su našli utocište u Osmanskom carstvu, što je bio jedan od najsjajnijih primjera muslimanske tolerancije i razumijevanja.Tako se dogodilo da se španjolski Sefardi, koju desetinu godina nakon progona, nastane i u Bosni i Hercegovini i Sarajevu. Šta je to u meduvremenu pošlo krivo izmedu muslimana i jevreja, petsto godina nakon što su muslimani u Osmanskom carstvu otvorili i srce i dušu i kapije svoga carstva, da pruže utocište španskim Jevrejima.

Dokaz da to prijateljstvo u Bosni i Hercegovini nije nikad presahnulo je, izmedu ostaloga, i slucaj sa Sarajevskom hagadom, koju su bosanski muslimani u dva navrata spasili, prvi put od Nijemaca za vrijeme Drugog svjetskog rata, a drugi put za vrijeme cetverogodišnje srpske opsade grada, kada je Sarajevo svakodnevno

Rat Za Boga I Bosnu

gorjelo, zajedno sa svojim bibliotekama. Tako je 1992. srpska vojska spalila Nacionalnu i unuverzitetsku biblioteku Bosne i Hercegovine i Orijentalni institut Bosne i Hercegovine, tacno petsto godina nakon požara u Kordobi, u kojem je izgorjela tamošnja biblioteka koju su sagradili i dragocjenim biblioteckim fondom opskrbili dotadašnji muslimanski vladari Španije.

Americka autorica Geraldine Brooks je nedavno objavila knjigu o Sarajevskoj hagadi pod nazivom "Sljedbenici Knjige", koja bi mogla biti velika inspiracija za buduce muslimansko-jevrejske odnose u svijetu.

Nastavimo dijalog u duhu naše zajednicke ljubavi prema Beskonacnom Bogu i covjecanstvu. Da religija može utjecati na probrazbu nerazumijevanja u razumijevanje, ali i obratno, primjer je govora Pape Benedikta XVI. Ovaj govor sa temom o islamu i Muhamedu, kojega je papa održao 13. septembra 2006. godine na Univerzitetu Regensburg u Njemackoj, uznemirio je muslimane širom svijeta.

Buduci da je Papin govor bio štetan za mir i sigurnost u Svijetu, 138 muslimanskih alima i intelektualaca objavilo je 13. oktobra 2007. godine otvoreno pismo upuceno papi Benediktu XVI i cjelome kršcanskom svijetu, pozivajuci se na zajednicke vrijednosti koje muslimani i kršcani baštine i njeguju u ljubavi prema beskonacnom Bogu.

To otvoreno pismo muslimanskih lidera i intelektualaca naišlo je na veliku podršku od najviših kršcanskih voda, prije svega od samoga pape Benedikta XVI, Canterburyskoj nadbiskupa Rowana Williamsa, predsjednika luterana biskupa Hansona, predsjednika Svjetskog baptistickog saveza Mr. Coffeya, kao i britanskog premijera Gordona Browna i bivšeg britanskog premijera Tonya Blaira. Slijedile su konferencije održane na Sveucilištu Yale u SAD-u, a potom u Cambridge u Ujedinjenom Kraljevstvu, i na kraju trodnevni dijalog izmedu dvadesetak muslimanskih i dvadesetak

Koljenovic

katolickih teologa održan u Vatikanu, koji je završio susretom s papom Benediktom XVI u atmosferi prijateljstva i zajednicke želje za nastavak dijaloga u duhu zajednicke ljubavi prema Beskonacnom Bogu.

"U interesu je Izraela da shvati da ne postoji vojno rješenje za palestinsko-izraelski sukob. To je moj muslimanski odgovor na pitanje kako i na koji nacin religija može transformirati trend netolerancije medu ljudima i narodima. Nadam se da ce ovdje dati primjeri muslimanske tolerancije poslužiti kao inspiracija svima, i muslimanama, i kršcanima i židovima, da shvate da ne postoji drugi nacin rješenja problema osim kroz dijalog, toleranciju i uzajamno razumijevanje, što je jedini nacin da zajedno izgradimo bolji svijet.", rekao je dr Mustafa Ceric u svom govoru u Davosu.

S obzirom na dogadaje u Palestini, u Gazi je svakome jasno (a to treba biti jasno i Izraelu) da nema vojnog rješenja za palestinsko-izraelski sukob. Takoder, ništa ne može opravdati ubistva djece, žena i starih osoba u Gazi. Trajni mir na Bliskom istoku je moguc samo kroz dijalog i poštivanje temeljnih prava Palestinaca, pravo na život, religiju, slobodu, imetak i dostojanstvo, što ce donijeti trajni mir i sigurnost i Izraelu

Rat Za Boga I Bosnu

VI

NIJE LAKO BITI JEVREJ

"Mi clanovi Nacionalnog vijeca voljom naših prirodnih i povijesnih prava ovim proglašavamo zakljucke donesene od strane Generalne skupštine Ujedinjenih naroda i ovim proglašavamo uspostavu jevrejske države u povijesnoj zemlji izraelskoj."

Tako je potezom pera rodena država Izrael. Odluke UN-a su implementirane 14. maja 1948. godine, kada je Ben Gurion proglasio nastanak izraelske države, kao produžene ruke mira sa Arapima i na Bliskom istoku. Ova odluka je odbijena od strane Arapa i umjesto toga poceo je rat. Americki predsjednik Harry S. Truman priznao je državu Izrael 15. maja, a 18. maja SSSR slijedili americki primjer, ali bez nametanja embarga na uvoz oružja, što su SAD ucinile.

Iskreno, to je jedina dobra stvar koju su UN ucinile, jer to bio cin stvaranja. Sve ostalo od tada je neuspjeh. Sudbinu buduceg Izraela moguce je pratiti od kralja Kira, koji je 539 prije Krista dozvolio židovskom narodu da iz Mezopotamije ode u zemlju Kanaan. To je bio pocetak stvaranja zemlje koju Biblija smješta na pocetkak 12. stoljeca prije Krista, medutim zemlju je prokleo Jahve, Bog Abrahamov.

Mnogo toga se dogodilo od vremena Abrahama. Covjecanstvo se borilo u mnogim ratovima zahtjevajuci svoja prava kao pravi cuvari Boga Abrahamovog, ali nije bilo dobrih vijesti od Jahvea, a Abraham se nigdje nije mogao naci u svim ratovima u kojima je covjecanstvo pretrpjelo strašne tragedije. Ako je sve to tek

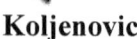

Koljenovic

mit za moguce ostvarenje prorocanstva o ostvarenju dobrobiti za covjecanstvo, onda smo još daleko od njegovog postizanja. Umjesto toga, covjecanstvo je uhvaceno u zamku koja je put za nigdje, osim u još jedan rat, kojim se hoce dokazati ko drži prava na Abrahamove nekretnine.

Drugi svjetski rat je promijenio sve. Bio je to pocetak radanja oružja za masovna ubistva i vrijeme kad je poceo da kuca atomski sat, kad je zapocelo vrijeme vladavine atomske bombe, to jest vladavine atoma, do tada nedjeljivih i ljudskom oku nevidljivih cestica, cije cijepanje ima necuvenu moc razaranja.

Šta su život i smrt, i šta se zaista dogada sa covjekovom dušom nakon smrti, da li je stvarna ta verzija Raja sa svim njegovim obiljem, gdje su sve dobre stvari od Boga? Da li covjek istinski pocinje živjeti tek u Raju, punom razigranog, bezbrižnog života i nesputanog duha, poslije kojega nema nekog zagrobnog života.

Dio povijesti koja je nastavljena s predsjedništvom Franklina Delana Roosevelta i nastavljena sa Harryjem S. Trumanom, završen je bezuvjetnom predajom nacisticke Njemacke, bombardiranjem atomskim bombama Hirošime i Nagasakija u Japanu i priznanjem Izraela 1948. godine.

Godine 1950. poceo je rat u Koreji, u kojem su trupe UN-a prvi put angažirane u jednom ratnom sukobu i to pod zapovjedništvom americkog generala MacArthura, što je, u suštini, bio još jedan americki rat.

Bilo je to istinski turbulentno destoljece. Tu je indonežanska revolucija sa njihovom novom ideologijom, komunizmom. Tu je Mindanao na Filipinima, Šri Lanka sa Tamilima, Kina i Tajvan, francuska Indokina i Vijetnam 1962. Zatim je tu i rat na Bliskom istoku u (ne tako svetoj) Svetoj zemlji. Na tom podrucju, u Palestini, Judeji i Izraelu, ljudi su vodili stalne ratove od 31. godine prije Krista do 565. poslije Krista. Bila je to duga i krvava cesta konstantoga rata ljudi Jahvea i Abrahama. Usprkos svim strahotama

Rat Za Boga I Bosnu

koje su ljudi nanosili jedni drugima, dobro u ljudskoj vrsti ce sigurno imati posljednju rijec.

U krizi židovske dijaspore moja porodica i moji preci u Bosni bili su nakon njihovog progona iz Španije 1492. sigurno utocište za Jevreje. Oni su bili zašticeni i tretirani s poštovanjem kao clanovi obitelji, pomogli smo im da izgrade svoje kvartove i sinagoge, otvoren im je put za sudjelovanje u društvu i zajednici kao ravnopravnim gradanima.

Ako pogledate u prošlost do Drugog svjetskog rata i dolaska ludaka na vlast u Njemackoj, Jevreji Aškenazi i Sefardi su u Europi živjeli dobro, s iznimkom Španije. Godine 1939. nacistickaa lokomotiva i vagoni sa slomljenim tockovima poceli su se kotrljati tacno po Hitlerovoj zamisli i ostvarenju njegovog sna o stvaranju hiljadugodišnjeg cistog germanskog carstva. Od Hitlerove invazije na Poljsku septembra 1939. godine, nacisticko carstvo je, srecom, trajalo samo do Hitlerovog poraza 1945.

Srednjovjekovno germansko carstvo koje je Hitler želio obnoviti postojalo je od 960. do 1250. godine. Hitlerovo zamišljeno i toliko žudeno „carstvo", srecom, nije bilo dugovjecno. Hitler i njegova licna krvna osveta nisu preživjeli, medutim, njegova je vladavina bila toliko zlocudna da su milioni ljudi ubijeni. Što sasvim korespondira sa onim što je davno receno, da „kad djeca Jahvea i Abrahama pate, pati cijeli svijet". Hitler je u svome uvrnutom umu želio pobiti cijeli jevrejski narod, ali i slavenske narode, pri cemu je razlog za tako monstruozno opredjeljenje znao samo on.

Cak i tada Jevreji su primani raširenih ruku i nalazili sigurno utocište u mnogim zemljama u Europi sa muslimanskim stanovništvom, usprkos tome što su i sami bili okupirani, pri cemu se Bosna ponovo pokazala kao prijatelj Jevreja, ili barem onaj dio stanovništva sa muslimanskom vecinom.

Koljenovic

Od pocetka Osmanskog carstva do danas, židovska vjera cvjetala je u svakom pogledu i u svakom smjeru. Jevreji su bili slobodni ljudi po cijelom Osmanskom carstvu.

Stvari su se, medutim, za muslimane Osmanskog carstva pocele mijenjati u 19., 20. i pocetkom 21. stoljeca. Tako da se situacija u potpunosti obrnula, osobito u europskom dijelu carevine, gdje se u tom periodu ucinilo sve da se muslimani i njihova vjera islam izbrišu sa povijesne karte zemalja koje su nekada bile u sastavu Osmanske carevine. Tako je zaboravljeno i tradicionalno muslimansko zaštitništvo prema Jevrejima, valjda najvecim europskim i svjetskim nomadima.

Danas Izrael islam tretira kao neprijatelja i svoga protivnika. Islam nije neprijatelj, nego samo tihi prijatelj. Povijest ce pokazati da ova prica ima naviku da se ponavlja kao pokvarena ploca.

Ako se vratimo u daleku prošlost i prisjetimo se povijesti nekih velikih civilizacija i carstava, Persije, Rima, Minoja, Makedonije, Republike Julija Cezara, Bizantije i križarskih ratova, ocito je da su Jevreji bili istinski dobrodošli samo na prostorima Osmanskog carstva. Oni su u islamskom okruženju bili dobro primljeni i živjeli ravnopravno i ranije, tokom sedam stoljeca maurske vladavine Španijom, da bi iz muslimanske Kastilje i Aragona 1492. godine bili protjerani zajedno s muslimanima, a spas su naši u opet muslimanskom Osmanskom carstvu, bježeci cestom spasa prema Anadoliji, Albaniji i Bosni.

Od 1948. godine, uz priznanje države Izrael, moja religija kao da je postala ukleta, a muslimanima su se poceli lijepiti atributi poput: zli, prljavi, nemilosrdni, nepopustljivi i bezosjecajni..., malo previše i malo preoštro, ne mislite li tako? To je ucinjeno kroz dobro smišljenu i vodenu propagandu svjetskih razmjera, koja je, nažalost, naišla na veoma plodno tlo.

Možda to nije djelo cionista, kako se obicno vjeruje, možda je ta i takva politika vodena i još se vodi iz centara politicke moci

Rat Za Boga I Bosnu

pojedinih država, pa su se međunarodni odnosi tih i islamskih zemalja počeli sve više pogoršavati. Nakon pada Osmanlija, Sueski kanal je ušao u fokus interesiranja velikih sila, ali kasnije i revolucionarnog Egipta, koji sa političke scene 1952. uklanja kralja Faruka, batlera kralja Georgea VI i kraljice Elizabeta II.

No, vratimo se turbulentnom vremenu po svršetku Prvog svjetskog rata 1918. godine, kad su se mnoge stvari u Svijetu promijenile. Po oslobođenju od Osmanlija slavlje Egipcana je bilo kratkog vijeka zbog nametnutog engleskog protektorata 1914. To je, međutim, ponovo postao Egipat cije samopouzdanje je raslo, a narod tražio međunarodno poštovanje. Egipcani se dižu na ustanak protiv protektorata, da bi 1922. bila proglašena neovisna Kraljevina Egipat sa kraljem Fuadom I na celu. Međutim Britanci i dalje u Egiptu imaju poprilicne ovlasti i drže u svom posjedu strateški znacajan Sueski kanal.

Nakon razdoblja kraljevske diktature 1922 – 1936. pobjedom na parlamentarnim izborima stranke Wafd 1936. sa Britanijom je postignut sporazum po kojemu su britanske snage ostale samo na području Sueskog kanala, međutim, na pocetku Drugog svjetskog rata Britanija je Egipat prakticno ponovo stavila pod protektorat.

Nakon II. svjetskog rata egipatske su političke stranke ponovno pokušale potisnuti Britance iz Egipta, a unutrašnju je situaciju bitno pogoršao i poraz u ratu arapskih zemalja protiv Izraela 1948. - 1949.

Slijedi vojni državni udar pod vodstvom pukovnika Gamala Abdela Nasera 1952., proglašenje Republike 1953. i postavljanje na vlast Muhameda Nagiba, kojeg Naser, nakon neuspjelog atentata na njega kao podpredsjednika vlade, uklanja sa političke scene, čime Naser postaje novi predsjednik države i vlade.

Nova vlast provodi nacionalizaciju zemlje i društvene reforme, da bi 1956. bio nacionaliziran i Sueski kanal, dotad u vlasništvu britanskih i francuskih dionicara, s cime se, vidjet ce se,

Koljenovic

Francuzi i Englezi nece nikada pomiriti, a situaciju u Egiptu i na cijelom Bliskom istoku dodatno koplicira osnivanje Izraela 1948. i ratovi koji ce slijediti izmedu arapskih zemalja i Izraela.

Zanimljivo je, medutim, detaljnije popratiti revolucionarna dogadanja u Egiptu, u epicentru interesa velikih sila sa Engleskom i Francuskom na celu, koji igraju sa ogromnim ulozima u ovoj zemlji, osobito sa Sueskim kanalom, pa revolucija i postrevolucionarni sukobi nisu prošli bez politickih i fizickih borbi i žrtava.

Nakon pocetka revolucija 1952. godine britanske su snage postavljene duž Sueskog kanala, te sudjelovale u sukobu s policijom Ismailije, što je rezultiralo smrcu stotina ljudi. Mladi oficir Naser je vidio dobru priliku za sebe u trenutku kad su Egipcani krvarili. Organizirao je demonstracije u Kairu na kojima su marširale hiljade gradana, te krenuli napadati strane i probritanske ustanove, što je rezultiralo smrcu 390 ljudi, ukljucujuci i mnoge Britance.

Nakon toga su Nasser i Khalid Muhieddine objavili jednostavni revolucionarni program od šest tacaka, u kojem Egipcani osuduju nepoželjan britanski utjecaj i dominaciju u Egiptu. Kratko vrijeme kasnije, 7. maja 1952. godine, Naser je primio vijest da je kralj Faruk saznao imena revolucionarnih zavjerenika i da ih je namjeravao odmah pohapsiti. Naser je morao brzo djelovati. Zakaria Mohieddinu je dodijeljen zadatak da izradi planove za preuzimanje Vlade od strane vojnih snaga i oficira lojalnih Naseru.

Prvobitna namjera oficira pucista nije bila "instalirati se" u Vladu, ali jeste ponovo uspostaviti parlamentarnu demokraciju, pri cemu je Nasser imao vlastiti prikriveni plan za sebe, koji u tom trenutku nije mislio ostvariti, ubijeden da oficir sa niskim cinom kakav je on imao nece biti prihvacen od strane egipatskog naroda na mjesto „na koje je pucao".

Tako je general Nagib Muhammed, komandant oružanih snaga Egipta, izabran da mu bude "privremeni šef" i privede puc kraju u ime revolucije. Puc je izveden 21. i 22. jula kao dobro

Rat Za Boga I Bosnu

koordinirana akcija svih bitnih poluga u jednoj državi, a uspjeh puca objavljen je vec slijedeci dan, 23. jula.

Revoluciji odani oficiri su sa svojim jedinicama preuzeli kontrolu nad svim državnim zgradama, radiostanicama i policijskim stanicama, kao i nad vojnom upravom u Kairu. Muhammad Nagib, kao tobožnji voda revolucije, 18. juna 1953. postaje prvi predsjednik Egipta. Istoga dana ukinuta je egipatski-sudanska monarhija, a proglašena Republika Egipat.

Dok su drugi oficiri vodili svoje jedinice u svojim vojnim uniformama, Nasser je odlucio da nosi civilnu odjecu kako bi izbjegao da ga prepoznaju oficiri vjerni kralju. Dva dana prije izvodenja puca Naser je obišao linije moguce odbrane oko Kaira i poduzeo sve mjere predostrožnosti za slucaj sprjecavanja vanjske intervencije.

Naser je obavijestio predsjednika Sjedinjenih Americkih Država Dwighta Eisenhowera o svojim namjerama i Washington se složio da ne pomogne kralju Faruku. Zbog toga se može slobodno reci da je Naser zahvaljujuci pritisku predsjednika u Washingtonu mogao svrgnuti kralja, a njemu i njegovoj porodici omoguciti da nepovrijedeni napuste Egipat, uz pocasnu ceremoniju i sa mnogo novca.

Prema pricama, nakon preuzimanja vlasti od Nassera se ocekivalo da postane "cuvar Republike Egipat i narodnih interesa" protiv bivše monarhije i bivše vladajuce klase i da vodi vladu. Medutim, to mjesto je ponudeno Ali Maheru, bivšem premijeru, od kojeg se tražilo da formira civilnu vladu, što je on i prihvatio. Naser i njegovi sljedbenici u armiji preimenovali su se u Egipatsku revolucionarnu partiju (RCC), s Naguibom kao predsjednikom i Nasserom kao potpredsjednikom države. Odnosi izmedu RCC-a i Ali Mahera bili su povremeno napeti, prije svega zbog Naserovih reformistickih zamisli, prema kojima je izvšena agrarna reforma, ukidanje monarhije, reorganizacija politickih stranaka, što su za Ali

Koljenovic

Mahera bile preradikalne promjene, i što je kulminiralo njegovom ostavkom.

Nagib je preuzeo dodatnu ulogu premijera, a Nasser zamjenika premijera i ministra unutarnjih poslova. Zakon o agrarnoj reformi stupio je na snagu, a Naser je u svojoj RCC partiji poceo slijediti sovjetski model revolucije. U augustu 1952. godine izbili su nemiri u tekstilnim tvornicama, što je dovelo do sukoba s vojskom i mnogo ranjenih i mrtvih.

Vecina u RCC-u, ukljucujuci i Nagiba, insistirali su na tome da vode pobunjenika budu najstrožije kažnjeni. Naser se cvrsto usprotivio ovakvim mjerama, ali nije intervenirao na njihovom sprjecavanju, pa su nad pobunjenicima provedene najdrasticnije kazne. Naser je postao samookrunjeni kralj revolucionarne islamske verzije komunizma, unaprijed osuden na propast. SAD i europske sile, Francuska i Engleska, nisu se mogle pomiriti sa politickim promjenama i s gubljenjem dominacije nad Egiptom. Naser je igrao veliku igru protiv ogromnih saveznickih nacionalnih i strateških interesa. Saveznicama, Francuskoj i još više Velikoj Britaniji, u odbrani svojih interesa preostao je samo jedan izbor – Izrael.

Ta i takva odluka saveznika dala je Izraelu ulogu britanskog psa cuvara na Bliskom istoku. Ono što se moglo ocekivati bio je neprijateljski odgovor Egipta i bliskoistocnih zemalja, cime je dodatno potpaljena politicka vatra na teritorijima na kojima su stoljecima vladala neprijateljstva i progoni stanovništva.

Kao nova nacija rodena iz pepela miliona ljudi ubijenih u holokustu, izraelski Jevreji nisu pravili promjene u izboru novih prijatelja i starih neprijatelja. To je bilo pitanje cistog preživljavanja. Njihov izbor prijatelja bio je Zapad, što se ispostavilo kao pravi izbor. Time je tek ispepeljeni feniks Izrael postao presudno bitan politicki faktor na Bliskom istoku, a time i u Svijetu.

Krajem 1800-tih zapadnjacka žed za ekspanzijom ucinila je da africki kontinent i Bliski istok dožive promjenu kolonizatora i

Rat Za Boga I Bosnu

vlastodržaca. S druge strane, borbe pokorenih naroda za pravdu nisu nikada prestajale, a želja za slobodom postajala je sve veca. Medutim, njihove težnje za slobodom pocele su davati rezultate tek s ratovima i revolucijama.

Tako je odbijanje priznanja države Izrael dnevno dovodilo do vojnih sukoba i nije bilo pokušaja sprjecavanja njihove eskalacije. Posljedica takve situacije bila su tri velika rata, od kojih je zadnji bio za Jom kipur. Egipatske snage su ucestvovale u iznenadnom napadu koji je rezultirao potpunom katastrofom i poniženjem egipatske vojske.

Izrael je u to vrijeme kao predsjednica vodila Golda Meir, rodena kao Mabovich, udata Myerson. Prvobitno je bila nastavnica, da bi se kasnije pocela baviti politikom. Meir je za predsjednicu vlade izabrana 17. marta 1969, nakon što je bila na položaju ministra rada i ministra vanjskih poslova. Prva žena predsjednik Izraela, a treca predsjednica jedne države u Svijetu, bila je poznata kao „celicna lady" izraelske politike, mnogo godina prije nego što je taj epitet ponijela Margaret Tacher, premijerka Velike Britanije. Bivši premijer Izraela David Ben-Gurion, obicavao je reci da je Meir „ najsposobniji muškarac u vladi", iako Golda nije voljela pantole i uvijek je nosila lijepe suknje. Ona je cesto prikazivana kao osoba snažne volje, iskrenog govora i majka jevrejskog naroda. Nakon završetka Jom kipurskog rata 1974, Golda Meir je dala ostavku na položaj premijera države.

Yitzhak Rabin i drugi izraelski politicari, naravno, nisu bili tako dobrostivi kao Golda Meir. U Shimonu Peresu i Rabinu je bilo mnogo više pravednickog bijesa zbog viševjekovne potlacenosti izraelskog naroda. Medutim od Shimona Pereza, po rodenju Poljaka odraslog u Palestini, nije se ocekivalo toliko ogorcenje, pa se smatra da je on, vjerovatno, imao neku vrstu straha za vlastitu egzistenciju.

Druga znacajna izraelska licnost tog vremena bio je Ariel Sharon, bivši general, kasnije premijer Izraela. Kao general bio je

Koljenovic

omražen od strane Palestinaca, jer je bio odgovoran za masovna ubistva palestinskih žena i djece. Njegova politika kao predsjednika vlade nije se bitno razlikovala od njegove politike dok je bio „izvršilac radova" politike koja mu je bila nadredena kao generalu.

Bijes i uzavrela krv kljucali su na obje strane, što nije karakteristika bilo kojeg normalnog društva. Ali, ko bi mogao reci šta je normalno za Izraelce i Palestince? Samo oni mogu odgovoriti na to pitanje.

Reakcija PLO-a na krvave akcije IDF-a bili su samoubilacki bombaški napadi. Sa Sharonovom dramaticnom invazijom na Libanon i njegovim uglavnom pogrešno vodenim libanonskim ratom, nastao je trenutak nelagode kad je Svijet prepoznao svoje neznanje i predrasude prema Palestincima. Politicka šteta je, medutim, vec ucinjena Izraelu. Ironicno je bilo i to što se Sharon udružio s vojnim milicijama i bivšim simpatizerima i prijateljima nacista.

Libanonske kršcanske falangisticke milicije bile su odgovorne za masakre koji su se dogodili na podrucja dva izbjeglicka kampa na podrucju Bejruta 16. i 17. septembra 1982. godine. Izraelski vojnici dopustili su falangistima da udu u izbjeglicke logore Sabru i Shatilu i naprave pokolj nad nenaoružanim civilima. A bilo je, navodno, procijenjeno da u logorima može biti i do 300 naoružanih ljudi. To je zaista tužno poglavlje u povijesti inteligentng i prosperitetnog društva kakvo je izraelsko. Razocaravajuce, u najmanju ruku.

Pa, šta su oni mislili kad su to ucinili? Možda je to uradeno u napadu panike ili ocaja, ili jednostavno straha od „palestinskih cudovišta"!? Ako je to bio slucaj, onda je to stvarno tužno poglavlje u povijesti Izraela. Nema palestinskih cudovišta, postoje samo ljudi koji su željeli biti mirni izraelski susjedi.

Bilo bi pošteno pružiti ruku prijateljstva Palestincima. To bi donijelo pravdu za ovaj napaceni narod, ali i za druge koji su

Rat Za Boga I Bosnu

ukljuceni u ovaj sukob. Medutim, to ne dopušta pohlepa i novac, milijarde americkih poreznih obveznika koje idu u Izrael, Palestinu i Egipat. Mi se možemo samo pitati: „Šta je važnije, neciji prljavo zaradeni novac i rat koji ga neminovno prati, ili dugovjecnost i nacionalni opstanak jednog naroda?"

Nije teško odgovoriti na pitanje ko je odgovoran za zlu krv prosutu izmedu dva susjeda, Hamasa u Gazi i izraelskog generala Sharona na položaju premijera Vlade, koju je vodio nikako drugacije nego razocaravajuce. Izraelci su, poslije njega, ponovo napravili istu stvar. Propustili su da na mjesto premijera izaberu covjeka sa osjecajem za prava pojedinaca i izabrali Netanyahua da vodi Izrael. Na svjetskoj pozornici se brzo pokazalo da on nije bio najbolji izbor da zauzme položaj premijera Izraela.

Rusija sve vrijeme izraelsko-palestinskog sukoba igra svoju rolu u svjetskom politickom igrokazu, u kojemu bi i Netanyahu mogao biti gost i uživati u tom šou, umjesto da bude spojler koji dramu cini providnom. Previše je egomaniaka koji misle da je njihov ego veci od države koju predstavljaju i koji mogu dovesti do posljedica zbog kojih bismo svi mogli požaliti. To se zove loše vodstvo.

Glavni savjetodavac Izraela je bio i ostao Henry Kissinger i AIPAC-ovih pedeset godina promašene diplomacije. Neki Izraelci i clanovi AIPAC-a kažu da je Kissinger nešto poput nevidljivog predsjednika Sjedinjenih Država. Trebalo bi biti jasno da ni Izrael ni svjetske vode ne biraju americke diplomate. To rade predsjednik SAD-a, Kongres i Senat. A poštivanje svjetskih lidera nije namijenjeno Henryju Kissingeru, nego Sjedinjeim Americkim Državama.

Kissinger je bio državni sekretar u vladi presjednika Nixona i Forda, i na žalost Izraelaca, on se nekima „samo cinio" predsjednikom. U ovom slucaju radi se o potpunom izostanku poštivanja Sjedinjenih Americkih Država, za što ne treba kriviti

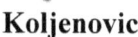

Koljenovic

Izrael, nego predstavnike vlade SAD-a koji su prodali svoje duše lobistickim grupama, što opet pokazuje nedostatak razumijevanja o tome šta je dobro za Ameriku.

Uvrjedljivo je za americke gradane i predsjednike Nixona i Forda da domaci i strani lideri traže od njega vodstvo i savjete ili ga se okrivljuje za neuspjehe americke politike. To je bila licna odluka.

Vrijeme ce smjestiti Henryja Kissingera na odgovarajuce mjesto u americkoj i svjetskoj povijesti, a to mjesto ce ponajprije biti „poljski" klozet u kucnom dvorištu. Nikson je, bez sumnje, bio velemajstor politike, a Henry je u to vrijeme radio za predsjednika Nixona, a ne obratno. Ono što su americke i svjetske politicke vode poštovale u americkoj politici bio je Nikson i njegova politika, a ne Henry Kissinger.

Tokom posljednjih nekoliko posjeta izraelskih ministara Bijeloj kuci 2012. godine, Amerikanci su se, ubijeden sam u to, pitali: "Ko su ovo likovi što paradiraraju po Sjedinjenim Americkim Državama zahtijevajuci ovo i ono, udarajuci u ratnje bubnjeve..., kao da nije bilo vec dovoljno rata?"

Razocaravajuce je slušati u svojoj kuci tako ratobornu retoriku, što ne cudi toliko od Benjamina Netanyahua, od kojeg se ništa drugo i ne može ocekivati, koliko takvo ponašanje cudi od Shimona Peresa. Natanyahu je, ocigledno, bio u misiji u kojoj je, na ovaj ili onaj nacin, želio biti primijecen i zapamcen.

Razocaravajuce je kad takozvani prijatelji dolaze u Bijelu kucu da traže milijarde dolara prikupljenih u državnoj kasi od poreza gradana, a pri tome je njihovo ponašanje još i uvrjedljivo. Uz sve to, naš se predsjednik ponaša kao da mi u Americi njima nešto dugujemo. A mi Amerikanci takvo ponašanje niti cijenimo, niti volimo, niti podnosimo...

Ako se prisjetimo sastanka u Bijeloj kuci predsjednika Obame i Netanyahua, više je izgledalo kao da je Obama bio gost, a Netanyahu domacin. To je zorno pokazalo Netenyahuov, dakle

Rat Za Boga I Bosnu

izraelski nedostatak poštovanja prema prijateljima. Doduše, možda je Obama bio toliko skromnan prema svome gostu jer svako jutro prima upute od AIPAC-a.

Mnogi se nece složiti sa mojim gledištem, ali ja smartam da su americki lobisti Izraela više oštetili Izrael nego što su mu pomogli. Ja sam cijeli svoj život bio pristaša Izraela, jer su Jevreji u svijetu strašno propatili. Upravo zbog toga savremeni Izrael ne bi trebao zaboraviti prirodni zakon koji nalaže da nikada nikome ne radite ono što ne biste poželjeli da drugi urade vama. Politicki lobisti u Washingtonu su zaboravili to osnovno pravilo. A Amerikanci nisu baš tolerantni na bilo cije uvrjede, ukljucujuci i prijatelje koji upadaju u njihove domove.

Od 1948. Amerika u UN širom Svijeta ciste za Izraelom njihove prljave rabote. Od izraelsko-egipatskog rata 1962. godine bilo je mnogo izraelsko-arapskih ratova izmedu susjeda, u kojima su Izraelci i njihovi lideri svaki put do lakata okrvavili svoje ruke. SAD su uvijek bile tu da ih diplomatski spašavaju u UN-u i diljem svijeta, a štiteci krivce mi smo se svakodnevno sve više udaljavali od naših prijatelja.

To je slijepa diplomatski igra, od koje na kraju nikada nije bilo koristi. Neke se stvari i dogadaji jednostavno ne daju sakriti, narocito kad su zlocini u pitanju. Da ne nabrajamo dalje, zadržimo se samo na Sharonu, pod cijim zapovjedništvom su vojnici ušli u Libanon, ubijajuci žene i djecu koji su pokušali pronaci sklonište u džamijama moleci se za svoje gole živote.

Još jedno brutalno i nicim izazvano ubistvo pocinjeno je kada je americki špijunski brod Liberty napadnut od strane izraelskih aviona F4 „fantoma" tokom izraelsko-arapskog rata. Ironicno je bilo to što smo mi Amerikanci bili tamo sa našim trupama kako bismo zaštitili interese Izraela, ali su drsko samouvjereni izraelski politicari odigrali lošu kartu. Oni su se, naime, nadali da ce ovim svojim zlocinom, kojega su pokušali podmetnuti svojim protivnicima,

Koljenovic

izazvati veliki rat, koji ce ukljuciti i dvije supersile. Medutim, nije bilo tako i ovaj se manevar pokazao kao krajnje neodgovoran cin pocinjen od strane izraelske vojske i vlade.

Taj napad dogodio se u medunarodnim vodama Mediterana. Izrael je dugo odbijao preuzeti odgovornost za ovaj zlocin, ali je na kraju, nakon što su vec prošle godine, pod pritiskom porodica americkih mornara priznao da je do napada na americi ratni brod došlo zbog pogrešne procjene izraelske vojske. Izraelska avijacija i njihova mornarica su ocito znali da je to bio americki posmatracki brod koji je pratio haoticni razvoj situacije na terenu prilikom izraelsko-arapskog vojnog sukoba.

Predsjednik Jugoslavije i vrhovni zapovjednik Jugoslavenske Narodne Armije maršal Tito igrao je sa svojom državom veliku ulogu u svjetskoj politici. Tito je bio prijatelj Sovjetskog Saveza i imao ulogu glasnika u izraelsko-egipatskom ratu. Dva clana Generalštaba JNA, generali Ljubicic i Bakaric bili su u Titovom bliskom krugu, zajedno sa generalom, dr. Isidorom Papom, licnim Titovim prijateljem, kad se dogodio ovaj incident. Pricalo se kako su se svi smijali komentirajuci „slobodne vode" Mediterana.

Nije bilo odmah isprike iz Izraela obiteljima vojnika Libertyja, niti je to od njih zahtijevala Bijela kuca. Bila je to tragedija i gubitak života kakvi se dogadaju u vrlo opasnim trenucima eskalacije izmedu dviju supersila, Sovjetskog Saveza i SAD-a, pri cemu su obje bile suviše samouvjerene i nepromišljene. Ego obje super-sile odigrao je tu veliku ulogu. Tito je, medutim, jednom prilikom u razgovoru sa prijateljima u Beogradu kazao: "Zar ne vidite momci da je ova izraelska propaganda naprosto fantasticna?

Izraelci su se nadali da ce Amerikanci misliti da je Sovjetski Savez potopio Liberty, koji jeste pogoden, ali srecom ne i potopljen, da bi americki mornaricari preživjeli iskljucivo zahvaljujuci svojoj volji za životom.

Rat Za Boga I Bosnu

Svakako je potrebno reci da su poslije Drugog svjetskog rata svi preživjeli Jevreji iz holokausta emigrirali u Izrael. Medu ovim ljudima bilo je i visokoobrazovanih diplomata i iskusnih profesionalnih vojnika, koji su angažirani u izraelsko-arapskim sukobima. S druge strane, Arapi nisu imali ni izbliza tako osposobljene strucnjake, tako da nije ni cudo da su ih Izraelci tukli na svim frontovima i da im za to nije trebala nicija, pa ni americka pomoc.

Možda je bila greška politicki ili na bilo koji drugi nacin ukljuciti Europljane ili Amerikance. Zna se, uostalom, da kad vas svrbi, normalno je da se sami pocešete, a ne da cekate da vas neko drugi poceše umjesto vas. Izrael je stalno svrbjelo, ali nije želio sam da se ceše, nego je to rješavala Amerika s mnogo dolara i oružjem, od cega zemlja nije imala nikakve koristi.

Na strateški osjetljivim mjestima Srednjeg istoka pravljene su stalne greške. Posljedice su ogromne. Nijedna nacija nije bila pošteden krvoprolica. Ja bih to nazvao pogrešnom diplomacijom i politikom.

Tokom 60-ih, 70-ih i sredinom 80-ih, kad god bi nastali problemi uvijek bi se pojavili mali igraci kakav je bio predsjednik Tito, koji je izjavio da ga je iz Kaira nazvao predsjednik Naser i pitao ga za jamstvo u vezi pomoci od Sovjetskog Saveza. Naser se želio osigurati da, ako on pobijedi u ratu protiv Izraela, Amerika nece napasti Egipat, kako ga je Henry Kissinger izvijestio u razgovoru na konferenciji u Kairu.

Kissinger je zaprijetio Naseru da ce Amerika vojno napasti Egipat ukoliko egipatska vojska krene u napad na Izrael. Medutim, to nisu bile rijeci izgovorene od strane americkog predsjednika; bio je to samo Kissingerov blef. Ni SAD ni Sovjetski Savez nisu bili spremni za konfrontaciju, ulozi su bili preveliki za obje supersile. Kissinger, naravno, ovaj razgovor nije prenio Bijeloj kuci.

Koljenovic

Tito je sarkasticno i s podsmijehom rekao kako je trebao otici u Moskvu i ujutro se vratiti u Egipat da dostavi Nasseru poruku Sovjetskog Saveza iz Kremlja. Vješti Kissinger je, medutim, vec obavio svoj posao, govoreci Kairu kako bi mu bilo bolje da drži ruke podalje od Izraela. Istina o tome kako je Kissinger blefirajuci prestrašio Nasera otkrivena je mnogo kasnije.

Egipat i predsjednik Naser bili su spreman slistiti Izrael milionski velikom armijom, a to nije šala, cega je jako dobro bio svjestan i Kisssinger. SSSR nije namjeravao odbiti Izraelu pravo vodenja vlastite politike i ratnih igara, ali se javno konfrontirao supersnažnom SAD-u samo da bi ih što više uznemirio. Ni Izrael ni arapske nacije, medutim, nisu shvatali da su i SAD i Sovjetski Savez samo trebali poligon za testiranje svoga novog oružja, da bi se uvjerili kako ono funkcinira u konvencionalnom ratovanju.

Jevreje u borbi za opstanak konfrontirati Arapima, bio je to paklen plan. I jedni i drugi, takvi kakvi su, strastveni i kratkog fitilja, bili su savršen odabir za sukob oko osnivanja jevrejske države koja je trebala biti ostvarena upadom u arapsko dvorište. U takvim situacijama strast i bijes preovladaju ljuskim bicima, a kad dode vrijeme da se normalno rasudivanje baci kroz prozor, tad nemocni i nevini najviše pate, ne politicari i oni koji su zapoceli ratove.

Amerikanci i Sovjeti su upumpali obilje energije u obje strane, snabdjeli ih najsavremenijim politickim i vojnim hardverom, što je rezultalo masovnim dnevnim ubijanjem i razaranjem Izraela i Palestine.

U slobodnom društvu i u normalnim prilikama Izraelci i Arapi bi se mogli nazvati prijateljima za jutarnju kafu, ali u društvu sa Izraelom i njegovim okruženjem impulsi su bili toliko snažni, da se ljudi nikada ne bi sjetili uzeti pauzu za zajednicku kafu. A i kada bi se to nekim cudom dogodilo, pri tome ni jedni ni drugi ni u ludilu ne bi zaboravili sa sobom ponijeti svoje „uzije" ili „AK47".

Rat Za Boga I Bosnu

Podrška Kremlja raspadu Izraela nije bila u igri, kao ni rat sa Sjedinjenim Americkim Državama. Pošteno je, napokon, istaknuti, da je Kissingerov blef možda spasio katastrofe Izrael, Egipat, a možda i Svijet... Ali, Izrael svakako.

Maršal Tito je išao u Egipat, u Aleksandriju, gdje je Naseru donio vijest da Kremlj i Crvena armija nece doci iz Moskve da pomognu Egiptu i da oni nisu zainteresirani za suceljavanje s Amerikom. U Kremlju su privatno rekli Titu da Moskva ne namjerava stati iza Naserove invazije na Izrael, te su istaknuli svoj cvrst stav da, što se njih tice, Izrael može ali i ne mora pobijediti Naserovu vojsku i Egipat.

Tito je pitao predsjednika SSSR-a Gromyka da mu objasnit stav Moskve, a on mu je odgovorio da Izrael nema dovoljno naoružanog ljudstva, hrane i vode, i da je sve s cime su opskrbljeni dovoljno tek za jedan kratki rat. „Naša obavještajna služba, KGB, ima informacije.", kazao je Gromyko.

Bila je istina da se Izrael nije mogao boriti u dugom ratu, zbog cega je njihov stil ratovanja uvijek bio neka vrsta „blic kriga", tri do sedam dana, nekako kao u biblijskim terminima. Bog je stvorio Svijet u sedam dana, koliko je trajao i izraelski pobjednicki rat sa Arapima.

Andrej Gromiko je navodno u Kremlju ukazao maršalu Titu da je Naser trebao biti u stanju voditi brigu o Izraelu na taj nacin što ce rat produljiti na dvije ili više godina, i da je to bio siguran nacin da ga Izrael ne preživi. Tito nije vjerovao u to, pa je odgovorio Gromyku "Rat se vodi sa iskusnim vojnicima, a ne sa tvornickim radnicima i zemljoradnicima!"

"Iskustvo pobjeduje u ratovima, a ne brojevi", ustrajao je Tito, dodavši da su u izraelsku vojsku mobilizirani veterani iz Drugog svjetskog rata iz Amerike i Britanije. Sve su saveznicke snage u svojim sastavima imale hiljade iskusnih vojnika i rodoljuba

Koljenovic

Izraela, a iskustvo jevrejskih obavještajaca imalo je posebno znacajnu ulogu.

Svi iskusni i sposobni jevrejski muškarci koji su se borili u prethodnim ratovima borili širom Svijeta pozvani su da se bore za Izrael. Oni su listom odgovorili na poziv da se žrtvovuju u borbi da jevrejska država Izrael dobije nezavisnost. I nije nedostajalo „topovskog mesa" muškaraca koji su se dobrovoljno javili, da bi od njih prekonoci bila stvorena profesionalna vojska s kojom treba racunati.

Cionisticka država je imala svoje pristaše. Medutim, nakon iskustava iz Drugog svjetskog rata u Jevrejima nije preostalo nimalo ljubavi prema bilo kome ko je bio protiv osnivanja njihove države, posebno ne prema Arapima. Mnoge su se stvari kuhale u loncu tog vremena, a jedna od njih je bio komunizam, koji je pokušavao dokazati da je superioran u odnosu na kapitalizam.

Bilo je to vrijeme hladnog rata Istoka i Zapada i njihove sve brže trke u naoružanju. U svijetu kremaljske politike bilo je tada dosta sretnih trenutaka. Prica se, recimo, da se cuvena pjesma country pjevacice Dolly Parton povremeno vrtjela na gramofonu i zabavljala Gromyka i Tita tokom njihove konferencije i povremenih neformalnih razgovora koje su vodili u uredu vanskih poslova u Kremlju na moskovskom Crvenom trgu. Andrej Gromyko je bio jedan od vjernih obožavatelja muzike Dolly Parton, što je bila jedna od, hm... indicija da mi i Sovjeti i nismo bili toliko tudi jedni drugima.

Tito i Gromyko složili su se da su Arapi vrlo emotivni, na isti nacin u ljubavi i u ratu, što je na svoj nacin doprinosilo moralnoj superiornosti Izraelaca. IDF je na bojnom polju zadao razoran udarac egipatskim oružanim snagama, držeci ih puni mjesec dana gladne i bez vode u pustinji Sinaja, a vjerovalo se da je egipatska vojska imala do 80.000 vojnika.

Rat Za Boga I Bosnu

Bila je to samo najava krvoprolica i poniženja koji ce uslijediti strelovitim prodorom malobrojne izraelske vojske. Jedan bataljon IDF vojnika pokucao je na vrata Kaira nakon što je general Moshe Dayan prešao Sueski kanal s malom motoriziranom jedinicom pod svojom komandom. Oni su uspjeli uništiti egipatske „scud" rakete, a do Kaira im je preostala samo još jedna milja razdaljine.

Bližilo se vrijeme za popiti kafu i pozdraviti Nassera u njegovoj palaci, baš kao što se dogodilo u dalekoj prošlosti kad je Marku Antoniju i Kleopatri u posjetu došao rimski imperator Oktavijan sa 10 hiljada vojnika. Moshe Dayan ih je, medutim, imao samo dvije stotine, i to sa konvojem zastarjelih vozila.

General Moshe Dayan bio je u prilici doviknuti svome neprijatelju u njegovom glavnom gradu da mu se preda, što on naravno nije uradio, jer to nije mogao postici, ali ovaj pothvat pokazuje da je moguce uciniti i nemoguce kad se istinski vjeruje u to. Premalo je reci da je to bio impresivan poduhvat.

IDF trupe su dokazale profesionalnost i nepobjedivost i, mada malobrojne i slabo opremljene, nametnule se kao respektabilna vojna sila. Bilo je ocito da su vlada Sjedinjenih Država, ali i citav Svijet bili u šoku, shvativši da je Izrael majstor pustinjskog ratovanja vrijedan svakog poštovanja.

Zapad je bio zaljubljen u Izrael nakon pobjede nad Egiptom. Bila je to ljubav na prvi pogled. Ko ne bi simpatizirao gubitnika ciji su izgledi bili jedan naprema sto? Dali smo im novac i vojnu opremu. A imali su i indirektnu pomoc Francuza i Engleza potrebnu za isporuku mlaznjaka „mirage".Kasnije su opskrbljeni nuklearnim reaktorima, da bi u neko doba Izrael objavio da posjeduje atomsku bombu.

Administracija predsjednika Kennedyja nije podržala, ali ni osudila francusko sudjelovanje u izgradnji izraelskog nuklearnog

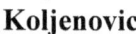

reaktora. Izrael je bio blagoslovljen privilegijom da je na poklon dobijao sve što je trebao i tražio, pa cak i ono što nije tražio.

Uznemirena egipatskim povratkom Sueskog kanala u svoj posjed, Kennedyjeva administracija radi na tome da od Izraela napravi pitbull terijera - cuvara interesa Zapada na Bliskom istoku i naftnim poljima Arapskog poluotoka. San ili prorocanstvo, možemo to imenovati ovako ili onako, u svakom slucaju, stvaranje države Izrael predstavlja povijesnu prekretnicu.

Za više od 2000 godina povijesti, Jevreji su, nakon uništenja Hrama, imali stalne interne i vanjske disperzije. Nakon babilonskog progonstva 576. godine prije Krista jevrejske domovine više nije bilo. Aleksandar je osvojio Persijsko carstvo, a Rim Judeju. Rimski general Pompej 62. godine prije Krista zapoceo je osvajanja Judeje. S vremenom napetost Jevreja prema Rimu raste, a Rim odgovara ukidanjem države Izrael, tada poznate kao Judeja i Caesareja.

To je bio svijet u pokretu, a to kotrljanje vagona sa slomljenim tockovima potrajalo je preko dvije hiljade godina. Poslije toga je zatvoren krug, a Judejci su se poceli vracati kuci. Do 1876. stvaranje novih država pocelo je inspirirati ljude, a Jevrejima je po stvaranju države Izrael trebalo gotovo tri cetvrtine stoljeca da se potpuno vrate kuci.

U Velikoj Britaniji i Europi to su smatrali istinskom pravdom, ali ne zbog Jevreja, nego zbog samih Britanaca i Europljana, koji su se zbog vlastitog komoditeta željeli osloboditi neželjenih gradana Hebreja. Ocito je da europski Jevreji nisu bili autohtoni, nego obracenici.

Europljani ih nisu htjeli u svojoj kuci, ali su ih se željeli riješiti blago, kao kad dijete prevarite za nešto uz pomoc bombona. U svakom slucaju, europski Jevreji nisu imali izbora, bilo je - uzmi ili ostavi.

O obecanoj domovini Jevreja piše i covjek za kojega bismo mogli pomisliti da bi mogao vjerovati u stvaranje nove domovine za

Rat Za Boga I Bosnu

njegov narod i da bi podržao takvu ideju, ali on rezolutno odbija da ima bilo šta sa državom koja nastaje na terorizmu.

Ajnštajnu se, naime, 1948. godine obratio izvršni direktor American Friends of the Fighters for the Freedom of Israel, Shepard Rifkin, s molbom da svojim autoritetom i utjecajem pomogne dobijanje finansijske potpore njegove organizacije medu americkim Jevrejima i drugim mocnim ljudima, na šta mu je Ajnštajn odgovario zapanjujuce oštro i iskreno, ali i nemilosrdno precizno.

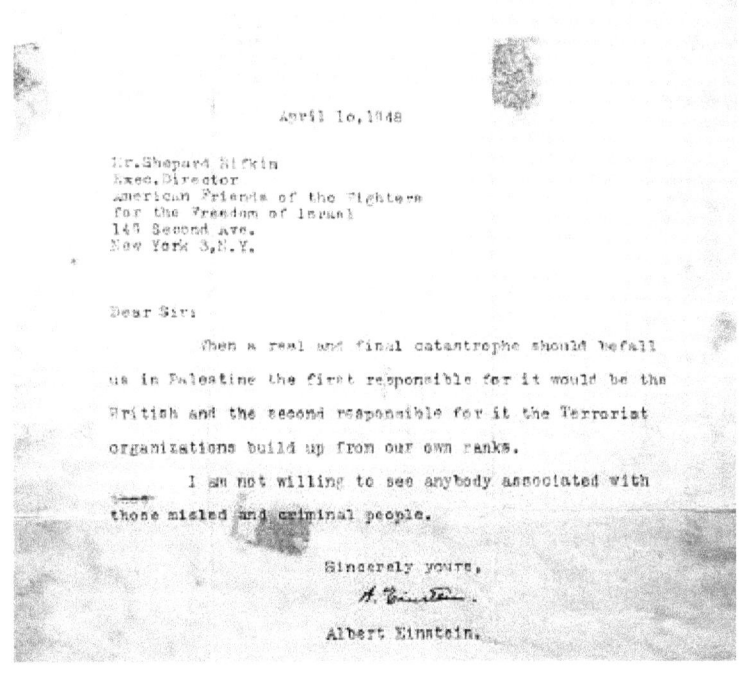

Ajnštajnov odgovor Rifkinu: „Kad nas u Palestini zadesi prava i konacna katastrofa, prvi odgovorni za to ce biti Britanci, a drugi odgovorni za to bit ce teroristicke organizacije iz naših vlastitih redova. Nisam spreman pokušati povezati bilo koga sa tim zavedenim kriminalcima."

Koljenovic

Tako je mislio Ajnštajn. Međutim, za one koji su podržali stvaranje Izraela i politiku koju su vodili u Izraelu, nije bilo drugog izbora i oni su bili svjesni toga, samim tim što su bili mozak Europe u intelektualnom smislu, njen motor za brzi razvoj. Neko bi mogao reci da to nije trebalo ignorirati. Kako god bilo, Izrael je od samog pocetka bio taj koji je imao sve što je potrebno da se pokrene narod, neko je samo trebao ukazati na to.

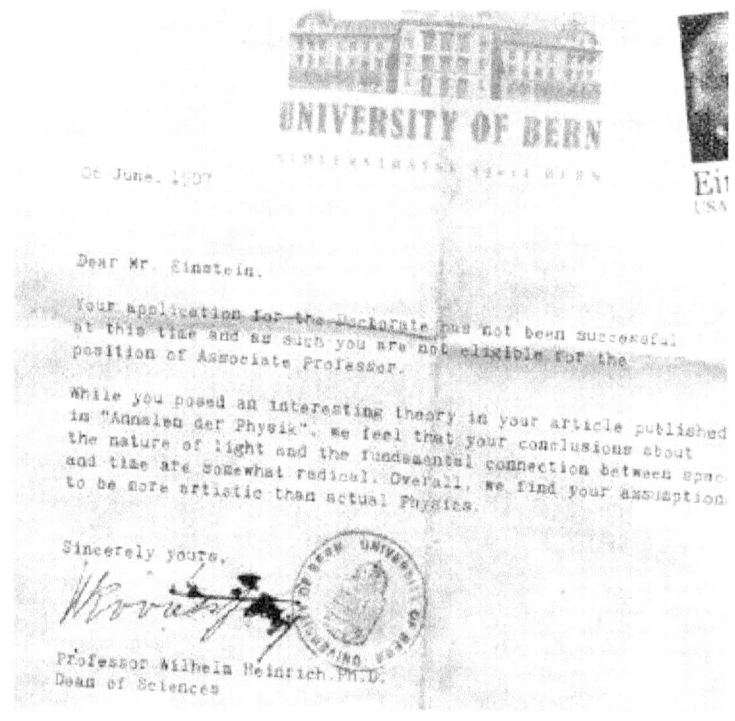

Odbijenica dr. Albertu Ajnštajnu sa University of Bern, na kojem je konkurirao za uposlenje na poziciji vanrednog profesora

Rat Za Boga I Bosnu

Izraelska vojna moc je živijela od svoje reputacije od samog pocetka borbe za domovinu, sve do 1980. Izrael je imao hrabrosti izjaviti da, ako Sovjetski Savez napadne SAD, Izrael ce stati u odbranu SAD-a. To je, bez sumnje, nezrela izjava sa izraelske strane i svojevrsna uvreda SAD-a, najmocnije nacije na Svijetu. SAD-u nije potrebno da je brane tako sicušni prijatelji. Izrael je taj koji je trebao odbranu, i SAD su to cinile kad god je trebalo, politicki, ekonomski, psihološki.

Lojalnost koju SAD pruža Izraelu velika je stvar u medunarodnim i lokalnim politickim odnosima, posebno zbog dopuštenja da Izrael posjeduje mini nuklearni arsenal, razorne bombe koje mnoge u izraelskom okruženju cine nervoznima. Time je napravljeno „prekoracenje granice" koje bi moglo imati nesagledive posljedice i za Izrael i za ostatak svijeta, što se, uostalom, dijelom vec i dogada.

Mnoge se žale: "Zašto bismo mi jahali kamile, dok oni voze automobile?" Ovom je situacijom stvoren opasan presedan i nema mjesta za previše argumenata kojima se može osporavati i drugim državama da i one steknu nuklearnu arsenal. U tom slucaju svi bismo bili na gubitku.

Neki Europljani tvrde da je Izraelu dopušteno posjedovati nuklearnu bombu radi njihove sigurnosti. Možda bi trebali pitati Benjamina Netanyahua i Shimona Peresa šta oni misle o izraelskom nuklearnom arsenalu.

Što se tice izraelskih arapskih susjeda, oni zaista ni na koji nacin nisu zabrinuti. Arapi vjeruju da je kamila još uvijek najbolje vozilo u vrijeme rata i mira, makar znaju da su mlazni lovacki avioni dostupni svugdje za gotovo bagatelnu cijenu.

Oni, doduše, jesu kupili dosta mlaznih lovaca iz cijelog svijeta. Ali, deva im je nekako još uvijek poželjnija. Ne želim nikoga uvrijediti, ali ako u kokpit mlaznog aviona stavite nedovoljno i nestrucno obucenog pilota, to vam je kao kad stavite uz klavir

Koljenovic

neuvježbanog muzicara, obojica publici izgledaju loše. Tako je i zato nastao besplatni show koji smo mogli gledati posljednjih sedamdeset godina.

Izrael je, kao što znamo, superioran nad svojim susjedima samo iz razloga koje smo upravo objasnili. Tužno je što Izrael dokazuje svoju superiornost vojskom. Bilo bi puno poželjnije i bolje za sve, da se to dešava na ekonomskom planu, to bi bio pravi izazov.

Mnoge bi se zemlje imale razloga plašiti da im je ovakav Izrael susjed; Njemacka, Italija, Rumunija, Rusija, Poljska, Srbija i cijela Europa, s izuzetkom Turske, Albanije, osmanske Bosne i Crne Gore, koji su uvijek bili pravi prijatelji Jevreja.

Zaista mnogobrojni sukobi zapadnoeuropskih država tokom povijesti utrli su put pokušaju medusobnog istrebljivanja susjeda bilo kojim sredstvima. Jevreji su uhvaceni u takvu europsku klopku gotovo pa slucajno, igrom sudbine. Jedno je vrijeme donijelo jednu usudnu politicku klimu i iznjedrilo jednog ludaka zbog kojeg su Jevreji platili visoku, najvišu cijenu za vrijeme Prvog i Drugog svjetskog rata.

Mi moramo odati poštu i ubistvu 20 milona ljudi koje je ubio Staljinov režim, i to ubistvu ponajviše vlastitih zemljaka. Europski kolaboracionisti i Sovjetska Rusija pocinili su genocid protiv covjecnosti i protiv Jevreja. Izrael je glas miliona žrtava koji ne mogu sami govoriti o sebi. To je stalni podsjetnik o zlocinu koji se možda može oprostiti, ali ne i zaboraviti.

Velika Britanija je bila ta koja je izradila nacrt podjele transkontinentalnog Jordanskog poluotoka 1912, koji je tada zaposjedala Hašemitska Kraljevina. Vladajuci kralj bio je direktni potomak Poslanika Muhammeda, siguran u svoju vladavinu Kraljevstvom Jordan, buduci da je u sukobu Britanaca i Osmanlija bio na strani Britanaca.

U nacionalnom interesu Ujedinjenog Kraljevstva (ali ne ne i Arapa) bilo je stvaranje cak 19 kraljevstva u to vrijeme, i to bez

Rat Za Boga I Bosnu

ikakvog opravdanja. Gledajuci unatrag, Britanci su sebi izborili pravo da se drže krilatice: „Zavadi pa vladaj!" Neka od tih kraljevstva bila su toliko mala da su od stanovništva imali nešto više od jedne mocne porodice zajedno sa njihovim rodacima, lokalni spoj obitelji, medutim, ona su bila veoma dobro strateški smještena, uz to sa velikim prirodnim bogatstvima.

Kad je osnovana država Izrael procijenjuje se da je bilo manje od sto hiljada Jevreja koji su živjeli u Palestini i Judeji. U samo nekoliko godina broj jevrejskih izbjeglica koji su došli iz Europe u zemlju koju je Jevrejima obecao poslanik Abraham, bio je više od milion. Stotine hiljada izbjeglica iz cijelog zapadnog svijeta slijevale su se u Izrael. Uz Britance, vodstvo Ujedinjenih naroda bilo je spremno da pomogne organiziranje židovske države.

Nije bilo nikoga s politickom voljom, ujecajem i znanjem da se zauzme za Palestinu i njene arapske starosjedioce. Britanija je, s druge strane, bila zainteresirana za rješavanje problema jevrejskog stanovništva u svojoj zemlji. Mlada kraljica Elizabeta u Buckinghamskoj palaci i premijer Churchill mogli su, ali nisu morali, vjerovati u prorocanstva, medutim, njima su Jevreji predstavljali problem.

Oni su bili riješeni da krenu u akciju, ali tada još nisu odlucili kako. Pri tome, pokušavali su da se prikažu nevinima u ocima Svijeta. Britanci su bili sigurni da ce jedan jak udarac sasjeci Libanon i Palestinu. I jeste, ali su od tada do 1936. i 1948. prošla dva mijenijuma.

Izaijino prorocanstvo o pojavi Isusa Krista, u meduvremenu se pokazalo kao tacno, kao i njegova tvrdnja da ce Isus niknuti iz Davidovog korijena. Izaijija je tako, sedam stotina godina prije njegove pojave, najavio kršcanstvo, starog neprijatelja Judeje.

Terminologija i koncept inkvizicije i dio inkvizitorske procedure u periodu izmedu 1476. i 1835. leži duboko u korijenima

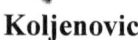
Koljenovic

svjetske historije. To je ista ona terminologija i procedura koja je primjenjivana u vrijeme pada Rimskog carstva.

Ista se stvar nastavlja tokom 18. i 19. stoljeca. Inkvizicija je najprisutnija u Španiji, rukovodena direktno kraljem i kraljicom, kako bi se pomoglo gradanskim i crkvenim vlastima da iskorijene „nevjernike" i da se zaštiti „cista vjera".

Španska inkvizicija se ipak najviše „proslavila" po otkricu Amerike 1492. godine, kada seli preko Atlanskog okeana da ureduje medu domorodackim stanovništvom i privodi ga „pravoj vjeri". Pri tome je bila nemilosrdnija i od sveštenika Maya, Azteka i Inka, koji su svojim bogovima prinosili žive ljudske žrtve, bacajuci ih u provalije, vadeci srca živim ljudskim stvorovima.

Na sve to dolaze lokalne medusobne borbe za prijestolje, a zaista masovna smrt kosi domoradacko stanovništvo bolestima donesenim preko Okeana. Haraju tuberkuloza i boginje, i dovršavaju ono što su zapoceli španski konkvistadori sa Franciscom Pizarrom na celu, uništivši cijele civilizacije.

Inkvizicija je ubijala i pljackala bogatstvo naroda zbog ekonomskih, politickih i vjerskih razloga. Španija je bila nacionalna država rodena iz vjerskih ratova kao katolicka kraljevina. Neki to mogu nazvati borbom izmedu razlicitih uvjerenja, ukljucujuci katolicanstvo, islam, protestantizam, pravoslavlje i judaizam.

Nakon krstaških ratova celnici nove kršcanske Španije tražili su nacin kako da ujedine zemlju. Jedino rješenje bilo je da se to ucini pod križem i sa jakim nacionalnim nabojem. Ferdinand i Isabella izabrali su katolicanstvo i 1478. (ili ranije) Isabella je zatražila dopuštenje od ljudi (mada sumnjam da joj je ono bilo potrebno) za pocetak rada inkvizicije, ciji je zadatak bio „cišcenje" zemlje od nepoželjnih naroda.

Nakon što je dobila blagoslov za svoju nakanu, poceli su sa protjerivanjem jevreja, muslimana, protestanata, pravoslavaca i

Rat Za Boga I Bosnu

drugih „nevjernika". Trebalo je uništiti mala višenacionalna kraljevstva i stvoriti jedinstveno katolicko kraljevstvo.

Tomas de Torquemada je 1483. izabran za glavnog inkvizitora Španije, koja je u tom trenutku zaposjedala samo kraljevstvo Granade. Teritorije Malage, Seville i Cordobe predstavljale su zid kojeg je trebalo srušiti i osvojiti ove gradove, što je bio zadatak Kralja i Kraljice, a Torquemadin je zadatak bio uspostavljanje pravila inkvizitorske procedure za stvaranje što jace i efikasije inkvizicije.

Zbog straha od islama jevrejski i kršcanski urotnici 20. stoljeca placu za kraljem Davidom cije bi vojske osvajacki marširale pustinjama Arabije. Otkuda takve želje? Zbog cega bi Izraelci zavidjeli ljudima u arabijskim pustinjama? Izuzev ako se radi o nafti, a ne devama i pijesku. Arapi koriste ucinkovitu strategiju prema kolonijalizmu, ali to na Zapadu nikada nije prolazilo dobro, ni ranije, a ni sada.

Saveznici su svaki put odgovorili celicnom šakom, što se, primjerice, dogodilo odmah nakon što su u Egiptu, Iranu i Siriji nacionalizirani prirodni resursi. Fokus je bio na Khalid el Suweis Bur Sa'id. Crveno more, Perzijski zaljev, Jordan i Izraelski zaljev Aqaba osjecali su žed za neovisnošcu i pravo na samoodredenje. U njihovoj želji za identitetom Arapina polako se rodio arapski nacionalizam.

Za zapadne saveznike gubitak kolonija bio je presudan ekonomski udarac, strateški neprihvatljiv za kolonijalizam. Zato u Londonu i Parizu odlucuju da se kolonije pod svaku cijenu moraju zadržati pod kontrolom. Medutim, dogodilo se ono što su kolonijalisti najmanje priželjkivali — politicke domine u regiji pocele su padati, a revolt protiv njih bio je u punom zamahu, bez namjere da se zaustavi.

Engleska i Francuska izgubile su Siriju, Libanon, Egipat i Suetski kanal. Kolonijalisti su te gubitke teško progutati, pa su se

Koljenovic

domislili kako je najbolje rješenje da odgovore željeznom pesnicom i na taj nacin kazne kolonije.

Pariz i London došli su do zakljucka da je religija uzrok otpora koloniziranih zemalja na Bliskom istoku, a ne socijalni uvjeti nametnuti nepravednom okupacijom i tlacenjem. Presija koju su saveznici napravili na okupirnim teritorijama rezultirala je bezvlašcem i povecanjem nezadovoljstva nacionalista prema Zapadu. Cinilo se kao da nema nacina da se zaustavi negativni domino efekt koji je uslijedio.

U mjerama odmazde stradali su mnogi miroljubivi ljudi koji su patili u logorima tzv. elitnih snaga, poput francuske Legiji stranaca, koju su sacinjavali od strane države organizirani placene ubice. Bilo je masovnih ubistava u Libiji, Alžiru, Tunisu i Maroku i Siriji.

Izgledalo je kao da su se na svjetsku pozornicu ponovo vratili srednjovjekovni krstaški ratovi, sa bolesnim pobudama pape Urbana II o uspostavi kršcanskog kraljevstva od Jerusalema do Kastilje i Aragona. Ali, ovo su bila druga vremena, bilo je to 20. stoljece, kad su pravdu po zapadnjackim kolonijama dijelile placene strane legije. Nalikovali su oni na janjicare iz Otomanskog doba, ubice Vlada Drakule i mracnjackih kultova samozvanih duhovnih voda i samoproglašenih kraljeva. Izgledalo je to kao da su se najsuroviji likovi iz svih povijesnih vremena i carstava skupili na jednom mjestu.

Cetnici koji su došli da ratuju u Bosnu imali su u Srbiji svoje porodice, ali su svejedno željeli pljackati i ubijati tude porodice. Oni nisu znali objasniti otkud im potreba za ubijanjem ljudi, umjestio da budu na strani života. U 20. stoljecu, u ratu na Balkanu, cetnici se „proslavljaju" nevidenom brutalnošcu, silovanjem i svakodnevnim ubijanjem bespomocnih žena i djece, što su u povijesti cinili i ranije u više navrata, ali tada nije bilo medija i kamera da to zabilježe. Ovoga puta je bilo. Ali, kada bi se našli u situacijama da vojnik udari

Rat Za Boga I Bosnu

na vojnika, ispostavilo se da cetnici nose suknje njihovih majki. To je pravi karakter cetnika.

Iste su takve duhovne karakteristike pripadnika francuske Legije casti, koji nisu bili ništa bolji muškarci i ratnici. Boje francuske zastave hrabro su zastupali i takozvani francuski borci za slobodu u Bosni, koji su bili olicenje vojnicke moralne posrnulosti. Bilo je to 1993. godine, u ratu u Bosni i Hercegovini, kad su Francuzi pomagali srpskim elitnim jedinicama i cetnicima u silovanjima žena i ubijanjima civila. Bila je to svakodnevna rutina tokom cetiri godine agresije na Bosnu i Hercegovinu. Za SAD su to bila moralno izazovna vremenima.

Velika Britanija i Francuska su podupirale nemoral rata u Bosni. Što nije bilo nikakvo iznenadenje. Opet su se dogadale scene od kojih je srce pucalo i koje su bile izazov za one koji su shvatili da se usred Europe s kraja 20. stoljeca još jednom dešava repriza povijesti. Mi smo 1945. mislili da je došao kraj takvim brutalnostima, ali nije bilo tako. Bosna je podsjetnik na povijest viševjekovne ljudske brutalnosti, koje su širom svijeta samo nastavljene tokom 20. stoljeca, sa velikim finalom 1992.- 1999. godine u Hrvatskoj, Bosni i na Kosovu.

Ipak, još su svježa sjecanja na 1962., na Vijetnam i francuski poraz u Indokini, kad su SAD krenule u akciju spašavanja Francuza. To nije bilo prvi put, a nece biti ni posljednji.

Englezi su, s druge strane, imali „zanimljive" kolonije, u kojima promicu demokraciju, oporezivanje i zastupanje, umjesto ratova, što je posebna vrsta demokracije na britanski nacin, kad uz korištenje željezne šake stvarate podanicki mentalitet i mir u narodu, a kraljevskim kucama dajete neku vrstu autonomije, što je bilo ucinjeno u Perziji, Indiji i Egiptu, zemljama Abrahama, Babilonu i Mezopotamiji. Arapi nisu bili spremni za takve ideje britanskog nacina uspostavljanja politickog i društvenog poretka, kakav su

Koljenovic

morali prihvatiti cak i Irci u Sjevernoj Irskoj i njihovom glavnom gradu Belfastu.

Stanovnicima zemalja kolijevki civilizacije, Egipta i Babilona, bio je sasvim stran osjecaj porobljenosti i potlacenosti nekom savremenom kolonizatoru, bila to Engleska ili neka druga zemlja. Zato je bilo samo pitanje vremena kada ce francuski i engleski kolonizatori izgubiti Egipat, što bi bio atak na njihovo dostojanstvo. Suparnici ili neprijatelji iz srednjeg vijeka, Engleska i Francuska su sada imali dilemu kako da zadrže svoje kolonije.

Povijesno gledano, Francuzi nikada nisu stekli neko posebno poštovanje kod Engleza; mada su i jedni i drugi dobivali i gubili medusobne ratove. U 11. stoljecu Normandija i Bretanja su pale u vazalni odnos Engleske, a mnogo kasnije Francuzi gube i Kvebek u Kanadi, što je bilo veliko poniženje za Francusku.

Tek u Prvom i Drugom svjetskom ratu ove su dvije zemlje došle u priliku da prvi put zajedno rataju protiv zajednickog neprijatelja, suprotstavivši se ujedinjenoj germanskoj agresiji. Bilo je i islamskih planova da se u Sjevernoj Africi pobijedi generala Ramosa, ali je to bilo lakše zamisliti i isplanirati, nego i uciniti na terenu.

Njemacki snovi o 1000-godišnjoj nacistickoj imperiji glavni su uzrok Drugog svjetskog rata, pred koji su Hitler, Franco, Mussolini, Hirohito i Staljin potpisali tajni sporazum „Cetiri plus", pri cemu je svaki od ucesnika imao plan o vlastitoj vladavini svijetom.

Medutim, kad narod shvati da se Svijet nalazi na putu propasti, onda normalni ljudi pokušavaju sprijeciti tragediju. Evo jednog pisma koje svjedoci o tome.

Rat Za Boga I Bosnu

```
                              As at Wardha
                              C.P.
                              India.
                              23.7.'39.

Dear friend,

    Friends have been urging me to write to you for the sake
of humanity. But I have resisted their request, because of
the feeling that any letter from me would be an impertinence.
Something tells me that I must not calculate and that I must
make my appeal for whatever it may be worth.

    It is quite clear that you are today the one person in
the world who can prevent a war which may reduce humanity to
the savage state. Must you pay that price for an object
however worthy it may appear to you to be ? Will you listen to
the appeal of one who has deliberately shunned the method of
war not without considerable success? Any way I anticipate
your forgiveness, if I have erred in writing to you.

Herr Hitler
Berlin                              I remain,
Germany.
                              Your sincere friend
                              M.K.Gandhi
```

Indijski politicar 1939. piše Hitleru i apelira na njega, kao na trenutno najmocnijeg covjeka u Svijetu, da u ime humanosti poduzme sve što može protiv širenja ratnog požara

Koljenovic

```
S P E C I A L    O R D E R.
         BY
    COLONEL G.O. GULLIVER,
COMMANDING TROOPS, SIERRA LEONE.                    NOT TO BE
                                                    PUBLISHED.

                                                    FREETOWN.
                                            3rd September, 1939.
-----------------------------------------------------------------

SPECIAL ORDER OF THE DAY.

        Notification has been received that WAR has
broken out with GERMANY.   The Officer Commanding the
Troops has full confidence that all ranks, both British
and African, of the Garrison will respond cheerfully to
all calls made upon them.


                            (SD)  M.J.B. BURNETT,
                                         CAPTAIN,
                                   GENERAL STAFF,
                                    SIERRA LEONE.
```

Rat je Europi 1939. vec poceo, kad je Vrhovni štab Britanske armije obavijestio o tome svoje trupe u Sierra Leoneu u Africi. Ovaj dokument samo je jedan od dokaza uzaludnog nadanja onih koji su vjerovali da rata nece biti, medu kojima je i indijski politicar naveden u prethodnom pismu

Sporazum Hitlera i Staljina bio je kratkog vijeka. Operacijom Barbarossa zapocela je njemacka invazija na Sovjetski Savez juna 1941. Staljin se odmah pridružio saveznicima, Francuskoj i Velikoj Britaniji. Jedina pametna stvar koja se u takvim prilikama može uciniji je ostvariti jedinstvo u ratu, što se potvrdilo i 1945. po završetku Drugog svjetskog rata. Jedna od znacajnih posljedica

Rat Za Boga I Bosnu

takvog jedinstva i sloge je uspostava države Izrael, jedine neislamske države u regiji.

Nakon pomnog planiranja kako iskorijeniti Jevreje iz Europe i poslati ih natrag u Palestinu, te završetka Drugog svjetskog rata, taj strateški plan je, kako je vec receno, 1948. godine realiziran. Izrael je svojim glavnim mentorima i pomagacima, Englezima i Francuzima, u zamjenu ponudio uporište za kontrolu regije koju su bili upravo izgubili, u nekom smislu cineci politicki potez koji bi se mogao tretirati kao svojevrsni novi krstaški rat i nova bitka za Manzikert u Seldžuckom zaljevu.

Velika Britanija i Francuska igrale bi u tom slucaju ulogu pape Urbana II od skoro deset stoljeca ranije, kada je taj papa pozvao kršcanske vjernike u sveti krstaški rat radi ispunjenja prorocanstva o oslobadanju Isusovog groba.

Priznanje Izraela kao suverene države, practicno je uvelo u rat sve arapske države. Oni su stvaranje Izraela shvatili kao izdaju prema cijelom Srednjem istoku. Osmansko carstvo poraženo je 1912. godine. Možda cemo jednoga dana analizirati slicnosti raspada Sovjetskog Saveza, koji doduše nije prethodno poražen u ratu.

Arapi sa Bliskog istoka pomagali su saveznicima da zadrže snage mladog turskog vode Mustafe Kemala Ataturka, koji je saveznike porazio na Bosforu i Mramornom moru. Ataturk je kao simbol nove države, Republike Turske, prihvatio polumjesec, zbog bizantijske legende koja govori o tome da je u trenutku bizantijske pobjede nad Filipom Makedonskim zastava bila u obliku polumjeseca, pa je Ataturk, još u toku rata odabrao polumjesec za nacionalni simbol, koji je stajao na ratnoj zastavi, gdje je ostao i na mirnodopskoj.

I danas odzvanjaju rijeci Dzafer-paše Koljenovica izrecene 1883. godine. Tada je Džafer-paša rekao da je Bliski istok ostao bez sjemena: „Nema mladih stabala koja bi davala voce na kraju

sezone", kazao je Džafer-paša, što je znacilo da tada nisu bile izrasle vode koje bi bliskoistocne narode povele u bolju buducnost.

Kad je Naseru i njegovoj armiji nanesen veliki poraz, ponovo od izraelsko-jevrejskih obrambenih snaga IDF-a, najveci dio Svijeta bio je iznenaden i obradovan. Ogromna arapska vojska nije imala svojih fanova. Egipatska Vlada je blokirala Sueski kanal za ulazak francuskih i engleskih brodova, a Izrael je objavio rat Egiptu.

Izrael je bio naoružan do zuba. Ko ne voli pobjednike? To je bio izraelski trenutak slave biblijskih razmjera. To je bio poraz faraona Nasera, koji je sada bio suocen sa moci zapadnoga svijeta. Vatikan je bio uzdržan oko izraelske pobjede i angažmana u ratu, što je Izraelu mnogo znacilo. Svi su bili oprezni i pokušavali ne uvrijediti Arape, mada su upravo slavili izraelsku pobjedu, od Europljana i americkih Jevreja, do ostatka svijeta, koji je davao bezuvjetnu podršku Izraelu.

Povijesne veze izmedu dvaju naroda, muslimanskog i jevrejskog, su izblijedjele. Cinilo se kao da je svako zaboravio ko su bili braca po oružju u dobrim i lošim vremenima, ko je jevrejskom narodu pružio sigurno hiljadugodšnje utočište, zaštitivši tako Jevreje od svih tragedija i muka, pa tako sve do 1948. godine i stvaranja Izraela.

To je bio muslimanski svijet. Odjednom su muslimani i islam postali najveci neprijatelji jevrejske države i židovskog naroda. Dobro je istaknuti da Hitler nije bio musliman; da Staljin nije bio musliman, a da Victoria i Velika Britanija nisu islamske. De Gaulle iz Francuske, Franco iz Španije, poljska vlada sa Felicjanom Slawojem i Edwardom Osobkaom (1936-1945) nisu bili muslimani, nego katolici. Srbija i Bugarska nisu muslimanski, a nisu prijatelji Izraela.

Samo Amerika može promijeniti pravac vjetra koji sada puše u korist Izraela. Islam nije neprijatelj židovskog naroda i jevrejske države. Ja sam oduvijek i skoro u svakoj situaciji podržavao

Rat Za Boga I Bosnu

jevrejski narod. Njihova borba je bila i ostala moralno opravdana u želji da imaju svoju domovinu, ali to se ne smije ostvarivati na štetu drugih ljudskih bica, u ovom slucaju njihove palestinske brace.

Britansci i Francuzi, ova dva stara rivala i povijesni neprijatelji, saradivali su jedni s drugima kada je god to bilo potrebno. Tako su zajedno otišli ratovati u dva svjetska rata, bez obzira što nije bilo ljubavi izmedu Francuza i Engleza i što su bili rivali u mnogim ranijim ratovima. U americkom gradanskom ratu Francuzi i Englezi bili su na suprotnoj strani, boreci se medusobom za kolonijalnu prevlast, ali su marširali zajedno protiv osmanskih Turaka.

Povijesno je poznato da kršcani u vremenima ratnih kriza i stradanja Jevreja u Europi 1939 - 1945. nisu branili Jevreje od sila zla u Njemackoj i plinskih komora u Poljskoj. Crkva nije htjela braniti nikoga, jer su mjere odmazde SS-a bile strašne.

Tako su mnogi Židovi koji su preživjeli Hitlerova ubistva emigrirali u islamske zemlje, a kršcani se tek moraju otkupiti za dramu i tragedije holokausta, kao i za prljavu politiku koja je zagadila odnose izmedu islama i judaizma nakon 1933. i 1939.

Americka je vojska oslobodila koncentracijski logor Auschwitz 11. aprila 1945. godine. Tako su Amerikanci dobili priliku poljubiti i podici na noge ono što je ostalo od mojih rodaka Jevreja, promijenjenih u srcu, spremnih još jednom stati zajedno i uspostaviti svoju nacionalnu neislamsku državu u srcu islamskog svijeta.

Osnivanje Izraela obezbijedilo je Europljanima uporište za kontrolu regije preko nove suverene države, koja je donijela rat svim Arapima. Tada je Naser zatvorio svoja vrata i napravio jedini pametan izbor koji mu je preostao.

Engleska i Francuska imaju naviku ubijanja bika za jedan komad mesa, pa su se Arapi osjecali baš tako, kao bik koji se kolje

Koljenovic

za engleske i francuske interese i potrebe. Sjecanja na 1918. su svježa. Tada su donesena klasicna kolonijalna pravila upravljanja volanom u pogrešnom smjeru koji uvijek vodi u rat.

Svijet u miru bio bi sasvim drugaciji od Svijeta koji živi u ratu posljednjih 200 godina. Ukoliko želimo marširati naprijed, ne smijemo dopustiti da loša politika i religija vrate covjecanstvo u mracni srednji vijek.

Stvarnost koju imamo danas, nažalost, sve je neizvjesnija i krvavija, a najveci dio svijeta umotan je u zastave religije, koje covjecanstvu nisu donijele nikakvu korist i nikakvo dobro.

U nadi za bolje sutra za moju kcerku Nadiru Medinu, koja ce jednoga dana postati ljekar, jednom sam joj rekao: "Nauka nam je dala slobodu, moc i znanje, kao i pregršt prilika da cinimo dobro širom svijeta, da spašavamo živote najsavremenijim tehnologijama, bez obzira na rasu, vjeru ili religiju, a mi se sada suocavamo sa prijetnjom u našem napredovanju, sa prijetnjom fanaticnih vjernika koji traže da se vratimo u svijet i u stanje hijerarhijskog vjerskog pokoravanja."

Poslanik Muhamed je rekao: "Vjera je ono što se nalazi usrcu i potvrduje djelo." Doista, djela govore glasnije od rijeci, što je suština misije i covjecanstva i pojedinca. Odnos s Bogom treba biti osobno putovanje u cilju obogacivanja i postizanja srece kroz vjeru u porodicu, društvo i državu, a ne vijadukt preko kojeg se muce i sude druga ljudska bica s kojima dijelimo naš svijet.

Arapi su bili šokirani stalnim povecanjem broja imigranata u Palestinu i sve veceg odvajanja Jevreja i Arapa. Bila je to dugorocna ali sigurna izdaja od strane velikih sila 1912. godine. Arapska radost zbog oslobodenja od vladavine poraženog Osmanskog carstva bila je kratkog vijeka.

Rat Za Boga I Bosnu

Prije nego što su krenuli slati svoje sunarodnike u Palestinu, engleski Jevreji su tražili od posljednjeg osmanskog sultana Hamida da Jevrejima pokloni Palestinu, na šta im je on odgovorio da Palestina nije njegova i da je ne može nikome poklanjati

Staro i umorno Osmansko carstvo je otišlo. Slijedila je duga borba za slobodu Arapa od novog okupatora sa Zapada, koji ih je u vlastitoj domovini stavio u poziciju građana drugog reda, bez nade u slobodu, bez škole, bez bogatstva prirodnih resursa i ukradenih ili uništenih antikviteta. S obzirom na dramaticnost trenutka nakon oslobađanja od Osmanlija, Saudijcma, Iracanima, Egipcanima, Sirijcima i građanima zemalja Perzijskog zaljeva sigurno je bilo

Koljenovic

zanimljivo da ucestvuju u pomaganju saveznickim snagama da zaustave napredovanje mlade turske vojske pod komandom Ataturka, a još vece razocarenje kad su shvatili kome pomažu.

Sukob kultura bio je zapreka koju Zapad nije mogao prevazici. Arapi su unutar Osmanskog carstva bili ravnopravni gradani Imperije, sa slobodom religije za svakoga i za svaku vjeru. Zapadni kolonizatori nametnuli su drugacija pravila života od onih koja su vladala u vrijeme Osmanske imperije. Europljani nisu imali ništa zajednicko sa lokalnim konvencionalnim moralom, pravilima ili društvenim ponašanjem koje je uobicajeno u odnosima Arapa jednih prema drugima. Za Arape je to bio povratak na pocetnu tacku od pet stoljeca unatrag. Bilo je to bolno i ružno saznanje, ali povratka na život kakav su imali pod osmanskom Turskom više nije bilo.

Prve sjemenke za krvavi terorizam posadene su u iducem stoljecu. Naserovi pregovori su prekinuti, a egipatska vlada je blokirala Sueski kanal za engleske i francuske brodove. Izrael je bio do zuba naoružan za napad na Egipat. Amerika se usprotivila i zahtijevala povlacenje stranih vojnika iz Egipta. Americki predsjednik je rekao Francuskoj i Velikoj Britaniji da se odmah povuku. Oni su to i ucinili, ali Francuska je u meduvremenu naoružala Izrael sa stotinama borbenih aviona tipa „miraž". To je bila prekretnica superiornosti u ratu. A novi odnos snaga, kako smo vec rekli, promijenio je osjecaje nejevrejskih Europljana i Amerikanaca prema Jevrejima širom svijeta u korist jevrejskih invazionista. Cinilo se kao da su svi zaboravili ko je uvijek štitio prava jevrejskog naroda i njihovih institucija kako bi im se pomoglo da ocuvaju svoje tradicije i kulturu do presudne 1948. godine.

Crkva je bila ta koja je imala tradicionalno neprijateljski stav prema Jevrejima 1178. i 1215, Venecija 1516, Engleska 1291, Francuska 1394 i Španija 1492. Osmanlije, turska Anadolia, Albanija i Bosna, bili su i ostali nebeski svijet za Jevreje. A onda,

Rat Za Boga I Bosnu

odjednom, islam je postao najveci neprijatelj židovske vjere i jevrejskog naroda.

Ocito, ljudi opcenito imaju gubitak pamcenja. Neki, s druge strane, nemaju povijesnog ili politickog znanja. Ali, sve je to isto; jednostavno nebriga za nacin na koji svijet funkcionira. Dobro je znati šta je to što cini da casovnik kaže „tik - tak" i od cega je sat napravljen.

Islam nije neprijatelj Jevreja i Izraela. Neprijatelji su glad i politika. Muslimani su uvijek podržavali Jevreje i njihove potrebe. Oni su imali moralno pravo da se bore za svoj dom, ali ne na štetu drugih, u ovom slucaju Palestinaca.

Ono što je nerješiva zagonetka jeste kako riješiti problem ove nekretnine od zrna zemljišta. Problem Jeruzalema je bio i ostao pripajanje palestinske zemlje Izraelu. To je znacilo rat, jer Palestinci nisu imali kamo otici. Sa sirijskim i libanskim vlastima je dogovoreno da palestinske izbjeglice bez državljanstva mogu ici u Liban ili Jordan, što je bio pocetak palestinske tragicne sage.

To je oznacilo rodenje teroristickih i samoubilackih napada, koje je odreda blagosiljao Yasser Arafat. Od te crne nedjelje u Jordanu krv nije prestala teci. Nije bilo mira u Izraelu, a ni doma za milon ili više Palestinaca.

U ratu 1962. godine Izrael je okupirao područja Gaze i Zapadne obale. Od tog trenutka ostatak svijeta živi u strahu, a Izraelci razvijaju i usavršavanju sigurnosne mjere koje su vec naucili u svome tragicnom iskustvu tokom Hitlerovog genocidnog pohoda na njemacke i europske Jevreje.

Krenulo se sa bezocnim kršenjem ljudskih prava nad Palestincima i osudama bez saslušanja i dokazane krivice. Izraelci su od područja Gaze nacinili najveci zatvorenicki logor u ljudskoj povijeti, primjenjujuci taktiku brutalnosti, mucenja, nasilnih iseljenja, oduzimanja domova, poslovnih objekata i prostora,

Koljenovic

beskrajnih hapšenja i pucnjave po nenaoružanim Palestincima koji su se mecima suprotstavljali gadajuci izraelske vojnike kamenjem.

Mora da je veliki kompliment pripadati „izabranom narodu", ali ta pozicija u koju su Jevreji duboko ubijedeni, ne bi smjela biti opravdanje da se Izraelci ponašaju kao razmažena djeca. Izazivanjem osjecaja paranoje i nesigurnosti, izraelska vlada je nad Palestincima možda nenamjerno pocela koristiti iste metode progona koje je nad njima koristila nacisticka Njemacka, žigosanjem ljudi brojevima utetoviranim u kožu, kao što se registarskim tablicama oznacavaju automobili. To je krajnje nemoralno, tim više što slicne stvari danas cine Jevreji, koji su svoje bolno iskustvo krenuli primjenjivati nad drugima.

Rušenje palestinskih kuca buldožerima, neselektivnim granatiranjem palestinskog naroda i drugim zlodjelima Izraelci su rasplamsali duhove mladih Palestinaca koji su postali bombaši-samoubice, nimalo ne žaleci svojih života. Omiljeni komentar zapadnih medija je da muslimanske samoubice vjeruju da ce za ubistvo kršcana ili izraelskih Jevreja ici u Raj, gdje svakog od njih ceka dvadeset ili možda sedamdeset djevica. Gluposti! Bombaši-samoubice su zapravo vrlo svjesni uloga i gubitka, a tu je rijec o brojevima, a ne o djevicama. Rijec je, takoder, o ideologiji, a ne nagradivanju u Raju. Pitate se o mladim bombašima-samoubicama djevojkama. Da li i njih u Raju ceka nagrada kakva se pripisuje mladicima, ali u ovom slucaju nevinim mladicima?

Evo pisma „njegovog velicanstva" predsjednika SAD-a Franklina D. Roosevelta njegovim borcima:

Rat Za Boga I Bosnu

```
THE WHITE HOUSE
       WASHINGTON

                    January 25, 1941

To the Armed Forces:

       As Commander-in-Chief I take
pleasure in commending the reading
of the Bible to all who serve in the
armed forces of the United States.
Throughout the centuries men of many
faiths and diverse origins have
found in the Sacred Book words of
wisdom, counsel and inspiration.
It is a fountain of strength and
now, as always, an aid in attaining
the highest aspirations of the
human soul.

              Very sincerely yours,

              Franklin D. Roosevelt.
```

Pismo preporuke americkog predsjednika Franklina D. Roosevelta iz 1941. godine u kojemu svim pripadnicima Americke vojske preporucuje redovno citanje Biblije kao trajne životne i duhovne inspiracije

Koljenovic

> December 22nd 1944.
>
> To the U.S.A. Commander of the encircled town of Bastogne.
>
> The fortune of war is changing. This time the U.S.A. Forces in and near Bastogne have been encircled by strong German armored units. More German armored units have crossed the river Ourthe near Ortheuville, have taken Marche and reached St. Hubert by passing through Hompre-Sibret-Tillet. Libramont is in German hands.
>
> There is only one possibility to save the encircled U.S.A. troops from total annihilation: that is the honorable surrender of the encircled town. In order to think it over a term of two hours will be granted beginning with the presentation of this note.
>
> If this proposal should be rejected one German Artillery Corps and six heavy A. A. Battalions are ready to annihilate the U.S.A. troops in and near Bastogne. The order for firing will be given immediately after this two hours' term.
>
> All the serious civilian losses caused by this artillery fire would not correspond with the wellknown American humanity.
>
> The German Commander

LETTER, SKIN, (SECOND COPY) OF REQUEST TO SURRENDER BASTOGNE TO THE GERMANS DATED 22 DEC 1944

Nakon velikog poraza americkih trupa na granici Francuske i Njemacke 1944. godine, njemacki komandant zahtijeva od americkog komandanta da se preda ili ce biti totalno uništen. Sedam dana kasnije Amerikanci su krenuli u protivnapad i katastrofalno potukli njemacku armiju u bici koja je bila presudna za pad Hitlerove Njemacke. Vjerujem da americki vojnici motiv za svoje hrabro držanje nisu pronašli u preporuci svoga predsjednika Roosevelta, nego u tome što su znali za šta se bore i šta ce izgubiti

Rat Za Boga I Bosnu

ako ne pobijede. Baš kao što se dogodilo sa Bošnjacima tokom agresije na Bosnu i Hercegovinu 1992.-1995, koji su sve vrijeme rata znali šta bi im donio poraz, a šta ce im donijeti pobjeda

Pitam se u šta su vjerovali i o kakvom su nebu maštali oni kršcani koji su od 1941. do 1945. godine ubili milione Jevreja u plinskim komorama. Islam ima cisto srce, jer on propovijeda da nema nikakvih djevica ili slave u masovnim ubistvima.

Svako ko smatra da je bilo koja osoba odlucna dati svoj život zbog nekog vlastitog interesa koji ga ceka u Raju ili pak iz ideoloških ili vjerskih razloga, zapravo ne razumijeva stvar, jer takva osoba ne traži nikakve nagrade za sebe, nego djeluje sa stanovišta postizanja unutrašnjeg mira uskracenog joj nekom nepravdom. Mnogi ljudi tokom svog života rade pobožna djela kako bi drugim ljudima koji su se našli u velikoj nevolji ili smrtnoj bolesti uljepšali posljednje dane. Mnogi su ljudi, opet,

svojim radom i djelom pokušavali pomoci citavim narodima i pri tome nisu ocekivali ništa zauzvrat, jednostavno zbog toga što su vjerovali u ono što rade i u ideale zbog kojih to rade.

Pri tome, važno je razumjeti zašto se žrtvujete i narocito da ne smijete namjerno žrtvovati svoj život, jer tada više necete biti u mogucnosti da ponovite vaše žrvovanje sljedeci dan. To je pouka koje je svjestan svako ko posjeduje zdrav razum..

Koljenovic

Potpisivanje kapitulacije Japana na americkom ratnom brodu Missouri na Pacifiku jula 1946.

Rat Za Boga I Bosnu

ORDER OF THE DAY
by GENERAL SIR THOMAS BLAMEY,
Commander-in-Chief

Advanced LHQ, Borneo,
15th August, 1945.

SURRENDER OF JAPANESE.

The Japanese have surrendered.
Our long and arduous struggle has ended in complete victory.
The climax has come at the time when all six Australian Divisions are fighting strenuously, each on its own area, in the far flung battle lines. No divisions amongst the Allies have contributed more to the downfall of our enemies than ours.
Our general officers and our commanders of all grades, our regimental officers and our warrant and non-commissioned officers have led you unfalteringly to victory. Under their guidance, the troops have been formed into a magnificent army to the pride and glory of Australia.
We have fought through the burning days and freezing nights of the desert. We have fought through the ooze and sweat of tropical jungles. We have defeated the Italians and the Germans and we would soon have destroyed completely the Japanese before us.
We are now to go to our homes, having done our part in ensuring freedom for all peoples. We will not forget this freedom, for which we have fought so long and successfully, and we let us stand together in future years to ensure that it remains the crowning heritage of Australian people. Above all, we give thanks to the Almighty for His greatest and crowning mercy that marks for all people the total downfall of tyranny.

General,
Commander-in-Chief,
AUSTRALIAN MILITARY FORCES.

Komanda Australskih vojnih snaga obavještava svoje pacifičke trupe da je Japan potpisao bezuslovnu kapitulaciju i da je rat završen

Koljenovic

Autor sa svojim dugogodišnjim prijeteljem Carlom Reismanom, Jevrejom i covjekom kakvi Svijetu nasušno nedostaju. Fotografija je napravljena na proslavi 100-godišnjice Carlovog rodenja. Karl je ucestvovao u ratu na Pacifiku od prvoga do posljedljeg dana i na kraju imao cast da dovede japanskog cara Hirohita na americki ratni brod da potpiše kapitulaciju Japana.

Vojna legitimcija comodora Carla Reismana u autorovoj ruci

Rat Za Boga I Bosnu

Vratimo se samoubicama. U bici na Kosovu 1389., nakon koje je Osmansko carstvo krenulo u osvajanje balkanskih zemalja, zabilježena je neka vrsta istovremenog ubistva i samoubistva. Srbin Miloš Obilic se pretvarao da želi dezertirati i pridružiti se turskim snagama. Kad su ga doveli pred sultana Murata, Obilic je izvukao skriveni bodež i ubio sultana udarcem noža u srce. Obilic je odmah ubijen od sultanovih tjelohranitelja.

Kao što su to radili japanski samuraji u 6. stoljecu, tako su i ruski revolucionari 1917. koristili bombaše samoubice da se oslobode carske brutalnosti, smatrajuci da žive pod vlašcu tiranina koji nepravedno i bespravno vlada njihovim životima. Ruski revolucionari vjerovli su da ce biti blagoslovljeni od strane komunista jer su žrtvovali svoje živote za opce dobro. Kakva god bila istina, potrebno je reci da je bitna razlika u tome da li povrjedujete sebe ili povrjedujete i drugoga, iz razloga poznatog samo njoj ili njemu.

Zapravo je nevažno šta oni misle. Ono što je povijesno važno znati jeste da su bombaši samoubice cesto vrlo posveceni idejama i zbog toga oni ne slijede nikoga, nego ideje. To je triježnjenje. Ideja i ideologija terorista je da teroriziraju mase, odbijajuci da sa drugima podijele ovozemaljsku ljudsku bijedu. Terorizam je mikro bakterija koja se ne može potpuno eliminirati. To zahtijeva poseban tretman, kako ne bi nekontrolirano rastao i narastao. Lijecenje terorizma slicno je lijecenju raka i odstranjivanju malignog dijela operativnim zahvatom, dakle potrebno ga je na vrijeme otkriti i efikasno odstraniti.

Problem je u tome, medutim, što terorizam možete samo kontrolirati, ali ne i pobijediti. Mi citavu našu ljudsku povijest živimo sa terizmom, on je oduvijek s nama, i Svijet se oduvijek bavio tim problemom. Da biste bili bombaš-samoubica i bili u mogucnosti raznijeti se u autobusu ili školi ili u restoranu u središtu Jeruzalema, vi morate biti vrlo duboko uvjereni da se radi o cinu od najviše moralne vrijednosti, bez obzira o kojoj je vrijednosti rijec. Dakle, tu nije u pitanju slava.

Koljenovic

I muslimanska su svetišta medu ciljevima teroristickih napada. Kad muslimanski terorist takvu stvar ucini u ime svoga naroda, svoje rase, njihove religijske ideologije ili Boga, vrlo je teško reci da li je to moralno ili nemoralno. To je, medutim, žrtvovanje koje se poštuje u mnogim kulturama i zemljama.

Jesu li japanske kamikaze, piloti samoubice ispranog mozga koji se penju u svoje „baka" bombardere ili minijaturne podmornice i voze se do Havaja da brane svoju domovinu i svoj narod od osvajanja - psihopati? Jesu li sami sebe ubijali u stotinama da bi dobiti jednu kabuki djevicu ili više njih?

Tragicno je to što jedan mladi covjek ili mlada djevojka mora izvršiti samoubistvo i pri tome ubiti i druge ljude zajedno sa sobom, kako bi nekome pokušao prenijeti neku vrstu poruke, neku svoju želju za koju želi da je neko cuje, da osvoji neciju pažnju ili da je neko konacno shvati.

Samoobmana je misliti da oni nisu ništa drugo nego fanaticni psihopati. Biti spreman da kao mlada osoba dobrovoljno date svoj život za svoju zemlju i dom, za nastavak nacina života na koji su vaši zemljaci navikli, obezbijediti im da u nekoj situaciji ne budu poniženi, nego i dalje poštovni..., takvo „samoubistvo" se smatra poželjnom žrtvom i velikim junaštvom i u Sjedinjenim Americkim Državama, što se, uostalom, najbolje vidi iz rijeci Nathana Halea, koji je izjavio: "Žao mi je što imajam samo jedan život da ga dam za svoju zemlju". To je užasno tragicno, ali je ipak teško nazvati te momke koji daju život za svoju zemlju, zlim ili bezumnim.

U meduvremenu, sva ova ubijanja i otimanja unutar i izvan Izraela i Palestine pružili su neprijateljima Bliskog istoka u Svijetu opravdanje za odbojnost prema Palestincima i pojedinim arapskim regijama. To su veoma dobro iskoristili takozvani prijatelji Izraela, specijalizirani za propagandnu mašineriju koja funkcionira od nekog vremena i savršeno dobro djeluje po cijelome svijetu.

Rat Za Boga I Bosnu

Sve to vrijeme dok su se arapske zemlje medusobno svadale o tome kako da Palestince vrate u njihovu zemlju, Izrael je stvarao cvrsta prijateljstava i nove saveznike, medu kojima su najznacajniji saveznik Sjedinjene Americke Države.

Prije stvaranja neke vrste saveza izmedu Izraela i SAD-a, predsjednik Egipta Nasser se trajno odrekao ideje islamske verzije komunizma i takozvanog islamskog socijalizma, što bi neminovno dovelo do prekidanja saveznika sa komunistickim Sovjetskim blokom.

Sjedinjene Države obecale su Egiptu pružiti svaku privrednu i vojnu pomoc koju zatraže. Isto je to ponudeno šahu Irana, koji je to prihvatio. U svojoj bahatosti predsjednik Naser i njegova vlada bez dileme su odbili ponudu Sjedinjenih Americkih Država. Predsjednik Nasser je kasnije u životu veoma žalio zbog ove svoje odluke, jer je Egipat, zajedno sa Rusijom, otišao dodavola.

Sirija se, takoder, udaljila od arapske unije, kao jedna od karika u lancu zemalja u Sjevernoj Africi razocaranih putem kojim je ova unija krenula. Nakon što je pukovnik Gadafi zauzeo poziciju predsjednika države, Libija je postala socijalisticka država uredena po jugoslavenskom politickom i društvenom modelu.

Tito je i ovdje uspješno odigrao ulogu nastavnika, ovoga puta Gaddafijevog i njegove vlade. Jedna od prvih Gadafijevih strateških odluka bila je da Sjedinjene Države isele svoje vojne baze iz Benghazija.

Jugoslavija i Sovjetski Savez pokupili su Gadafijevu Libiju tamo gdje su je SAD, Britanija i Francuska ispustili. Uz islamsku verziju socijalizma nacionalizam je u Libiji sve više rastao. Nakon pada Gadafija, obratom njegove sudbine, americki predsjednik Obama je vjerovatno odmah izdejstovao povratak americkih aviona u stare vojne baze, a još jedno krvavo poglavlje u povijesti Arapa zatvoreno je Gaddafijevom smrcu. Izgleda da je Gadafijeva odluka

Koljenovic

da slijedi Titovu Jugoslaviju za njegovu državu bila prokletstvo, jer je na kraju i završila poput Jugoslavije.

Promjena u Kremlju pomogla je da se ublaže hladnoratovski odnosi, a potaknula je i mnoge države u regiji da naprave nove politicke i vojne veze sa Rusijom. S blagoslovom SSSR-a Libija je postala leglo svjetskog terorizma.

Svijet je, doduše, bio i ostao talac brojnih teroristickih skupina, pri cemu nikako ne treba zaboraviti PLO. Izrael je imao izazov zaustavljanja civilnih napada, ubijanja i drugih užasavajuci dogadaja koji su prešli preko ove države, kao što je masakr u martu 1978. godine, kad su mnoga djeca ubijena. To je bilo presudno za donošenje odluke o Sharonovoj invaziji Libana, koja je bila potpuna greška, a prvi korak Yassera Arafata bio je da se vrati kuci u Palestinu. U izraelskoj operaciji u Libanu ubijeno je oko 35.000 Libanaca i Palestinaca.

Washington je podržavao izraelsku invaziju na Liban u nadi da ce vratiti Siriju kuci. Umjesto toga, izvršena su 1.983 bombardiranja vojnih logora, a ubijeno gotovo tri stotine Amerikanaca i više od dvije stotine Francuza. Odgovor je uslijedio plotunima ispaljivanim sa ratnog broda USS New Jersey na Liban 14. i 15. decembra. Nakon pregovora od 3. januara 1984. godine, na predsjednika SAD-a Ronalda Reagana izvršen je pritisak od strane Kongresa za povlacenje iz Libana, da bi pritisak bio povecan nakon što su libanski premijer i njegova vlada podnijeli ostavku. Šijitske i druske (Druzi) milicije pocele su borbe izvan Bejruta. Glavni grad bio je u haosu, a Reagan je 7. februara naredio povlacenje 1.700 marinaca.

Sljedeci dan USS New Jersey opet je bio pozvan da djeluje, ovoga puta protiv Sirije, na druska mjesta u dolini Beka. Tokom ovoga mornarickog granatiranja "Big J" je djelovao 288 puta, ispalivši svaki put po 16 projektila.

Rat Za Boga I Bosnu

U trideset navrata ciljano je sirijsko komandno mjesto, pri cemu je smrtno stradao glavni zapovjednik sirijskih snaga u Libanu i nekoliko njegovih viših oficira. Prvo su se sa položaja izvukli Talijani, a 26. februara slijedili su ih americki marinci. Posljednji francuski vojnici napustili su zaraceno podrucje 31. marta. Washington je promovirao Izrael kao pit-bula, cuvara Sredozemnog mora.

Kenedi je 1962. godine obecao da ce pomoci izraelsko stanovništvo sa 2 milijarde dolara godišnje, a u Izraelu cak ni 1970. godine nije bilo puna 2 miliona stanovnika. Iznenadno budenje Izraela izglealo je kao budenje duha iz Aladdinove lampe u pustinji. Kad je izbacio cep i izašao, ovaj je duh nosio odjecu Ujaka Sama, a americki orao pazio je na Davidovu zvijezdu i novorodenu državu Izrael, štiteci ga od tzv. teroristicke prijetnje muslimanskog svijeta, kao da su muslimani samo cekali svoj red da podu Hitlerovim i stopama drugih mentalnih bolesnika koji su s vremena na vrijeme vodili najvece europske države.

Nešto takvo ne postoji u umu ijednog muslimana. Kao braci i rodacima po Ruth, njima je zabranjeno misliti drugacije nego najbolje za sve ljude. Jevrejska zajednica u SAD-u zgrabila je priliku koju su uocili, da je u našoj zemlji svakoj etnickoj skupini dostupna prilika da iskoristi politicke slobode zagarantirane Ustavom SAD-a. Pozvali su kongresmene i senatore da posjete novorodenu državu Izrael, kojoj je, bez sumnje, predstojala borba za opstanak.

Izrael i mediteranske zemalje na Balkanskom poluotoku imaju duboki mozaik kulturnog bogatstva, a Jevreji su svakako dio te bogate baštine. Izraelci su uspjeli osvojiti srca i umove mnogih naših politicara koji su posjetili Izrael i došli kuci sa iskustvom koje im je bilo strano i nedostajalo im kod kuce.

Tokom Yom Kippurskog rata premijer Izraela Golda Meir nije naše senatore i kongresmene koji su bili u posjeti Izraelu odvela u dvorane izraelske vlade, nego ih je, siguran sam, odvela svojoj

Koljenovic

kuci gdje im je kuhala i postala na trenutak baka koju naši senatori nikada nisu imala u svojoj kuci.

Kad se govori o americkom politickom i vojnom angažmanu na Bliskom istoku onda treba reci da se tu, pored ostalog, radi i o americkoj sigurnost i njenoj svjetskoj dominaciji, koja je ovdje stavljena na kocku. Naime, Bliski istok je prostor na kojem su se za utjecaj borila dva društveno-politicka sistema, kapitalizam i komunizam. Pod snažnim politickim utjecajem komunistickog Sovjetskog Saveza bila su ogromna zemaljska prostranstva, Daleki i Srednji istok, muslimanski svijet sa Arapima i strateškim prostorom istocno od Grcke, preko Krete i Cipra. Zbog toga su Zapad i SAD morali napraviti vlastita uporišta na muslimanskom Bliskom istoku.

Kennedi je želio politicku pobjedu, koju je dobio sa Izraelom. Bila je to politika s kojom su SAD dobile uporište u nemuslimanskoj zemlji, a Izrael je bio taj koji ce osigurati potreban strateški iskorak. Eto, zbog toga je Kennedy bio spreman dati toliku novcanu pomoc Izraelu – da se država vojno i ekonomski osigura.

Nisam proucavalac Biblije, ali cini mi se da se prisjecam da je posjedovanje Obecane zemlje od sljedbenika Abrahama bilo moguce samo pod uslovom istjerivanja davola koji su tamo živjeli u to vrijeme. Pitanje je ko je autohtoni narod, Palestinci ili Hebreji. Vama, kao zabrinutim gradanima Svijeta, možda bi najprihvatljivije bilo da nije ni jedan, ali to bi bilo pogrešno.

Samo su Hebreji babilonski baštinici grada Ura na obalama rijeke Eufrat. Medutim, doslovno prenošenje te price ne iskljucuje da bi ona danas mogla motivirati nekoga da napravi etnicko cišcenje u regiji, kako bi se ostvarila Božja namjera.

Cak i ako bi palestinski muslimani iskreno željeli biti dio izraelskog društva, šta oni mogu uciniti suoceni sa saznanjem da njihovi jevrejski susjedi duboko u svojim srcima vjeruju da su oni jedan od onih vragova za koje je Bog naredio da budu istjerani iz

Rat Za Boga I Bosnu

Svete Zemlje? Ne znam, zato, da li je u ovim vremenima teže biti musliman ili jevrej.

Arapi i Hebreji su rodaci, i jedni i drugi Semiti. Judaizam i islam dijele isti korijen u staroj prici o poslaniku Abrahamu. Cini se apsurdnim da vjeruju, kako je napisano, da bilo koji covjek može biti Bog. Covjek je samo dio sveobuhvatnog mozaika Svemira, koji je Božje djelo. Nema dokaza o postojanju nekih Njegovih zahtjeva prema covjecanstvu ili Njegovog obecanja nasljednicima poslanika Abrahama da na nešto trebaju cekati. Abraham je, možda, bio samo covjek dobrih namjera.

Sveti rat je porodicna svada izmedu frakcija u zajednickoj vjeri i krvnoj liniji rodaka i ništa više. I prije Abrahama je postojao Svijet i dobro organizirana ljudska društva – Perzija, Minoj, Kreta, Babilon, Egipat. Postojale su dinastije u Kini i Indiji, Maye i Asteci, Dakota americki starosjedioci, ljudi u Africi, domu covjecanstva. Makedonija, Atina i Rim bili su stabilni i prosperitetni u svoje vrijeme. Prvi je kineski car dao da se nacini vojska od gline terakote 1221. godine prije Krista. Krvavi svijet koji vidimo u ogledalu je samo odraz naše prošlosti i svaki zajednicki korijen koji prerežemo može ubiti sadašnjost i buducnost.

Kotaci se okrecu i svijet polako umire. Polako nestaje svijet divljenja Konfucijevskom poštivanju covjeka i poucavanja kreposnom djelovanju. Bosanski nomadi Iliri dali su svoj doprinos višestoljetnim dostignucima koji su utjecali na svijet, zatamnjen nerijetko teškom sjenom osvajackih pohoda i stalnih ratova.

Tokom srpskog krstaškog rata na Bosnu, Svijet je stajao i gledao razaranja, nestanak djela umjetnosti i književnosti. Bio je to šou na televizorima u njihovim luksuznim kucama. To nije bilo u željeznom dobu, to je bilo u našem stoljecu.

Možete li zamisliti šta bi perzijski kralj Darije, ili Aleksandar Makedonski iz helenske dinastije 334. prije Krista, ili veliki Salahudin iz Sirije, šta bi ti ljudi mislili da su imali televiziju kao mi

Koljenovic

i da su mogli gledati direktno uništenje civilizacije? A mi smo u ovom trenutku sposobni za putovanja na velike udaljenosti, gotovo odmah, s velikim vojskama.

Povijest nas nije naucila nicemu, baš nicemu. Ona se ponovila i u slucaja predsjednika Srbije Slobodana Miloševica, kojemu je dozvoljeno da sa svojom srpsko-crnogorskom vojskom pokuša obrisati Bosnu i Kosovo sa karte Svijeta. Svijet je stajao, gledao i pretvarao se da je sasvim civilizirano ako još jedne civilizacije nestane s lica zemlje. Nije strašno, mi smo to radili i ranije... Srecom, snaga Miloševicevih vojski, a i sam Milošvic, bili su precijenjeni.

Problem je, medutim, u tome što je Zapad prešutno podržavao Miloševica i njegove agresivne vojne pohode. Da bi Miloševic nakon završetka rata bio uhapšen zbog zlocina protiv covjecnosti. I ova akcija je izvedena u režiji Zapada, jer je Zapad, pod pritiskom žrtve i medunarodne javnosti, shvatio da nešto mora uciniti. Hapšenje Miloševica, za Zapad je najednom postalo opravdano.

Za vrijeme haškog sudenja Miloševicu, to dubre nije pokazalo nimalo žaljenja. Užasno je što se Planet podijelio oko Miloševica. Mi, medutim, necemo nikad zaboraviti da je generalni sekretar UN-a Boutros Boutros Galli bio Mološevicev arhitekt kad je rekao: "Nisam uvjeren da UN pravi najbolji izbor pokušavajuci rješiti problem Bosne u odnosu na druge svjetske probleme." To nije bilo prvi put da „nije bilo rješenja", a milioni ljudi u Svijetu su umrli pod budnim okom UN-a.

Moram priznati da još nisam postigao takvu duhovnu dubinu da bih mogao opraštati onima koji su cinili takve strašne stvari, niti oprostiti onima koji su bez rijeci stajali i dopustiti da se to dogodi, niti oprostiti sebi zbog toga što sam bio tako samozadovoljan, uljuljkan u moj lijepi americki san, i ucinio tako malo (Bože, oprosti

Rat Za Boga I Bosnu

mi). Svakako je ispravno pogledati u svoju dušu i zatražiti oproštaj što nisi ucinio više da ih zaustaviš.

Ovo je najkraca povijest Judeje i Jeruzalema u novoj eri: Rim, Bizant, Omejidi i Abasidi, Sveta zemlja, Salahudin, Mameluci, Osmansko carstvo. Nakon Prvog svjetskog rata podrucje Palestine zauzima Velika Britanija. Britanci imaju plan da Jevrejima otvore vrata Palestine.

Nomadi iz srednje Azije, Anadolije, Mezopotamije i Zlatnog roga u Timur hanovoj imperiji stvaraju povijesne veze medu plemenima. Tokom 8. i 9. stoljeca turska su plemena istjerana iz svojih zemalja u srednjoj Aziji invazijom Mongola i Huna. Huni prelaze na islam i zapocinju svoja putovanja prema zapadu. Snaga seldžuckih plemena raste, ali cesto saraduju sa drugim nomadskim turskim plemenima.

Miješanjem i snaženjem mongolskih plemena iz Timurovog carstva i plemena oko kaspijske Albanije sa seldžuckim plemenima iz Zlatne horde iz Anadolije i Bizantijskog carstva, nastalo je velicanstveno Osmansko carstvo.

Osmanski Turci su izvorno iz središta današnje Turske, ali su se od 15. stoljeca poceli širiti Europom i Bliskim istokom, osvajajuci nove zemlje. Oni su bili legendarni neustrašivi borci sa mongolskim i hunskim precima.

Vec oslabljeni Bizant dolazi na rub kolapsa. Konacno, 1453. godine, Turci su osvojili i Konstantinopolj ili Carigrad. To je bio glavni grad Istocnog rimskog carstva, tacnije Bizantskog carstva, koje nakon hiljadugodišnjeg trajanja prestaje postojati. Konstantinopolj je preimenovan u Istanbul.

Osmansko carstvo bilo je nakon velikog procvata i teritorijalnog proširenja na Bliskom istoku, na sjeveru Afrike i u Euopi, gdje je Sulejman Velicanstveni u svojim osvajanjima stigao cak do Beca, u 17. stoljecu pocelo da stagnira suoceno sa unutarnjim problemima i nekom vrstom dekadencije s kojom su se neminovno

Koljenovic

susretala sva dugotrajna carstva. Medutim, tu je ipak u pitanju bila petstogodišnja vladavina ogromnim teritorijama, sa kojih se u carsku kasu neprestano slijevalo ogromno bogatstvo, sticano izmedu ostalog trgovinom, upravom nad glavnim trgovackim putevima i ubiranjem poreza, tako da je Carstvo, usprkos krizama, unutardinastijskim obracunima i bunama okupiranih naroda, izdržalo na nogama još skoro dva stoljeca.

Osmanlije su sve u svemu bili tolerantan narod, ciji su vladari dozvoljavali nemuslimanskim vjerskim skupinama da zadrže svoje zakone i obicaje, bez vlastitog uplitanja. Osmanlije su bili poznati i po svojoj prekrasnoj arhitekturi. Oni su takoder cijenili naucnike i njihov rad, pa su mnoga njihova djela iz matematike, astronomije, prava, medicine i drugih naucnih disciplina objavljivali tokom postojanja Osmanskog carstva. Vjerske manjine, jevreji i kršcani, proživjeli su u Osmanskom carstvu doba svoga velikog prosperiteta, pošteđeni progona bez obzira na svoje politicke stavove. Jevrejska je populacija napredovala od pocetka do kraja osmanske države, bez obzira na sve njene poteškoce i osipanje Carstva u posljednjem stoljecu njenog postojanja. Jevreji su bili slobodni prakticirati svoju vjeru, a grad Safed (Tzfat) u Galileji bio je najbolji primjer uspješnog preporoda jevrejskog života.

Kao i mnogo puta ranije, Jevreji su još jednom pohrlili u Svetu zemlju. Obecana zemlja postala je utocište za Jevreje koji su bježali od progona križara u Europi, a najveci dio njih bili su prihvaceni od tolerantnih osmanskih sultana. U Osmanskom carstvu Jevreji su sredinom 16. stoljeca intenzivno proucavali Kabalu, a Usmeni Zakon je kodificiran u Shulhan Arukh. Ti tekstovi su sacuvani u mnogim obrazovnim institucijama i kasnije se proširili i na druge teritorije na kojima je živjela jevrejska dijaspora.

Vlasti u mnogim zemljama koje su Osmani napustili sa slabljenjem ili padom svoga carstva, nisu dobro prihvatale Jevreje koji su ostali živjeti na prostorima na kojima su se vec odavno

Rat Za Boga I Bosnu

osjecali domacima. Veliki dio zemljišta u tim državama ranije je bio u rukama osmanskih veleposjednika, a po njihovom odlasku ostao je potpuno zapušten. Državni porezi uglavnom nesposobnih novih vlasti nametani seljacima i zemljoposjednicima bili su nepodnošljivo veliki, pa je zemlja polagano zarastala u šipražje, propadala u mocvarama i pustinjama. Jevrejski narod u meduvremenu živi neki svoj, uglavnom prosjecni život u Europi, sve dok u 19. stoljecu na vidjelo nije izašao interes Zapada za Jevreje i stvaranje njihove države, nakon cega je zapoceo novi procvat za ovaj narod.

U posljednja dva desetljeca turske vladavine pocinju se kretati prvi valovi jevrejskih imigranata u Izrael, koji doseljavaju uglavnom iz Rusije, u namjeri da u novoj državi izgrade bolji život za sebe i ispune svoje snove i žive u Svetoj zemlji.

Hurva je drevna sinagoga u starom gradu Jeruzalemu, izgradena na onom prostoru koji se danas zove Jevrejski kvart. Povijest Hurve je neraskidivo povezana s vlašcu Osmanskog carstva. Hurva (doslovno: Ruina) stekla je ugled i slavu tokom vladavine Osmanskog carstva nakon što je grupa jevrejskih izbjeglica pristigla u Jeruzalem u 17. stoljecu pokušala obnoviti sinagoge.

Oni su došli u demokratski sukob sa lokalnom politikom zbog problema oko poreza i naknada za njihov posjed, koje su dugovali lokalnim osmanskim pašama. Konacno, ne mogavši platiti dug, upali su u sporadicne probleme sa okruženjem. Zgrada je zapaljena i nakon mnogih pokušaja jevrejske zajednice da obnovi sinagogu, konacno su dobili dozvlu, uglavnom zbog upornosti. Sinagoga je obnovljena 1864/65. Nije prošlo mnogo vremena, a Imamovi su, nažalost, postali žrtve rata. Jedna je sinagoga ponovno uništena tokom rata 1948. godine. U toku je njena ponovna izgradnja, koju treba izvesti država Izrael i jedinica lokalne samouprave.

Tokom osmanske vladavine, u Jeruzalemu je rasla mocna i prosperitetna skupina kršcana Armenaca. U kasnom 17. i 18. stoljecu

Koljenovic

Armenci su bili druga po velicini krščanska zajednica u Jeruzalemu, sa udjelom od 22% od ukupnog krščanskog stanovništva u gradu.

Tokom sljedeceg stoljeca došlo je do nekoliko pokolja Armenaca potaknutih od strane osmanskih vlasti. Širom Carstva, Armenci su otvoreno podržavali Grcku i Bugarsku, koje su zbog višestoljetne osmanske okupacije bile protivnice Turske. Pred kraj Prvog svijetskog rata Armenci su davali otvorenu podršku Rusiji, s kojom je Turska bila u ratu. Zbog toga se Armence pocelo tretirati kao petu kolonu i time je pocelo njihovo stradanje završeno sa dva genocida.

Armenci su istjerivani iz svojih domova, a imovina im je plijenjena. Mnogi Armenci bili su prisiljeni na smrtonosni marš kroz pustinju do Sirije. Procjenjuje se da je u dva genocida izvršena nad Armencika ubijeno izmedu milion i milion i pol ljudi. Preživjeli Armenci su emigrirali na Daleki istok.

Istovremeno, u bliskoistocnom svijetu, tokom i neposredno nakon Prvog svjetskog rata, mnogi su Armenci, gradani Otomanskog carstva, uživali u Palestini, sada Izraelu, u godinama slobode i napretka, ali su, nažalost, takoder patili.

Posljednji dani Osmanskog carstva svjedocili su pravim pocecima povratka kuci Aliyah - Jevreja sa europskog kontinenta, koji su hrlili u Izrael bježeci od plinskih komora i SS progona. Smjestili su se svoju Obecanu zemlju, a zemlja Izraelova procvala je kao ptica Fenix.

Rat Za Boga I Bosnu

VII

NIJE TO SVE O BLISKOM ISTOKU...

Možda bi ovo mogao biti kraj price o Bliskom istoku, medutim, nije, Bliski istok sa svojim svakodnevnim geopolitickim i ratnim previranjima nastavlja zaokupljati pažnju svjetske javnosti. Kako je prorok Muhamed s.a.w.s. rekao, da još jednom ponovim: "Vjera je ono što se nalazi u srcu i potvrduje djelom."

Da, djela zaista govore glasnije od rijeci. Svijet je u krizi, u Libiji, Jemenu, Arabiji, Kataru, Kuvajtu, Iranu, Izraelu, Siriji, Somaliji, Kubi, Venezueli, Sudanu, Sjevernoj Koreji, Srbiji, Rodeziji, bivšim sovjetskim republikama u Kaspijskom Kavkazu i uz Crno more. Mnogo se toga promijenilo od raspada Sovjetskog Saveza; mase su progovorile. To je istinska revolucija. Ne zaboravite ni Meksiko, koji sve više tone u tamu bezakonja.

Cetvrt stoljeca je prošlo od Lockerbie tragedije nad Škotskom, zatim su tu bombaški napadi na americke kasarne u Libanu, izraelska invazija i okupacija Libana, povlacenje trupa iz Libana. S obje strane svakog sukoba bile su skupine ekstremista redom podržane od ekstremnih vlada.

Ironicno, kršcanske paravojne grupe u Libanu podržavaju Izrael. Hezbollah podržavaju Arapi i Iranaci. Gdje ce sve ovo završiti? Kršcanska milicija Džemala Bashara, predsjednika Libana, ciji su otac i njegova milicija bili Hitlerovi simpatizeri tokom Drugog svjetskog rata, sada su saveznici jevrejske države. Kako je

Koljenovic

moguce da život isplete tako cudnu šaru ideja? Ljudi vjeruju da njihova djela cine neku vrstu ukupnog povijesnog smisla, ali to za mene nema nikakvog smisla.

Arapske države sigurno nisu odgovorne za izraelsku superiornost na bojnom polju i ekonomskom razvoju. Ali, bez obzira na to što nisu mogli pobijediti izraelsku vojsku od 1948. godine, arapski vladari i dalje nisu spuštali borbeni gard prema ubjedljivo premocnom Izraelu. To ratnicko raspoloženje režima i osnivanje radikalnih grupa za borbu protiv Izraela, omogucavalo im je da tlace vlastito stanovništvo, te tako odvracaju njihovu pažnju sa ekonomskih i drugih unutarnjih problema svojih država.

Ako se vratimo hiljadu godina unazad, u vrijeme prosperiteta gradova poput Granade, Alhambre, Bagdada i Aleksandrije, vidjet cemo da je sav svijet željan znanja hrlio u ove gradove da se obrazuje u tamošnjim bibliotekama i visokim školama koje odgovaraju današnjim univerzitetima.

U 70-im i 80-im godinama 20.stoljeca, u velikoj gladi za ucenjem i obrazovanjem, arapska omladina je bila prisiljena putovati u udaljene prijateljske zemlje i tražiti znanje po SAD-u i Europi. Na povratku kuci sa studija nudilo im se mnogo pitanja i odgovora, pri cemu je prvo bilo potrebno razjasniti i prenijeti domacem stanovništvu saznanja o tome šta je demokracija, pa zatim raditi na promjenama svojih vlada i uspostavi poštivanja individualnih prava u zemlji.

Svjedoci smo rezultata. Sloboda nije nikako padala sama od sebe servirana na tanjuru. Slobodu je trebalo izboriti. To su bila opasna vremena i vladari su se morati promijeniti, a Srednji istok je bilo potrebno pomjeriti prema demokraciji. To, naravno, nije odgovaralo sebicnim kolonijalnim gospodarima sa Zapada. S druge strane, nezadovoljstvo mladih dovelo je do nesretnih napada 11. septembra 2001. na New York, Washington i Pennsylvaniju. SAD interveniraju u Afganistanu, Jemenu i Somaliji. To je bio okidac za

Rat Za Boga I Bosnu

promjenu, za revoluciju koja je trebala donijeti socijalnu pravdu u Tunisu, Maroku, Egiptu, Libiji, Siriji i državama Golfskog zaljeva.

Izraelska demokratska država osnovana 1948. godine ne samo da je ignorirala palestinske pritužbe, nego se nije ustezala da i sama nastavi sa teroristickim napadima i mracnim misijama pojedinacnih atentata, ili pak podržavanja zlocina, što se, recimo, desilo kad su krščanske milicije u Libanu izvršile masakr žena i djece u palestinskim izbjeglickim logorima Sabri i Shatili. Mislim da bi svako normalan ili pak imalo milostiv, uradio sve da zaustavi ovakav zlocin.

Umjesto toga, izraelska vlada i ljudi poput generala Sharona ponašali su se nerazborito i okrutno, ne razmišljajuci o posljedicama. Njihova povezanost s falangistima bila je nezreli ili ocajnicki potez zaustavljanja Hezbollaha i palestinskih gerilaca. Vlade i ljudi diljem svijeta bili su bijesni na izraelske snage koje su stajale po strani promatrajuci kako kršcanski falangisti ubijaju palestinske žene i djecu.

Palestinci ponekad izgledaju kao žrtve, a Izraelci kao zlocinci. Slijedeceg dana u izraelskim medijima su se pojavile slike izraelske djece koja krvare na ulicama. Pratile su ih fotografije na kojima palestinski radikali odobravaju nasilje fanaticnih ubica nevine djece. U oba slucaja radi se o ponašanju koje lici na stanje delirija loših momaka, u oba slucaja krajnjih negativaca.

Energija koju su utrošili u medusobnim borbama i ubijanjima, kao i novac koji su primili od americkih poreznih obveznika, trebalo je iskoristiti za dobro, a ne za zlo, za izgradnju kuca za stanovanje svojih stanovnika, prije svega. Umjesto što su trošili energiju i novac za utvrdivanje nacionalnih granica, ogradivanje bodljikavom žicom i betonskim barijerama, trebali su graditi parkove, njegovati novozasadene šume, podizati nove farme i zajednice u koje bi bili integrirani gradani svih rasa i religija.

Koljenovic

Umjesto toga, oni su zaboravili ciniti bilo šta dobro, a usavršili su se u cinjenju svih vrsta zla.

Postoji stara prica o sebicnom covjeku koji je gledao kako gori kuca u susjedstvu, ali, po njegovom mišljenju ne toliko blizu da bi ugrozila i njegovu. Na njegovu žalost, poceo je puhati jak vjetar koji je poceo razbuktavati vatru koja je krenula prema njegovoj kuci i ova se ubrzo zapalila. Iako nije pomogao kad su tude kuce gorjele, on povika svojim susjedima da mu pomognu:"Sjetite se pouke", vikao je: „cini drugima ono što bi ti želio da oni cine tebi. Kako je moguce da ste me sada napustiti? "

Cini se da mnoge zemlje u svijetu nisu usvojile cinjenicu o tome da bez obzira koliko se trudili ignorirati naše susjede, mi smo još uvijek, na ovaj ili onaj nacin, ukljuceni u njihove živote i upuceni jedni na druge. Kad su nas pohodile strašne sile, kao što su požari, poplave, glad ili beskrajni ratovi, svi smo mi bili putnici na kombajnu slomljenih kotaca i ne možemo stajati po strani i brinuti samo o sebi.

Ako ih ne zaustavite zajedno, vatra i ratovi ce zbrisati naše domove. Kad citate o patnjama i užasima koji se dešavaju u zemljama širom svijeta, lako je prepoznati sebe u patnjama drugih ljudi i to uvijek može biti podsjetnik za otrježnjenje i djelovanje.

Tokom agresije na Bosnu i Hercegovinu 1992-95. doživio sam bolno iskustvo gubitka mnogih voljenih osoba. Na televizijskom ekranu gledao sam živi prijenos stradanja Sarajeva i njegovih stanovnika. Pripadnici teroristicke Vojske Jugoslavije, popunjene vojnicima iz Srbije i Crne Gore i snage bosanskih Srba, svakodnevno su sa okolnih brda na grad ispaljivali hiljade granata, neselektivno ubijajuci civile, žene, djecu, muškarce. Jedan od tih gradana bio je moj ucitelj u prvom razredu osnovne škole, Ruždija Rašic.

Kakav užas – nekada sam bio pripadnik Vojske Jugoslavije, doduše regularne Jugoslavenske Narodne Armije, kasnije

Rat Za Boga I Bosnu

transformirane u teroristicku vojsku Srbije i Crne Gore. Tragedija je u tome što, za razliku od moga prijatelja, veterana americke vojske, ne mogu ustati i s ponosom se prisjetiti moje vojne službe, jer su agresori na Bosnu i Hercegovinu i na moj narod, prakticno preuzeli ime vojske ranije zajednicke države Jugoslavije ciji sam pripadnik neko vrijeme bio.

U jednom trenutku obecao sam sebi da više necu biti puki gledalac koji stoji po strani i na televiziji posmatra kako agresori na Bosnu šalju ljude u pakao, te da više nikad necu stajati u prikrajku i biti promatrac bilo kojeg rata, da cu se aktivirati koliko god mogu da se cuje još jedan glas koji govori protiv nasilja u Svijetu, u nadi da ce Božansko providenje dotaknuti još koje srce i probuditi još neciji razum. Znajuci da naši glasovi mogu, ali i ne moraju biti znacajni, ja sam takoder znao da postoje mnogi ljudi koji jasno vide opasni kurs kojim naš svijet krece dalje i koji ce uciniti ono što mogu da pomognu u gašenju požara.

Za vrijeme rata u Bosni i bombardiranja Sarajeva, izraelska je vlada odlucila dati diplomatsku podršku srbijanskoj vladi predsjednika Miloševica. On je nekoliko godina poslije rata uhapšen po nalogu Medunarodnog suda u Hagu i bio procesuiran, ali je prije izricanja presude umro od srcanog napada. Miloševicu je sudeno za zlocine protiv covjecnosti, zbog ubistva dvjesto i pedeset hiljada ljudi, dok je pokušavao nametnuti dominaciju Srbije nad svim republikama bivše Jugoslavije osim Slovenije, u kojoj je odigrao jedan kratki fingirani rat, ne racunajuci na tu teritoriju, ali racunajuci da se sa komadanjem Jugoslavije odnekud mora poceti.

Izraelskoj je vladi bilo bjelodano jasno da vlada Srbije putuje putem genocida, ali su oni i dalje bili odlucni pozvati predstavnika srbijanske diplomacije da posjeti Jeruzalem. Zašto? Zbog politickih razlika i vjerske opredijeljenosti nekih prikrivenih prijatelja Izraela.

Pitao sam zašto Bosna i Sarajevo? A onda sam se prisjetio šta je Salahudin odgovorio vitezovima templarima kad su ga pitali

Koljenovic

koliko mu vrijedi Jeruzalem, grad kojeg su templari upravo u borbi izgubili od Salahudina. Salahudin je prvo kazao: "Ništa", a trenutak kasnije dodao: "Sve i ništa." Pri tome je mislio kako kamenje od kojeg su izgradene kuce i grad i svo materijalno bogatstvo u njemu za njega ne vrijede ništa, ali da grad ima drugu, puno vecu, duhovnu i simbolicku vrijednost.

Nažalost, lekcija nije naucena. Ironicno, jer je to moglo izgledati kao da se Henry Kissinger, prijatelj Izraela, udružio sa neprijateljima Izraela, Irakom, Sirijom, Libijom, Kinom, Kiprom, Maltom, Grckom i Rusijom, s kojima politicki spava u istom krevetu, a svaka od ovih zemalja podržavala je genocid u Bosni i Hercegovini, što nije bilo ocekivano iz historijskih razloga zbog svega što se desilo jevrejskom narodu u Europi i dijaspori. Bilo je za ocekivati da ce Izrael biti na prvoj liniji odbrane Bosne od namijenjenog joj klanja. Nažalost, to se nije desilo.

Poznata je izreka da su oni koji ne uce iz vlastite tragicne povijest osudeni da im se ona ponovi. Kakva je korist od historije kad niko ne uci iz prošlosti i licnog iskustva? Cudno, u Bosnu je poslano mnogo hrane iz Svijeta, ali više od hrane Bošnjacima su bile potrebne puške s kojima bi se odbranili od do zuba naoružanih Srba. Zbog hrane koja je pristizala, niko nije umro od gladi. Jedino što je time postignuto bilo je da Bošnjaci nece umirati gladni.

Da predsjednik Klinton nije konacno intervenirao protiv Miloševica i njegovih artiljerijskih ubica sa bezbjedne distance, Svijet bi gledao kako balskanski muslimani bivaju istrijebljeni, isto tako efikasno kako je to radio Reinhardt Heydrich u koncentracijskim logorima za Jevreje.

Nikad nisam tvrdio da znam ili razumijem sve o religiji Tore, Novog zavjeta i Kur'ana. Otkrice koje me je najviše potaknulo na proucavanje Kur'ana jeste da je islam saosjecajan, milostiv i da prašta. Islam nas uci da budemo cisti, jaki i zdravi u tijelu u duši. I

Rat Za Boga I Bosnu

sadržava u sebi osnovna naukovanja Biblije, njenog Starog i Novog zavjeta, dakle priznaje jevrejsku i kršcansku svetu knjigu.

Islam uci o svemu što sam želio znati ili o cemu sam imao želju da proširim svoje znanje, o ljubavi prema životu, o ljubavi prema porodici, o ljubavi prema Beskrajnome Bogu i ljubavi prema svemu što je stvorio Svemoguci Bog. Nakon što nam je garantirano privremeno vlasništvo nad ovim malim prostorom na Zemlji, mi moramo cijeniti i poštovati taj poklon ili cemo nestati iz beskonacnog Svemira. Kršcanstvo nije kad kršcanski teroristi i ideolozi pokušavaju prenijeti svoje poruke nasiljem, niti je islam ono što su mu teroristi namijenili da bude.

Rat oko Svete zemlje postao je olujni požar koji guta podijeljeni Svijet, koji ne ide u pravcu koji obecava. Sukob izmedu Arapa i Izraelaca je pokazao odredene stvari o njima. Kao i Jevreji i Arapi su semitski narod. Oni dijele mnoge karakteristike kao ljudi koji su evoluirali u okruženju koje je neprestano dominiralo nad njima, od persijskog cara Kira Velikog do Aleksandra Velikog koji je umro 330. prije nove ere. Teško da vrijedi Kira i Aleksandra nazvati velikim. Odgovarajuce ime bi im bilo nemilosrdni i destruktivni. Slijedila je Rimska imperija, Mongolsko carstvo i Timurovo carstvo, kao nastavak imperije Velikog Khana, da bi i islam u neko doba krenuo u osvajanje, jugom kršcanskog španskog kraljevstva u Europi.

Bogati kolorit arapskog i jevrejskog života pun je strasne unutarplemenske lojalnosti, dok prema drugima nisu ni ravnodušni ni blagi. Uz to, oni te ili vole ili te mrze, nema ništa izmedu.

Kad bi se poslanici Abraham, Muhamed i Isus vratili zajedno i rekli im da su braca, pomirenje bi preraslo u strasnu i neraskidivu vezu. Ako nastave borbu, i jedni i drugi su osudeni na pakao. Historijska poveznica Jevreja i Arapa je da su i jedni i drugi semiti iz mesopotamskog grada Ura, koji je bio, tako je receno, rodno mjesto poslanika Abrahama i njegovog boga Jahve.

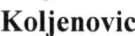

Koljenovic

Ko je nasljednik Abrahama i njegovog Boga Jahve? Možda smo svi mi pali u najjednostavnijim pitanjima srca? Sjecate li se kad ste kao dijete gledali odraz svoga lica u vodi? Za mene, to je uvijek bilo kao neka magija. Sjecam se kad mi se to prvi put dogodilo. Vidio sam, naravno, bezbroj puta svoje lice u ogledalu, ali mi je uvek izgledalo kao magija kad vidim svoj odraz u vodi.

Djecacka ljeta u mome rodnome gradu Gusinju bila su ispunjena beskrajnom energijom i stalnom igrom, mada niko od nas nije imao nikakvu igracku. Zato je bio veliki izazov biti kreativan u tim našim ljetima, u plivanju, planinarenju, jahanju naših konja za koje smo tvrdili da su cistokrvni arapski ždrijepci, igrajuci fudbal i pomažuci porodicama na poljima.

Vecinom sam uživao u jahanju konja moga djeda i kupanju u predivnoj tamno-plavoj vodi rijeke Ljuce, gledajuci velicanstvene planine u daljini i livade koje natapaju stotine potoka, sestara modre rijeke Ljuce.

Ljuca je bila moje magicno ogledalo u kojemu sam naucio da maštam i pronalazim najrazlicitija lica. Moji prijatelji i ja smo bili odlucni i spremni zajedno mijenjati Svijet. Pri tome smo morali nauciti neke cinjenice iz prošlosti. Poput, recimo, kako je neko prije više hiljada godina napravio kakav mali tehnološki napredak. U bronzano doba, recimo, potrudivši se silno da nam napravi finalni proizvod od metala koji izgleda i može da služi kao ogledalo, a koji je zamijenio odraz u ogledalu vode i pomaknuo covjecanstvo jedan korak naprijed.

To su oni mali koraci koji su nam omogucili da preživimo zapreke koje je majka priroda stavila pred nas. Tokom vremena i ljudske povijesti, sposobnost da preduzmemo takve korake omogucila nam je da uspješno prodemo kroz vjetar, vatru, poplave, da prebrodimo okeane, preživimo zemljotrese, vulkane, suše i ledeno doba. Covjek je vremenom prilagoden da podnese sve promjene oko sebe, da prilagodava svoje okruženje sebi, ali i da se on prilagodava

Rat Za Boga I Bosnu

okruženju. Pa zašto je onda tako teško da to isto ucini i prema drugi ljudima?

Borba nam je omogucila da se izdignemo iznad krokodila, bakterija i bacila za sagorijevanje i da dodemo do atomskog doba. Sve u cemu nas je priroda pokušala sprijeciti da opstanemo i napredujemo, mi smo preživjeli, mada ne treba zaboraviti da smo mi sastavni dio hemije univerzalnog tijela zaplijenjenog u ljepoti Nebule, meduzvjezdanog oblaka prašine i plinova, rodnog mjesta svega što je osiguralo postojanje covecanstva.

Svi smo mi tokom povijesti prošli kroz nebrojeno nesretnih dogadaja sa našim religijama, koje je covjek sam sebi priredio. Ako nismo spremni konacno prevazici takva neodgovorna i egoisticna ponašanja, onda vec sad možemo komotno poceti da se spremamo za naš kolektivni put u jednom smjeru u Pakao. Neki ljudi su, nažalost, spremni da upravo to ucine sa cijelim svijetom kako bi svoje ime urezali u kamenu da se trajno upamti. To je ludo, jer ko ce vidjeti te njegove ili njihove pažljivo uklesane gravure? Mi smo stvoreni iz Nebule nakon milijardi godina teškog putovanja, ali smo na kraju kod kuce u savršenom stvaranju vece magije od samog života.

Mi koracamo opasnim putem prijetnje upotrebe oružja za masovno uništenje. To je velika nesreca za covjecanstvo, jer smo, putujuci sve bržim tehnološkim napretkom koji nam je trebao omoguciti ljepši i lakši život, stvorili cudovište koje nas sve može uništiti. Ako Sudnji dan ikad dode, ovaj put niko nece ostati da se bori za planetu Zemlju, kao nekretninu koja nam je podarena, a da je nismo ni tražili.

Kako je to strašna stvar da, kad odete u krevet, znate da postoji realna šansa da se necete probuditi da vidite još jedan novi dan. Ne zbog zatajenja vašeg srca ili jer ce vas pljackaš u prodavnici umlatiti bejzbol palicom, nego zato što u Svijetu postoje ljudi u koje biste trebali duboko vjerovati, medu kojima, možda, postoji i neki

Koljenovic

prikriveni ludak, koji drži prst na okidacu jednog od hiljada nuklearnih bojevih glava.

Ali, ko su ti ljudi koji uzimaju svoje religije i svoje politike tako ozbiljno, kao da Bog od njih ocekuje da odluce koga ce ubiti, a koga poštedjeti; one koji nose kape u crkvi i turbane u džamiji ili one koji ne nose? To su ljudi koji misle da u cijelom ljudskom postojanju i historiji nema ništa važnije od njihovih zastava, kralja i kraljevstava, ili njihovih malih kneževina. Neki od njih misle da ne postoji ništa važnije za sudbinu covjecanstva nego da budu izabrani ili da na neki drugi nacin dodu do vlasti u svojoj zemlji, i po mogucnosti još kojoj u susjedstvu ili negdje dalje u Svijetu.

Širom Svijeta postoje možda na desetine tipova koji drže prst na okidacu atomskih bombi; u bivšem Sovjetskom Savezu, ambicioznoj i egoisticnoj Francuskoj, u oholoj Engleskoj, u paranoidnom Izraelu, u gladnom Pakistanu, u demokratskoj Indiji sa Hindusima koji nemaj šta izgubiti, u birokratiziranoj Kini i njenoj armiji koja živi u nocnoj mori, ili pak u Iranu, koji se nada svojoj ulozi u atomskom naoružanju.

Moje ce Sjedinjene Americke Države najvjerovatnije koštati više njeni prijatelji nego protivnici. To je bio problem i u Rimskom i Osmanskom carstvu. Budite oprezni u onome što želite.

Lako je poceti rat, ali je malo nacina da se on zaustavi. Da bi sacuvale Svijet od propasti u nuklearnoj katastrofi SAD mogu uciniti Izrael svojom 51. državom. Tada ce Svijet spavati bolje. Ako ne, kupite sebi najbolje rimske borne kocije i spremite se za dugo jahanje u neizvjesnost. Vec neko vrijeme govore se samo isprazne rijeci. Nasilnicima su usta uvijek puna price o miru, dok im se dorucak servira uz ratne bubnjeve.

Mocni ljudi su opsjednuti opisivanjem svoga posla, a svoje uniforme i cinove smatraju preciznijim identitetom od vlastite kože. Ova vrsta ljudi, rangiranih visoko u vlasti na piramidi društvene strukture, ima tendenciju da te strukture smatra važnijim od ljudi

Rat Za Boga I Bosnu

koji ih cine, i stoga su u stanju lako opravdati ubijanje bilo kojeg broja ljudi, kako bi zaštitili integritet njihove crkve, države ili politicke ideologije. U strahu jedni od drugih, mnoge od najsiromašnijih vlada u svijetu su stvorile svoje oružje sudnjega dana, samo da se suprotstave mocnim i snažnijim od sebe.

Svijet nije sigurno mjesto. Tu su zlostavljana djeca širom Planete, koja cekaju priliku da nasilnicima vrate dugove, i to s kamatama. Zar nije normalno tražiti osvetu ako su vas kao dijete u vašoj cetvrti vaši stariji susjedi gurali, tukli šakama i nogama, zlostavljali na svaki nacin? To se isto dešava sa malim narodima i državama koji zahtijevaju poštovanje. Oni ce ga dobiti na ovaj ili onaj nacin, zbog cega se povecava opasnost da ce neko ugravirati svoje ime u kamenu.

To su naša ljudska braca, Izraelci, Pakistanci, drevni ljudi Ukrajine, Afganistanci, Kurdi, potlaceni ljudi iz desetak zemalja u Africi. Svi ovi ljudi osjecaju veliki nedostatak simpatije prema njima u ostatku Svijeta. I nemaju razloga da misle da ce bilo ko ustati da ih brani kad ih neko napadne.

Oni nemaju nuklearno oružje, ali neki, poput Iracana, imaju lošeg vodu koji ima arsenal smrtonosnih gasova. U njemackom napadu na saveznike 1918. i jedni i drugi su koristili bojeve otrove, dok je u irackom slucaju samo Sadam koristio bojeve otrove na kurdskom stanovništvu.

Nakon Prvog svjetskog rata general John J. Pershing je pred Kongresom izrazio osjecanje svojih visokih oficira kad je rekao: "Hoce li se bojevi otrovi koristiti u buducim ratovima, za sada je stvar pretpostavke, ali efekat je toliko smrtonosan da ce Svijet biti nepripremljen. Zbog toga mi nikad ne smijemo sebi dozvoliti da zaboravimo na tu cinjenicu."

General Pershing je bio posljednji americki komandant na terenu koji se konfrontirao Kongresu u Prvom svjetskom ratu. General Pershing je ujedno bio i posljednji americki komandant koji

Koljenovic

se suocio sa hemijskim agensima na bojnom polju. Danas, u svjetlu cvrstih dokaza o bojnim otrovima u Aziji, niko nije siguran da oni nece biti upotrijebljeni na bojnom polju. Vjerujem da necu biti bolji prorok od Nostradamusa.

Srbija je koristla hemijske agense u Bosni krajem 20. stoljeca u srcu Europe. Prije samo dvadeset godina. Rat je još jednom izbio na onom podrucju koje se nekada zvalo Jugoslavija. Pokušavao sam dugi niz godina uraditi nešto da dam barem i najmanji doprinos okoncanju tog rata. Pisao sam pisma liderima širom Svijeta, najviše mocnima i snažnima.

Molio sam za život mojih zemljaka, molio sam da budu pošteđeni od masakra što su se dogodili sredinom devedesetih godina, i imao malo uspjeha u spašavanju hiljada nevinih žena i djece koje su brutalno pobili cetnici. Naucio sam jednu važnu lekciju, da budem spreman za neocekivano. Ako neprijatelj zna da ste slabi, on nece oklijevati da radi upravo ono što su uradili u Bosni, Njemackoj, Ruandi, na Kosovu, Darfuru, Sudanu, kao i u Asadovoj Siriji.

Sistematsko uništavanje svjetskog historijskog nasleda gubitak je za cijeli svijet. Ako kao pojedinac cinite štetu, vi oštecujete ljepotu koja pripada i vama, a koja je samo malo zrno velikog svjetskog mozaika ljepote. Zato bi svaki covjek trebao biti cuvar tog mozaika, o kojemu vrijedi brinuti.

Srpsko-crnogorska agresija na Bosnu i Hercegovinu 1992-1995. godine imala je sve elemente oganiziranog rušilackog pohoda na kultuno i svako drugo naslijeđe Bošnjaka i Hrvata u toj zemlji. To je, međutim, bio sporedni ili usputni cilj ove soldateske pedvođene srbijanskim predsjednikom Slobodanom Miloševicem i Srpskom akademijom nauka i umetnosti, kao idejnim tvorcem tog rušilackog pohoda. Osnovni cilj ovih zavojevaca bio je ubijanje i progon, silovanje i zastrašivanje stanovništva, i to pred ocima i kamerama svjetske javnosti, a sve aminovano od Butrosa Butrosa Galija,

Rat Za Boga I Bosnu

generalnog sekretara UN-a. Tako je u Bosni i Hercegovini ubijeno skoro dvjesto hiljada Bošnjaka, a milion protjerano sa svojih stoljetnih ognjišta, te interno i eksterno raseljeno, od Australije do Kanade. Glavni izvodac radova, Slobodan Miloševic, napokon je uhapšen i optužen za ratne zlocine. Sudeno mu je u Hagu, ali nije docekao presudu, umro je u zatvorskoj celiji od srcanog udara.

Bošnjaci su sa velikim nadama docekali ratnu posjetu francuskog predsjednika Mitterranda Sarajevu, u nadi da ce svojim glasom i autoritetom predsjednika mocne europske države pomoci da se zaustavi cetnicko klanje, silovanje, protjerivanje i urbicid. Nažalost, kasnije se ispostavilo da je Mitterrand dao vlastiti doprinos genocidu, ostavljajuci Miloševicu svo vrijeme ovoga svijeta da dovrši svoj kasapski posao. Srecom, Miloševicevi se snovi nisu ostvarili i završio je tamo gdje je završio, i gdje je jedino smio završiti zlocinac poput njega.

Nemojmo zaboraviti da se ni John Major, predsjednik vlade Velike Britanije, nije nimalo štedio u davanju podrške Miloševicu da uništi Bosnu. Važno je napomenuti da su John Major i Henry Kissinger pokazali slabo poznavanje historije Bosne i cinjenice da je prije više od 2.000 godina širom Bosne i obale Jadranskog mora živio autohton, mocan i slobodan balkanski narod Iliri, sa svojim ilirskim kraljevstvom i civilizacijom, koja je obuhvatala i dijelove današnje Crne Gore, Albanije i Hrvatske.

Englezi ce se možda uvrijediti, ali cinjenica je da u isto to vrijeme u današnjoj Engleskoj plemena nisu bila organizovana ni civilizirana kao plemena Ilira (Delmata, Liburna, Japoda, Daorsa i drugih), ili pak plemena na podrucju Anadolije. Tek sa rimskim osvajanjem Engleske ovaj je prostor civilizacijski uznapredovao. Vec je receno da je Engleska imala moralnu obavezu da se usprotivi planiranom totalnom uništavanju jednog drevnog europskog naroda iz Bosne.

Koljenovic

Pošteno je ponoviti u svakoj prilici koja se ukaže da je Engleskoj i Francuskoj trebalo dodijeliti medalju srama za saradnju sa kasapinom iz južne Europe, Slobodanom Miloševicem, koji je od strane UN-a dobio prešutnu dozvolu za pljacku zemlje Bosne.

U svijetu se došlo do zakljucka da je agresija Srbije i Crne Gore na Bosnu i Hercegovinu izazvana religijskim, a ne socijalnim i ekonomskim krizama u Srbiji i Crnoj Gori, koje su bile pravi razlog okupacije i ugnjetavanja Bošnjaka, koji su bili prisiljeni da se brane i odgovore na napade sa onim što su imali i što su oteli od agresora. Kao rezultat nepravednog odnosa snaga, u kojem je agresor bio do zuba naoružan, a napadnuti gotovo goloruk, bila je ogromna patnja miroljubivih ljudi, te oko dvjesto hiljada ubijenih Bošnjaka.

Europa je na ovu agresiju, kako je vec receno, šutjela, praveci se da ne vidi da se išta cudno ili strašno dešava u njenom susjedstvu. Jedan od mogucih razloga bio je možda i u tome što su svojom šutnjom zapravo odobravali ono što su sami doživjeli kao novi krstaški rat protiv muslimana.

Opet je to za mnoge od njih bilo doba krstaških ratova, kao u vrijeme pape Urbana II, koji je krajem 15. stoljeca, tacno petsto godina ranije, postavio pozornicu za kršcansko kraljevstvo Aragón i time dobio priliku da uživa u ubijanju ljudi, što je, izgleda, bila njegova omiljena zabava.

Sve je bilo isto kao 500 godina ranije u Španiji. Da bi se sada u Srebrenici dogodio najveci zlocin stoljeca nakon Drugog svjetskog rata. Slobodan Miloševic i njegovi prijatelji tvrdili su da postupaju u ime pravoslavnog Boga i onoga što im je njihov Bog naredio da rade, a to je bilo da dokinu islam na Balkanu.

Godine 1992., medutim, nije bilo muslimanskih vojski da marširaju Bosnom i osvajaju Europu. Nekada toga jeste bilo, ali veoma, veoma davno. Bosanski muslimani, uostalom, nikada nisu ni bili inicijatori bilo kakvih osvajanja novih teritorija, nosioci takvih ideja uvijek su bili njihovi okupatori. Sa srpske i crnogosrke strane

Rat Za Boga I Bosnu

stoljeca osmanske vladavine njihovim zemljama nikada nisu zaboravljena. Mržnja je uredno njegovana i rasplamsavana od rodenja do smrti, cak i o praznicnim obiteljskim objedima. Godina 1912. je zapamcena i slavljena kao vrijeme posljednjih dana Osmanlija nakon pet stotina godina okupacije i propalih napora Osmanlija da civiliziraju ovo divlje slavensko pleme.

A rijec je o narodu i ljudima koji su duboko uvjereni u istinitost izmišljenih prorocanstava o sebi, o svojoj velicini i predodredenosti za velike dogadaje i velika djela, koja oni pokušavaju ispuniti kako bi dokazali svoju verziju svake izmišljene price o sebi i svakog historijskog dogadaja, tako da istina ne može biti ništa drugo nego ono šta oni kažu da je istina. To ide dotle da sami sebe nazivaju „nebeskim narodom."

U ispunjenju pokušaja da dokažu istinitost svojih mitova, legendi i ubjedenja, Srbi ne pitaju za cijenu. Njihovu ludost platili su ovoga puta Bošnjaci, 200.000 nevino ubijenih ljudi, žena i djece, ponekad spaljenih do neprepoznatljivosti.

Cini se da je svako spreman ubiti nekog drugog u ime Boga. Medutim, nije Bog taj koji želi da neko ubija u njegovo ime. Ti si taj koji je u stalnoj potrazi za nacinom kako da nekažnjeno pustiš krv bližnjega svog i tako zadovoljiš svoje mutne strasti. O cemu je ovdje rijec? Odgovora je pregršt, a jedan od mogucih je da se ovakvo ponašanje ljudi može tretirati kao dokaz straha od nepoznatog, drugog i drugacijeg.

U razgovoru sa mojim prijateljima kršcanima slušao sam ih kako za svoju religiju tvrde da je samilosna, tolerantna, puna raspoloženja za oprost i suživot sa svim ljudima, jer su svi ljudi na svijetu braca. Moji prijatelji su, ocigledno, zaboravili da su kršcani bili ti koji su u milionskoj invazijskoj vojci marširali na Meku i Medinu. Mesopotamski grad Ur bio je rodno mjesto Abrahama, tako da je to bio rat u korist Abrahamovog Jahvea, Boga Izraelaca.

Koljenovic

Vecina ljudi ce se složiti da se Svijet treba odmoriti od smrtonosnih ratnih igara. Takoder sam se nadao da necu više morati slušati lekcije o tome kako religije donose samo dobro. S tim u vezi nisam bio sretan kad sam uocio mrtvu tacku u oku moga jevrejskog prijatelja, kad je kazao kako je njihova abrahamska religija samo zakon o poštenom tretmanu svih ljudi, a ne opsjednutost grijehom i krivicom. Ja sam ga podsjetio da bi bilo dobro da o tome pita Palestince.

Mislio sam naglas o tome kako je od prvog Abrahamovog koraka nakon što je stupio na svjetsku scenu, covecanstvo bilo prokleto. Ipak, on slovi kao spasilac glupog covjecnostva, pri cemu ne iskljucujem ni sebe. Pošteno je kazati da nisam vjernik-fanatik u bilo kojoj od tih bajki o stolaru, madionicaru, svešteniku ili trgovcu Muhamedu. Isto je tako pošteno ukazati na to da je islam, kakvog ga ja poznajem i volim, poziv za saosjecanje, poziv ljudima da žive cisto i u vrlini, i naravno, ne u kultu divljih ubilackih fanatika. Ne postoji ništa u islamu što bi muslimane dovelo u takvo stanje da ostatak covjecanstva, kršcane i jevreje vide kao sotonske demone koji moraju biti uništeni.

Ipak, danas troglava hidra stoji na svjetskoj sceni i svaka glava je naoružana oružjem koje može ubiti cijeli zvijer, svaka spremna da smakne onu drugu, smatrajuci da ce jedna preživjeti pokolj druge dvije. Tri glave, jedno srce, a svaka od njih tvrdi da je jedini nasljednik zemaljskog posjeda i Jahvea, Boga Abrahamovog. Svaka i sve one nose ponosno samododijeljene krune nekog kraljevstva ili države.

"Vjera je ono što se nalazi u srcu i potvrduje djelo." I zaista, akcija govori više od rijeci, a to je suština misije covecanstva.

Konferencija u Berlinu 1878. godine bila je najveci medunarodni politicki uspjeh svih vremena, koji je doveo do kraja pet stotina godina dugu vladavinu Osmanskog carstva. Uspjeh ove konferencije placen je visokom cijenom u mome starom kraju, u

Rat Za Boga I Bosnu

gradicima Plavu i Gusinju, kao i u ostatku Osmanskog carstva, uostalom.

Albanija ima Majku Terezu, Bayrama Cureja, Skenderbega i Mehmed Ali-pašu, kako je obicno poznat na Zapadu, rodenog kasnih 1760-tih kao Mehmet Ali-paša. Razlika je samo u jednom slovu, sve ostalo je isto.

Mehmed je roden u Valboni, na tromedi Kosova, Crne Gore i Albanije. Njegova porodica preselila je na obalu ubrzo nakon njegovog rodenja, što je ucinjeno zbog zavade sa drugim plemenom i krvne osvete. Tadašnja glava porodice tako je odlucio da spasi familiju od krvoprolica, što nije bilo neobicno u tim vremenima.

Ali-paša Gusinjski se kasnije proslavio i dospio do najvecih casti u Osmanskom carstvu, a po povratku iz Istanbula, na Kosovu ga je ubio njegov do tada odani prijatelj. Život je kasnije ljude razbacivao kako je htio po Svijetu, a sudbina je htjela da moj najbolji prijatelj bude Fatmir Frank Hamzaj, prva krvna linija kralja Faruka, koji posljednjih 40 godina živi u Las Vegasu.

Opca je pojava da historicari, ako cinjenice nisu u korist njihove vlastite kulture ili ne favoriziraju njihov nacin razmišljanja, iskrivljuju povijest po vlastitom nahodenju i potrebama. Karakteristican je primjer drevne Albanije, o cijem postojanju se prava istina rijetko gdje zna, spominje i uci. Povijest Albanije, naime, seže do bronzanog doba, a geografski nije bila smještena gdje se danas nalazi. Albanija je bila smještana na podrucju Kavkaza, izmedu Kaspijskog mora i Kubanske doline, kao ogromna teritorija koja se prostirala od obala Crnog mora do obala Kaspijskog mora, što je bila teritorija veca od cetvrtine Europe.

U vrijeme vladavine Bizantskog carstva i Augusta Justinijana (vladao 527.-565.) vodili su se brojni ratovi izmedu tadašnje Albanije i ovoga mocnog carstva. Protivnici Albanaca izgubili su svaki rat.

Koljenovic

U vrijeme nemira princ Kaspijske Albanije je pitao Augustusa Justinijana: "Zašto želite moje kraljevstvo? Umoran sam od rata i poražavanja bizantskih legija i njihovih vojnika."

Sreca se ipak jednoga dana promijenila, a albanski princ nije prestao da se cudi sve do svoga posljednjeg daha.

"Zašto svi, sa sjevera i sa juga, sa istoka i sa zapada, žele osvojiti našu zemlju?", navodno su bile posljednje izgovorene rijeci princa od Albanije, nakon njegove posljednje bitke. U kojoj je, zajedno sa svojim hrabrim vojnicima, izgubio život.

Albanska plemena mnogo stoljeca kasnije su krenula iz svoje postojbine i naselila se uz Jadransko more, osnovavši državu pod nazivom Ilirik. Drevna kaspijska Albanija nije nikada bila ucrtana u zvanicne svjetske mape. Po takvom interpretiranju historije, princ od Albanije i Kubanske doline nikada nije postojao, kao što nije postojala ni Albanija, o kojoj se govori još samo u legendama.

Albanija je kao država preporodena milenijuma kasnije, tokom rata s Osmanlijama koje je vodio albanski ratnik Skenderbeg, otac današnje Albanije.

Ne cudi da je u Albaniji nastalo mnogo legendarnih sinova i ratnika kakav je u 18. stoljecu bio Mehmed Ali-paša. Kao djecak školovao se u Istanbulu. Poslan je u Egipat 1801. godine u sklopu Otomansko-albanskog korpusa nizamske vojske, sa zadatkom da povrate Egipat iz vlasti francuske vojske. Prije svoje smrti 1848. godine Mehmed Ali-paša je uspostavio dinastiju koja je vladala Egiptom do revolucije Gamala Abdela Nasera 1952. godine. Mehmed Ali-paša bio je najviše rangirani Albanac u 536 godina dugoj povijesti Osmanskog carstva, dostigavši najviše vojne i druge funkcije.

Mehmed Ali-pašina vladavina dogodila se u znacajnom historijskom kontekstu. Vladajuci od 1803. do 1811. on se etablirao kao otac modernog Egipta, a svojom je licnom moci eliminirao svaki utjecaj opozicije u Egiptu. Kraj ovog procesa obilježio je poznati

Rat Za Boga I Bosnu

masakr ostataka bivših vladara Mameluka u Kairu od 1812. do 1827. On je nastavio jacati kopnene i pomorske snage Egipta. Vojska i mornarica su 1810-1819. okupirali vehabijsko kraljevstvo na Arapskom poluotoku i preoteli za sultana najdragocjenija islamska mjesta na svijetu, svete gradove Meku i Medinu.

Decembra 1819. saudijske vehabije i države Golfskog zaliva bili su ukljuceni u akcije koje su prethodile padu Osmanlija.

Porodicna linija Mehmed Ali-paše vladala je Egiptom preko kralja Faruka od 1920. do 1965. Faruk je bio posljednji kralj Egipta, neosporno bogat covjek, koji je bezocno i neodgovorno pljackao onaj Egipat kojega je Mehmed Ali-paša je gradio.

Predsjadnik SAD Edgar Huver na veceri kod egipatskog kralja Faruka

Nezadovoljni Egipcani organizirali su posljednji obrok za maloga kralja 17. januara 1965. Faruk je vecerao sa 22-godišnjom Anna-Mariom Gatti u rimskom restoranu Lie de France. Jeo je

Koljenovic

kamenice i jastoga sa sosom, janjetinu i cuscus. Nakon vecere je zapalio džinovsku havanu i tada je posljednji put udahnuo. Kralj se srušio lupivši glavom o stol. Ostaci vecere letjeli su sa stola, a kapljice skupog crvenog vina poprskale su njegovo odijelo i neprocjenjivu haljinu Anna-Marie. Prizor je licio na klasicni filmski scenarij. Karabinjeri su odmah intervenirali i kola hitne pomoci su ekspresno stigla do bolnice, gdje je bivši egipatski kralj proglašen mrtvim neposredno nakon ponoci.

Egipatski kralj Faruk okružen svojom politickom elitom

Gospoda Nasir, direktorica Nasserove tajne policije, tvrdi da je nazvala Nassera iz rimskog restorana i pustila ga da direktno sluša umiranje kralja Faruka. Nije bilo prolijevanja suza na gradanskoj sahrani malog kralja. Kralj je umro jer je neko, navodno, otrovao jastoga kojeg je vecerao.

Postoji jedna vec stara egipatska prica o kralju Faruku, u kojoj se kaže da, ako je bilo sedam smrtnih grijeha, mali kralj Faruk

Rat Za Boga I Bosnu

bi izmislio osmi, i licno ga pocinio. Posljednji trenutak njegovog života odgovara osmome grijehu, pa je tako ostvareno prorocanstvo o Farukovoj sudbini.

Mnoge traume koje su tokom 20. stoljeca doživjeli narodi na Bliskom istoku direktno su povezane sa dogadajima iz Prvog svjetskog rata. U Egiptu, pak, i sa finansijskim problema koje je imala država. Rat što se vodio u Europi odnio je milione života. Osmansko carstvo stalo je na stranu Centralnih sila, Austro-Ugarske monarhije i Njemacke, koji su se borili protiv Saveznika.

Naivni kralj Sharif Hussein bin Ali sanjao je u Meki o prilici da se arapske zemlje oslobode od Turaka. Sharif Hussein bin Ali od Meke, kralj Arapa i pradjed jordanskog kralja Huseina, vjerovao je u cast britanskih zvanicnika, koji su mu obecali dati podršku za stvaranje jedinstvenog kraljevstva.

Nakon rata dogodila se velika arapska revolucija i pobuna, jer pobjednici u Prvom svjetskom ratu, Francuzi i Britanci, nisu imali namjeru održati obecanje da ce se vojno povuci sa arapskih teritorija. Oni su pogazili svoja obecanja data Sharif bin Aliju, raskomadali su bivše osmanske posjede u arapskom svijetu i podijelili ih izmedu sebe. Pradjedovska arapska zemlja razrezana je kao pizza u mnogo malih kriški, pretvorena u šarenilo sistema, mandata i protektorata, pri cemu su kolonijalne sile negirale Sharif Husseinu njihovo obecanje o jedinstvenoj arapskoj državi.

Usprkos tome, kraljevska familija Hašemita osigurala je vladavinu nad Transjordanijom, Irakom i Arabijom. Ali ne i Palestinom. Oni su smatrali da je pametno docekati Izrael sa dobrodošlicom i uštedjeti mnogo patnje i sebi i cijelome svijetu.

Kralj bin Ali licno je porobio dio Bliskog istoka. Godine 1918. Hašemitska porodica, potomci proroka Muhameda, osnovala je Kraljevinu Jordan, koja je rodena raspadom Osmanskog carstva. Britansko-francuska alijansa, sa Arapima kao savjetnicima ili saradnicima u zlocinu, ponašala se onako kako bi mama rekla: ,,"Ne

Koljenovic

budite ludi, uzmite još!" Tvoj stari susjed se vratio. Radanje Izraela nije djelo Britanaca ili Francuza, to je dijete Sharifa Hussein bin Emira, kralja Arapa. Vaše velicanstvo, vecina Svijeta vas pozdravlja.

Poslanik Muhamed preporucuje da za covjecanstvo ucinite ono što biste sami ucinili za sebe. Zaista, akcija govori više od rijeci, a akcija koju on cini, sama je suština karaktera ovoga kralja.

Možda želite na jednom mjestu vidjeti vecinu onih koji su Svijet skoro poslali u Pakao, a vi odlucite o tome šta je covecanstvo ucinilo da ih zaustavimo u njihovoj ludosti: Jean-Claude (Baby Doc) Duvalije, naslijedio svoga oca François (Papa Doc) Duvalijea kao doživotnog predsjednika Haitia, Slobodan Miloševic u Srbiji, kasapin sa Balkana, Mugabe u Rodeziji, Gadafi u Libiji, Sadam Husein u Iraku, Musolini u Italiji, Staljin u Rusiji, Hafez el Asad u Siriji (Otac i Sin), Pinochet u Cileu, Hitler u Njemackoj, Franco u Španiji, Draža Mihailovica u Srbiji, Petar Petrovic Njegoš u Crnoj Gori, Fidel Castro na Kubi, Jefferson Davis, predsjednik Konfederacije SAD, Kralj Nikola u Crnoj Gori, Enver Hodža u Albaniji, maršal Tito u Jugoslaviji, Reza Pahlavi, iranski šah, Hosni Mubarak u Egiptu, Nicolae Ceausescu u Rumuniji, Anastasio Somoza u Nikaragvi, Erich Honecker u DDR-u, Edward Shevardnadze u Gruziji, Franjo Tudman u Hrvatskoj kao manje zlo, Ariel Sharon u Izraelu, zatim (ovo ime dodajem sa tugom, ali to je njegova krivica) Omar al Bashir u Sudanu, Lewis Mackenzie, kanadski general, Radovan Karadžic u Bosni i Hercegovini, Pol Pot u Kambodži, Hirohito u Japanu, Ferdinand Marcos na Filipinima, John Vorster u Južnoj Africi, Ian Smith u Zimbabveu, Mao Zedong u Kini...

Kakva je bila uloga utjecaja Sovjetskog Saveza i Sjedinjenih Americkih Država u životima ovih ljudi i onih nad kojima su tiranski vladali? Sami možete biti sudija.

Rat Za Boga I Bosnu

VIII

JOŠ UVIJEK BOSANSKI AMERIKANAC

Bio sam u svojoj kuci u Las Vegasu uživajuci u rijetko lijepom danu. Nekoliko dana ranije rodilo mi se prvo dijete, a ja sam iskoristio mogucnost da prisustvujem porodaju, cudu koje se dogadalo pravo pred mojim ocima, mada u mojoj balkanskoj kulturi muškarci ne prisustvuju porodaju.

Nevjerovatno je kako je priroda stvorila i uravnotežila sve stvari i pojave na Zemlji, koje uzimamo zdravo za gotovo, a zapravo ih još u potpunosti ne razumijemo.

Ja sam živio u lijepoj kuci u jednom od najspektakularnijih gradova u Svijetu, a moja porodica je bila sigurna i zdrava. Mogao sam sebi priuštiti da se osjecam odvojen i izoliran od ostatka svijeta, iznad svjetskih sudova, kao covjek koji živi u nebeskim visinama, kao što su živjel Kir Veliki, kralj Perzije, ili grcki bogovi sa Olimpa.

Hm, da je Kir Veliki imao telefon, šta bi on ucinio kad bi u svakom trenutku mogao dobivati i slati poruke kao što sam ja to cinio?

Bilo je skoro deset sati ujutro kad sam dobio poziv od mog prijatelja Johna Coletta iz Caesars Palace. Naš prijatelj Rono Armani je govorio glasno pored njega i jasno sam cuo njegove rijeci: "Ne zaboravi doci na rucak kao što smo se dogovorili. Nisam te vidio vec dugo i nedostaješ mi. Nemoj da ja dolazim po tebe!"

Koljenovic

"Reno, ti si isti tvoj veliki otac, Bog da mu dušu prosti", odgovorio sam, znajuci da sam na spikerfonu. "I ti kao i on uživaš pokušavajuci zastrašiti svoje prijatelje, zar ne? Gledaj, ako imate tamo koju od onih kuba koje je tvoj otac pušio sa Winstonom Churchillom, onda cu doci, na duplo."

"Majstor si u davanju komplimenata, Angie", nasmijao se on. "I ja cu to prihvatiti od tebe, jer znam da si iskren, ali nažalost ja ne mislim da mogu uci u cipele moga oca. Ja sam samo sin moga oca."

"Reno, ti si uspješan covjek", rakao sam. „Tvoj otac bi bio ponosan na teba, a ja sam ponosan jer si mi ti prijatelj. Da te tvoj otac sad može vidjeti na mjestu direktora jednog od najboljih odmarališta na Planeti, mislim da bi se složio sa mnom. Vidio bi covjeka od integriteta i karaktera... Necu propustiti rucak, naravno, bit cu tamo tacno u deset."

"Cekaj malo", umiješao se John. "Zvao sam te da te zamolim za uslugu. Možeš li mi nazvati svoga prijatelja u Marriott Hotelu u Singapuru i kazati koju rijec za mene? Cuo sam da imaju otvoreno mjesto glavnog kuhara."

"Zašto želiš napustiti Caesars Palace?", pitao sam.

"Pokušao sam ga uvjeriti da ostane, Angie, ali on želi da ide u Singapur", ubacio se Reno. "Možda zato što si mu uvijek pricao o tome kako je lijepo živjeti u Aziji. Ja sam odustao od daljnjih pitanja, uzalud ga je odgovarati!"

"Smatraj da je to ucinjeno", odgovorio sam Džonu.

Nažalost, ja sam to zaista i ucinio i moj prijatelj je preselio daleko, veoma daleko, u Singapur.

Reno i John su me cekali u restoranu Primavera u Caesars Palaceu, sa espressom koji se vec bio ohladio. Kad me je Reno vidio kako dolazim kroz hodnik, ustao je i podigao ruku da me doceka, kao što je uvek radio: "Bolje ikad nego nikad, moj dragi brate, ali ja ne potpisujem cek", kazao je. „Ti placaš. Ja uvijek gubim više novca

Rat Za Boga I Bosnu

na espressa koje ti narucujem, nego bilo koji drugi gost u hotelu što potroši."

Nasmijao sam se, raširio ruke i poljubili smo se u oba obraza.

"Ne panici, Reno, popit cu je hladnu."

Naravno, ovaj susret nije mogao ni bez ljubljenje i grljenja i sa Johnom. Rukovao sam se i sa domacinom sa telefonom u ruci, kojega sam takode dugo poznavao.

"Gospodine Angelo, covjek iz Švicarske je na vezi, možete li ga preuzeti na telefon na vašem stolu, molim vas."

"Ko je na liniji?", upitao sam.

"Vaš prijatelj Peter iz Ciriha", rekao je.

To nije bila dobra vijest. Peter nije bio moj prijatelj vec dugo vremena i nisam mogao zamisliti zašto bi me mogao zvati. Posebno mi nije bilo jasno zašto se predstavio kao moj prijatelj. Šta god da je bilo, nisam ocekivao da cu uživati u razgovoru. Moj sto je bio skroz u cošku sa pogledom na Caesars bazen, vjerojatno jedan od najljepših bazena ikad izgradenih u ovom kraju.

Cak i pored osjecaja nelagode koji je u meni izazvao ovaj poziv, ni ovoga puta nisam mogao ostati ravnodušan pri pogledu na ljepotu i raskoš velikog kazina, na njegova mramorna stepeništa, luksuzne tepihe, pozlacene stropove i luksuzni namještaj. Vidio sam ruševine stvarnog Caesars Palasa u Rimu i ne vjerujem da je njegova palaca mogla biti sjajnija od ove.

Stisnuo sam ruku domacinu, u kojoj je, kao i uvijek, bio bakšiš za kojega sam znao da ga on ocekuje od mene; besplatan dorucak uvijek košta mnogo više nego ako ga platite. Oni koji razumiju duh Las Vegasa znaju da je bakšiš život batlera i konobara, i ako želiš da te taj duh voli, daješ bakšiše kao da pališ svijece na oltaru. Možda je sujevjerno misliti da neko mjesto ili stvar može imati duh, ali sam uvijek smatrao da ako te duh Sin Cityja voli, mogao si imati bilo šta što bi poželio, a ako ne, onda bi sve što bi dodirnuo isisalo malo krvi iz tebe. Za mene je osvajanje Sin Cityja od

Koljenovic

pocetka bio ljubavni izazov i ljubav na prvi pogled, a kroz pobjede i gubitke njegov duh je prema meni oduvijek bio velikodušan, možda više nego što sam zaslužio.

Posljednji put kad sam vidio Petera, rekao sam tom hrvatsko-švapskom dripcu sa majmunskom facom da ako se se još jednom nadem licem u lice s njim, da cu mu odrezati jaja i gurnuti mu ih u nos tako snažno da ce mu mozak frcnuti kroz uši. On je jako dobro znao da ja to zaista mogu uciniti.

Peter je bio veliki crvenokosi gorštak s nosom poput velike jagode, momak cije je tijelo pucalo od mišica. Bio je cvrst i opasan tip. Ja sam vec desetljecima Amerikanac i vjerovatno sam u najvecoj mjeri poprimio americki mentalitet i nacin razmišljanja, tako da su mi te svade u mojoj bivšoj domovini, koje su se dešavale medu bivšim jugoslavenskim republikama, narodima i njihovim kulturama i religijama, bile prilicno strane, mada su tamo bili moji korijeni, kao uostalom i Peterovi. Mi smo u jednom vremenu bili drugari, sunarodnici, zavjerenici i partneri u medunarodnim intrigama. Kad smo pravili naše pothvate, životi hiljada ljudi u našoj zemlji i sudbina naše zemlje visili su o koncu. Ta cinjenica nas je zbližila. Na kraju, mislim da je pošteno da kažem nešto i o onome što nas je na kraju razdvojilo.

"Zdravo, Peter", rekao sam. „Kaži, šta hoceš?"

"Angie, dolazim po tebe iz ovih stopa", rekao je, kao da se medu nama ništa nije dogodilo. I ne brini za karte. Moram te hitno vidjeti. Ne brini, ovo nije nikakvo sranje. "

Nasmijao sam se: "Ti si, izgleda, u potrazi za poslom šefa parkinga?"

"Eh, da sam te srece", rekao je. „Bit cu tamo za dva dana. Uzet cu taksi od aerodroma do tvoje kuce."

Zaustio sam da mu kažem da se goni u vražju mater, da se uhvati kakvog kretena slicnog njemu tamo u njegovom Zagrebu, a ne mene, ali mi je nešto govorilo da ga trebam prethodno saslušati.

Rat Za Boga I Bosnu

"U redu, Peter", rekao sam, "zovi me kad dodeš u grad."

Tako se Peter ponovo vratio u moj život, kao pas kojeg nemate srca otjerati od sebe.

Peter je bio nekoliko godina stariji od mene. Bio je jedan od Titovih lovaca na ljudske glave, jedan od tajnih agenata koje je Maršal instalirao širom svijeta, da njuškaju, istražuju, zastrašuju, a ponekad i ubijaju Titove opozicionare koji su napustili Jugoslaviju, ali koje je Tito i dalje smatrao opasnim za njegovu vlast i za njega licno. Što je bio logican oprez, jer je na Tita vec bilo izvršeno nekoliko neuspjelih atentata.

Bilo je na stotine, možda i na hiljade takvih agenata kao Peter razasutih po Svijetu, kako bi se osiguralo Titovo preživljavanje od njegovih neprijatelja izvan i unutar zemlje, ukljucujuci i nekolcinu koji su kasnije, u drugim prilikama, postali ozloglašeni, od kojih je krajem 1990-tih najpoznatiji postao ubica i ratni zlocinac Željko Ražnjatovic Arkan.

Bila je to dobro organizirana mreža agenata koja je radila pod krinkom uposlenika kojekakvih turistickih, privrednih ili izvozno-uvoznih preduzeca instaliranih u glavnim gradovima država širom svijeta, od kojih je najpoznatiji bio „Geneks", uvozno-izvozna firma sa sjedištem u Njujorku, kojoj je na celu bio operativac UDB-e Ratko Draževic, bonvivan i zlocinac. On je javno za sebe izjavljivao da je licno ubio dvije hiljade ljudi i spavao sa isto toliko žena, pri cemu bi zaboravio reci da je vecinu njih zapravo silovao, uhapsivši im prethodno muževe pod sumnjivim okolnostima.

Arkan je odavno mrtav. Sa nezaobilaznom damom sa kosom u rukama susreo se u svojoj kockarnici u Beogradu. Ubijen je iz neposredne blizine sa stotinjak metaka koji su rastrgali njegovo tijelo, što je bila posljednja i nedvosmislena poruku njegovog prijatelja i poslodavca Slobodana Miloševica.

Peter i ja smo se upoznali preko nekih jugoslavenskih obavještajaca s kojim sam se zbližio kad sam pomagao clanovima

Koljenovic

njihovih porodica da legaliziraju svoj boravak ili dolazak u SAD. Tako sam postao blizak i sa americkim obavještajcima, koji su brzo otkrili da me mogu ukljuciti u savjetovanje americke vlade i vojske u poslove od nacionalnog interesa za Ameriku i Bosnu i Hercegovinu, ali o tome cu kasnije govoriti.

Peter je živio u Gold Coastu u Australiji, a prilikom jedne posjete Las Vegasu ispricao mi je da poslovno mora putovati u Columbiju, a zatim u Dallas u Texasu, gdje je imao kontakte i u obavještajnim službama i u podzemlju.

Peter je volio da se hvali poslovima koje radi. Pitao me je da li sam raspoložen da idem s njim u San Diego, gdje se trebao satati sa nekim svojim prijateljima iz americke obavještajne službe, ali nije precizirao koje, FBI, CIA ili Mornaricke obavještajne službe. On se suvereno kretao u tim krugovima. I bio ukljucen u rad više obavještajnih agencija, pa smo tako vremenom obojica postali ukljuceni u dogadaja koji su na kraju doveli do raspada Jugoslavije i stvaranja nezavisne Bosne i Hercegovine.

Uživao sam radeci s njim. Iako je bio sirov covjek, kakvi obicno loše mirišu, imao je neupitnu lojalnosti, a ja sam vjerovao da u srcu nosi najbolje želje za buducnost Bosne i Bošnjaka. U svome radu bio je nemilosrdan, ali cool. Pretpostavljam da je tu osobinu mogao povuci od svoga oca Nijemca. Nijemci su poznati po tome da su racionalni i efikasni i da tu osobinu znaju odijeliti od osjecanja i bilo kakve strasti, što se nije moglo reci za mene, koji nikada nisam izgubio moj strasni crnogorski karakter. Iako sam odavno otišao daleko od doline Gusinja i Crne Gore, moja priroda je još uvijek bila takva da ne vjerujem nikome ko ne unosi strast u ono što radi. Srce bez strasti je kao ognjište bez vatre i tu se covjek teško može osjecati kao kod kuce.

Jedan od najboljih ljudi s kojima sam ikad imao priliku raditi bio je misteriozni dugogodišnji veteran obavještajne službe, covjek po imenu Giles Pace, koji možda zaslužuje da se nazove americkim

Rat Za Boga I Bosnu

James Bondom. I sada, kad se sjetim prošlog vremena dok smo radili zajedno, iznenaden sam koliko sam malo znao o tome ko je Giles i za koga je sve radio, kao i o tome šta je zapravo njegov posao. Njegova prošlost i njegov sadašnji život su i dalje misterija za mene, ali uvijek sam znao da je pravi patriot, covjek koji je poznavao mocne i utjecajne ljude gdje god bi se obreo, osobito u Utahu gdje je živio.

On i Peter bili su jedne veceri gosti na veceri u mojoj kuci, pa smo krenuli razgovarati o tome kako je vlada srpsko-crnogorske Jugoslavije vojnim snagama bivše Jugoslavenske narodne armije napala Bosnu i Hercegovnu, to jest bosanskohercegovacke Hrvate i Bošnjake, stavivši se na stranu zavjerenickih bosanskih Srba. Ono što sam cuo da je Peter rekao Gilesu pogodio me je u lsrce.

"Jebeni muslimani zaslužuju upravo ono što su dobili", rekao je. "Trebali su shvatiti gdje im je mjesto prije stotinu godina, kad je njihova imperija pala. Da ih je Tito protjerao, Jugoslavija bi danas bila velika Europska sila"

To je bilo to. Nije bilo bitno je li Peter bio Hrvat ili šta je vec bio, bilo je bitno da je i dalje bio Titov covjek, ali i neprijatelj bosanskih muslimana. On jednostavno nije simpatizirao Bošnjake, motiviran samo njemu poznatim razlozima.

Jedva sam pogodio šta je to moglo biti. Shvatio sam, naime, da je Bosna za njega bila samo posao, a Bošnjaci su bili samo klijent za kojega Peter nije imao poštovanja ni ljubavi. A ja sam se osjecao kao da je trgnuo ruku preko stola i ubo me pravo u srce svojim nazubljenim diverzantskim nožem.

Mada mi je bilo neugodno od moga prijatelja Gilesa, koji je bio moj dobrodošao gost na veceri, morao sam odgovoriti provokatoru: "Moja tradicija, kao što znaš, ne dozvoljava mi da te prebijem ovde u mojoj kuci, gdje si moj gost, pa zato zacepi prije nego što stvarno to i ucinim. Odakle si ti covjece, pa ne znaš da je prihvatanje islama sa osmanskim dolaskom u Bosnu najbolja stvar

Koljenovic

koja se ikada dogodila na Balkanu, koji je živio u najmracnijem vremenu siromaštva i ocaja. Osmanlije su donijele bogatstvo kulture u sve segmente života i pomogli da se pokrenu srca i umovi balkanskog stanovništva, donijeli su pet stotina godina prosperiteta i civilizacije i tu istinu ne može niko poreci", kazao sam i nastavio u istom dahu: „Vrijedajuci moj narod, ti vrijedaš i mene licno. Mada si u mojoj kuci, znaj da se jedva suzdržavam da ti ne saspem zube u ta tvoja prljava usta. Kako uopce imaš hrabrosti da tako govoriš predamnom. Ako imaš imalo pameti odmah ceš povuci ono što si rekao... Uostalom, necu da prljam ruke od tebe, jer ti nisi nikakav covjek!", dodao sam, napokon odustavši da razmišljam o tome kako ga treba razbiti odmah tu, u mojoj kuci, usprkos svetom pravilu da se u tvojoj kuci tvome gostu ne smije desiti ništa loše.

Kroz život sam uvijek volio da pomažem ljudima. Ako je bilo potrebno da hodam cijeli dan kako bih nekome nešto ucinio, ja bih to uradio ne misleci na vlastitu korist. Tako sam pomogao i Peteru da se njegova porodica legalno nastani u Sjedinjenim Državama.

A sada sam se osjecao potpuno izdanim. I zakleo sam se grobom moje majke i krvlju moje djece, da ako ga ikada ponovo vidim, da cu ga skratiti za jaja i stavi ih u usta njegovog krvavog leša.

Sada sam sjedio za stolom s pogledom na bazen u Caesars Palacu i cuo njegov prepoznatljivi promukli glas: "Angie prijetelju, imam jedno iznenadenje za tebe!", rekao je.

"O.K., pucaj!"

"Ovaj put meni ne treba ništa. Ali imam nešto što je tebi jako potrebno, Angie, nešto oko tvoje Bosne", rekao je.

Suho sam se nasmijao i rekao: "Peter, jedino što mi je potrebno je još nekoliko sati sna. Za tvoju informaciju, radim vrlo naporno da dam svoj doprinos da se zaustavi rat u Bosni. Upravo sam imao veceru u Polo Towersu. Bilo je više od osam stotina ljudi,

Rat Za Boga I Bosnu

lokalnih i državnih politicara, a sve se dogadalo pod pokroviteljstvom mog dobrog prijatelja Stephena Cloobecka, koji je, vidi sad, Jevrej. Bio sam toliko iznenaden slušajuci ga kako prenosi publici šta se tacno i šta se zaista dogada u ratu u Bosni. Ne mogu mu dovoljno zahvaliti. I nikad necu zaboraviti pomoc koju je nam je pružio. Naš glavni govornik bio je bosanski ambasador Alkalaj, a zamjenik guvernera države Nevade bio je pocasni gost. Zašto misliš da mi treba nešto od tebe, Peter?", izdeklamirao sam mu sa velikim zadovoljstvom.

"Slušajt covjece, to je sve u redu što si rekao", kazao je. "Meni je drago da ti ljudi rade s tobom, ali trebalo bi ih okupiti ponovo, sve njih, i to odmah, da ih upoznamo sa onim što imam da ti kažem."

Za trenutak je na liniji zavladao tajac ispunjen neizvjesnošcu.

„General Ratko Mladic napada Srebrenicu. I on ce tamo napraviti pokolj."

Sledio sam se na njegove rijeci i jedva sam izustio: "O cemu ti pricaš, covjece?"

Mogao sam prepoznati jednostavnu istinu u njegovom glasu, i znao sam da mi ne laže. Pratio sam, naravno, svakodnevno dogadaje u Srebrenici, a ono što je on rekao, bilo je ispunjenje mojih najgorih strahova. Cak ni Milošević, taj mali prevrtljivi fašist, ne bi se usudio narediti vojsci da direktno krene u masovne pokolje naroda (vojsci zbog cije zaštite je ta ista jugoslavenska armija u Titovo vrijeme bila i stvorena), i to samo zato što su muslimani. Ipak, Peter mi je jasno govorio da ce se upravo to dogoditi.

Koljenovic

Fotografija iz vremena kad su borci Srebrenice uspješno parirali srpsko-crnogorskom agresoru. Covjek koji na svojim ledima nosi ranjenika je Naser Oric, komandant odbrane Srebrenice

"Kažem ti, Angelo, i nemoj da kasnije ispadne kako niko sa srpske strane nije pokušao spasiti bošnjacki narod od zlocina koji se sprema.",

Štrecnuo sam se na njegove rijeci. Da li sam ga uopce dobro razumio.

„Cekaj malo Peter... Kako sa srpske strane? Mislio sam da si ti njemacki i hrvatski covjek."

"Moja majka je pola Srpkinja, a pola Hrvatica", rekao je on. "Radio sam i neke stvari za Beograd."

"Pa to je super, sada znam sve", rekao sam. "Ti si stvarno pravo dubre. Kakvih još novosti imaš za mene?"

"Hm... Ljubazno od tebe, stvarno. Svejedno, moje je bilo da ti kažem, a ti radi šta hoceš. Mladic u obrucu drži gotovo osam hiljada muškaraca i djecaka i mislim da ce ih sve pobiti. Ne postoji ništa što mogu uraditi s položaja koji imam da ga zaustavim. Zato vidi šta ti i ovi koje si spominjao možete uraditi!?"

Rat Za Boga I Bosnu

Bio sam zapanjen da me je pozvao. Možda je to ucinio samo da bih se ja osjecao bespomocnim i krivim.

"Šta želiš od mene, Peter? Protrljaj magicnu lampu i reci tri želje. Da sam u poziciji da ja to ucinim, prvo bih poželio da zaboravim djetinjstvo u kojem sam bio gladan i siromašan... Gubitak osam hiljada ljudi, i to na takav nacin, bila bi katastrofa za svaku malu zemlju. Bio bi to cisti genocid. Niko to ne bi ucinio, cak ni Srbi!"

"Pa, ako ne nazoveš nekoga u Washingtonu i ne ubijediš ih da interveniraju, vjeruj mi, osam hiljada ljudi ce biti mrtvo, možda i deset. Masakr bi mogao poceti vec u narednim satima, i možda trajati danima."

"Peter, otkud ti znaš sve to? Ko ti daje informacije?"

"Zaboravio si Angelo? Ja sam „Jack" za mucke i intrige, ali nisam profesionalac."

"Peter, ti nisi „Jack", ti si „Jocker", rekao sam mu. „Uvijek sa dva lica i oba lažljiva. Zato ti nikad nisam vjerovao, ali ovaj put mislim da možda govoriš istinu."

"General Jankovic je starac, i cini se da osjeca neku vrstu samilosti", objasnio je Peter. "Sjecaš li se ljudi iz Banjaluke koje si sreo u Cirihu, onoga lika cijeg su brata ubile bosanske snage? "

"Naravno, ali ja tom momku ne bih povjerovao ni u cemu", rekao sam. "On je Srbin. "

"Slušaj covjece, on je dobio poziv od generala, a ja zovem tebe, i nemoj mi sad o tim nacionalnim sranjima", rekao je. "Prestani gubiti vrijeme na pizdarije ako hoceš da spasimo te ljude."

"Zapravo mi nije jasno šta se dogodilo s tobom pa si mi, nakon svega što se dogodilo medu nama, odlucio javiti ovakvu vijest?"

"Samo sam se šalio pokušavajuci privuci tvoju pažnju", rekao je Peter i zacerekao se. "Da stvarno dolazim, ti nikada ne bi vidio da

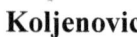

Koljenovic

dolazim." Zašutio je trenutak. „Zbogom, moj stari prijatelju", dodao je i odmah zaklopio slušalicu.

"U redu, Peter", rekao sam u „mrtav" telefon. "U redu. Možeš zadržati svoja jaja. Izvinjenje je prihvaceno. Ali ne zaboravi da covjek može mijenjati boje poput kameleona i ne fermati ni jednu od njih.", kazao sam i zaklopio slušalicu.

Zatim sam podigao slušalicu i pozvao bosansku ambasadu uWashington DC-ju.

"Ovdje Angelo iz Las Vegasa", rekao sam ženi energicnog glasa koja se predstavila kao Jasmina. "Ja sam ambasadorov prijatelj. Sreli smo se na konferenciji ovdje u Las Vegasu i dogovorili neke aktivnosti, ambasador ce me se svakako sjetiti. Imam neke informacije od medunarodnog znacaja za njega, pa vas molim da me spojite s njim."

"Žao mi je, ali ambasador nije u svojoj kancelariji", rekla je glasom kojim govorite kad vam neko dosaduje, baš kao da sam je pozvao da joj prodam kolacice za mlade skautkinje.

"Imam vrlo hitnu poruku, u pitanju su životi ljudi", insistirao sam. "Znam da ste uvijek u stanju da ga dobijete u hitnim slucajevima, a ovo je hitan slucaj. Hocete li me, molim vas, povezati sa ambasadorom, životno je važno da razgovaram s njim? "

"Žao mi je, ali je to ne mogu uciniti. Morat cete nazvati drugi put."

"Cekajte, vama uopce nije jasno o cemu se radi", rekao sam frustrirano. "Ovo je suviše znacajna stvar da biste vi mogli odluciti da me ignorirate. Ambasador Alkalaj mora ovo cuti. Ako necete da me spojite s ambasadorom, onda me morate spojiti sa vašom nadredenom osobom."

"Ne moram ja uciniti ništa", rekla je. "Ambasador nije dostupan."

Naravno, klasicni mentalitet svakog birokratskog režima u Jugoslaviji, ali i bilo gdje u Svijetu. Daj malom covjeku malo vlasti i

Rat Za Boga I Bosnu

nekoliko ljudi da im budu podredeni, i oni se pretvore u velike tirane.

Htio sam joj reci: "Ti si me upravo podsjetila zašto mi je drago što sam prije toliko godina otišao iz Jugoslavije." Umjesto toga, uzeo sam dah i rekao: "Gospodo Jasmina, vi ne morate to uciniti za mene. Ucinite to za osam hiljada ljudi u Srebrenici koji ce biti pobijeni do sutra ujutro."

"Da i leteci tanjiri ce iznad Kalifornije pasti u okean", rekla je. „Ambasador nema vremena za cudake i njihove fantazije."

Spustila je slušalicu. To je bio jedan od mojih najgorih telefonskih razgovora u životu i nikad se necu oporaviti od njega. To je bio teret veci nego što sam ga mogao izdržati. Ukljucio sam kompjuter i strpljivo cekao da se program podigne. Cinilo se dugo kao vjecnost, a sa svakom novom proteklom sekundom cinilo mi se da ponovo cujem odzvanjanje Peterovog glasa u mojoj glavi: "Bolje ucini nešto, gospodine. Ja sam svoj dio uradio, na tebi je da uciniš svoj!"

Moj prvi pokušaj bio je neuspješan. Osjecao sam se kao što se vjerovatno osjeca pisac scenarija, koji ima pricu od svjetskog znacaja, ali bez mogucnosti da bude ekranizirana. Kome ispricati svoju pricu, i kako doci do Njih, i šta reci Njima? Moja prica od koje je ovisila sudbina hiljada ljudi, pala je vec pred prvim malim birokratom, koji ju je odbacio kao loš scenarij studenta druge godine, koji pored svoga redovnog posla cita po dva studentska rada dnevno za pedeset dolara po jednom.

Bilo je to ponašanje po starim obrascima koji nikada nisu napušteni. Nevini ljudi su umirali na ulicama, ljudi koji nisu imali pojma zašto se ratuje, a sa druge je strane bila uvijek ista stara klasa prezadovoljnih, sitih i odlicno placenih birokrata.

Spremao sam se napisati e-mail ambasadoru Alkalaju, u nadi da Jasminin posao nije bio da cita i njegovu prepisku: "U Jugoslaviji

Koljenovic

birokracija nije morala odgovoriti bilo kome, barem ne obicnim gradanima", napisao sam, te nastavio: "Ovdje u Americi, naši lideri su od naroda izabrani službenici, i oni se osjecaju dužnima da odgovore na svaki upit ili obracanje gradana njihovih zajednica. Svaki od njih se smatra odgovornim za svoja djela i osjeca potrebu javno ih objasniti ako se to od njih traži...

Imam za Vas poruku od najvece važnosti i hitnosti u vezi života nekoliko hiljada Bosanaca. Ja sam vec nazivao Ambasadu i pitao osoblje kako da vam prenesem poruku, naglasivši da je od najvece važnosti i hitnosti, ali nažalost, cini se da je poruka odbacena od strane sekretarice Ambasade koja se predstavila kao Jasmina.

Usudujem se reci, ako se potvrdi da je moja informacija tacna, da cete biti primorani tražiti novu sekretaricu."

Dokument iz jednog od mnogih kriznih trenutaka kroz koje su Srebrenicani i branioci Srebrenice prošli tokom opsade grada

Rat Za Boga I Bosnu

Sutra ujutro imao sam telefonski poziv iz Ambasade Bosne i Hercegovine, od privatnog sekretara ambasadora po imenu Esmir. Bio je vrlo profesionalan i vrlo ljubazan. Nekoliko trenutaka kasnije cuo sam meki glas s druge strane linije: "Mister Angelo, ambasador Sven Alkalaj ovdje. Šta mogu uciniti za vas, prijatelju? "

Prenio sam mu informaciju koju sam imao, a on je bio veoma zabrinut, uzevši me sasvim ozbiljno.

"Mi u Americi ne gubimo vrijeme ni sa kim ko nije dostojan našeg vremena", rekao sam mu. "Vi, gospodine Ambasadore, Vi i vaša vlada morate uvjeriti americkog predsjednika, Senat i americki narod, da ste vrijedni spašavanja života ljud koje ovdje predstavljate." Zatim sam ga podsjetio da su nekoliko godina ranije Sjedinjene Države obznanile da, ako bi Sovjetski Savez napao Jugoslaviju, mi bismo išli do nuklearnog rata s njima.

"Da, samo zbog strateških interesa", podsjetio me je on. A onda sam ja njega podsjetio da se strategija ne odnosi samo na vojna pitanja, nego i na ugled nacije. "Morate uvjeriti Predsjednika da su Bosanci vrijedni da ih se spasi ne samo zbog njih samih, nego i kako bi na taj nacin bio spašen interes americkog naroda."

On mi je bio zahvalan za informaciju koju je dobio od mene. Kako je bio covjek od akcije i casti ucinio je sve što je mogao, ali tragedija je bila neizbježna. Zlocinac Mladic naredio je da se pobije i pokolje osam hiljada muškaraca i djecaka koje su srpske snage naoružene do zuba držale opkoljene u obrucu oko Srebrenice.

Koljenovic

Srebrenica: Glas iz Pakla kojeg niko nije cuo

To je upravo bilo ono što su srpski zlocinci uradili u Srebrenici, ali i na drugim mjestima u Bosni i Hercegovini, paleci kuce, pljackajuci imanja, zatvarajuci u logore muškarce, muceci ih i ubijajuci, sistematski silujuci na hiljade žena. To su Srbi i Crnogorci radili po Bosni i Hercegovini dulje od cetiri godine, a da ih niko iz Europe i Svijeta nije ni pokušao zaustaviti.

Rat Za Boga I Bosnu

IX

GRAĐANIN AMBASADOR

Masakr u Srebrenici bio je užas od kojeg se nikada necu u potpunosti oporaviti. Za mene bi ta vijest bila užasna cak i da sam je samo procitao u novinama, ali znati o tome unaprijed, pokušati zaustaviti zlocin i ne uspjeti u tome, to je bilo nešto što je na mene djelovalo nepopravljivo tragicno.

Jesam li ja mogao pokušati uciniti još nešto da se zaustavi ubijanje u Srebrenici? Ne znam. Kako god, ja sebi nikako i nikada necu oprostiti što nisam uložio više truda. Bio sam opsjednut saznanjem da se tim porodicama moglo pomoci, samo da sam imao nekoga dovoljno snažnog i pozicioniranog na dovoljno mocnom položaju, ali istovremeno i dušom naklonjenog Bosni, ko je bio u stanju povuci odgovarajuce poteze da se srebrenicki masakr sprijeci.

Istina, ja sam bio ubijeden da sam, posredstvom mojih saradnika, obezbijedio dovoljno naklonosti predsjednika Klintona da djeluje u Bosni, medutim, kad je bilo najvažnije i kad je trebalo konkretno djelovati, ispostavilo se da su sve naše rijeci i molbe pale „na gluho uho", što se vjerovatno dogodilo zbog trenutnih politickih razloga.

Zato sam se osjecao tako malim i tako bespomocnim pred velikim svjetskim problemima na koje niti jedan obican covjek nije u stanju utjecati, pa tako ni ja.

Koljenovic

Ja sam doduše vec imao otvorena vrata sa najvišeg mjesta i konkretne zadatke šta da radim i zadatak da oznacim pozicije na koje NATO avionima treba djelovati po Kosovu i Srbiji, ali sam na ispitu za Srebrenicu, nažalost, pao.

Nekoliko dana kasnije dobio sam poziv od bosanskog ambasadora Alkalaja, koji je tražio od mene da ucinim nešto za njega.

"Imam problem i možda mi možete dati neki prijedlog", rekao je Alkalaj.

"Nema šanse da sam ja osoba koja može davati neke velemudre savjete. Ja kad imam problem idem kod doktora.", rekao sam polušaljivo i istim tonom nastavio: "Zato uvijek imam nekoliko aspirina u džepu, koje obicno riješe vecinu mojih problema."

On se nasmijao: "Da, shvatam, svi Amerikanci žive na pilulama, doslovno i figurativno."

"Recimo samo da ne volimo da živimo s bolom, i zato uzimamo sve što treba da ga otklonimo. Da li je to dobar lijek ili samo bjekstvo od stvarnosti, teško je reci, zar ne? Šta je to što bih mogao uciniti za vas? "

"Cuo sam da imate prijatelje na visokim položajima u Meksiku", kazao je Alkalaj.

"Ne znam nikoga iz New Mexica", rekao sam.

"Ne, ne, iz New Mexica, mislim na jug, preko granice, na Državu Meksiko. Razgovarao sam sa ambasadorom Meksika ovdje u Washingtonu. On se boji cak i razgovarati sa mnom. Znate li da nas Meksiko još nije priznao kao samostalnu državu? "

"Ne mogu vjerovati! Ne, nisam znao", rekao sam razocarano. "U najkatolickijoj državi na Planeti, Bosna nije priznata kao država? To je prilicno tragicna cinjenica, prijatelju."

"Angelo, ja sam bezbroj sati proveo u Washingtonu i UN-u, igrao sam cak i tenis sa meksickim ambasadorom u Washingtonu, ali nikad nismo progovorili službeno. Oni jednostavno ne mogu

Rat Za Boga I Bosnu

razgovarati sa mnom oficijelno dok im neko kuci, u Mexico Cityju, ne da dozvolu za to."

"Mislim da ne bi trebalo igrati tenis sa ambasadorom Meksika", rekao sam mu. "Dajte im do znanja da vi niste ovdje da okolo igrate golf poput lobista iz industrije enchilada tortilja, nego da ste ozbiljan diplomat. Trebalo bi ih pozvati na veceru i objasniti im važnost naroda i države Bosne i Hercegovine."

Dao sam Alkalaju priliku da mi odgovori, ali kako je on šutio, ja sam nastavio: "Vi, ambasadore Alkalaj, ne biste trebali pristajati na propagandu koja se svaki dan emitira na televiziji i drugim medijima, nego biste trebali uciniti konkretne korake i poteze iz kojih ce ovdašnja javnost shvatiti da postoji zemlja kao što je Bosna i da postoje ljudi koji u njoj žive, koji pripadaju svim velikim svjetskim religijama, katolici, jevreji, muslimani, pravoslavni, protestanti... "

Ambasador Alkalaj je napokon odgovorio: "Meksicki ambasador nema pojma o muslimanima, niti zna da oni žive i u Europi."

"Prilicno tragicno, ali nisam iznenaden", rekao sam. "Meksicka vlada i njihovi ljudi su sto posto katolici i Vlada se bavi strogo internim stvarima. Njih, cini se, uopce ne zanima šta se dogada izvan nacionalnih granica Meksika. Licno vjerujem da svoje ljude vole držati u mraku. I mada je njihova vladavina represivna, Vlada i administracija SAD-a ih podržava."

Ambasador Alkalaj je ponovo diplomatski šutio, dok sam ja nastavio „držati bank."

"Razlog naše podrške represivnoj vladi Meksika posljednjih sedamdeset godina je u tome što je Meksiko najveci trgovinski partner SAD-a, a mi, uz to, imamo najvecu populaciju etnickih imigranata koja broji gotovo 35.000.000 Meksikanaca koji žive u SAD-u. Zato, ako vi meksickom ambasadoru, recimo, kažete kako vi u Bosni i Hercegovini iz Meksika želite uvoziti pinjata lutkice ili su

Koljenovic

vam potrebni beraci grožda i jagoda, moguce je da cete ga uvjeriti da pristanu na neku vrstu diplomatskog priznanja Bosne i Hercegovine. Uz to, morate mu objasniti da su Balkan i meksicka kultura prilicno bliski, da se društvo zasniva na jakoj patrijarhalnoj porodici, na poštovanju osoba i imovine, na dubokim vjerskim uvjerenjima, i na poštovanju casti svakog pojedinca."

Moje su rijeci zacijelo imale jakog efekta na moga sagovornika, jer me nije prekidao, zbog cega mu odmah nastavih govoriti ono što mi je bilo na duši i na srcu.

"Dajte mu do znanja da je za Meksiko, kao modernu naciju u slobodnom svijetu, veoma važno i zapravo moralna dužnost da prizna Bosnu kao državu. Ako to ne ucinite, oni nam nece reci ništa drugo nego da su izgubili vjerovanje u mir koji je Isus propovijedao. Meksiko je i dalje zemlja koja se bori da pronade demokraciju za sebe i pravdu za sve njihove ljude. Meksiko ima mnogo toga zajednickog sa Bosnom zbog nepravdi i progona koji su se cinili u našim dvjema državama. Bosna više nije samo dio mocnog jugoslavenskog socijalistickog režima, ona je sada suverena država, a kad prizna Bosnu, Meksiko ce i na taj nacin pokazati da aktivno sudjeluje u aktivnostima svjetske zajednice. Vi ste ambasador, gospodine Alkalaj, i oni vam duguju mnogo više poštovanja od partnerstva u igranju tenisa."

Onda mi je palo na pamet da, iako nisam bio politicar ili covjek od neke velike moci u Las Vegasu, poznajem mnogo vrlo utjecajnih ljudi. Tu poziciju, kao i mnoge druge stvari u Vegasu, uvijek je teško definirati. Radio sam u nekoliko najboljih kockarnica ikada izgradenih i bio blizak sa nekolicinom velikih direktora, zabavljaca i igraca, koji su bili moji prijatelji i kumovi moje djece.

Moje privatno poslovanje i rad bili su uspješni, ali javno nisam bio mnogo eksponiran, što sam oduvijek smatrao prednošcu. Što manje ljudi zna ko si, šta si i šta si sve u mogucnosti uciniti, u vecoj si prednosti. Pri cemu, naravno, ne mislim na najbliskije

Rat Za Boga I Bosnu

prijatelje. A ja sam, izmedu ostalog, znao da koristim smrtonosne borbene vještine koje sam stekao kao komandos, specijalist za poducavanje ekstremnih borilackih vještina, zbog cega sam bio tjelohranitelj nekoliko svjetski poznatih licnosti, koji su vremenom postali moji prijatelji.

    Ja sam takoder bio jedan od onih koji su "vodili brigu o stvarima" koje treba preduzeti kad VIP gost dode u grad i kasino. Tada bi me neko od velikih bosova iz svijeta kocke, šou biznisa i hotelijerstva zamolio da se pobrinem za važnog gosta koji je upravo stigao u grad, što je izgledalo otprilike ovako: "Angelo, pogledajte da li Mr. Big Shot ima sve što mu je potrebno, ma šta to bilo, da li da se dobro zabavlja ili šta vec želi... On vam to nikad nece zaboraviti. Ili, pak: „Išamarajte malo tog i tog tipa, cisto onako disciplinski, da shvati da ovdje samo dobri momci mogu imati dobar provod..."

    Ukoliko si spretan, brz, pametan i inteligentan, uz to na pravoj strani, ti si uvijek pobjednik. Zato su me rado zapošljavali, pa sam ove poslove radio u starom Stardustu pocetkom sedamdesetih, i starom Aladdinu i El Ranchu krajem sedamdesetih.

    Dobro se sjecam priznanja kojega sam dobio od mog dobrog prijatelja i mentora, Edwarda Torresa, pionira kockanja ovdje u Nevadi, u Las Vegasu. Prvi susret s njim bio je neobicno iskustvo koje nikad necu zaboraviti. Upravo sam se bio zaposlio u hotelu kao jedan od nabavljaca i nadglednika snabdijevanja vocem i picem.

    U šest sati uvece vlasnik hotela Torres me je vidio kako hodam kroz kasino u kojem nisam bio stranac. Bio sam dobro poznat i dopadao sam se mojim rukovodiocima u Hotelu, Georgu Maximu, Tony Fabiu, Mike Colellu i legendarnom Paul Herbu iz Phillya, sve odreda veoma dragim ljudima.

    Gospodin Torres je pitao Paula: "Ko je djecak?"

    Paul je odgovorio: "On je dobar prijatelj svih nas ovdje. Svaku noc dolazi u hotel da kocka. Njegovo ime je Angie. Upravo smo ga danas zaposlili."

Koljenovic

Torres je prokomentirao smješkajuci se: "On me podsjeca na mene kad sam bio mlad, pa ga zamoli da dode i vecera s nama."

To je bila moja prva noc na poslu i cinilo se da od tada nisam mogao pobjeci od nevolja, slijedile su me gdje god bih išao. Trudio sam se da se pritajim i budem nevidljiv, a na kraju bih postao još vidljiviji. Paul, gospodin Torres i ja, sjedili smo u Apachi baru, koji se nalazio u sredini kasina okružen stolovima za igranje pokera.

Paul je rekao: "Angie, proverite imamo li jela i pica koja gospodin Torres jede i pije. "

Pogledao sam ga, nasmijao se i odgovorio: "Ne brini Paul, vec sam bio tamo. "

Otišao sam sa unutrašnje strane bara, kojem sam inspekciju napravio sat ranije, i pobrinuo se da Torres dobije bocu „Canadian" soda vode, koja je bila u frižideru. U ohladenu cašu od 16 unci nasuo sam dva prsta viskija. Poslužio sam Torresa mojim picem i napravio po jedno isto takvo za Paula i mene.

Nekoliko sekundi kasnije, primjetio sam jednog gospodina sa prepoznatljivom vrstom hoda koju imaju pijani ljudi. Išao je prema nama i glasno govorio: "Ti kopile, ti!" U prvom trenutku nisam bio siguran kome je uputio svoje rijeci, ali nije mi trebalo mnogo da shvatim. On se unio u starcevo lice.

"Ne mogu vjerovati da te neko još nije ubio. Ti si otpustio i povrijedio toliko ljudi svih ovih godina, kopile!"

Nije bilo nikakve reakcije na licu mog novog šefa i vlasnika hotela, Edwarda Torresa. Bilo je hladan kao glecer na Aljasci.

Još sam bio unutar bara i zapanjeno sam gledao dubre koje je vikalo na Torresa.

"Ricarde Foresteru, ti kurvin sine, šta to pricaš?", procijedio sam. „Ti malo kopile, kako možeš razgovarati tako sa jednim starcem? Sve ove godine si radio za njega kao menadžer i bio kraljevski placen, izigravajuci velikog bossa u svom crnom

Rat Za Boga I Bosnu

smokingu, koji ti je poklonjen da bi izgledao kao jedan od nas. Ti nezahvalno malo kopile."

Cuvši moje rijeci zaboravio je na Torresa, prišao baru i zaprijetio mi stegnutim šakom preko pulta: "A tebe cu nokautirati!", kazao je.

Reagirao sam instinktivno, iskocio iza bara, uhvatio covjeka za ruku i napravio uvježbani džudo zahvat, nakon cega se ovaj prostro po patosu koliko je dug i širok, ležeci nepomicno izmedu mene sa jedne strane i gospodina Torresa i Paula sa druge.

Sageo sam se prema ošamucenom Ricardu da se uvjerim da mu nece pasti na pamet da ponovo nešto izvodi.

"Richard, ako si pametan, nemoj napraviti više niti jedan pogrešan potez. Jer cu te tad stvarno povrijediti, ovo je bila samo opomena!"

Bez sumnje je bio pametan. Znao je kad se treba povuci. Medutim, sad je kristalno jasnim glasom rekao Torresu: "Gospodine Torres, ako ne otpustite ovoga kurvinog sina, ja cu vas odvesti pred sud i oderati do posljednjeg centa."

Gospodin Torres, vlasnik Hotela, legenda svoga vremena, džentlmen u svakom pogledu, ponašao se kao da Richard Forester uopce ne postoji, niti kao da je cuo da mu je šta rekao. Umjesto toga, on je pogledao Paula ravno u oci i rekao jasno i glasno: "Vidiš, ti glupi kurvin sine, nisi mi vjerovao da me podsjeca na mene kad sam bio mlad. On je moj sin. "

Na trenutak sam se nasmijao, osjecajuci se zacudeno i iznenadeno njegovim rijecima.

"Možda kao brat, ne kao sin.", rekao sam.

On me je pogledao i prije nego što je imao priliku išta reci, Richard Forrester, njegov bivši zaposlenik, kojeg je godinama hranio, oblacio, kupovao mu automobile i ucinio da kvalitetno živi, rekao je: "Bolje bi ti bilo da ga otpustiš, kurvin sine, ili te vodim na sud."

Koljenovic

Na moje iznenaduje Torres se polako okrenuo držeci se rukom za moje rame, kao da kaže: „Cekaj Angelo ja cu to riješiti s njim!".

"Gospodine, vi ste pijani i vi ste niko i ništa. Žao mi je što sam vam bio mentor svih ovih godina. Vi nemate poštovanja i vi ste sramota za ovaj hotel. Sad idite odavde, i ja vam predlažem da uzmete sebi dobrog advokata. "

Pomislio sam na trenutak kako bi mr. Forrester trebao iz hotela izaci sa nogama naprijed. U meduvremenu, šef obezbjedenja hotela, Grk Pete, stigao je da mu pomogne da pronade svoj put van. To je bila prekretnica u mome odnosu sa mojim novim šefom. Nije bilo sumnje da sam ostavio veoma dobar utisak vec na prvom mom radnom danu.

Ponudio sam ostavku na moje mjesto u namjeri da napustim hotel, kako im ne bi pravio pravne probleme u slucaju da ih zbog incidenta kojega sam imao sa Richardom Foresterom, ovaj tuži. Torres mi nije ništa odgovorio nego je upitao Paula koji direktorski apartman imaju slobodan, A, B ili C. Tako sam iznenada dobio vlastiti apartman u hotelu, kao posebnu privilegiju koja pripada samo direktorima. U svom apartmanu sam imao besplatnu hranu i pice za sebe i za moje goste, kad odlucim nekoga da ugostim spavanjem, hranom i vocem.

Jedan mjesec kasnije imao sam toliko gostiju iz moje bivše domovine Jugoslavije da sam od njih mogao sastaviti tri fudbalska tima zajedno sa rezervama. Niko nije potrošio ni deset centi. Pitam se da li je i koliko njih uzelo u ruke oružje da tokom agresije na Bosnu i Hercegovinu pomogne tamošnjem napacenom narodu. Kao što se pitam sjccaju li se svoga prijatelja Angela koji ih je u El Ranchu gostio kao da su na ludim rimskim gozbama. A sve to zahvaljujuci mome prijatelju Edwardu Torresu, covjeku koji je, cak i u dubokoj starosti, mogao djelovati zastrašujuce nekome ko ga nije poznavao.

Rat Za Boga I Bosnu

Jedno jutro dobio sam iz hotelskog apartmana Eda Torresa telefonski poziv. Spavao sam tu noc u mojoj kuci i ovaj me je poziv iznenadio.

"Dodite u hotel odmah, Angelo, moram izaci iz ove sobe", govorio je autoritativno kao i uvijek.

"Šta se dogodilo, da niste izgubili papuce, pa ih ne možete naci?, našalio sam se.

"Ne, nisam izgubio papuce! Cijelu noc sam imao bolove od operacije, znaš vec? "

"Mislite reci da ste ste sinoc propustili Hoganove heroje i narednika Schultza?", pokušao sam opet biti duhovit.

"Ne nasmijavaj me, previše me boli."

"U redu, u redu, ja cu vas cekati u prednjem kaficu za oko dvadeset minuta."

Tako je i bilo. „Kako izgledam?", upitao me je svojim uobicajeno hladnim glasom. „Da li izgledam slab ili bolestan?"

"Izgledate dobro, covjece", iskreno sam odgovorio.

Stavio sam ruku ispod njegove, da mu pomognem koracati, ali on blago odstupi, oslobodi se moje ruke, pogleda me ravno u oci i rece na svoj uobicajen nacin pun psovki: "Pogledaj ove momke ovdje, ne vjerujem bilo kojem od njih. Svi ce mi reci ono što misle da želim cuti. To ce biti nešto kao: „Izgledate dobro, super!"

"Ali vi stvarno izgledate dobro", ponovio sam.

"E pa, ne osjecam se baš previše dobro", rekao je Torres, pa nastavio:."Tony Sprat mi je rekla da su te otpustili s posla. Njoj se to dopada i nada se da se neceš vratiti."

"Pa dobro, ako je ona tako rekla, znaci li to da necu dobiti natrag moj stari posao. Ili da budem vaš asistent?"

"Ne pametuj, Angelo! Ti si moj sin i ako treba, ja cu ti prepustiti moj posao, neceš ti biti niciji asistent."

"Hej Papa, ja vam to nisam tražio", pobunio sam se.

Koljenovic

"U redu, u redu, možeš se vratiti nazad na svoj posao", odgovorio je Torres.

"Gledajte Papa, ne treba meni posao, ja ne želim taj posao", rekao sam. "Jedino što volim jeste zujati okolo s vama."

"Nije ni cudo. Toni mi je vec rekao da si loš radnik."

Nasmijao sam se sjetivši se kako je moj otac imao obicaj reci da nikoga ne treba hvaliti ako je dobar radnik, jer je to normalno, treba pohvaliti onoga ko je uz to i castan covjek.

Otišli smo u restoran i rucali zajedno. Posmatrao sam starog, ponosnog covjeka. Njegov životni put i ugled koji je stekao nije došao sam od sebe, pretrpio je on mnoge udarce i naišao na mnogobrojne barijere. Zato je morao maksimalno izoštriti sva svoja cula i nikada se sasvim ne opustiti. Drugim rijecima, uvijek je morao biti na oprezu, cemu se ne treba ni cuditi kad se zna s kako opasnim ljudima se od djetinjstva družio, poput Meyera Lanskog, brace Billa i Larryja Millera i mnogih drugih ljudi koji su ušli u legendu.

Izmedu šezdesetih i sedamdesetih godina prošlog stoljeca Ed Torres je bio vlasnik Rivera hotela, a u njegovoj je kuhinji neki momak imenom Lin Paiviss radio kao perac posuda. Sutradan je bio promoviran u direktora hrane i pica u jednom od najboljih hotela. Pitao sam se šta je uradio da prekonoci dobije tako prestižnu poziciju. Nikad nisam saznao je li prica istinita ili nije, niti sam pokušavao saznati.

Kad ste u krugu sa ovako grubim momcima, koji su uz duševnu i fizicku hrabrost obdareni poštivanjem kodeksa casti i moralnog ponašanja, najpametnija stvar koju možete uciniti je da nikad ne odete na groblje i pokušate iskopavati leševe da vidite ko je tamo pokopan. Cak i ako znate kome leševi pripadaju, nema razlike.

Veoma sam se trudio da nikad ni od koga ne pokušam zatražiti ništa, niti doznati bilo šta iz njihove prošlosti, cak to nisam ocekivao ni od moga prijatelja Torresa. Medutim, bilo mi je savršeno jasno da ako se krecete u pravom krugu ljudi, uvijek cete znati ko ce

Rat Za Boga I Bosnu

iz tog kruga poželjeti nešto što mu vi možete pružiti, narocito ako volite avanture koliko sam ih ja volio. A kad dajete, a ne tražite, to vam uvijek daje prednost u odnosu na druge ljude.

Bio sam ponosan što sam uspio u dalekoj Americi i slavnom Las Vegasu, i dopadalo mi se što sam cesto bio blizu slavnih i bogatih licnosti iz svijeta kocke i hotelijerstva najviše klase. Tek kasnije sam otkrio da mnogi od njih nisu bili obicni biznismeni nego su, u pojedinim slucajevima, bili politicki aktivni i izuzetno utjecajini, ali iz sjene, te da su bili u mogucnosti uraditi stvari koje politicari nisu mogli. Cak i u krugu mocnika u svijetu igara na srecu, za koje biste pomislili da ni jedan od njih ne bi znao pronaci ni svoj grad na karti Sjedinjenih Država, u mnogo navrata sam se osvjedocio da ovi ljudi poznaju mnoge politicare na veoma uticajnim i visokim položajima.

Ponekad mi je padalo na pamet da sam uzalud stracio vrijeme na najrazlicitije avanture u tim, sad vec davnim, dobrim vremenima. Medutim isto bih tako pomislio kako su, nakon svih tih godina, ostali prijatelji iz Meksika koje sam sretao, koji su me veoma podsjecali na ljude iz moga starog kraja, koji su se stoljecima borili i izborili za svoju samostalnost, i izborili je. Kao što sam se nadao da ce je izboriti i moj narod u mojoj bivšoj zemlji, u kojoj nikada nije prestala teci krv. Ponekad bih moju bivšu domovinu nazvao napuštenim mjestom na europskom kontinentu, a možda i zaboravljenim od Boga, a onda bi se opet pojavilo svjetlo nade.

Ljudi kao moji prijatelji David Garcia i Tito Pedrini bili su moja svjetla nade, kao i moj dobri prijatelj Carlos Ricardo Santana, koji je imao velikog utjecaja u Meksiku. Baš kao što sam obecao ambasadoru Svenu Alkalaju, dogovorio sam sastanak sa našim prijateljem, senatorom Amadorom Rodrigezom Lozanom. On je bio predsjedavajuci Doma savezne vlade u Meksiku, po rangu prvi covjek do predsjednika. Uz nekoliko telefonskih poziva prvi sastanak je organiziran u Santa Monici u Kaliforniji u prekrasnom

Koljenovic

hotelu na morskoj obali u centru Moskog Bulevara. Narednih deset dana bili smo gosti u Mexico Delmar Resortu, koji preko mora gleda u Cortezovo more i Baja Californiu, te na Coronado ostrva.

Prije dolaska na mjesto sastanka sa Lozanom i Alkalajem obecani su mi rezultati, ne samo sastanak. Sastanak je bio uspješan, a dogovor oko uspostave diplomatskih odnosa izmedu Bosne i Meksika napredovao je zahvaljujuci mojim prijateljima. Onda, baš kad sam se poceo osjecati ponosnim na sebe, moje su misli odlutale iz bosanskog, u jedan drugi užas.

Pomislio sam na Ruandu i druge osporavane zemlje, Izrael, Palestinu, Sjevernu Irsku, Gibraltarsku stijenu u Španiji, Mindanau na Filipinima, Istocni Timor, Kurilo u Japanu, sjetio sam se sukoba u Tierra del Fuego, i mnogo drugih mjesta sa neizvjesnom buducnošcu.

Ako ljudi duboko u svojim srcima vjeruju da se njihov pojedinacni glas može cuti u moru tišine i doprinijeti da se njihovi pojedinacni glasovi stope u silu koja pokrece planine, vecina ljudi ce podici svoj glas i dati nadu milionima napacenih, ispacenih, ubijanih, silovanih i na smrt osudenih potlacenih ljudi širom svijeta. Ja sam oduvijek osjecao tu energiju u sebi i baš zbog toga me obizima strašna tuga i krivnja jer nisam pokušao uciniti istu stvar za Ruandu i žrtve koje su tamo pale, kada je pola milona ljudi zaklano od strane njihovih susjeda. Nakon toga sam obecao sebi da više nikada necu biti tih.

Ukoliko vidim da se negdje cini nepravda ja cu uvijek pokušati skrenuti pažnju na nju, pri cemu se više nikada necu plašiti da ne mogu uciniti ništa samo zato što sam ja jedan usamljen glas. Svako od nas je na kraju samo jedna mala osoba s jednim glasom, ali je nevjerovatno kakva sve cuda mogu uciniti bezbrojni pojedinacni glasovi kad se udruže u jedan, koji doslovce može rušiti zidove.

Imao sam želju da pokušam uciniti nešto u diplomatskim krugovima i ona mi je ispunjena. Bio sam na sastanku na Del Mar u

Rat Za Boga I Bosnu

Baja California, a senator Lozano me je, kada smo bili sami za stolom, tiho upitao: "Slušajte Angelo, jeste li sigurni da niste ambasador?"

"Sto posto", rekao sam, a on se nasmiješio i pružio mi ruku preko stola. Prihvatio sam je u cvrst stisak. Gledali smo se ravno u oci.

"Ne tražim za sebe nikakve pocasti, niti priznanje bilo koje vrste", rekao sam. „Ali cu svejedno sa zadovoljstvom prihvatiti vaš kompliment, jer ste covjek uticaja i casti.", dodao sam i iskoristio sagovornikovu šutnju da do kraja kažem ono što mi je u tom trenutku ležalo na srcu: „Bez obzira šta danas odlucite, to ce ostaviti trag u povijesti vašeg diplomatskog rada u 21. stoljecu, u kojem cete, nadam se, dati šansu za život ljudima koje nikada niste sreli, ljudima daleko preko okeana u zemlji mojih predaka."

"Ako budem u mogucnosti, ja cu to svakako uciniti, Angelo", rekao je.

"Dragi gospodine Senatore, molim vas ne držite više svoju zemlju u izolaciji. Iskoristite ugled vaše vlade da pomognete da se postigne mir, dugo željeni mir koji ljudi u Bosni i Hercegovini cekaju. Vaša zemlja ima moralnu obavezu da to uradi. Ja ne molim za to, ja vam samo sugeriram da ucinite pravu stvar."

"Tim više bi mi bilo drago ako ucinimo nešto za vaše bivše zemljake, Angelo", rekao je on, "jer pitate i predlažete, a ne zahtijevate. Meni je, uostalom, savršeno jasno da ste u pravu. Ovdje je broj moga telefona u Mexico Cityju, ako postoji nešto hitno što treba uciniti a u mojoj je moci, svakako me nazovite."

Rucali smo u prijatnoj i opuštenoj atmosferi, a onda se moj sagovornik odjednom dosjetio: "Pa, gdje je kamera? Ovo je historijski trenutak."

"Ne tako brzo, gospodine Senatore", smijao sam se i ja. „Ovo je samo pocetak historijskih trenutaka za nas. Znam ja da bi vi rado imali fotografiju sa ovako poznatim likom poput mene. Pitam se,

Koljenovic

sjecate li se konvencije LULAC-a u Hiltonu u Albuquerqueu, u New Meksiku. Bili ste vi, ja, vaš predsjednik, gosodin Jose Velez, te vaš prijatelj Henry Cisneros. Svi smo sjedili na podijumu pokušavajuci ponovo izglasati naše favorite. Ako se sjecate, tada sam dobio titulu narednika za naoružanje. Imao sam cast da budem jedan od rijetkih koji nisu Latinoamerikanci, koji su dobili takvu titulu. Nadam se ste glasali za mene."

"Nisam, zapravo", rekao je smijuci se, "ali ja cu pokušati da to sada ispravim."

Naš sljedeci sastanak mjesec dana kasnije dogovorio je Carlos Santana, a oni su sa sobom doveli, kao clana njihove delegacije, gospodina koji se zvao Felipe Pavlovic. Njegovi preci bili su iz Crne Gore, a on je svoje veze poceo graditi brakom sa Titovom sestrom. Uživao sam u druženju s njim i kasnije smo razvili blizak prijateljski odnos koji smo njegovali godinama.

Bosanski ambasador Alkalaj i ja nastojali smo dobiti obecanje delegacije Meksika da ce djelovati u pravcu diplomatskog priznanja Bosne i Hercegovine tokom trajanja njihovog mandata, a prije novih izbora u Meksiku, i na kraju smo i uspjeli u tome.

Medutim, pocetkom oktobra 2000. godine dobio sam poziv od prijatelja iz Meksika u kojem su me obavijestili da je njihova stranka izgubila na predsjednickim izborima, a sve što smo postigli u vezi naše diplomatske aktivnosti vraceno je na pocetnu tacku.

Senator Amador Lozano, Tito Pedrini i gospodin Santana obavijestili su me da se „pojavio novi igrac u gradu." Rekoše da je to Vicente Fox Quesada, covjek s kojim su bili u prijateljstvu, te da ce on „sigurno biti novi predsjednik Meksika."

"Angelo, možda bi bila dobra ideja da mu napišete pismo prije nego što zasjedne u svoj novi predsjednicki ofis", predložio je Senator, „tako da on može razmisliti o tome u toku svoje kampanje, kako je naglasio tokom sastanka u Del Mar Resort u razgovoru sa ambasadorom Alkalajem."

Rat Za Boga I Bosnu

Opet sam imao insajderske informacije koje su mi dale vremensku i manevarsku prednost, tako da sam odmah napisao pismo Foxu Quesadi, covjeku koji ce postati novi predsjednik Meksika. Detaljno sam mu opisao važnost dogadanja u BiH za svijet medunarodne diplomacije i pozvao ga da iskoristiti snagu svoje nove pozicije, za koju sam ustvrdio da ce je zasigurno izboriti, da traži hitnu akciju za postizanje pravde u Bosni.

Nakon nekog vremena Fox je izabran za predsjednika Meksika. Bio sam oduševljen da ce prvi zadatak njegovog novog ambasadora u UN-u biti da se sastane sa bosanskim ambasadorom u SAD-u i da razgovaraju o odnosu dvije države.

Moji prijatelji su mi kasnije prenijeli da je predsednik Fox u šali rekao: "Ne treba mi još jedno pismo od Angela, moga prijatelja iz Država. Argumenti koje mi je vec iznio opravdavaju hitnu akciju koja se u tom smislu mora poduzeti."

Meksiko je uskoro službeno priznao Bosnu i Hercegovinu. Obuzeo me je osjecaj velike ispunjenosti. Bio sam ponosan kao bosanski Amerikanac jer sam ucestvovao u medunarodnoj akciju koja je rezultirala time da Meksiko bude jedan korak bliže Bosni, da se zbliže dvije zemlje i dvije kulture, ona iz koje sam ja potekao i druga u kojoj imam cetrdeset godina stara prijateljstva i isto toliko godina poštovanja od strane nedvojbenih prijatelja. Zbog toga sam bogatiji covjek u mome srcu. Napokon, sve to treba, prije svega, staviti u bosansko-americki kontekst, bez kojeg ne bi bilo nicega od onoga što sam ovdje pripovjedio.

Koljenovic

X

PARIŠKA MIROVNA KONFERENCIJA

Jedan od mojih ranih angažmana u poslovima svjetske politike vezanih za moju zemlju Bosnu i Hercegovinu dogodio se u septembru 1993. godine, a nastavio se sve do 1995. Kevin Dunellen, tvrdoglavi Irac, svjetski poznati mirovni aktivist, uspio me je ubjediti da pokušamo organizirati medunarodnu mirovnu konferenciju za Bosnu i Hercegovinu. Odmah sam stupio u akciju i nazvao nekoliko prijatelja.

Mene su, naravno, zanimali Dunellenovi motivi i on mi ih je odmah objasnio: "Angelo, ja nisam religiozan covjek, ali sam bio u ratu. Kao vijetnamski veteran dao sam svoj žalosni udio u prolijevanju moje i krvi mojih neprijatelja", rekao je. "Zbog toga dajem sebi za pravo da, u granicama vlastitih mogucnosti, pokušam pomoci da se rat u Bosni okonca."

Iako sam ga poznavao vec nekoliko godina, nismo bili dovoljno bliski da ga pitam licne stvari o njegovom životu, ali sam to ipak ucinio:

"Da li si uživao u prolijevanju krvi svojih neprijatelja? Da li si bio razjaren kad si vidio prijatelje kako padaju pored tebe, a ti upravo ubio svakoga koga si mogao?"

"Griješiš, Angelo", rekao je. "Nisam uživao ubijajuci ljude, cak ni nakon što su bili ubijeni moji prijatelji. Niti, naravno, uživam kad ljudi pucaju pokušavajuci ubiti mene. Vijetnam je loša ideja i nocna mora koju bismo ja i mnogi drugi vojnici najradije zaboravili.

Rat Za Boga I Bosnu

Ovo nije drugi Vijetnam ili bilo koje od tih sranja u kojima sam ucestvovao. Radi se o ljudima u Bosni kojima je potrebna pomoc, i to odmah!"

Usprkos svim svojim herojskim akcijama u Vijetnamu ovaj covjek je u suštini bio nježni div, koji je izgledao kao Djed Mraz 365 dana u godini. U Vijetnamu je bio u tri navrata, stavljajuci svaki dan svoju guzicu na ratnu vjetrometinu da zaštiti naše porodice i našu zemlju, da nam da priliku da živimo u miru i spokojstvu koje sam sanjao kao djecak.

Zahvalio sam mu na njegovom stavu i njegovom razumijevanju za moju staru domovinu: "Mislim da nema vece licne nagrade nego poznavati ljude poput tebe, kao i znati da je postojalo 50.000 americkih vojnika koji su dali svoje živote za mene da budem slobodan", rekao sam mu.

"Ne postoji ništa šta mogu reci što bi umanjilo tvoju bol i da zaboraviš na Vijetnam, ali se nadam da mi vjeruješ kad kažem da sam ponosan na tebe i na svakog od vas koji ste se tamo borili", dodao sam. „Zahvalan sam vam, svima vama, kao gradanin ove zemlje."

Da budem iskren, mislim da mu je bilo malo neugodno zbog mojih pohvala, i cinilo mi se da mu je bilo lakše ratovati, nego slušati aplauze zbog toga. Kakva fina osoba.

Naravno, odmah sam dao sto posto sebe i svojih mogucnosti da pomognem u organizaciji samita za mir u Bosni i Hercegovini, koji bi se održao u glamuroznom Las Vegasu. Otišao sam u „Rivijeru" da vidim moga prijatelja Jimmyja Paxtona, direktora hotela.

Pošto je uvijek bio ljubazan i iskren u prijateljstvu prema meni, nisam dvoumio da ga direktno upitam je li u mogucnosti pomoci u organizaciji samita, obezbjedivanju prostora za njegovo održavanje i stavljanje na raspolaganje soba za medunarodnu

Koljenovic

konferenciju koja bi trebala donijeti mir u Bosnu i Hercegovinu. On je odmah upitao: "Kad biste želiljeli da se to dogodi?"

Odgovorio sam da samit želim zakazati za decembar. Imao sam spisak ljudi iz sedamdeset zemalja koji ce biti pozvani iz cijelog svijeta.

"Pricekajte trenutak, Angelo", rekao je on, okrenuo broj i najavio me nekome.

"Covjek kojeg cete upoznati dolje je Robert Vannucci, direktor hotelske operative. On je sjajan momak i on ce se pobrinuti za sve.", kazao je Paxton.

"Vau," pomislio sam, pa odgovorio Paxtonu: "Jimmy, zahvalan sam za vaše prijateljstvo, ovo vam necu nikad zaboraviti."

To je jedna od stvari koje sam oduvijek najviše volio u Las Vegasu. Taj grad i sve što postoji u njemu rade srcem, i ako ljudi hoce da vam pomognu, oni ce pokrenuti sve sile da to ucine.

Moje misli vratile su se natrag u vrijeme kad smo ja i ljudi poput mene prvi put stizali u ovaj grad razlicitosti, u vrijeme kad smo se prvi put sreli u starom El Rancho Casinu. Bio sam tamo svaki dan sa svojim prijateljem Georgem Maximom, direktorom hotela i sa vlasnikom Edom Torresom, koji me je uvijek nazivao svojim sinom i uvijek me pitao da li mi nešto treba. Uvijek bih odgovorio da mi je dovoljno njegovo prijateljstvo i uvijek bih ga zagrlio i poljubio u oba obraza, a on bi mi uzvratio. "Ako ti nešto treba, znaš gdje ceš doci po to", rekao bi.

Nasmijao bih se na njegove rijeci, ali Jimmy je uvek govorio da se ne smijem, jer je Ed mislio ozbiljno kad bi mi to rekao.

"On te stvarno voli kao covjeka i stvarno ga podsjecaš na njega kad je bio mlad, na nacin na koji je on radio stvari i na vrijeme kad je i sam bio tvrd momak", rekao mi je.

"Opet vi", rekao sam. "Ja nisam tvrd momak, samo sam ponosan covjek i imam visoke principe u svemu što radim. I tretiram moje prijatelje s poštovanjem, pri cemu ocekujem da mi uzvrate na

Rat Za Boga I Bosnu

isti nacin. Zapamtite, Jimmy, želim vaše poštovanje, jer ga zaslužujem, a ne zato što mislite da je red da mi ga ukažete. Volim vas i poštujem kao prijatelja i znam da cete za mene uvijek uraditi sve što možete, baš kao što to sada cinite."

Privukao je svoju stolicu sasvim do ugla stola za kojim smo sjedili i stavio ruku oko mog ramena. U sredini kazina gdje su ljudi valjali kockice, i nekontrolirano vikali zaokupljeni igrom, gubicima i dobicima, emocijama koje nisu ni pokušavali suspregnuti, ne vidjevši ništa drugo nego kockice na stolovima prekrivenim crvenom, zelenom i crnom cohom, nas dvojica kao da smo se i sami na trenutak potpuno zaboravili, te se prihvatismo u cvrst prijateljski zagrljaji. Gotovo u istom trenutku smo se razdvojili iz našeg medvjedeg zagrljaja i pogledali jedan drugoga u oci, i prasnuli u glasan, neobuzdan smijeh.

"Prešli smo dug put, zar ne, dušo?", rekao je on.

"Da, sigurno. Bilo je to prekrasno putovanje", uzvratio sam.

U tom trenutku se pojavio Bob Vannucci i rekao: "Hej momci, šta to radite usred moga kazina?"

Jimmy se ponovo nasmijao i rekao, "Angie, volio bih da ti predstavim direktora našeg hotela."

Bob odmah rece: "Svaki Jimmyjev prijatelj je i moj prijatelj", i mi se rukovasmo i dotaknusmo obrazima kao da se citav život poznajemo. Ukratko sam mu izložio šta želim da uradim. On je odmah pokazao spremnost da mi u svemu izade u susret kako bismo održali planiranu konferenciju.

"Ovo nisu obicni ljudi, Bob; tu ce biti ministri, ambasadori, kraljevi i kraljice, i predsjednici više od sedamdeset zemalja širom svijeta", kazao sam mu.

Zviznuo je i rekao: "To ce zahtijevati velike mjere sigurnosti. Morat cemo ukljuciti „Metro", a ja cu pozvati šerifa Morana, tako da ne bi trebalo biti nikakvih problema. Trebalo bi se koordinirati sa FBI-jem."

Koljenovic

"Pa, pretpostavljam da bi trebalo", rekao sam, "ali oni vec imaju moje slike u svojim datotekama. Mislim da sam im vec prilicno poznat."

"Ne brinite o tome", rekao je on. "Ja cu napraviti nekoliko poziva da vidim šta se može uciniti kad napravim malo istraživanje. Trebam pozvati i neke od drugih hotela kako bi se sve visoke zvanice smjestile na odgovarajuci nacin, svima njima su potrebni najbolji, kraljevski apartmani i zaista posebna usluga."

```
                        INVITEES

The Honorable Dr. Salam al-Majadi
Prime Minister
Hashemite Kingdom of Jordan

The Honorable Benazir Bhutto
Prime Minister
Republic of Pakistan

The Honorable Warren M. Christopher
Secretary of State
United States of America

The Honorable Rober E. Dole
Senate Majority Leader
United States of America

The Honorable Tansu Ciller
Prime Minister
Republic of Turkey

The Honorable Akezhan Kazheglin
Prime Minister
Republic of Kazakhstan

The Honorable Dr. Mahatir Bin Mohamad
Prime Minister
Republic of Malaysia

The Honorable Hosni Mubarak
President
Arab Republic of Egypt

The Honorable Tomiichi Murayama
Prime Minister
Republic of Japan

The Honorable Yitzhak Rabin
Prime Minister
Republic of Israel

The Honorable Mr. Soeharto
President
Republic of Indonesia

His Royal Highness Prince Saud al-Faisal
Minister of Foriegn Affairs
Kingdom of Saudi Arabia
```

Rat Za Boga I Bosnu

Dio popisa zvanica Mirovne konferencije o Bosni i Hercegovini koja je od 12. do 17. decembra 1995. godine trebala biti održana u Las Vegasu u organizaciji Committiee for Peace in Bosnia, a pod pokroviteljstvom Ambasade Republike Bosne i Hercegovine u Washingtonu

"Takvi apartmani i sve što ide uz njih koštat ce mnogo novca, Bob", naglasio sam.

"Ne brini o tome, svi ovi ljudi ovdje vole da se slikaju sa velikim facama", rekao je uz smijeh.

"Koji ljudi?", upitao sam bezazleno.

"Vlasnici hotela", zakikotao je on. "Znate, svi se oni ponašaju baš kao klinci zaljubljeni u svoje zvijezde kad dodu u priliku da se nadu u njihovoj blizini. Oni se saplicu jedni o druge pokušavajuci da se uslikaju s njima."

Oko šest sati te noci bio sam na koktelu sa Jimmyjem. Rece mi da je Bob impresioniran i oduševljen mojim projektom.

Pozivnice su 18. septembra krenule širom svijeta na adrese svjetski mocnih i utjecajnih ljudi, kao što su predsjednik SAD-a Clinton, premijer Engleske John Major, ministar inostranih poslova Bosne i Hercegovine Haris Silajdžic, kancelar Njemacke Kohl, predsjednik Francuske Jacques Chirac, senator Patrick Moynihan, kojem sam se uvijek divio, i premijer Izraela Yitzhak Rabin.

Ovdje bih se kratko osvrnuo na kasniju tragicnu smrt Yicaka Rabina, kojega je na trgu u Tel-Avivu hladnokrvno ubio poremeceni fanatik iz njegovog vlastitog naroda. Bio je to veliki gubitak za covjecanstvo, a san o miru za izraelski i palestinski narod raspršen je njegovom smrcu.

Koljenovic

Committee for Peace in Bosnia
7083 Burcot #92
Las Vegas, NV 89115-6121
(702) 452-8814

September 18, 1995

President Jaques Chirac
Paris, France

My dear sir:

Around the world fair minded people have been following the suffering of the Bosnian people for four years. Now, it seems that their long dark night may be ending. In the air and on the ground, in Sarajevo and Geneva and the capitals of concerned countries, there is a quickening of the pulse for peace. Here in the United States our group of men and women have been looking forward to this day and working for it for a long time. Now, we know that the real work begins. We have the honor to announce a

Conference on Peace in Bosnia

December 12-17, 1995
Riviera Hotel
Las Vegas, Nevada

This conference is being conducted with the full support and endorsement of the Bosnian embassy in Washington D.C. and will concern itself with the following areas of concern.

The integration of the economic and social lives of the two entities that will constitute the future Bosnia.

The rebuilding of Bosnia

Rat Za Boga I Bosnu

The rebuilding of Bosnia

The capture and trials of war criminals

International guarantees for the borders of Bosnia

A general peace conference for the Balkans

Integration of the republics of the former Yugoslavia into Europe

Restoration of property and rights of settlement for all who have been forcibly moved

We wish your support for our efforts. If you or an appropriate designee will speak at this conference, it will increase awareness and strengthen the chances of a successful conference. We are aware that you have been a strong supporter of peace and justice for the people of the area for a long time. It is to your credit and it is for this reason that we seek your aid now. We are not in competition with the diplomatic efforts of the countries actively working for an end to the conflict. We seek to support those efforts and find ways to expand them. We will be exploring problems and recommending paths to solution. The Balkans, Europe and the world have stumbled close to a wider war like a sleepwalker in the forest. Through your efforts and perhaps some undeserved luck we might come through. Now is the time to redouble and refocus efforts. The future cannot cause itself.

Please reply to the above address at your earliest convenience.

Kevin P. Donnellan
Director

Pismo upuceno predsjedniku Francuske Žaku Širaku u kojem se ovaj državnik poziva da prisustvuje Mirovnoj konferenciji o Bosni i Hercegovini u Las Vegasu. Pismo istog sadržaja poslano je preko Svena Alkalaja, bh. ambasadora u Washingtonu ministru inostranih poslova BiH Harisu Silajdžicu s namjerom da se usaglasi plan Konferencije

Koljenovic

Committee for Peace in Bosnia
7083 Burcot #92
Las Vegas, NV 89115-6121
(702) 452-8814

September 18, 1995

Prime Minister Haris Silajjdzic
Sarajevo
Bosnia

My dear sir:

Around the world fair minded people have been following the suffering of the Bosnian people for four years. Now, it seems that their long dark night may be ending. In the air and on the ground, in Sarajevo and Geneva and the capitals of concerned countries, there is a quickening of the pulse for peace. Here in the United States our group of men and women have been looking forward to this day and working for it for a long time. Now, we know that the real work begins. We have the honor to announce a

Conference on Peace in Bosnia

December 12-17, 1995
Riviera Hotel
Las Vegas, Nevada

This conference is being conducted with the full support and endorsement of the Bosnian embassy in Washington D.C. and will concern itself with the following areas of concern.

The integration of the economic and social lives of the two entities that will constitute the future Bosnia.

Rat Za Boga I Bosnu

The rebuilding of Bosnia

The capture and trials of war criminals

International guarantees for the borders of Bosnia

A general peace conference for the Balkans

Integration of the republics of the former Yugoslavia into Europe.

Restoration of property and rights of settlement for all who have been forcibly moved

We wish your support for our efforts. If you or an appropriate designee will speak at this conference, it will increase awareness and strengthen the chances of a successful conference. We are aware that you have been a strong supporter of peace and justice for the people of the area for a long time. It is to your credit and it is for this reason that we seek your aid now. We are not in competition with the diplomatic efforts of the countries actively working for an end to the conflict. We seek to support those efforts and find ways to expand them. We will be exploring problems and recommending paths to solution. The Balkans, Europe and the world have stumbled close to a wider war like a sleepwalker in the forest. Through your efforts and perhaps some undeserved luck we might come through. Now is the time to redouble and refocus efforts. The future cannot cause itself.

Please reply to the above address at your earliest convenience.

Kevin P. Donnellan
Director

Pismo upuceno Harisu Silajdžicu, kojim se predsjedniku Vlade Bosne i Hercegovine predocava prijedlog programa Mirovne konferencije o Bosni i Hercegovini u Las Vegasu. Silajdžic je, prema svjedocenju ambasadora Alkalaja i gospode Subhe Sulejmanovic ovaj dokument procitao u avionu na putu za Maleziju, ali ga je, nažalost, odbio razmotriti. Njega treba pitati zašto je tako postupio

Poslao sam pozivnice i u roku od nekoliko dana primio pismo od uglednog službenika predsjednika Chiraca, upucenog Kevinu Donnelley, kao predstavniku naše organizacije: "Uvijek nas

Koljenovic

raduje kad cujemo mišljenje ljudi poput vas", stajalo je u pismu. "Zabrinuti smo zbog rata u Bosni. Las Vegas, kao mjesto gdje ste predložili da održite Konferenciju, strateški je predaleko od podrucja cije probleme namjeravate rješavati. Ako Konferencija treba da bude održana, trebalo bi da se organizira drugdje, možda u Washington DC-ju."

Na moje ogromno zaprepaštenje, nekoliko sedmica kasnije sam saznao da je Chirac u Parizu organizirao istu konferenciju kakvu sam ja pripremao. Sve što se dešavalo u Parizu poklapalo se sa „mojom" konferencijom, onako kako sam naveo u pismu, ukljucujuci dnevni red, raspravu i svrhu konferencije, nešto od tih rijeci odnosilo se na rat, a cilj je bio postizanje dugo ocekivanog mira za ljude u Bosni i Hercegovini.

Moji planovi o održavanju konferencije sada su bili potpuno suvišni, bez obzira što je mišljenje mnogih americkih senatora potvrdivalo opravdanost pokušaja da se Mirovna konferencija o Bosni i Hercegovini održi u Las Vegasu. Jedan od njih bio je i tadašnji senator države Delaware, kasniji potrpredsjednik SAD-a.

Rat Za Boga I Bosnu

JOSEPH R. BIDEN, JR.
DELAWARE

United States Senate
WASHINGTON, DC 20510-0802

April 21, 1995

Mr. Byram Angelo Kolenovich
5313 Gipsy Avenue
Las Vegas, NV 89107

Dear Mr. Kolenovich:

Thank you for your letter and kind invitation to attend a conference concerning establishing a lasting peace in Bosnia. I appreciate your contacting me on this important matter.

As you know, I care very deeply about finding a solution to this tragic conflict. I was glad to hear about your initiative and wish you well. Whether I could actually attend the conference will depend on many factors, including the Senate schedule and my own schedule in Washington and Delaware.

I wish you the best of luck in your endeavors and thank you again for contacting me.

Sincerely,

Joseph R. Biden, Jr.
United States Senator

Pismo senatora Bidena upuceno Koljenovicu u kojem izražava svoju podršku njegovim naporima oko organizacije mirovne konferencije o Bosni i Hercegovini

Medutim, ja danas ne mogu reci da žalim što se to dogodio tako kako se dogodilo, jer ako je u organizaciji svoje Konferencije francuski presjednik Chirac bio motiviran mojim naporima i idejama, smatram da sam na indirektan nacin i sam doprinio da se neki utjecajni ljudi dovedu za isti pregovaracki stol i da zajedno

Koljenovic

pokušaju zaustavi Miloševicevu ratnu mašinu od njegove zamisli da sa mape Svijeta izbriše Bosnu i Hercegovinu.

Medutim, bio sam ubjeden da je Vlada Francuske neiskrena prema ratu u Bosni i Hercegovini, da su zvanicno za mir, a da nezvanicno daju podršku srpskoj agresiji protiv bosanskohervcegovackih Bošnjaka i Hrvata.

Nažalost, sa tugom sam gledao kako vecina zapadnog svijeta, kao i neke arapske zemlje Bliskog istoka, kao što su Sirija, Libija, Irak i Izrael, u pocetku rade isto, podržavaju ratnu mašineriju predsjednika Srbije Slobodana Miloševica.

Nastojanje da se organizira konferencija me je pokrenula sa mrtve tacke i ja se više nisam mogao niti želio zaustaviti i vratiti se tek tako samo mojim redovnim životnim aktivnostima. Mislio da bi trebalo pokrenuti inicijativu da se napiše što više pisama svakom americkom senatoru, i krenuo sam to licno raditi. Pokušao sam u najgrubljem objasniti tamošnju situaciju i pokušati im prenijeti sliku uplakane umiruce djece zgažene užasima rata. Uz to sam im pokušao objasniti da nam Bosna može biti vrlo važan saveznik. Pitao sam ih šta bi se moglo desiti ako se mi Amerikanci snažnije ne angažiramo u zaustavljanju pokolja, ne u Auschwitzu sredinom stoljeca, nego u Bosni i Hercegovini na samom kraju tog istog stoljeca.

"Trebalo bi odmah uciniti odlucan korak i intervenirati kako bi se sprijecio genocid bošnjackog naroda", pisao sam im. Pisao sam mnogim senatorima i drugim predstavnicima vlasti, a sa nekima od njih sam se i licno sastao. Svakog sam senatora ponaosob podsjecao na njegovu odgovornost da pred Senatom iznese moja upozorenja o Bosni, s kojima sam ih licno, putem pisama, upoznavao, nadajuci se da sam bio toliko ubjedljiv da i sami usvoje moja gledišta i moje stavove o ratu u BiH.

Evo i jedne zgodne price o senatoru Nevade Harryju Reidu, kojem sam takoder pisao i koji mi je pozitivno odgovorio.

Rat Za Boga I Bosnu

Poštovani gospodin senator Harry Reid, bio je i ostao prijatelj Bosne i Bošnjaka i mislim da je vrijedno ovdje priložiti njegovo pismo koje mi je napisao, ali i spomenuti njegovu ambiciju koju je gajio od djetinstva. On je napisao mnoge price o njegovom malom rudarskom selu u Nevadi, koje je imalo možda stotinjak kuca i kazino koji se zvao „Zlatni kamen". Naselje je dobilo ime 1897. godine, navodno po jednoj izjavi utemeljitelja mjesta Georga F. Coltona.

Colton je bio covjek koji se želio obogati i probati srecu u tom kraju. U obližnjim planinama je tražio zlato i jednom je rekao kako mu je potreban „searchlight" da ga pronade. Searchlight u današnjem jeziku znaci reflektor, ali reflektora u Coltonovo vrijeme, koliko znam, nije bilo, pa se pretpostavlja da je mislio na neku vrstu rudarske lampe „karabituše". Na kraju je Colton pronašao zlato, a grad se otad naziva kako se naziva - Searchlight. U to vrijeme Serchlight je imao više stanovnika nego mjesto gdje je kasnije nastao Las Vegas.

Harry se rodio u tom malom mjestu i kao mlad covjek vodio politicke kampanje za lokalne politicare ali i predsjednike, što mu je dalo osjecaj da bi i sam jednoga dana mogao biti politicar. Tako se i dogodilo, i evo, iz ovoga se pisma vidi za koga je radio kao mladic. Kasnije je postao cijenjen i poštovan senator Nevade u Kongresu SAD-a. Senator Harry Reid živi je dokaz da nije loše snivati lijepe snove.

Pismo u kojem predsjednik SAD-a, John F. Kenedi zahvaljuje Harryju Reidu na kampanji koju je vodio u njegovoj pobjedničkoj utrci za predsjednika SAD-a

Rat Za Boga I Bosnu

HARRY REID
NEVADA

United States Senate
WASHINGTON, DC 20510-2803

October 3, 2001

Mr. Bajram Angelo Koljenovic
American Montenegro Freedom Initiative
7335 West Wigwam
Las Vegas, Nevada 89113-5527

Dear Mr. Koljenovic:

    Thank you for contacting me to express your concerns about Muslims in the Plav region of Montenegro. I appreciate hearing from you.

    Upon receiving your letter, a member of my staff contacted the U.S. Department of State to learn more about a possible Serb 'coup' against Muslims in Montenegro. According to the State Department, the U.S. Government is currently working to advance ethnic and religious tolerance throughout the Federal Republic of Yugoslavia, including Montenegro. The U.S. also supports efforts to instill democratic principles and institutions by the government in Belgrade, as well as the reform-oriented government of President Djukanovic in Montenegro in order to protect the rights of all people in the region, regardless of their ethnicity.

    I have met with President Djukanovic and am confident that the U.S. will continue to support his efforts to maintain multi-ethnic and multi-religious democracy in Montenegro.

    Again, thank you for taking the time to share your thoughts with me. For more information about my work for Nevada, my role in the United States Senate Leadership, or to subscribe to regular e-mail updates on the issues that interest you, please visit my Web site at http://reid.senate.gov. I look forward to hearing from you in the near future.

    My best wishes to you.

Sincerely,

Harry Reid

HARRY REID
United States Senator

HR:aw

Pismo u kojem senator Reid zahvaljuje Bayramu Angelu Koljenovicu što ga obavještava o etnickim problemima koje muslimani imaju u Crnoj Gori, i u kojem Koljenovica izvještava o aktivnostima koje je poduzeo u tom smislu na nivou State Departmenta SAD-a, Vlade u Beogradu i o razgovoru koji je licno vodio sa predsjednikom Crne Gore Milom Đukanovicem

Pisao sam im tako da im odmah bude jasno da znam mnogo više o životu svakoga od njih nego što se to obicno zna, postavivši

Koljenovic

svakome od njih pitanja iz vlastite prošlosti i povijesti, koja su vremenski sezala od najdaljih davnina do današnjih sukoba i moguce vizije za buducnost. Ako ništa, na neki nacin sam im barem uspio obratiti dodatnu pažnju na problem Bosne i Hercegovone. Oni su teško prihvatali, cak i sada se ta cinjenica teško prihvata, da je Svijet po pitanju rata u Bosni i Hercegovini stajao po strani, gotovo kao da gleda natjecanje u rimskoj areni ili na nogometnom igralištu. Medutim, to je najmanje bila igra.

    Trideset hiljada djece je ubijeno u toku tog rata, a dvjesta hiljada muškaraca i žena nestali su sa lica zemlje. Danas je u knjigama povijesti Bosne nemoguce procitati nešto o tome, a u školama necete cuti cinjenice o zlocinima pocinjenim u tome ratu, necete cuti ama baš ništa, oni kao da se nikada nisu ni dogodili.

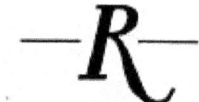

September 12, 1995

Mr. Byram Angelo Kolenovich
5313 Gipsy Avenue
Las Vegas, NV 89107

Per our conversation, I have blocked the Riviera Hotel & Casino Grand Ballroom on December 17, through 22, 1995, for a peace conference regarding Bosnia and Herzegovina.

If you should need anything, please call me.

Sincerely,

Robert Vannucci
Vice President

RV/km

Rat Za Boga I Bosnu

Pismo Roberta Vennucija Koljenovicu: „U povodu našeg dogovora, od 17. do 22. decembra 1995. rezervirao sam Hotel & Casino Grand Ballroom u Hotelu Riviera, gdje se sa pocetkom u 22 sata ima održati Mirovna konferencija o Bosni i Hercegovini."

Predsjednik Francuske Chirac nam je takoder pisao: "Mi smo zabrinuti zbog rata u Bosni i Hercegovini. Las Vegas, kao mjesto gdje Vi i gospodin Angelo predlažete da se održi Konferencija, je strateški predaleko od podrucja gdje se dogada problem. Stoga ce Konferencija biti održana u Parizu, o cemu cete biti obaviješteni."

Nismo dobili poziv da prisustvujemo, jer je to bila „igra" za velike momke.

U knjizi „Osmansko carstvo", Edward Joy Morris izvještava o svojoj posjeti brodu americke mornarice u luci Napoli u Italiji 1851. godine, na kojem Petar II Petrovic Njegoš za Ameriku i svoju domovinu Crnu Goru kaže: "Jedine dvije savršeno slobodne zemlje u svijetu su Sjedinjene Americke Države i Crna Gora!"

Cini se da pjesnik i vladar Crne Gore Petar Petrovic Njegoš nije bio sasvim nacisto o onome o cemu je govorio. Najuži specijalitet tadašnje Amerike bili su ropstvo i linc, a u Crnoj Gori je izvršen nezamisliv masakr nad tamošnjim Bošnjcima i Albanacima katolicima. Da li je moguce da vladar zemlje u kojoj je ucinjen takav zlocin, izjavi nešto takvo?

Koljenovic

XI

HISTORIJSKE VEZE PROŠLOSTI I SADAŠNJOSTI

Povezivanje prošlosti i sadašnjosti može se napraviti preko dogadaja na Kosovu, koje je stoljecima bilo u sastavu Osmanskog carstva, zatim u sastavu Kraljevine Jugoslavije i Socijalisticke Jugoslavije, pa sve do dogadaja s kraja prošlog stoljeca, srpsko-crnogorske agresije na Bosnu i Hercegovinu 1992-1995, te prenošenja agresije na Kosovo po završetku rata u Bosni, gdje je Srbija od 1997. do 1999, godine napravila nekoliko pokolja albanskog stanovništva i izazvala njegov masovni egzodus.

Usprkos opomenama medunarodne zajednice, UN-a i SAD-a prije svega, da prestane sa terorizirnjem i klanjem stanovništva, Slobodan Miloševic, predsjednik tadašnje krnje Jugoslavije, koja se sastojala od Srbije i Crne Gore, nije prestao sa zlocinima na Kosovu, pa je 7. decembra 1997. pocela medunarodna NATO intervencija na Kosovu, koja je trajala do 27. januara 1998., te nastavljena 22 marta 1999.

U posljednjoj intervenciji NATO snage su bombardirale vojne ciljeve u Saveznoj Republici Jugoslaviji, dakle Srbiji i Crnoj Gori, cijelih 78 dana, od 22. marta do 11. juna 1999. Borbeni avioni NATO pakta vecinom su polijetali iz baza u Italiji i na Jadranskom moru.

Vratimo se daljoj prošlosti. Kosovo je ranije bilo u sastavu Bosanskog sandžaka unutar Osmanskog carstva. Ta bosanska pokrajina je 1913. i 1914 bila poprište najkrvavijeg pokolja vojske

Rat Za Boga I Bosnu

crnogorskog kralja Nikole i srbijanskog kralja Aleksandra, koji su tada ubili oko 160.000 ljudi i nasilno poslali u progonstvo 250.000 ljudi.

Povlacenjem Osmanskog carstva zapoceli su najteži dani i godine za pokrajinu Sandžak. Škole, pismenost i ucenje potpuno su zamrli u Sandžaku pod vlašcu crnogorskog kralja Nikole, koji je na taj nacin smišljeno podrivao sudbinu Sandžaka. On je cinio sve da sprijeci rad svih obrazovnih institucija, škola prije svega, u Plavu, Gusinju, Baru, Rožaju, Bijelom Polju, Tuzima, Kolašinu. Ovaj, prvi i posljednji crnogorski kralj, vladao je sandžackim Bošnjacima i Albancima „šakom punom vatre", progoneci podjednako i muslimane i katolike.

Pokolji i dogadaji koji su mu slijedili bili su tragedija koja je oznacila povtratak Sandžaka u mracno doba feudalizma. Pokolji u Plavu i Gusinju 1912. i 1913. godine bili su zlocini koje su predvodili kraljevi vojni zapovjednici i lokalni izdajnici, pukovnik Avro (Avram) Cemovic i major Balša Balšic, ranije (muftija) Hajro Bašic, koji je izdao svoj narod i pokrstio se, kako bi dobio vojni cin.

Koljenovic

Pukovnik crnogorske kraljevske vojske Avro Cemovic, pod cijim vodstvom je izvršen pokolj Bošnjaka i Albanaca u Plavu i Gusinju

Natpis na grobu majora Balše Balšica (ranije muftije Hajra Bašica)

Nakon hladnokrvnog pokolja u Previji, u dolini rijeke Lim, izabrana je grupa najvidenijih intelektualaca, koji su zatim ubijeni. Pukovnik Avro Cemovic je nakon pokolja kojim je rukovodio, od kralja Nikole postavljen za guvernera okupirane teritorije Sandžaka, te na tom mjestu bio u novembru i decembru 1912.

Avrov otac ubijen je 34 godine ranije, 1879., u bici na Nokšickom polju. Prije nego što je pocinio samoubistvo Avro je,

Rat Za Boga I Bosnu

navodno, izjavio da je pokolj pocinio na svoju ruku, a ne po kraljevom naredenju, u ime osvete za smrt oca na Nokšickom polju.

To mora da je bila jedna živa strahota i neviden mazohizam, 34 godine misliti samo na jednu stvar, na osvetu. Kad se ratnici sudare na bojnom polju, onda treba poštovati to što je pobijedio bolji, spretniji i jaci. A u borbi na Nokšickom polju 1879. pobijedio je bolji, Bošnjaci Plava i Gusinja.

Mada zvanicna historiografija kaže da je Avro Cemovic izvršio samoubistvo, postoji verzija po kojoj ga je otrovao kralj Nikola u želji da prikrije svoju odgovornost za pokolj u Plavu i Gusinju.

Crnogorska vojska kralja Nikole, koja je u svome sastavu imala veliki broj dobrovoljaca Srba i Rusa, od pocetka sukoba 1876. do kraja sukoba 1912. imala je gubitak u ljudstvu od 12.000 ljudi, dok je, recimo, u americkom gradanskom ratu ubijeno 3.000 ljudi na obje strane. Ovaj americki rat nekome može liciti na rat u Crnoj Gori, jer se vodio za proširenje teritorija, medutim u Americi se rat zapravo vodio da se spriječi slom Unije i jedinstvo države, kao i da se oslobode robovi.

U Americi se rat vodio zbog separatizma, s jedne strane i unionizma s druge, pri cemu se jedan brat okrenuo s oružjem naspram drugog. U Crnoj Gori to je bilo pitanje religije i zemlje, koje na sjeveru Crne Gore, gdje su moji preci rodeni i živjeli milenijumima, nije bilo u izobilju, ni onda, ni danas, pa je zemlja bila meta kraljevog ekspanzionistickog programa, a pokrštavanje muslimana, religijskog.

Dolina Plava i Gusinja bila je od 17. do 19. stoljeca jedina žitnica Crne Gore. Mnoga katolicka plemena prešla su na islam za pet stoljeca osmanske okupacije, što se nije uklapalo u ideju kralja Nikole o stvaranju nove cisto pravoslavne države Crne Gore. Zato je Nikolin plan bio da pokrsti katolike iz Kuca i Albance iz Bara i

Koljenovic

Ulcinja, kao i muslimane iz Plava i Gusinja, koji su stoljecima zaposjedali jedinu crnogorsku žitnicu.

One koji su odbili da se pokrste, jednostavno su ubijali u masovnim pogromima ili, ako su bili bolje srece, prognali.

Stotinu i više godina kasnije historija je trebalo još jednom da se ponovi. Medutim, na putu starih-novih balkanskih zavojevaca isprijecila se mislija americkog Senata i predsjednika Clintona, koji je Mediteranskoj floti naredio da doplovi u Jadran i spremi se za akciju protiv vojnih snaga i onoga što je ostalo od nekadašnje Jugoslavije.

SAD su se, napokon, pojavile kao spasilac napadnutih Hrvata i Bošnjaka u Hrvatskoj, Bosni i Hercegovini i na Kosovu.

„Bolje ikad, nego nikad", pomislio sam, shvativši da ce moji snovi konacno postati stvarnost.

Eskadrile aviona uputile su se 24. februara 1996. godine u borbene misije nad nebo iznad Bosne i Hercegovine preplavivši jugoslovenski zracni prostor.

Na zapovjednom brodu Mediteranske flote, kapetan USS Kitty Hawka (CV 63) podigao je jedinstvenu zastavu, kako bi se Kitty Hawk razlikovao od svih drugih brodova Sjedinjenih Americkih Država. Covjek odgovoran za planiranje svih misija i ja radili smo bez prestanka, a uputstva su u Las Vegas stizala iz San Diega u Kaliforniji.

Naš tim poceo je planirati bombardiranje Srbije u 14:00 popodne.

Radili smo bez ogranicenog radnog vremena. Ja sam bio u timu profesionalaca iz sastava Vojnog izvoza u Las Vegasu, smještenom za tu priliku u Howard Hughes plaza Renaissance Hotelu na 6. pratu. Radili smo bez prekida od 28. jula 1998. i dobar dio 1999. Bio je to mukotrpan zadatak, nagradivan svakom uspješno izvedenom misijom koje su nastavljene sve dok Miloševic nije ispustio Kosovo iz svojih zlocinackih kandži.

Rat Za Boga I Bosnu

Znao sam da bi bilo politicki i strateški važno bombardirati most na Murini u crnogorskom dijelu Sandžaka, cime bi bilo zaustavljeno moguce klanje nevinih ljudi u gradovima Plav i Gusinje, a možda i u citavoj Crnoj Gori. Naime, niko osim Rusa nije tada znao ono što misli i planira uraditi Milošević i dokle je spreman ici, pa smo zato prvo bombardirali njegov Bijeli dvor na Dedinju u Beogradu, prvobitnu rezidenciju kraljevske porodice Karadordevic, kasniju Titovu, a sada Miloševicevu rezidenciji, nadajuci se da cemo ga tamo pogoditi.

Trebalo nam je mnogo dana rada i tajnih dogovora sa Pentagonom, predsjednikom Klintonom, agentima Deaconom Oldfieldom i Dorianom Dixonom, Odjelom odbrane u San Diegu u Californiji, mornarickim oficirima i agentima Centralne obavještajne službe, prije svega sa gospodom Gale, mojom glavnom vezom u CIA.

Morali smo što prije završiti s našim planovima i što brže krenuti sa ispunjavanjem „Miloševiceve liste želja" za bombardiranje njegovih vojnih ciljeva širom krnje Jugoslavije. Kad su akcije krenule, uspjeli smo zaustaviti povlacenje paravojnih snaga iz Srbije u Crnu Goru, preko Cakor planine i doline Plava i Gusinja, gdje bi srpska vojska, bio sam u to sasvim siguran, napravila novi masakr nad Bošnjacima.

Svakako je bilo dobro da smo tako ucinili. Medutim, Svijetom je krenula medijska prica kako se prilikom našeg granatiranja dogodila tragedija u kojoj su neka nevina djeca izginula u Murini.

Naravno, krivicu za te laži treba pripisati vodama „kod kuce", koji su i zapoceli rat, prije svega predsjedniku SR Jugoslavije Slobodanu Miloševicu i potpredsjedniku, Crnogorcu Momiru Bulatovicu, kao i radikalnim masama koje su podržavale zlocince što su vodili taj nepravedni rat.

Koljenovic

Kako god bilo moj cilj je bio da rasturim srbiju i daje posaljem u pakao hiljadu godina unazad evo stasmo sve uspjeli uradit planirat u Hotelu na shestom spratu u Vegasu danimasmo radili i duge sate.

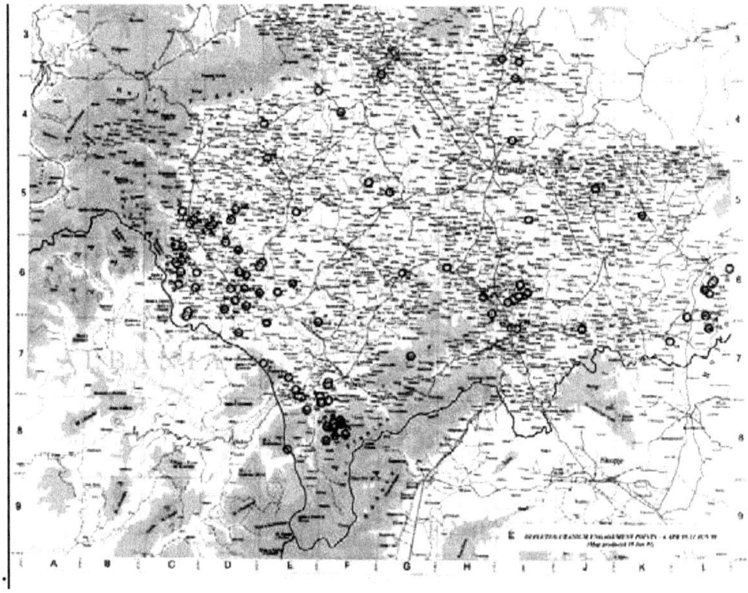

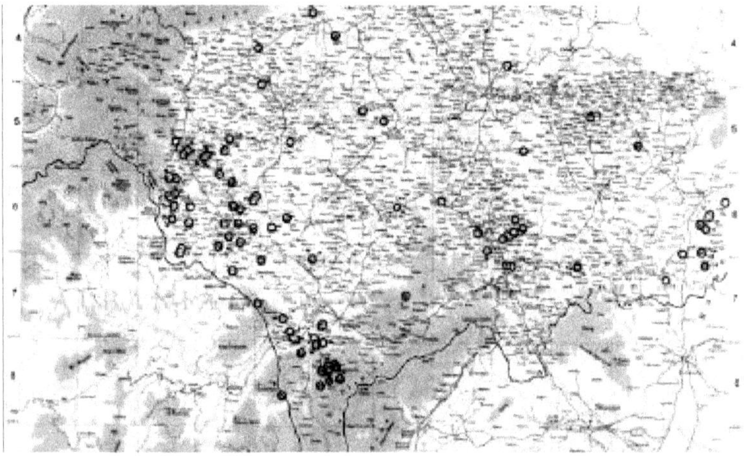

Rat Za Boga I Bosnu

Vojni i drugi strateški objekti vojske Jugoslavije koji su bili ciljevi NATO bombardiranja na područu Srbije, Crne Gore i Kosova 1999. godine

Nekoliko godina kasnije, u Hotelu i Casinu Sahara u Las Vegasu imao sam priliku i cast upoznati generala Wesleyja Clarka, glavnokomandujuceg NATO snaga u operacijama u kojima sam i sam iz pozadine ucestvovao. Prema izvještajima njegovog štaba iz vremena NATO vojne intervencije, Jugoslavenska, ali i Oslobodilacka vojske Kosova, koristili su 98 odsto slucajeva zastarjelo rusko i jugoslavensko naoružanje, koje je u odnosu na NATO naoružanje bilo pravo smece. NATO je, zapravo, koristio samo najmodernije avione i pomorske jedinice stacionirane u americkoj pomorskoj vojnoj bazi Aviano u Italiji, odakle su NATO avioni polijetali u svoje misije nad jugoslavenskim nebom marta 1999. godine.

Savezna Republika Jugoslavija bila je naoružana oružjem prema navodima koji slijede:

152mm field gun-howitzer
M84 NORA-A 2K12 Kub
9K31 Strela-1 9K31-Strela 2
9K33 Osa 9 K35 Strela-10
AK-47 AK-74u
BOV APC BVP M-80
CZ-99 G-4 Super Galeb
J-22 Orao M53/59 Praga
M-63 Plamen M-77 Oganj
M-80 Orkan M-84 Tenk
MiG-21 MiG-29
Mil Me-24 Hind S-125 Neva/Pechora
SA.341 GAMA T-54/55
UAZ-469

Koljenovic

Zastava M70 / Zastava M72
Zastava M76 / Zastava M77
Zastava M77B1 / Zastava M80
Zastava M84 / Zastava M85/90
Zastava M87 / Zastava M88
Zastava M91 / Zastava M92
Zastava M93 Black Arrow

Oružje koje je koristila Oslobodilacka vojska Kosova uglavnom su bili sovjetski kalašnjikovi AK47, proizvedeni u više zemalja Istocnog bloka. To je omiljeno gerilsko automatsko oružje za bliske borbe. Nešto americkih automatskih pušaka M-16 i karabina nabavljali su na crnom tržištu, preko kanala kakav su držali moji prijatelji Giles Pace i Frank Hamzaj, koji su puške kupovali u Las Vegasu i prevozili ih preko Rima u Italiji, do Tirane u Albaniji i napokon do Kosova. Franka Hamzaja je zbog toga trebala uhapsiti tajna služba, ali sam ja agentu Deaconu garantirao da je Hamzaj provjereni americki patriot, tako da je Franku dozvoljeno da nastavi sa svojim poslom bez ikakvih zapreka. Tako smo moji prijatelji u San Dijegu i ja pratili kako Frank Hamzaj i Giles Pace spretno manevriraju u medunarodnim vodama trgovine oružjem. Sve je bilo kako treba, a Frank Hamzaj je uspio uciniti veoma veliku stvar za otpor Kosovara kuci, ali i za njihove rodake, zajednicu Albanaca u SAD-u. Ishod rata je poznat. Srbija je izgubila. Mi smo pobijedili.

Evo i NATO-vih i americkih aviona koji su ubjedljivo dominirali u zracnim akcijama nad SR Jugoslavijom:

A-10 Thunderbolt GDR
AC-130 Spooky
AH-64 Apache US
AV-8B Harrier BR
B-1 Lancer
B-2 Spirit
B-52 Stratofortress

Rat Za Boga I Bosnu

Dassault Mirage 2000 FR
E-3 Sentry
F-104 Star fighter
F-117 Nighthawk US
F/A-18 Hornet US
F-14 Tomcat
F-15 Eagle
F-15 Strike Eagle
F-16 Fighting Falcon
F-4 Phantom
Harrier Jump Jet
MQ-1 Reaper
Panavia Tornado
Panavia Tornado ADV
SEPECAT Jaguar
McDonnel Douglas F/A-18

Bila mi je uistinu velika cast i zadovoljstvo upoznati generala Wesleya Clarka prilikom njegove posjete Sahari i sresti se s njim na nekoliko trenutaka. S Generalom je bilo nekoliko njegovih prijatelja i još cetiri službenika. Bio sam iznenaden kad me je sekretarica moga dobrog prijatelja Craiga Hutchinsa, u to vrijeme direktora Sahara Casina, pozvala telefonom i pitala da li bih mogao doci u direktorov ured. Kako sam se vec nalazio u kasinu, došao sam za nekoliko minuta. I istinski se iznenadio ugledavši generala Klarka i gospodina Bennetta Williama, vlasnika Sahare, te nekoliko clanova generalove pratnje, kako razgovaraju i smiju se.

Bilo je to tako dobar osjecaj konacno se upoznati sa covjekom koji je rukovodio presudnim borbenim akcijama NATO-a u porazu SR Jugoslavije, zahvaljujuci kojim je spašeno stotine hiljada ljudi koji bi još bili ubijeni zbog sulude zamisli SANU (Srpske akademije nauka i umjetnosti) o nasilnom stvaranja velike

Koljenovic

Srbije, ciji su realizatori bili smješteni u najvišoj državnoj vlasti na celu sa Slobodanom Miloševicem, ali i hiljadama drugih zagriženih nacionalista, Srba i Crnogoraca u vojci, policiji, politici i najširim narodnim masama, koji nisu prezali od pocinjenja najstrašnihjih i najkrvavijih zlocina da se taj cilj ostvari.

Jedan od Generalovih ljudi docekao me je sa malim poklonom kojeg je držao u ruci: "Angelo, ovo je za Vas kao dio tima. Samo nekoliko od nas u grupi ce prepoznati šta ova znacka znaci. "Ja sam u šali podigao ruku uz celo i salutirao, upitavši da li me to cini jednim od clanova skupine.

"Angie, ne pravi se pametan", rekao je on. "To je samo da bi okovratnik jakne bio malo više fensi", kazao je i prikacio mi znacku.

Most na Limu u Murini prije bombardiranja

Rat Za Boga I Bosnu

Most na rijeci Limu poslije bombardiranja

Sve što se dešavalo tih dana bilo je haoticno, ali je ipak u svom tom haosu postojao neki plan i red, što se vidi i po tome da smo postigli ono što smo planirali uraditi. To se u pogledu americke intervencije sasvim razlikovalo od dogadaja kad je presjednik SAD-a Taft 1910. godine priznao Kraljevinu Crnu Goru, ne znajuci da ce Crnogorci samo 18 mjeseci kasnije izvršiti pokolj nevinog naroda samo zato što nisu bili kršcani. Ovoga puta Amerikanci su bili na drugoj strani.

Koljenovic

**WILLIAM H. TAFT,
PRESIDENT OF THE UNITED STATES OF AMERICA.**

To His Majesty
Nicolas,
King of Montenegro.

Great and Good Friend:
I have been happy to receive Your Majesty's letter of August 17, 1910, by which you announce to me that the national Skoupchtina, having expressed its will that the Principality of Montenegro be raised to the rank of Kingdom, you assumed on the 15th of August the title of King of Montenegro.
The assurance which you give me of your intention to maintain and develop the good understanding and perfect harmony, which so happily exists between the two countries and people, is very gratifying, and I beg to renew the congratulations which I offered to Your Majesty in my letter of July 12th last, and the sentiments to which expression is therein given. To those sentiments I beg to add the expression of my own good wishes for Your Majesty's welfare and for the prosperity and happiness of the people of Montenegro under Your Majesty's benignant reign.
And I pray God to have Your Majesty in His safe and holy keeping.

Your Good Friend,
Wm. H. Taft.

By the President:
P. C. Knox.
Secretary of State.
Washington, October 24, 1910.

Pismo americkog predsjednika Williama H. Tafta crnogorskom kralju Nikoli iz 1910. godine u kojem mu cestita na formiranju neovisne Kraljevine Crne Gore

Od 16. do 18. stoljeca most na Limu u Murini bio je žila kucavica života Plava i Gusinja. Mnogo sam se puta kao mladic ukrcao na autobus na ovoj cesti i popio kafu u ovoj kuci koja je sada bila uništena. Moji nana i dedo, moj otac, i svi moji, bezbroj su puta svojom nogom pregazili ovaj most.

Vijekovi i mnoge bitke protutnjali su preko mosta u Murini. I on je, na kraju, konacno potpuno ruiniran. Ovoga puta bombama US Air Forcea, koje su ga ciljale u namjeri da se zaustavi bježanje Miloševiceve vojske sa Kosova, koja je NATO-vim bombardovanjem uzdrmana do srži.

Crna Gora se brzo distancirala od Miloševica, kako bi bila poštedena od NATO bombi, što je na kraju dovelo do njihove

Rat Za Boga I Bosnu

nezavisnosti. Đukanovic, bivši davolov šegrt, sada je okrenuo leda svome bivšem gospodaru Slobodanu Miloševicu, te tako postao lider nezavisne Crne Gore.

Od 5. aprila 1992. do 29. februara 1966. godine Sarajevo je bilo svakodnevno granatirano. Sve jedinice Jugoslavenske vojske i srpsko-crnogorskih paravojski iz Srbije, Crne Gore, Hrvatske, sa Kosova, srucile su se u tim godinama na Bosnu i Hercegovinu i njen glavni grad Sarajevo, sasvim opkoljen, u bunkere ukopanom pješadijom, te obrucem od više hiljada najrazlicitijeg artiljerijskog i drugog naoružanja, od topova i tenkova, do minobacaca, protivavinskih topova i mitraljeza.

U isto vrijeme samoorganizirani branioci, okupljeni u pocetku oko jedinica policije i teritorijalne odbrane, kasnije Armije Republike Bosne i Hercegovine, bili su naoružani sa nešto pješadijskog naoružanja, automatskih pušaka i pištolja, te lovackim i trofejnim naoružanjem i tek sa nekoliko zarobljenih minibacaca. Opsadnici su u svim strateškim i pozicionim elementima bili u prednosti, bili su do zuba naoružani automatskim i artiljerijskim oružjem i orudem, bili su pokretni i operativni, uredno snabdjeveni hranom i drugom logistikom, a grad su držali sa uzvisina, potpuno vidljiv i slobodan za dejstvovanje, baš kao na dlanu. Jedan od omiljenih nacina ubijanja Sarajlija bilo je pucanjem sa okolnih brda na civile iz naoružanja sa snajperskim nišanjenjem.

Sarajevo je smješteno u duboku kotlinu oko rijeke Miljacke, okruženo sa svih strana visokim planinama, Trebevicem, Igmanom, Bjelašnicom, Romanijom, Treskavicom, Jahorinom. Zbog duge i bogate povijesti, vjerske šarolikosti i tradicionalno njegovanog suživota vjera i nacija, Sarajevo je cesto nazivano "Jeruzalemom Europe" ili "Jeruzalemom Balkana."

Uništenje Sarajeva napadacima je bio jedan od osnovnih ciljeva agresije na Bosnu i Hercegovu, jer je Sarajevo, takvo kakvo je bilo, mješovito u svemu, multinacionalno, multireligijsko i

Koljenovic

miltikulturalno, bilo živi dokaz da je suživot u BiH itekako moguc, što je opet bilo u potpunoj suprotnosti sa tvrdnjama agresora, koji su zastupali podjelu ili potpuno uništenje jednog naroda.

Na mjestu današnjeg Sarajeva bila su mala naselja još u prahistorijskim i srednjovjekovnim vremenima, ali temelje savremenom gradu udarili su osmanski osvajaci sredinom 15. stoljeca, preciznije, nastanak Sarajeva vodi se sa 1463. godinom i njegovim osnivacem Isa-begom Ishakovicem.

Sarajevo je kroz historiju u nekoliko navrata privuklo pažnju svjetske javnosti i to zaista planetarnim dogadajima. Prvi put 1914. godine, kad je bio poprište Sarajevskog atentata i ubistva austrougarskog carskog prestolonasljadnika Franza Ferdinanda i njegove trudne supruge Sofije, što je bio dogadaj koji je posredno izazvao pocetak Prvog svjetskog rata.

Sedamdeset godina kasnije, kao glavni grad Republike Bosne i Hercegovine u sastavu socijalisticke Jugoslavije, postao je domacin XIV Zimskih olimpijskih igara 1984. godine.

Sarajevo je po svemu bio jedinstven i svakako veoma lijep grad, kojega su srpsko-crnogorski agresori nemilice i svakodnevo uništavali, zajedno sa njegovim stanovnicima, što su skoro cetiri godine živjeli u opsadi, bez struje, vode i hrane. Bila je to najduža opsada jednog grada u modernoj historiji ratovanja, duga 44 mjeseca ili 1425 dana, ili tri puta duže od cuvene opsade Staljingrada.

Usprkos svim zlocinima koje su srpske i crnogorske redovne vojne i paravojne snage ucinile prvo u Hrvatskoj, pa Bosni i Hercegovini i na kraju na Kosovu, bilo je vrlo bolno uraditi ono što je moralo biti ucinjeno, dok je to u isto vrijeme bila jedina prava stvar, bombardirati Srbiju. Balkanski kasapin Milošević je morao biti zaustavljen. I licno sam bio veoma emotivan, jer sam kao sasvim mlad momak, u jednoj od beogradskih kasarni bio na odsluženju redovnog vojnog roka, kao pripadnik licne Titova Garde.

Rat Za Boga I Bosnu

Bez obzira na sve, ponavljam, bila je to prava stvar. Tokom bombardiranja Jugoslavije dobio sam poziv ambasadora Srbije i Crne Gore iz Washingtona, koji me je upitao imam li porodicu u Jugoslaviji.

Moj odgovor je bio kratak i cinican: "Ne možete vi više nikoga povrijediti!"

Zatim sam ga upozorio da prestanu s njihovim ludilom ukoliko ne želi da licno stavim svoj potpis na bombe koje ce pasti na Srbiju i Crnu Goru. On je odgovorio: „Predsjednik Milošević je bio vrlo uznemiren kad ste posljednji put govorili sa mnom i nedavno mu poslali svoje pismo."

Ovoga puta sam koristio sva svoja umijeca i sredstva (i um, i ruke, i olovku, i papir, i mastilo, i koncentraciju, i veze) da Amerika uradi pravu stvar za moje zemljake i druge napadnute i ispacene ljude u Bosni i Hecegovini i na Kosovu i spasi ih od uništenje od strane bivše Jugoslavije i pomahnitalog Miloševica.

Bilo je to vec veoma davno, kad je Mariano Bolizza, državni i vojni službenik Republike Venecije boravio u Sandžaku. Glavni cilj izvještaja kojeg je radio za Veneciju bio je opis Sandžaka i Skadra, te pružanje informacije o kopnenim putevima koji se mogu najbolje koristiti od strane lokalnih kurira da prenose službenu korespondenciju iz Venecije u Carigrad i natrag, kao i istraživanje vojnih potencijala na tom teritoriju.

Njegov izvještaj iz Sandžaka i Skadra pun je detaljnih opisa gradova i njihovih lokacija, sela, kuca i stanovnika, njihovih obreda i obicaja, imovnog stanja i naoružanja stanovnika, kao i drugih znacajnih detalja o svemu što se posmaranjem moglo otkriti u toj pokrajini. Mariano Bolizza iz Venecije svoj je izvještaj završio dalekog 25. maja 1614. godine, pojavivši se na terenu kao neka vrsta turista, mada je zapravo bio profesionalni vojni ataše sa usputnom špijunskom misijom, što se veoma jasno vidi iz njegovog izvještaja.

Koljenovic

Bolizza bio bio korektan u njegovom opisu i izvještanju o Sandžaku, Plavu, Gusinju i Skadru, koji je bio pod komandom Mehmed Beya Ballichienovicha (Balicenovica). Skadar i Sandžak mogu se podijeliti na šest glavnih dijelova u u Crnoj Gori: Antivari (Bar), Dolcigno (Ulcinj), Scuttari (Skadar), Podgorizza (Podgorica) i Plav (Plav i Gusinje). Peti glavni dio Bielopaulichi (Bjelopavlici) je pod komandom vojske Podgorice.

Tuzzi-Kuci i Bratonosichi (Bratonosici) i dijelovi Plava i Martinoviche (Martinovca) i Gusinje su bili pod komandom Meduna (Meduna), a veci dio Plava je bio pod komandom Zausa (Cem Caushi) iz Podgorice.

Tamošnji bošnjacki i albannski narod je veoma patio u posljednjih skoro stotinjak godina otkako su pravoslavni Crnogorci preuzeli vlast, zbog visokih poreza i drugih vrsta ugnjetavanja. Ja vjerujem da ce vremena koja dolaze donijeti promjene napacenim Bošnjacima i Albanacima, dobrim ljudima Plava i Gusinja, koji ce sigurno imati posljednju rijec. U svakom slucaju, u vrijeme srpskog i crnogorskog nacionalistickog divljanja u periodu 1990 - 1999. godine bilo je važno spasiti ih od katastrofa rata. Moram priznati da je potez predsjednika Đukanovica u smjeru osamostaljivanja Crne Gore od Srbije bio veoma hrabar i znacajan.

Evo i jedne cinjenice o kojoj se manje zna, a i da se zna, u Crnoj Gori bi je brzo i nepovratno sakrili. Prvi crnogorski kralj Nikola vuce korijene od Bošnjaka iz bosanskog grada Zenice, tako da mi imamo isto porodicno naslijede. Prva crnogorska kraljevska dinastija davninom je iz Bošnjacke familije Vojislavljevica. Oni su bili vladari Duklje/Zete od pocetka 11. stoljeca. Dinastija Vojislavljevica, ciji je osnivac bio princ Stefan Vojislav, vladala je Zetom oko 200 godina.

Crnom Gorom su 220 godina vladale cetiri kneževske vladarske kuce, Vojisavljevici, Balšici, Crnojevici i na kraju

Rat Za Boga I Bosnu

Petrovici, pri cemu ovi posljednji nisu bili samo svjetovni, nego i crkveni vladari autokefalne crnogorske pravoslavne crkve.

Kako se dogodilo da njihovi preci iz Bosne predu u Crnu Goru? Tako što su sredinom 15. stoljeca iz Bosne krenuli prema Hercegovini i živjeli neko vrijeme u Trebinju, a zatim preselili u crnogorske vrleti na planinu Njegoš, u mjesto zvano Cerovica. Od tamo su otišli krajem istog stoljeca i naselili se u Njegušima. Vladika Danilo je utemeljitelj dinastije Petrovic iz Njeguša, koja je dala sedam uzastopnih vladara, a Nikola je bio vladar sa najdužim vladarskim stažom, prvobitno kao knez, što je titula koju su nosili i njegovi prethodnici, da bi se 1910. proglasio kraljem i bio i ostao jedini kralj u crnogorskoj historiji.

Poznato je da je kralj Nikola bio opsjednut željom da na bojnom polju potuce Ali-pašu Gusinjskoga, ali nije imao srece, jer je sultan Hamid u Berlinu na Europskom kongresu 1878. godine, na kojem je dijeljena Europa, odricanjem Osmanskog carstva od Crne Gore sam pobijedio Ali-pašu i njegove ratnike.

Nekoliko godina nakon tragedije mog naroda i genocida izvedenog pod vodstvom pukovnika Avra Cemovica, a blagoslovljenog od kralja Nikole, Cemovic je podivljao kao bijesan pas i pocinio kukavicki cin samoubistva. Da li zbog osjecaja krivice ili zbog ludila, jer su on i njegovi ljudi mucki ubili preko 1.000 nevinih civila, mi to nikad necemo saznati.

Meni je sudbina namijenila da ja, kao i clanovi moje porodice prije mene, budem sudionik spašavanja Plava i Gusinja od masakra koji je muslimanima prijetio u slucaju da srpska vojska, bombardirana NATO snagama na Kosovu, uspije pobjeci u Crnu Goru preko rijeke Murine, na onom istom mjestu gdje su se moji preci borili i krvarili citava tri stoljeca.

Mjesto koje su crnogorske i srpske trupe sada izabrale za napad; bilo je isto ono mjesto gdje su ljudi iz Plava i Gusinja davno dokazali svoju hrabrost i ratnicku vještinu, gdje je Ali-paša sa

Koljenovic

ratnicima iz Plava i Gusinja vec pobijedio iste napadace pojacane Rusima, zarobivši tom prilikom i rusku ratnu zastavu. To je bio presudan trenutak u historiji ovog kraja, a ni Srbi ni Crnogorci do današnjeg dana nikada nisu priznali ovaj svoj poraz niti junaštvo plavskih i gusinjskih Bošnjaka i velicinu njihovog komandanta Ali-paše Gusinjskog. Cak ni jedan jedini biljeg nije postavljen u cast ovoga hrabrog covjeka i vojskovode, ne samo od strane Srba ili Crnogoraca, nego ni Bošnjaka.

***

Tokom sukoba koji su trajali od 1992. do 1999. dogodio se i kratki posjet Jadranu americkog nosaca aviona „Theodore Roosevelt", na cijoj su se palubi kostriješili borbeni avioni F -18 „Hornet" („stršljen") iz sastava americkog zrakoplovstva, koje je bombardiralo Crnu Goru, Srbiju i Kosovo. Kitty Hawk je bio jedini americki nosac aviona koji je ostao u Jadranu do kraja operacija koje su vodene protiv Miloševice armije na Kosovu. Sa njega su bombardirana neka mjesta u Crnoj Gori, u namjeri da se zaustavi moguci pokolj nevinih Bošnjaka u mom rodnom kraju, u Gusinju i Plavu, možda i u cijeloj Crnoj Gori.

Kako je vec receno, niko nije znao šta je Miloševic mislio i koliko je daleko bio spreman ici zbog Kosova, pa je zato bombardirana i Srbija i Crna Gora. Agenti Dorian Dixon i Deacon Oldfield utrošili su mnogo dana i noci u planiranju i dogovaranju detalja operacije sa Pentagonom, Predsjednikom i s ljudima iz Ministarstva odbrane, bilo je, napokon, potrebno organizirati i susrete sa CIA-inim oficirom Galeom i drugima.

NATO-vo bombardiranje trajalo je od 24. marta do 11. juna 1999, ukljucujuci 1.000 aviona koji su polijetali uglavnom iz baza u Italiji, ali i sa nosaca aviona stacioniranih na Jadranu. Posebno poglavlje u ovoj velikoj ratnoj operaciji odigrale su krstarece rakete

Rat Za Boga I Bosnu

„Tomahawk" ispaljivane iz aviona, sa brodova i podmornica. Svi clanovi NATO-a bili su ukljuceni u Operaciju, izuzev Grcke. Tokom više od deset i pol sedmica trajanja intervencije, NATO-vi avioni su letjeli u 39.000 borbenih misija. Proklamirani cilj NATO operacije u najkracem je mogao biti sažet u samo jednu recenicu: "Srbi van iz Kosova, pripadnici mirovnih snaga u Kosovo, izbjeglice nazad na Kosovo!" Bez istjerivanja Vojske Jugoslavije sa Kosova, te ulaska medunarodnih snaga kao garanta povratka, izbjegli Kosovari se nisu ni mogli vratiti kuci.

Planirano je da se u NATO-voj operaciji prvo uništi jugoslavenska zracna odbrana i najprioritetniji vojni ciljevi, ali to u samom pocetku nije išlo najbolje, za što su, ponajviše, bili krivi loši vremenski uslovi koji su ometali planirano manevriranje borbenih aviona. NATO je, uz to, ozbiljno podcijenio Miloševicevu odlucnost da se odupre. Washington i Bruxelles su mislili da intervencija nece trajati duže od nekoliko dana. Iako su pocetna bombardiranja imala namjeru neke vrste testa, ipak su se odmah ocekivali i znacajniji rezultati, medutim to nije bilo ni blizu koncentriranih bombardiranja koja su se mogla vidjeti u Bagdadu 1991. godine, pa ni rezultati nisu bili takvi.

Odmah po otpocinjanju vojne interencije iz vazduha, na tlu Kosova je drasticno pojacano srpsko etnicko cišcenje i vojne akcije, a za mjesec dana rata oko 4000.000 Kosovara je pobjeglo u susjednu Albaniju i Republiku Makedoniju. Istovremeno, hiljade ljudi bilo je na željeznickoj stanici u Prištini i na drugim mjestima s kojih su bezuspješno pokušavali pobjeci, cekajuci hoce li, poput Bošnjaka u Srebrenici, biti odvedeni na put u pakao. UN bilježi da je do aprila preko 850.000 ljudi, uglavnom Albanaca, pobjeglo iz svojih domova. Bio je to posljednji test za predsjednika Sjedinjenih Americkih Država

NATO udari potpuno su koncentrirani na jugoslavenske jedinice na terenu, to jest na uništavanje pojedinacnih ciljeva, kao što

Koljenovic

su topnicki i drugi artiljerijski položaji, te na strateško bombardiranje. Ova aktivnost je, medutim, bila jako politicki ogranicavana, jer je svaki cilj trebao biti odobren od strane svih devetnaest zemalja clanica NATO-a.

Crna Gora je bombardirana u više navrata, ali je NATO na kraju odustao od daljnjih udara, kako bi ojacao poziciju crnogorskog, iznenada antimiloševicevski raspoloženog vode Mila Đukanovica.

Ciljevi sa takozvanom dvojnom namjenom, koji su bili od koristi i vojsci i civilima, takoder su bombardirani, ukljucujuci i mostove preko Dunava, tvornice, elektrane, škole i druge objekte u kojima je bila vojska ili sakrivena vojna oprema, kuce, obdaništa, bolnice, telekomunikacijske objekte i kontroverzno sjedište jugoslavenske ljevicarske partije koju je vodila Miloševiceva supruga Mirjana, srpska državna televizija, RTV toranj. Neki su ovakav stav o izboru ciljeva vidjeli kao kršenje medunarodnih zakona, posebno Ženevske konvencije o pravima covjeka.

NATO je, medutim, tvrdio da su ti objekti bili potencijalno korisni jugoslavenskoj vojsci i da je njihovo bombardiranje stoga opravdano. Na pocetku, u maju, jedan je NATO avion napao albanski izbjeglicki konvoj, vjerujuci da je to bio jugoslavenski vojni konvoj, te je tako ubijeno pedesetak ljudi. NATO je priznao svoju grešku pet dana kasnije, ali su ih Srbi optužili da namjerno napada izbjeglice.

NATO-ve bombe pogodile su 7. maja kinesku ambasadu u Beogradu, ubivši tri kineska novinara i niže rangirana službenika. NATO komanda je tvrdila da su pucali na jugoslavenske pozicije. Sjedinjene Države i NATO kasnije su se ispricali zbog ovoga dogadaja, uz obrazloženje da se to dogodilo zbog zastarjele karte kojom su raspolagali u SAD-u i CIA-i.

Zajednicki izvještaj o ovome dogadaju podnijeli su, medutim, posmatraci iz Ujedinjenog Kraljevstva i Danske. Prema njihovom

Rat Za Boga I Bosnu

izvještaju incident se nije dogodinio namjerno, nego je izazvan u trenutku uspanicenosti pilota koji je u 6 sati ujutro trebao bombardirati Glavnu komandu Jugoslavenske vojske smještenu odmah do Hotela Slavija.

Iz nepoznatih razloga oni su bombardirali kinesku ambasadu. I sam sam sudjelovao u planiranju tih misija i znam mnogo detalja o njima. Tacno je da je Glavna komada smještena veoma blizu Hotela Slavija u starom dijelu Beograda, i tacno je da je to bila veoma rizicna meta za ciljanje, posebno zbog mnogih stanaca, predstavnika medija, koji su boravili u Slaviji. Bila bi to prava katastrofa da je hotel pogoden NATO-vom bombom.

Licno mislim da je kineska ambasada bila prava meta da bude bombardirana, naprosto zato što je zvanicna Kina sve vrijeme podržavala agresiju Srbije na susjedne zemlje i na Kosovo. Istovremeno, naša ekipa je to jutro bila jako uzrujana jer nije pogodeno glavno komandno mjesto u Beogradu. Svi smo mislili da cemo pogoditi Generalštabnu komandu iza hotela Slavija, što žešce to bolje, ali nije bilo tako. Predsjedniku Miloševicu i njegovim ubicama pružena je tako mogucnost da još neko vrijeme pljackaju, pale i ubijaju.

Ali, poslije svega, Bosna i Kosovo nece više nikada biti isti, baš kao što ni Srbija nece biti ista.

Dao sam sebi obecanje da cu napraviti sve što je u mojoj moci da ubice plate za ono što su ucinili Vukovaru u Hrvatskoj, Sarajevu u Bosni i Hercegovini i Prištini na Kosovu. Bile su to nemilosrdne ubice koje su bez trunke grižnje savjesti masovno ubijali civile.

Jedan nizozemski list je tih dana tvrdio da je NATO namjerno bombardirao kinesku ambasadu jer je njihova zgrada bila korištena kao relejna telekomunikacijska stanica koju je koristila Vojska Jugoslavije.

Koljenovic

Bombardiranje je izazvalo napete odnose izmedu Kine i NATO zemalja, kao i bijesne demonstracije ispred ambasada zapadnih zemalja u Pekingu. Svojevremeno sam imao telefonski razgovor s veleposlanikom Jugoslavije u Washington DC-u. Prenio mi je da je Slobodan Miloševic bio vrlo uzrujan zbog moje nabusitosti u pismu koje sam mu ranije uputio, a u povodu njegovog ponašanja i prijetnji. U tom sam mu pismu poslao savjet, a ne postavljao zamku, kazavši mu da ne ocekuje pomoc ruskih Vikinga sa sjevera, jer ce ga oni, na kraju, napustiti. Ja sam mu, ustvari, samo iskreno rekao svoje mišljenje da Rusija nece doci da spašava Srbe kad im bude najteže. I nije došla!

Ponovo sam razgovarao sa ambasadorom 26. jula u 8 sati ujutro, kad me je pozvao iz Washington DC-a. Ambasador je bio vrlo nedvosmislen kad me je ponovo upitao: "Mr. Koljenovic, jeste li sigurni da nemate bliskih clanova porodice u Jugoslaviji?", misleci valjda da ga prošli put nisam dovoljno ozbiljno shvatio.

Nasmijao sam se i odgovorio: "Dragi ambasadore, ako Vas smijem tako osloviti, vec sam vam jednom odgovorio na to pitanje. Uostalom, ne postoji tamo više niko koga biste mogli ponovo povrijediti, svi su oni vec odavno otišli iz te vaše napuštene zemlje, tako da sada možete nazvati Vašeg predsjednika, kojemu obecavam da ga više nikad necu osloviti imenom, i recite mu da cu, kad stignem u Aviano u Italiji, staviti moj potpis na svaku bombu koju cemo poslati na Jugoslaviju i Srbiju, a vi cete platiti za sve što ste ucinili u posljednjih sto godina. Odlazim veceras za Zurich i bit cu na sastanku sa gospodinom Ramljakom iz Hrvatske, vašim bratom Peterom Folkom i Alijom Delimustaficem iz Bosne, sve lakejima bez imalo morala. Možda cu ih uspjeti uvjeriti da su, baš kao i Vi, na krivom put. Ako ne, barem sam pokušao."

***

Bio sam, dan kasnije, u Zurichu.

Rat Za Boga I Bosnu

Ofanziva srpske vojske na Kosovu bila je u punom jeku. Vozovi su bili pretrpani stotinma hiljada ljudi, masovna ubistva vršena su na svakom koraku, krv i plac nevinih pali su po zemlji. Agonija i ocaj preplavili su ovu drevnu ilirsku zemlju od Vukovara, do Sarajeva, Srebrenice i Prištine.

U još jednom od stotina srpskih incidenata na Kosovu, jugoslavenska vlada pripisala je svoj zlocin NATO bombardiranju. Ovoga puta radilo se o 85 ubijenih civila u zatvoru Dubrovi. Kasnija istraga utvrdila je da je zatvorska uprava izvela u dvorište oko 1.000 zatvorenika Albanaca i naredila im da se postroje. Zatim su srpski stražari pucali na njih iz automatskog oružja nasumice, te je tako ubijeno 85 ljudi. Istraživanje Human Rights Watcha na Kosovu procjenilo je da je 18 zatvorenika zaista ubijeno od strane NATO bombi 21. maja (tri zatvorenika i stražara poginuli su u ranijem napadu 18. i 20. maja).

Do 1. aprila cinilo se da su NATO zemlje pocele ozbiljno razmišljati o pokretanju operacije invazije na Kosovo. To je moralo biti organizirano vrlo brzo, jer je ostalo malo vremena do pocetka zime i trebalo je napraviti mnogo posla na popravci cesta od grckih i albanskih luka prema predvidenim invazionim rutama preko Makedonije i sjeveroistocne Albanije.

Predsjednik SAD-a Bil Clinton nije, medutim, bio osobito oduševljen idejom o angažiranju americkih snaga u kopnenoj ofanzivi. Umjesto toga, Clinton je ovlastio CIA-inu Pomorsku obavještajnu službu da iznade metode destabiliziranja Vlade Srbije i pomogne u obuci OVK.

U isto vrijeme, finski i ruski pregovaraci nastavili su pokušvati ubijediti Miloševica da se povuce sa Kosova. On je na kraju shvatio da je NATO ozbiljan u svojoj odlucnosti da okonca sukob na ovaj ili onaj nacin i da Rusija nece intervenirati da brani Srbiju, usprkos snažne moskovske antinatovske retorike. Suocen s nekoliko alternativa, Milošević je prihvatio uslove koje su ponudili

Koljenovic

finski i ruski posrednici, složivši se sa prisustvom stranih vojski na Kosovu, na celu sa UN-ovim ali i NATO trupama.

Norveške specijalne snage i komandosi saradivali su sa OVK-om i prikupljali obavještajne informacije u pripremama za invaziju 12. juna. Specijalne snage radile su zajedno sa OVK na Ravnoj planini na granici izmedu Makedonije i Kosova i imale odlicnu posmatracku poziciju na ono što se dogadalo unutar Kosova. Zajedno sa britanskim specijalnim snagama, norveške specialne snage bile su prve koji su trebale preci preko granice Kosova.

Prema Keithu Gravesu sa televizijske mreže Sky, Norvežani su vec bili na Kosovu dva dana prije nego su tamo umarširale druge snage i bili su medu prvima koji su ušli u Prištinu. Posao specijalnih snaga bio je da obezbijede uslove lokalnim strankama za implementiranje mirovnog sporazuma izmedu Srba i kosovskih Albanaca.

Bombardiranje Srbije i Crne Gore je uglavnom poduzeto da se spriječi daljnje Miloševicevo napredovanje. Gotovo deset godina kasnije bio sam obaviješten o tragicnom sstradanju nevine djece koja su izgubila živote u Murini u Crnoj Gori. Krivci za taj zlocn bili su Miloševic iz Srbije i Bulatovic iz Crne Gore, kao i mase koje su podržavale taj nepravedni rat.

Pokušavao sam uvjeriti svoje prijatelje da raznesu most u Murini na rijeci Limu, cime bi se spriječilo da se dogodi isto ono što se dogodilo 1913. godine kada su pobijeni nevini bošnjacki civili. Stoga mi nije bilo teško uvjeriti samoga sebe da radim pravu stvar i da most treba uništiti po svaku cijenu.

Pri tome treba napomenuti da su tackom 28. Berlinske konferencije 1878. Plav i Gusinje pripali Crnoj Gori, a da je Istanbul stavio ekonomski embargo protiv ova dva grada. Plav i Gusinje su time zapravo dobili autonomiju unutar Osmanske carevine, koja je trajala 34-godine.

Rat Za Boga I Bosnu

Kako je došlo do toga? Nakon što su odlukama Berlinskog kongresa ova dva mjesta pripala Crnoj Gori, a Plavljani i Gusinjani nisu prihvatili tu odluku, Kralj Nikola I uputio je novembra 1879. godine veliku vojsku na Plav i Gusinje, koju su na Nokšicu stanovnici ovog kraja porazili, s Ali-pašom Šabanagicem na celu. Plavsko-gusinjska autonomija trajala je sve do 1912. godine, kada su Crnogorci prvi put okupirali Plav i Gusinje.

Ova 34-godišnja autonomija izazvana je ekonomskim embargom Europljana i odlukama Berlinskog kongresu 1878, na koji je pristao i sam tadašnji osmanski sultan Hamid, koji je time dozvolio prvi ekonomski embargo u povijesti, pa se on može smatrati najdužim embargom u 18. i 19. stoljecu.

Medutim, igrama velikih sila i uz ogromnu pomoc Rusije, pobješnjeli kralj Nikola I dobio je 1912. godine dugo ocekivanu priliku da se osveti za vojne poraze koji su mu nanijeli Plavljani i Gusinjani 1879. i ranijih godina, pa je krenuo u vojni pohod kojemu se stanovnici ovog kraja nisu mogli oduprijeti. Zatim je, po okupaciji Plava i Gusinja, krenuo u pokrštavanje bošnjackog i albanskog muslimanskog stanovništva. Muškarci i žene koji nisu pristali konvertirati u pravoslavlje prikovani su, po nalogu kralja Nikole, za krst i razapeti.

Koljenovic

Rat Za Boga I Bosnu

XII

PEDRIN – FAMILIJA OD UTJECAJA

U Meksiku sam uživao u društvu senatora Amadora Lozana i njegove porodice, razvivši blizak odnos koji se održao do današnjih dana. Bosanski ambasador Alkalaj i ja smo pokušali i na kraju uspjeli dobiti obecanje koje smo tražili. Amador mi je dao obecanje da ce delegacija Meksika naporno raditi da predsjednik Meksika izvrši diplomatsko priznanje Bosne, cim njihovi izbori budu završeni.

Pocetkom oktobra 2.000. godine dobio sam poziv od prijatelja iz Meksika koji mi je saopcio da je njihova stranka izgubila na predsjednickim izborima, tako da je sve što smo do tada postigi na planu diplomacije vraceno na pocetnu tacku.

„Novi ce igrac biti u gradu", obavijestili su me senator Amador Lozano, Tito Pedri i gospodin Santana, kazavši da su u prijateljskim odnosima sa Vicenteom Foxom Quezadaom, koji ce, najvjerovatnije, biti buduci predsjednik Meksika.

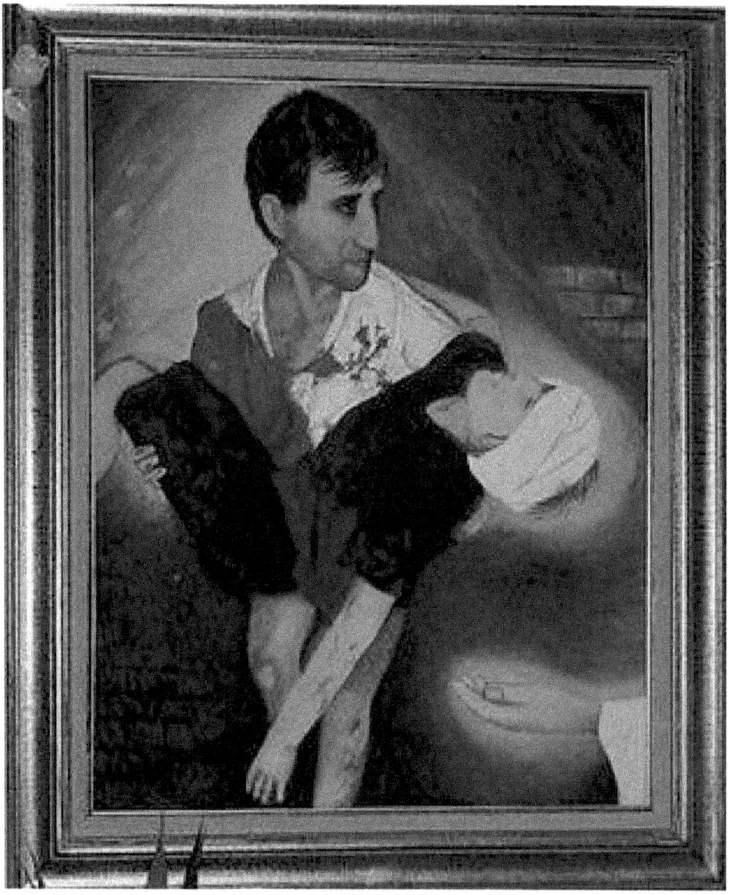

Koljenovic

*Slika koju sam dobio na poklon od meksickog senatora
Amadora Lozano, na kojoj je meksicki umjetnik prenio svoj doživljaj
srpskog masakra na sarajevskoj pijaci Markale*

Senator mi je predložio da buducem predsjedniku napišem pismo prije nego što bude proglašen predsjednikom, kako bi bio upoznat sa našim zahtjevom tokom svoje kampanje, podsjetivši me na svoje rijeci prilikom sastanka sa ambasadorom Alkalajem u Del Mar Resortu, kada je rekao da je Meksiko vrlo izoliran u vanjskim poslovima.

Rat Za Boga I Bosnu

Opet sam imao insajderske informacije koje su mi dale dovoljno vremena da se odmah ukljucim u kontakt s novim predsjednikom Foxom Quezadaom, kojemu sam odmah napisao pismo. U pismu tadašnjem senatoru, a ocekivanom predsjedniku, detaljno sam iznio važnost dogadanja u BiH za sve države koje drže do svoga ugleda i pravde u Svijetu, te ga pozvao da iskoristi snagu svog novog položaja i ureda i da traži hitnu akciju za pravdu u Bosni i Hercegovini.

Koljenovic

October 8, 2000

El Honorable Sr. Vicente Fox Quezada
Presidente Electo de la Republica Mexicana
Mexico City, Mexico D.F.

Senor:

I am a small businessman from Las Vegas, Nevada as I am one of the almost two million former residents of what was once Yugoslavia now living in Mexico, the USA and Canada. In the hope that it may occur to you to raise Mexico's low profile in international affairs, I would like to make some suggestions on what direction to take. Since 1990, the world has watched while President Milosevic has made war against the peoples of Kosovo, Bosnia, Croatia and Slovenia. His efforts have well earned him the title of, "war criminal." You should consider and I urge you to grant recognition to Bosnia as soon as you find that it suits your convenience. Bosnia is the only one of the various areas thrown together by the great powers after World War 1, that tried to create a secular, non-sectarian community where all religions and languages could live in peace. There are already trade and commercial contacts between Mexicans and Bosnians. Recognizing Bosnia would encourage trade and increase the prosperity of both countries.

I hope that you will give this matter your attention and I am confident that you will find it in Mexico's best interests to exchange ambassadors with Bosnia.

In addition, if you engage yourself in the issues of the Balkans, you may be able to help avert the next bloodbath. Milosevic will turn his aims next to the ancient country of Montenegro. We ill see created political turmoil, the street unrest, the formation of militias and the Yugoslavian National army headed to Montenegro. After that will come war and slaughter, ethnic-cleansing, massacres, war crimes and all the familiar horrors of Balkan bloodbaths. You and Mexico may help avoid all that by choosing this time to become a diplomatic player on the scene. You can speak for peace and against the death of more innocents at a time when it could have a positive effect. You would earn the respect of nations, the gratitude of Montenegrens and other in Mexico and elsewhere and the knowledge the men will live now headed for bloody death.

Thank you for your attention and your careful attention to these thoughts.

Yours Truly,

Byram Angelo Kolenovich
7335 West Wigwam
Las Vegas, NV 89118

Koljenovicevo pismo senatoru Vicenteu Foxu Quezadai, kasnijem predsjedniku Meksika

Poslije nekog vremena senator Fox je zaista izabran za predsjednika Meksika. Bio sam oduševljen kad sam cuo da je prvi zadatak njegovog novog ambasadora u UN-u bio je da se sastane sa bosanskim UN ambasadorom i da razgovaraju o poboljšanju odnosa izmedu te dvije zemlje.

Moji su mi meksicki prijatelji prenijeli kako je Fox u šali rekao: "Andelo mi ne treba više pisati. Ono što mi je napisao vaš americki prijatelj opravdava pokretanje hitne akcije da se u najbržem mogucem roku uspostave diplomatski odnosi izmedu naše dvije zemlje."

Rat Za Boga I Bosnu

Naravno, Meksiko je službeno priznao Bosnu i Hercegovinu. Smatrao sam to na neki nacin svojom zaslugom. Bio sam ponosan kao bosanski Amerikanac, tim više što sam bio ukljucen u medunarodne odnose vlastitom zaslugom i željom da pomognem. Pri tome nisam ništa cinio i ucinio zbog sebe i nekog licnog interesa, nego zbog moje želje da Meksiko bude jedan korak bliže Bosni, da se zbliže dvije zemlje i dvije kulture, ona iz koje ja dolazim i iz koje vucem svoje korijene, i druge u kojoj sam imao cetrdesetogodišnja prijateljstva i isto toliko godina poštovanja kojega su mi ljudi iskazivali, a odnedavno još i mnogo novih prijatelja. Ja sam zbog toga bogatiji covjek u mom srcu. Uostalom, moram reci da sam bio zahvalan i mojoj novoj domovini Americi, jer mi je njen ugled dao mogucnost da tako samouvjereno nastupam na medunarodnom planu i da mi to u mojoj novoj zemlji sigurno niko ne bi uzeo za zlo, štaviše!

Diplomatski skup u u Baja California, u Del Mar Resortu, gdje je Koljenovic (drugi s lijeva), uz bh. ambasadora Svena Alkalaja (šesti slijeva), prisustvovao sastanku s meksickom

Koljenovic

delegacijom na konferenciji koja je trajala od 10 ujutro do vecere u 19,54

Poslovne kartice Koljenovicevih prijatelja iz Meksika koji su pomogli diplomatsko priznanje Bosne i Hercegovine od strane te države

Rat Za Boga I Bosnu

XIII

BAJRAM AGENT ANGELO I PRIJATELJI

Udružen sa saradnicima poput Petera i prijateljima poput Pacea, nisam trebao biti nimalo iznenaden upoznavanjem i radom sa nekoliko agenata americkih obavještajnih službi. Bilo je to ugodno iznenadenje, ne poput nekih od mojih ranijih iskustava sa agentima, iz svijeta koji je bio prilicno brutalan. Za razliku od njih, muškarci i žene iz americkih tajnih službi koje sam ovoga puta sreo zaslužuju svaku naklonost i poštovanje.

To nije bilo iskustvo kakvo sam imao prilike doživjeti u diktatorskim zemljama sa potlacenim narodom, gdje su ljudi bili prisiljavani na saradnju i iskorištavani. Saradnicima je ovdje pružana šansa da pomognu i ucestvuju u znacajnim i važnim promjenama. Nije u tom poslu bilo nicega romanticarskog kao u filmovima o Jamesu Bondu, bio je to stvaran život sa vrlo jasnim i iskrenim pobudama, ciljevima i ostvarenjima, u što sam se uvjerio u godinama u kojima sam saradivao sa ljudima iz tog svijeta.

U toku rata u Bosni i Hercegovini su me pitali da li bih im mogao prenijeti neka moja vojna iskustva i saznanja, te pružiti neki koristan savjet oko vojske bivše Jugoslavije. Odgovorio sam bez oklijevanja, sa najvecom iskrenošcu: "Naši momci tamo mogu biti u velikoj opasnosti. Naše zracne snage, mornarica i marinci ce se tamo

Koljenovic

boriti protiv dobro obucene i opremljene bivše komunisticke vojske, bivše Jugoslavije, sada Vojske Srbije. S njima se nikad ne zna šta su sve sposobni da urade i kakve nam zamke mogu postaviti na terenu. Prihvatam da pomogem koliko mogu i znam. Nastojat cu da svako moje zapažanje i prijedlog budu precizni i ispravni. Ukoliko ih budete prihvatili, siguran sam da ce biti od koristi našim vojnicima i sprijeciti materijalne i ljudske gubitke naše vojske."

U tom trenutku sam shvatio da mi se upravo pružila prilika koja se covjeku pruža jednom u životu. Shvatio sam da sam upravo dobio priliku da i ja dam nešto mojoj novoj zemlji, koja mi je dala sve ono o cemu sam u životu sanjao.

U julu 2002. godine imao sam zadovoljstvo primiti telefonski poziva iz San Diega u Californiji od dame koju sam dugo poznavao kao agenticu tajne službe, koja je tražila sastanak sa mnom. Pitao sam da li bi željela da se sastanemo u mojoj kuci u Las Vegasu, ali je ona odbila. Umjesto toga, rekla je da ima rezerviran apartman u jednom od mojih omiljenih hotela, Howard Hughes Plazi.

Ona je bila jedna od osoba iz svijeta tajnih službi o kojima sam pisao i veoma bih volio da se zna njeno pravo ime, kako bi je ljudi mogli prepoznati i odati joj javno priznanje. Ali ona je morala do kraja ostati nepoznata javnosti i zato cu je ovdje nazvati agenticom Gale.

Apartman agentice Gale nalazio se na devetom spratu Howard Hughes hotela. Nas dvoje i jedan agent koji je bio u njenoj pratnji proveli smo više od šest sati u razgovoru, razmjenjujuci naše stavove o ratu, ljudima, politici i mnogim drugim temama, da bi na kraju prešli na procjenu vojne strategije i borbene spremnosti jugoslavenske vojske.

Moji sagovornici su htjeli znati da li imam bilo kakve predrasude prema bilo kome i na bilo koji nacin. Rekao sam da u mome srcu nema mjesta za bilo kakve predrasude prema bilo kome

Rat Za Boga I Bosnu

ili bilo za koga, posebno zbog toga što iz vlastitog iskustva znam kako to izgleda kad doživiš da neko ima predrasude prema tebi.

Sastanak se kretao u vrlo dobrom pravcu. Agentica Gale i njen partner agent Deacon Oldfield postavljali su mi pitanja koja su s vremena na vrijeme bila vrlo agresivna, direktna i licna, ali meni to nije ni najmanje smetalo. Osjecao sam se cak veoma konforno, a na svako pitanje koje bi mi postavili davao sam odgovore bez oklijevanja, pa cak smo povremeno znali sve troje prasnuti u iskren smijeh.

Znao sam da sam imao samo jednu šansu i samo jedan nacin da ih uvjerim da ih ne lažem u bilo cemu i da ih uvjerim da sam pravi patriota, pa sam rekao da sam za ovu stvar spreman dati i vlastiti život. Ali, bila bi to besmislena žrtva, rekao sam, jer mrtav necu uciniti ništa ni za sebe ni za svoju zemlju.

Našao sam se u grupi profesionalaca, zagriženih Amerikanaca, muškaraca i žena cija „služba" mi je dala priliku da uživam u svim lijepim stvarima koje nisam imao nikada prije nego što sam došao ovamo, u Ameriku. Ovo je sada bila moja prilika. Ja sam dobio priliku da služim svojoj zemlji, ali ne kao neko od koga je bilo potrebno samo dobiti nekoliko informacija i odbaciti ga, nego kao jedan od njih, kolega Amerikanac, koji daje sve od sebe da zaštiti svoju zemlju od bilo koga i bilo kojeg zla, ne osjecajuci pri tome potrebu da to na bilo koji nacin naplatim.

Bila je to moja cista dobra volja. I osjecao sam se mocnim, ponosnim i casnim, sretnikom koji je bio svjestan da je jedan od onih posebnih, odabranih, ali pri tome nisam bio nesretan što to niko nije znao. Bilo mi je dovoljno da to znam ja.

Agentica Gale me je pitala da li znam išta o izvlacenju srpske vojske preko Kosova. Odgovorio sam da sam o tome upoznat putem medija i ukratko joj prepricao što sam cuo, ali i što sam ja iz toga zakljucio.

Koljenovic

"Ne možemo dozvoliti da se vrate u Srbiju", rekao je Agent Deacon. "Ali, cini se da ce oni upravo to pokušati uciniti. "

"O cemu onda razmišljate?", upitao sam. "Dao sam vam konkretne brojeve pripadnika paravojski i specijalnih policijskih snaga, oko 70.000 njih, ali sve što ste mi rekli na to bilo je da su to nerealni brojevi, kao i pitanje „otkud ja znam za to?". Ovi ljudi su dobrovoljci iz Crne Gore i Srbije i najcrnji ekstremisti. Oni su na platnom spisku predsjednika Slobodana Miloševica, a sadašnji vladar Kosova je Arkan, zloglasni silovatelj i ubica djece. Oni nisu ništa više od gomile razbojnika, ubica i silovatelja. Te profesionalne okorjele ubice ni na koji nacin ne bi trebalo pustiti da sa Kosova odu živi. Oni su spalili, opljackali i protjerali sve što su mogli, napravili necuvene pokolje na istocnoj obali Drine duž cijele njene dužine. Na njihovim rukama je krv 38.000 djece. Sada žele dobiti bitku na Kosovu i, kako govore obavještajni podaci, stavljaju ljude na vozove na putovanje u jednom pravcu, u Pakao, baš kao što je Hitler cinio sa Jevrejima i mnogim drugim tokom Drugog svjetskog rata."

Šutjeli su pažljivo me slušajuci, pa sam odmah nastavio: „Ja nisam ovdje kao Kosovar ili kao Jugoslaven. Ja sam ovdje s vama kao sa americkim kolegama i vojnicima koji su mi ukazali cast da za trenutak podijelim s vama svoje znanje, jer je ono potrebno muškarcima i ženama naših oružanih snaga koje su u opasnosti... A srpski razbojnici nece oklijevati ni jedan trenutak ako dobiju priliku da naude našim snagama. Njima treba na njihovoj koži demonstrirati našu snagu, moralnu i vojnu silu koja ce im pokazati da ne postoji šansa da napuste Kosovo bez placanja cijene gubitka vlastitog života za sve zlocine koje su tamo pocinili."

"Šta je tvoj prijedlog Angelo, kako da ih zaustavimo?", upitao je agent Deacon.

"To su nepristupacni tereni, ne postoji nacin da ih se zaustaviti", dodala je agentica Gale.

Rat Za Boga I Bosnu

"Ne brinite o tome, znam svaki kamen onih planina, i brda i cesta. Jahao sam divlje konje na njihovim golim ledima kroz kamenita brda Cakora, baš kao što su Indijanci radili ovdje na Zapadu. Znam svaki puteljak i znam da postoji samo jedan izlaz i jedan nacin da izadu. Na planini Cakor, istocno od moga rodnoga grada, iznad grada Peci, postoji visoki ravni zid planina, sa klisurom dubokom gotovo kilometar, kroz ciju sredinu je u planinu uklesan put koji povezuje Crnu Goru i Kosovo. Taj put bit ce vidljiv našim zracnim snagama, koje ga trebaju prekinuti tako što ce bombama raznijeti most preko rijeke Lima kod Murine. Ne postoji drugi put kojim oni mogu cak i pokušati da se izvuku."

"Kakva ce biti njihova reakcija, gdje ce onda krenuti?", zanimalo je agenta Deacona.

"Oni ce se morati vrati u pakao Prištine," rekao sam. "jer se tamo nalazi jaka srpska podzemna zracna baza. Odatle mogu ici u Kruševac, a nadam se, kad stignu, da ce se svi udaviti u rijeci Moravi, jer je otuda dug put do Beograda."

Po završetku sastanka smo se oprostili i dogovorili da se uskoro ponovo sastanemo. Most na rijeci Lim je dignut u vazduh bez borbe. To bio je uspjeh bez gubitka života ili civila Crne Gore.

Predstavljao je to trenutak velikog ponosa za mene kao gradanina americke nacije. Dobio sam toliko željenu priliku, i iskoristio je, da ucestvujem u stvaranju boljeg sutra i slobode za covjecanstvo, za koje se moja zemlja i deklarativno i djelom zalagala. Baš kao što sam mnogo puta rekao: „Morate biti živi i strpljivi da biste bili korisni."

Sa agentima Deaconom i Galeovom razvio sam neku vrstu prijateljstva i razumijevanja, uz obostrano povjerenje i međusobno poštovanje. Ja sam im, napokon, svojim ponašanjem pokazao da ne umišljam da sam neki avanturist poput Jamesa Bonda, jer sam ucestvovao tek u jednoj povjerljivoj i tajnoj misiji.

Koljenovic

"Ja ovo uzimam kao obavezu od najvece važnosti, svjestan svakog trenutka da su životi naših vojnika u pitanju", rekao sam.

Insistirao sam da „Služba" uspostavi neke povjerljive kontakte u Jugoslaviji sa ljudima koji su upuceni u tamošnja vojna i obavještajna pitanja, kako bi se moji prijedlozi za vojne akcije bolje primijenili. S ponosom mogu reci da su sve moje sugestije, politicke, psihološke ili vojne prirode, urodile plodom. Znao sam to jer bi me svaki put izvijestili o uspjehu akcije izvedene na osnovu sugestije koje sam prethodno napravio. A ja sam ih mogao ispravno savjetovati, posebno zbog toga što sam u dušu znao psihologiju tih tamo ljudi na Balkanu, cije ponašanje i odluke su ljudima sa Zapada sigurno cesto bili sasvim neocekivani i nelogicni, jer se jednostavno nisu uklapali u njihov nacin rezoniranja.

Oni su mi uvijek pokušavali zahvaliti za ono što sam radio. A ja sam to uvijek smatrao uvjedljivim i zato sam im jednom rekao: "Ako još jednom pokušate koristiti tu rijec, necu se ponovo sastati s vama. Ja sam prije svega Amerikanac. Jedino što me veže sa onim preko Atlantika je moje porijeklo. Bez obzira šta mi ovdje radimo, ja to smatram prije svega svojom dužnošcu prema ovoj velikoj zemlji i ovom velikom narodu. Takoder smatram da je dužnost svakog našeg muškarca i žene da na isti takav nacin ispunjavaju svoje obaveze i tako pomognu održavanje našeg politickog i ekonomskog ugleda i znacaja širom svijeta. Nadam se da je to kristalno jasno od mene. I zato vas molim da mi otkažete saradnju ukoliko smatrate da ne pripadam ovdje, jer se ne želim osjecati kao autsajder."

"Zaboga Andelo, pa to nam nije palo na pamet", uvjeravao me je agent Deacon. "Washington je zahvalan na svakoj ovakvoj pomoci i tamo vrlo ozbiljno razmatraju svaki prijedlog koji ste napravili. Licno sam vam neizmjerno zahvalan zbog tog mosta na rijeci Lim kojega smo jucer raznijeli u paramparcad. Cuo sam da je cijela dolina bila uzdrmana eksplozijom."

Rat Za Boga I Bosnu

Agent Gale se glasno smijala: "Bila je to spektakularna misija, i bilo je baš onako kako ste rekli. Piloti su imali vraški težak niski let kroz usku dolinu obrubljenu strmim obroncima dvije planine i preko visokog roga na njenom kraju. Piloti kažu da su se osjecali kao da lete kroz tunel. Misija je, medutim, bila uspješna, baš kao što smo i priželjkivali."

Rekao sam im da shvatam svoju ulogu vrlo ozbiljno, jer kada sam pravio procjene o tome gdje bi i kako trebalo napasti, znao sam šta bi znacile moje eventualne pogreške. Ja u svakom slucaju nisam mogao podnijetiu ni pomisao da bi se, zbog neke moje greške, moglo dogoditi da se neki naš vojnik vrati kuci u mrtvackom sanduku. Tim više sam bio ponosan što sam, poslije svega, mogao reci da sam zapravo spasio neke živote na obje strane prolaza, ili barem da sam pokušao da ih spasim.

Jednom sam predložio da naši nosaci aviona treba da se izmjeste nazad na Jadran na daljinu vecu od dvadeset i pet milja od obale. Sjetio sam se svoga skromnog udjela dok sam bio u Jugoslavenskoj armiji u stvaranju flote malih torpednih camaca ciji je zadatak bio da brane obalu od neprijateljskih ratnih brodova. Jugoslavenski inženjeri su napravili male i strahovito brze torpedne camce koji su se, natovareni eksplozivom, mogli jednostavno zabiti u velike brodove i razoriti ih. Nisam imao pojma postoje li takvi camci još uvijek u upotrebi Jugoslavenske vojske, ali sam znao da ako postoje, mogu predstavljati veliku opasnost za našu flotu. Ne znam je li moja zabrinutost o ovoj stvari stigla do ušiju do kojih je trebala stici, ali u mojoj moci nije bilo ništa drugo nego da upozorim o onome što znam.

Na kraju sam saznao da naši nosaci aviona jesu bili smješteni dvadeset i pet milja unutar Jadrana, a mi smo letjeli hiljade misija širom Jugoslavije sa samo jednim našim srušenim avionom nad podrucjem Beograda.

Koljenovic

Vec sam spominjao grešku pocinjenu u bombardiranju sjedišta Generalštaba JNA u historijskoj jezgri Beograda, kad je, iz nekog razloga, bombardirana kineska ambasada. Što zapravo i nije bila prevelika greška, nego možda i namjeran pogodak, zbog podrške Kine Srbiji. Pozvao sam prijatelja u San Diego i, kako kažu u Kaliforniji, bio sam "oduševljen" od uzbudenja, iako je to bila naša greška.

Nadao sam se da cemo ipak krenuti u bombardiranje Generalštaba JNA u Topcideru, smještenog u srcu starog Beograda odmah iza Hotela „Slavija". „Svi generali su u zgradi u šest sati ujutro", rekao sam im, „i ako otkinemo zmijsku glavu, zmija više nece biti sposobna ujedati."

Na moje razocarenje, mi smo totalno raznijeli mnoge zgrade i mostove oko Beograda, cak i Predsjednicka palacu, ali nismo raznijeli zgradu koju sam ja stvarno želio da raznesemo.

Ispricao sam mojim prijateljima da je prije gotovo stotinu godina, na toj istoj rijeci Lim gdje smo digli u vazduh most, bio rat, i da se vojvoda (general) Marko Miljanov skoro utopio u rijeci. Spasio se tako što se držao konju za rep i na taj nacin preplivao rijeku. Kako se povijest uvijek ponavlja, ponovila se i sada, ali su Srbi i Crnogorci ovoga puta izgubili od velikog americkog suparnika, cije su se snage borile samo da zaštite nevine od tlacitelja.

Agenti Gale i Deacon tražili su da tu vece provedemo zajedno u sasvim opuštenoj slavljenickoj atmosferi.

"Ja ne mogu cekati, prijatelji, placate li veceru?, našalio sam se „Želim rebarca u Circus-Cirkus Steak Houseu. "

Gale se nasmijala: "Hej, šta se dešava, pa vi ste upravo procitali moje misli?"

„Sjajno, ali naš zajednicki prijatelj Pace je rekao da Vlada placa sve, dakle i to je riješeno. A nakon svih naših uspjeha, mi smo svakako zaslužili barem jednu dobru veceru. Nijedan život nije izgubljen u mom rodnom gradu u Crnoj Gori, nije li to divno? "

Rat Za Boga I Bosnu

"Ipak, ja castim", rekla je Gale. „Vidimo se veceras u šest sati u Steak Houseu", dodala je.

Razišli smo se, a ja sam nazvao Circus-Cirkus hotel i zatražio od operatora da me poveže sa Steak Houseom, koji je u potpunosti zaslužio to ime. Odmah sam cuo prijatni glas menadžera restorana Rona, profesionalnog kao i uvijek.

"Halo prijatelju, Angelo ovdje, kako si?"

"Dugo ni glasa od tebe, kad dolaziš?", kazao je uzbudeno. „Samo da znaš, nedostajo si mi, barabo stara."

"I ja tebe volim, Ron. Bit cu tamo veceras u šest. Izvinjavam se, trebalo je da se javim, ali sam bio veoma zauzet u posljednje vrijeme. Gledaj Ron, imam u posjeti nekoliko prijatelja iz Kalifornije koji su stigli popodne. Došao bih veceras do Stake Housa s njima, a oni insistiraju da plate. "

"Koliko ce vas biti?", upitao je Ron.

"Dva moja prijatelja, moja žena, djeca i ja."

"Dugo nisam vidio tvoju djecu. Ja cu ih licno docekati. Mora da su vec sasvim odrasli?   "Pa, recimo da svaki put kad pogledam u njih, kojom brzinom rastu, pogledam se u ogledalo i vidim da sam svaki dan stariji i mudriji covjek, dobar muž, otac i prijatelj. Kako je tvoja porodica? Jesu li svi u redu? Treba li ti nešto?"

"Volim te i poštujem kao najboljeg prijatelja, i sve što mi treba je tvoje prijateljstvo. Ja sam blagoslovljen otkako sam došao u ovu veliku zemlju. "

Mislio sam kako je dobro imati prijatelje kao Ron, prijatelje sa tako raznovrsnim etnickim pripadnostima, koji se medusobom odlicno razumijevaju, poštuju, imaju svoje ljubavi, život i porodicu, i napokon neizmjernu ljubav prema svojoj zemlji.

S njim nije bilo kao sa mojim prijateljem Peterom, covjekom koji je spavao u mojoj kuci, jeo moju hranu, pio moje vino, i tajno maštao o tome da me vidi mrtvog. Srecom, ljudi poput Petera su me

Koljenovic

snažili i cinili odlucnim da ni trenutak ne zaboravim na ono što sam bio odlucan postici i postati, bez obzira koliko to teško bilo.

Agenti Gale i Deacon su stigli i vecerali smo u Stake Houseu. Kao što sam predvidio, oni nisu platili racun, niti je placen novcem americke vlade ili americkih poreskih obveznika, nego ga je platio moj dobri, stari prijatelj Ron.

Moja supruga je odbila da ide vecerati s nama. Umjesto toga, ona i djeca su otišli u zabavni park, cime su ostavili prostora mojim prijateljima i meni da govorimo o našim predstojecim akcijama u bivšoj Jugoslaviji.

Sjedili smo u krajnjem uglu prostorije do kasno u noc, pijuci samo kafu i sokove, uporedujuci zapažanja o napretku naših oružanih snaga. Bilo je jasno da su i našom zaslugom izbjegnute velike opasnosti koje su naše snage vrebale na terenu u bivšoj Jugoslaviji i bili smo neskriveno ponosni na to. Naši uspjesi znacili su ocuvanje mnogih života na svim angažiranim stranama, a spas za stotine hiljada ljudi koji su mogli biti napadnuti, porobljeni, pobijeni ili, u najboljem slucaju, protjerani. Dogovorili smo se da se uskoro ponovo sastanemo zbog razgovora o narednim akcijama.

Uskoro smo se sastali da bismo razgovarali o Jugoslovenskim zracnim snagama i PVO (protivvazdušnoj odbrani). Upozorio sam sagovornike da bi piloti trebali biti osobito oprezni u nacinu na koji lete, koliko nisko i koliko brzo. Mogli smo imati gubitke u avionima ako ne budemo oprezni, usprkos našoj velikoj tehnickoj nadmoci. Oni nece koristiti radare jer znaju da ih upravo njihovi signali odaju. Zato ce koristiti radio i telefon, pa ce njihova protuvazdušna odbrana znati da naši avioni dolaze vec na pedeset milja udaljenosti, kao što ce znati i njihovu brzinu i visinu. To je vrlo primitivan, ali efikasan nacin izvidanja i obavještavanja.

Sutradan, oboren je jedan americki F-16, ocigledno bez korištenja radara, kojeg bi elektronska oprema F-16 na vrijeme otkrila.

Rat Za Boga I Bosnu

Sjedili smo u našoj hotelskoj sobi šest ili sedam sati, prelazeci preko vojnih karata Jugoslavije, obilježavajuci toponime žutim i crnim bojama, brišuci i dopisujuci, od Beograda do Niša i Podgorice, kao i na mnogim drugim mjestima širom Srbije. Kako zaustaviti kretanje vojske koja nije imala nikakve kontrole?

Jugoslavenski vojni komandanti Kosova kontrolirali su cak 70.000 pripadnika tzv. milicije, krvožednih lojalista predsjednika Miloševic i njegove desne ruke Šešelja, takoder notornog zloglasnog krvožednog ubice koji je radio za Tita kao tajni agent u Sjedinjenim Državama, u Chicagu, New Yorku, Los Angelesu i Clevelandu. On je u jugoslavenskoj cetnickoj emigrantskoj organizacini kralja Aleksandra u Chicagu cak dobio zvanje vojvode. Sešelj nesumnjivo ima krvi na rukama mnogih radnika, jugoslavenskih migranata u cijelom zapadnom svijetu. On je svoju gnusnu rabotu odradivo uz pomoc svojih prijatelja, izvršilaca radova na terenu, kao što su bili Peter i Arkan.

Ponudio sam agentu Deaconu poklon. "Mogu vam isporuciti najvecu ribu za kojom tragate", rekao sam. "Sjecate li se da smo, zadnji put kad smo se sreli u Hughes Plazai, razgovarali o covjeku po imenu Šešelj? Peter je govorio s njim telefonom iz moje kuce i upoznao nas. Šešelj bez rezerve vjeruje Peteru, tako da vam ga mogu dostaviti na tanjiru. Ako želite, Peter i ja cemo urediti da samo nestane, ili ako ga želite, kao što ste izjavili na našem posljednjem sastanku, ja sam spreman da vam ga predam u svakom trenutku, a da pri tome ne nedostaje ni dlaka s njegove glave."

Agentica Gale se zavali na sjedištu s izrazom iznenadenja u ocima. Ociglodno je bila zatečena mojim rijecima i okupirana pitanjem govorim li istinu ili se šalim. Jasno sam mogao vidjeti iznenadenje u njihovim ocima jer su, ocigledno, shvatili da sam i sam shvatio šta njihova agencija verovatno želi.

"Angelo, ne možemo to uciniti", rekla je ona strpljivo. "Mi se ne bavimo poslovima kidnapovanja."

Koljenovic

"Kakva kidnapovanja, ko je uopce govorio o otmicama? ", upitao sam. "Covjek je zloglasni ubica, s tudom krvlju na rukama do samog njegovog srca. Nisam, doduše, licno vidio da je ubio ikoga, ali on je komandirao ubistvima hiljada ljudi koje su pocinile njegove milicije. Ne znam da li je i za koliko je ubistava odgovoran dok je bio Titov agent, ali znam nešto drugo, ako ga želite, ja cu vam ga isporuciti."

"Ne, apsolutno ne!", odgovorila je. „Mi nismo otmicari, a ni ubice. Ne možete ni zamisliti šta bi takvo ponašanje ucinilo ugledu ove zemlje?"

Razmišljao sam o Nikaragva, El Salvadoru, Gvatemali, Peruu, Hondurasu, Cileu i Argentini, od 1970. do 1984.

"Pa," rekao sam, " postoji mnogo ljudi kao što su Peter i Šešelj, i ja ne mislim da je pogrešno prepoznati ih kao takve i pohvatati ih. Jednom sam se i sam licno susreo sa jednim od takvih razbojnika, sa tipom koji se zove Alija Delimustafic. Da li vam to ime zvuci poznato?"

"Oh, da", odgovorila je. "On je jedan od najvecih trgovaca oružjem u Bosni i Hercegovini. Angelo, na šta ciljate? "

"Ja samo želim da znate i shvatite da ja ne odustajem od ideje da je ponekad najbolji nacin da se vlada situacijom tako što cete skloniti neke ljude koji cine loše stvari", rekao sam. "Postoje neki ljudi koji misle da bi bilo pravednio i poravdoljubivo kad bi se ovi ljudi sklonili, što bi i njih i mene licno, a i za opce dobro, usrecilo."

***

Nisam išao u detalje s njima o mojim prethodnim kontaktima sa Alijom Delimustaficem. Prije nekog vremena, kad sam bio u Zurichu s prijateljima iz Chilea i Argentine, Peter i ja trebali smo s se njim nagoditi oko dostave pušaka Bosancima. Peter me je Aliji predstavio kao stranca. Alija je, prema našem dogovoru, trebao

Rat Za Boga I Bosnu

dostaviti puške za bosanske snage u Mostaru. Umjesto toga, on je pokušao novac usmjeriti u neke svoje transakcije.

"Dajte mi novac i ja cu izgraditi autoput od Beca do Budimpešte", rekao je on. "To ce uciniti više dobra nego naoružavanje Bošnjaka. Mogu vas staviti na platni spisak kao medunarodne konsultante."

Austrijska nacionaln banka

Koljenovic

Zgrada u kojoj je bio Delimustaficev becki stan

Drugim rijecima: „Jebeš Bosance!" Njegov interes je bio samo u tome kako da preuzme kontrolu nad novcem, cak i ako to znaci izgradnju srpskog „orijent expressa".

Uz to, on je imao hrabrosti da mi pokuša ponuditi mito. Htio sam ga ubiti. To nije metaforicka ili hiperbolicna izjava. Mislio sam da ga se riješim kao kužne prljavštine. Pitao sam Petera da sa Alijom dogovori sastanak te noci, pa da s njim odemo na "vožnju".

"Gdje cemo ga odvesti?", upitao je Peter.

"Na selo, u brda", rekao sam. "Želim da naucim ovo kopile lekciju, tako da nece biti tog novca na svijetu koji ce mu pomoci. On ne zna da sam i ja iz „stare zemlje".

Peter me pogledao u oci, i mislim da je shvatio da sam bio veoma ozbiljan o mojoj namjeri.

"U redu, Angie" odgovorio je. "Slažem se da njemu treba dobra lekcija, jer je slabic koji misli da je mocan. Alija ima nešto

Rat Za Boga I Bosnu

novca sa sobom i ja mislim da ga treba uzeti od njega. On to svakako ne bi investirao u dobre svrhe, pa ga možemo dobro namlatiti, a onda mu „dati bicikl."

Mogao sam da vidim da je Peter brzo premotao film i pravilno shvatio stvari. "U redu, u pravu si. Uzmimo svoj novac i preplašimo ga dobro. Mislim da nam treba neki alat. Mora da negdje ovdje postoji kakva gvoždara..."

Hodali smo ruku pod ruku, Peter i ja, pravo kroz stari grad Zurich, nizbrdo, preko mosta, pored kineskog restorana, pa pored ureda gdje je Peter radio i sastajao se sa dilerima iz svijeta trgovine oružjem, trgujuci od pušaka i kopnenih mina do okidaca za nuklearno oružje.

Peter se hvalisao kako mu je neki ruski general htio prodati visoko-gradirani plutonij i neke Yaakov Yak 36 i Mig 23 borbene avione za 250.000 dolara po komadu, ovisno o kvalitetu, iz nekih zemalja oko Crnog mora.

Izrazio sam mu moje sumnje u pogledu njegove price: "Pa, ne nosi se plutonij u aktovci. To je nešto što je izuzetno teško prenijeti", rekao sam mu. "Postoji jedan americki izraz, koji zvuci kao - koještarija. Pitam se da li znaš šta znaci?", upitao sam ga.

On je samo ravnodušno slegnuo ramenima i nije odgovorio. Rekao sam, tiho u sebi: "Moram mu dati lekciju o nuklearnoj fizici, možda ga spasim od sramote kod njegovog ruskog partnera u zlocinu."

Bio sam siguran da je kupovao crvenu boju ili kecap umjesto urana za svoju prljavu bombu. Pregledao sam podatke o nuklearnim zalihama Rusije i Sjedinjenih Država i želio sam dati Peteru cinjenice do kojih sam došao.

"Amerikanci i Rusi su uvijek javno objavljivali težinu svojih zaliha plutonija i zapravo je vrlo jasno da su njihove zalihe stvorene zbog "nuklearne eskalacije" 1960, 1970. i 1974, kada je predsjednik Nixon potpisao Ugovor o neširenju nuklearnog strateškog

Koljenovic

naoružanja", kazao sam mu. „Godine 1977. SAD i Sovjetski Savez su prijavili tone plutonijumskog naoružanja. Veci dio plutonijumskih zaliha SSSR-a objavljen je aprila 1986. tokom Cernobilske nuklearne katastrofe. Taj podatak bio je prilicno saglasan americkim procjenama velicine sovjetskih zaliha plutonija, u nekim slucajevima i manje."

    Peter je bio veoma iznenaden mojim poznavanjem „materije". Iznenada sam razbuktao njegovu maštu i htio je znati koliko sam još znao.

    Pricinilo mi je veliku radost što sam došao u priliku da ga poducavam necemu u cemu je on ocekivao da je profesor za mene. Istovremeno sam ga upozorio da se ne igra vatrom, i ne radi bilo šta što može štetiti gradanima u pogledu upotrebe radioaktivnih materijala. Ta vrsta zlocina se ne tolerira u svakom društvu, cak ni u Cernobilu, koji ce biti nenastanjiv ljudima tokom narednih dvije stotine i pedeset hiljada godina.

    Peter je, kao i uvijek, bio arogantan i tvrdoglav, misleci da sve zna, a ja sam sa svojim izlaganjem prelijetao sa teme na temu, ne objasnivši mu porijeklo moga znanja. Mislim da je bio impresioniran.

    Pažljivo me je slušao dok sam objašnjavao kako rade nuklearni reaktori. Nije da znam sve, jer sam se uvijek više zanimao za ono zašto sat cini tik i tak, nego za ono od cega je sat napravljen, u ovom slucaju to je bio nuklearni reaktor. Bio sam gotovo ponosan na sebe zbog pažnje s kojom me je slušao dvostruki agent Peter.

    Objasnio sam mu neke osnovne postavke rada nuklearnog reaktora. "Kontrolne šipke se koriste za usporavanje stope nuklearne fuzije u jezgru reaktora, služeci kao mreža koja hvata brzokretajuci teški metal, proizvodeci atome koji se raspadaju."

    "Šipke nisu šipke goriva", objasnio sam mu. „Ovi štapovi se koriste za usporavanje ili zaustavljanje radioaktivne prirode elemenata, ne "goriva" i reakcije. U tom smislu, oni se nazivaju

Rat Za Boga I Bosnu

"kontrolne" šipke, radije nego šipke goriva, objasnio sam Peteru. Kontrolne šipke su obicno napravljene od kompozitnih materijala ili od ugljenika, koji je posebno izabran zbog svoje sposobnosti da apsorbira radioaktivne izotope, a ne da ih oslobada."

"Šta to znaci?" upitao je Peter.

"Dopusti mi da ti objasnim. Nije problem u tvome generalu iz Rusije i njegovoj crvenoj boji koju on pokušava da ti proda; ono što je mnogo ozbiljnije i vrlo smrtonosno kada je u pitanju atomsko oružje, jeste vaša terminologija, jer su istrošene kontrolne šipke korisne kao „sranje na lakat". Razlog zbog kojeg se plutonij može koristiti za izgradnju nuklearne bombe je u tome što je on jako cist, to jest nije mnogo kontaminiran drugim metalima. Kad se pocijepa, to oslobada ogromnu snagu, upravo zato što je toliko cist, što znaci da je moc i drugih radioaktivnih materijala direktno vezana za njihovu cistocu", kazao sam i dodao: „U svakom slucaju, ti to ne možeš nositi u svojoj aktovci, Peter."

Kako je bio veoma uvrijeden mojim rijecima, Peter nije mogao pricekati da mu završim lekciju, pa je okrenuo nekoliko brojeva na telefon i krenuo psovati svojim ruskim prijateljima.

„Ne još!", pomislio sam, ali on je vec ucinio što je namjerio.

Kad je završio s telefoniranjem blejao je u mene kao tele, a ja sam odlucio da ga dokrajcim: „Da, ovo ti nisam rekao, a nije zgoreg da znaš. Kontrolne šipke, uz sve to, imaju tone metala u sebi, od hafnijuma, srebra, bora ili grafita, koji ne samo da kontaminiraju plutonij, nego su i vrlo stabilni. Jedan od najvecih problema je što se ne može napraviti stabilna bomba. I upravo je u tome tvoj problem", kazao sam i nastavio: „Nijedan idiot na Svijetu nikada nece dosegnuti svoj san, osim da izvrši samoubistvo, ali on nece nikoga povuci sa sobom. Ako ti pokušaš napraviti radioaktivno oružje sa plutonijumom kontroliranim „šipkama", ja bih bio iskreno iznenaden ako bi ga uspio cak i aktivirati, i to upravo zbog stabilnih metalala koje ono sadži.„

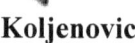

Koljenovic

„Baš lijepo", suho je prokomentirao Peter. „Nikada mi nije ni padalo na pamet da aktiviram atomsku bombu, šta je tebi, covjece?"

„Vjerovatno se sjecaš Yucca Mountain u Nevadi?", nastavio sam kao da on nije ništa rekao. „ Kontroverza je bila i ostala u pitanju šta da se radi sa istrošenim kontrolnim šipkama? One su radioaktivne, a mi nemamo nacina da ih ocistimo od plutonijuma i tako ih ucinimo manje radioaktivnim. To je razlog što ih je tako teško odlagati, jer su one potpuno stabilne i nisu opasne zbog eksplozije, nego zato što mogu ostati radioaktivne 50.000 godina, uništavajuci okoliš i zrak koji udišemo."

„Ma nemoj mi reci", kazao je Peter, i to sada nije bilo pitanje divljenja, nego poruge.

"Da, a težinu kontrolnim šipkama daju uglavnom kontaminirani metali, a ne plutonij. Neki naucnici procjenjuju da u ukupnoj masi šipki plutonij ucestvuje sa svega 1,2 posto, kojega je svejedno nemoguce ukloniti iz njih. Zbog toga ja kažem da Rusi mogu imati 1.700 tona ili 8.000 tona plutonija ugradenog u 50.000 plutonijumskog oružja. A to je još uvijek mala kolicina, jer štapovi zapravo i nisu od plutonija. S druge strane, oni su relativno iskreni i nisu ni pokušali sakriti kolicinu cistog plutonijuma kojega imaju, vjerojatno zato što "eskalacija" ne znaci mnogo ako drugi momci ne znaju koliku kolicinu „materije" si stvarno upakovao. U ovom slucaju Rusija i Sjedinjene Države, Francuska, Velika Britanija, Kina, Izrael i Pakistan."

"Napokon, atomska bomba je zapravo aktivirana tek kad je obogacena plutonijeva jezgra impregnirana olovom "zaduženim" da puca u plutonijevu jezgru sa dovoljnom snagom. To znaci da stvarno ne treba imati još jedan izotop poput polonija ili uranijuma da bi se pokrenula nuklearna reakcija, kako kažu tvoji ruski generali. Sve što ti stvarno treba je malo nuklearnog materijala, sistem za isporuku, i psihoticni lider negdje u Svijetu, koji se, nadam se, nece nikada dokopati vlasti. Duboko se nadam da nece."

Rat Za Boga I Bosnu

Još sam odmahivao glavom koja kao da je potvrdivala moje prethodne rijeci, kad sam dodao: "Nadam se da je ovo razbistrilo tvoj um, Peter. I da cemo mi i ostali svijet moci cvršce spavati."

Peter je ostatak moje price odslušao mudro šuteci, vjerovatno šokiran mojim monologom i argumentima koje sam prosuo pred njega. Ipak, stari lisac se brzo snašao.

"Nije da mijenjam temu, Angie, ali zar ne moramo ici u gvoždaru."

„Ah, da, gvoždara", odgovorih, uzeh ga pod ruku i mi krenusmo. Gvoždara nije izgledala impresivno, dva sprata visoka, s balkonom na drugom katu. Osjecao sam se kao u posjeti starom rudarskom gradovu duhova u Nevadi. Nigdje nicega kao što je naš stari dobri Home Depot, kojega sam, sa svim onim što je svaki od njih posjedovao, uzimao zdravo za gotovo u stara dobra americka vremena.

Dok smo hodali prodavnicom, Peter nije pitao šta tražim. Pokupio sam fini, jaki pet-incni bodež za led sa drvenom ruckom i tankim oštrim i sjajnim inoxnim šiljkom. Nije mi promakao strah u Peterovim ocima kada je vidio ono što sam pokupio. Pogledao sam ga i prije nego što je imao priliku bilo šta reci, njegove su oci rekle sve.

"Angie, ja mislim da se on nece pojaviti", kazao je.

"To ce biti veliko razocarenje... ako se dogodi", odgovorio sam. "Obecavam ti da necu napraviti veliki nered, a ti možeš uzeti svoj novac. Kopile zaslužuje da umre. On je pomogao cetnicima da kupe oružje da ubijaju moju bracu i sestre. Kurvin sin je i sam Bošnjak, ali Bošnjak izdajnik... "

"Angie, on mi je sinoc rekao da mu se ne svida kako izgledaju tvoje ruke", rekao je on. "Pitao me je zašto ti ruke izgledaju tako snažano? Odgovorio sam mu da si nekada bio profesionalni kick bokser. Uzgred, nije mu se svidjelo ni ono što si mu rekao sinoc."

Koljenovic

"Šta je to, Peter, što mu se nije svidjelo?"

"Kad si mu je rekao da Bosna ne treba prijatelje kao što je on," kazao je Peter, "kao i da Bošnjaci ne trebaju neprijatelje kad vec imaju prijatelje kao što je on... Dakle, mislim da se nece pojaviti."

Srecom po njega i nije. Sjecajuci se danas tog dogadaja mislim da je Peter od samog pocetka vjerovao da sam namjeravao ubiti Aliju, i da ga je on upozorio na to. U svakom slucaju, vrijedno je zabilježiti kakva je bila uloga Alije Delimustafica u ratu u Bosni, covjeka koji je ranije bio bosanski šef policije izabran ispred bošnjackog naroda, da zastupa i njegova prava i interese. Taj je covjek, na žalost onih koji su ga izabrali, pokazao sasvim drugacije, izdajnicko lice, a uz to je bio i potpuna neznalica i amater.

Faksimil Koljenoviceve avionske karte iz 1993. godine za let u Cirih gdje je imao zakazan sastanak sa Delimustaficem

Rat Za Boga I Bosnu

POWER OF ATTORNEY

KNOW ALL MEN BY THESE PRESENTS.

THAT I, ALIJA DELIMUSTAFIC, MINISTER, BANK PRESIDENT OF BH BANK DD SARAJEVO BY VIRTUE OF THIS INSTRUMENT DO HEREBY NAME, APPOINT AND CONSTITUTE MR PETER FOLK, ENGINEER OF LEGAL AGE, AN AUSTRALIAN SITIZEN, AS MY TRUE AND LAWFUL ATTORNEY-IN-FACT, FOR ME AND ON MY BEHALF EXCLUSIVLY TO NEGOTIATE BUSINESS TRANSACTIONS IN REGARDS TO PROMISSORY NOTES RE-RO GJK HIDROGRADNJA OF SARAJEVO YUGOSLAVIA UNDER SUCH TERMS AND CONDITIONS AS HE MAY DEEM FIT.

HEREBY GIVING AND GRANTING UNTO MY ATTORNEY-IN-FACT AND REPRESENTATIVE FULL POWER AND AUTHORITY TO EXECUTE AND PERFORM EVERY ACT NECESSARY TO RENDER EFFECTIVE THE POWER TO NEGOTIATE BUSINESS TRANSACTIONS AS THOUGH I MYSELF HAVE SO PERFORMED IT, AND HEREBY APPROVING ALL THAT HE MAY DO BY VIRTUE HEREOF WITH FULL RIGHT OF SUBSTITUTION OF HIS PERSON AND REVOCATION OF THIS INSTRUMENT.

IN WITNESS WHEREOF, I HAVE HEREUNTO AFFIXED MY SIGNATURE THIS 17 DAY OF MAY 1993 AT WIEN (AUSTRIA).

IN THE PRESENCE OF:

WITNESS TAPE & SIGN

ALIJA DELIMUSTAFIC
PRESIDENT MINISTER

SIGN & SEAL

PUNOMOC

Da ja, Alija Delimustafic, izaslanik predsjednika banke „BiH Banka, dd Sarajevo", osnovom ovog dokumenta imenujem državljanina Australije, Petera Folka, da kao moj pravni i zakoniti zastupnik u stvari, u moje ime pregovara u poslovnim transakcijama

Koljenovic

*u odnosu na mjenice re:ro GJK „Hidrogradnja Sarajevo",
Jugoslavija, pod takvim uslovima koje on smatra povoljnim.
Ovom garancijom se mome zastupniku u stvari daje
punopravno ovlaštenje da izvršava i pregovara u poslovnim
transakcijama kao da ih ja licno izvodim, i ovim se odobrava sve što
on može uciniti u korist punomocenika na osnovu zakona, s pravom
na zamjenu njegove licnosti i oduzimanje ovoga instrumenta.*

*U prisustvu svedoka i uz njihove potpise, 17 dana maja 1993.
godine u Wieni (Austrija).*

*U potpisu Silvia Meltzer kao svjedok i Alija Delimustafic kao
izaslanik predsjednika Banke.*

***

Peter niti je bio kvalificiran za ove poslove, niti je bio pravnik. Alija je, s druge strane, radio izdajnicki i neodgovorno, ne obaziruci se na posljedice koje ce njegovi postupci imati za naš bošnjacki narod. A posljedice su cesto bile putovanje direktno u grob. Da li je Alija znao da Peter nije bio prijatelj našeg bošnjackog naroda? Nisam siguran.

Ja nisam ovdje da mu sudim, ja samo govorim istinu o tome šta se dogodilo. Ako je prodao puške neprijatelju ili im dao bilo kakvu finansijsku pomoc, ili je pak saradivao s namjerom da pomogne neprijatelju našeg naroda ili grupi neprijateljski raspoloženih ljudi, on je pocinio zlocin, barem po mom mišljenju. Niko nema pravo da se igra Boga, a posebno mali covjek poput njega, bez politickog, vojnog ili diplomatskog iskustva.

Ko god da ga je ovlastio da vodi poslove nacionalne banke BiH i ponaša se kao vlasnik novca, morao je znati ko je i kakav taj covjek, ocekuje li korist za sebe ili možda za sebe i grupu ljudi koju zastupa, ili pak nastupa kao patriot sa samo jednim zadatkom i željom - da pomogne da se ljudi u Bosni što uspješnije odupru agesiji koja je izvršena na njih i njihovu zemlju.

Rat Za Boga I Bosnu

Koliko god sam se trudio da na svoj nacin i u skladu sa vlastitim mogucnostima dam doprinos da se bošnjacki narod zaštiti od tipova poput Petera i Alije, kojima je bilo svejedno za sudbinu bosanskog naroda, a koji su svojim djelovanjem štetili naporima Sjedinjenih Država da zaštitite bosanski narod, toliko mi je bilo stalo i do toga da budemo sigurni da ce naši mladi vojnici, naši muškarci i žene koji su se angažirali na pomoci Bosni i Kosovu, doci sigurno kuci. Zadnje što sam cuo o Aliji jeste da izdržava kaznu za zlocine koje je pocinio.

***

U svakom slucaju, agentici Gale i njenom prijatnom i efikasnom kolegi, agentu Deaconu, bilo je jasno da sam spreman plivati sa ajkulama u bazenu, i oni su to cijenili, ali takve aktivnosti kojima sam ja težio jednostavno nisu bile dio njihovog nacina rješavanja stvari. Bio sam razocaran, ali odlucan da nastavim plesati sa davolima, makar i po njihovim pravilima. Doduše, ono što je meni bila fantazija, Džejms Bond je radio u filmovima, a ne u stvarnosti, i zato mi je receno da zaboravim ponašanja u stilu Agenta 007.

Agentica Gale je jednom tražila od mene da se sastanemo sa agentom Dorianom iz Ministarstva odbrane iz DC-a iz pomorske bazi u San Diegu u Kaliforniji. Upoznali smo se na našem uobicajenom mjestu, ili onom što je odavno bilo moje omiljeno mjesto, u Howard Hughes Plazi u Las Vegasu, u restoranu uz sami Strip. U tri sata popodne dobio sam poziv.

"Angie, kako si, dušo? Hocemo li se vidjeti u pet sati na istom mjestu?"

Pristao sam na poziv prijateljice da upoznam agenta Doriana. Prije nego što sam otišao na sastanak sa novim covjekom popeo sam se gore i stao pod tuš u kupatulu moga apartmana. Dok sam se penjao moj je mozak groznicavo radio. Šta je taj agent mogao željeti

Koljenovic

od mene? I šta ce on vidjeti u meni? Nekako se nisam osjecao dobro zbog ovoga sastanka. Rekli su mi da je on fina osoba i da cu uživati u razgovoru s njim, ali bilo je necega u nacinu kako je to bilo receno, što me je odbijalo.

Svaki put kad bih se sastao sa nekim od naših agenata ja bih mu naglasio da sam, prije svega, Amerikanac, i da sve što radim, radim kao Amerikanac. Tokom tuširanja poceo sam pjevati, što je neobicno za mene. Pjevao sam neku italijanski operu, siguran da to cinim veoma loše.

Rekao sam sebi: „Nadam se da si bolji u uvjeravanju nego u pjevanju, jer mi se cini da je danas dan kad ce se nešto dobro dogoditi, ili ce se nešto slomiti."

Završio sam sa tuširanjem, isfenirao kosu, poprskao se „polom", mojom omiljenom kolonjskom vodom, obukao odijelo i pogledao se. Mirisao sam kao milion dolara. Zatim sam sišao do garaže, upalio 944 „porsche" i odvezao se do Howard Hughes Plaze. Tamo me je u predvorju vec cekao agent Deacon. Pomislio sam da ce novi momak, kad me vidi, pomisliti da sam prevarant, ili pak da ne govorim sve ono što oni ocekuju da im kažem. Ali, vidjet cu, ni o cemu ne treba suditi unaprijed.

I ranije su mi nudili da razgovaram sa raznim agentima, ali sam ja odbijao. Osjecao sam se sasvim ugodno u razgovoru sa agentima sa kojima sam ranije vec radio. Bili smo razvili neku vrstu medusobnog povjerenja i razumijevanja, i ja to nisam želio promijeniti. Ako bi bilo novih lica, morao sam se ponovo prilagodavati, a ja ne volim to da radim. Rukovali smo se i zagrlili kad smo se sreli u predvorju, kao što uvijek radimo kad vidimo jedni druge.

Agent Deacon je bio izvrsno graden muškarac, mentalno i fizicki uvijek spreman za bilo kakvo iznenadenje. Svako bi ga, definitivno, volio imati na svojoj strani kada se suocite sa neprijateljem. Hodali smo prema liftu, a za nekoliko trenutaka koliko

Rat Za Boga I Bosnu

smo se vozili do apartmana, Deacon me je uvjerio da je agent kojeg sam trebao upoznati zaista dobar momak.

"Ne brini, nije nikakav problem da popricamo", rekao sam. "Šta god da želi pitati, neka pita, ja cu biti sretan da odgovorim na sve što znam, ali mislim da nam ponestaje materijala. Gotovo da ne postoji ništa što vam vec nisam ispricao. Prošli smo kroz vojne karte i planove, psihološki pristup nacinu razmišljanja vojnika i komandanata, planiranje, ratovanje, tražili smo sve, mostove, ceste, tvornice, rakete, zalihe, analizirali planiranje odbrane zemlje i Jadranske obale, cak i torpeda. Pretresali smo cak i šefove osoblja i objekata u Beogradu, vojnicko stanovanje u vazduhoplovnim bazama u Crnoj Gori, na Kosovu i u Srbiji. Nisam siguran da postoji nešto što vec nismo pretresli."

Vrata sobe bila su otvorena, kao da su znali da dolazimo i ja pozdravih agenticu.

"Zdravo Angie, lijepo je vidjeti te opet", rekla je.

„Mmmm, mirišeš zanosno", rekao sam.

„I ti!", uzvratila mi je.

"Znaš li na šta me podsjeca moj miris „polo"? Kad sam bio klinac, kosili smo travu i slagali je u plastove. Pravilno složene kupe trave koja se sušila na vjetru mirisale su baš kao „polo". Licno ga ne volim previše, ali ga koristim jer ga svi drugi vole."

"To baš i nije najbolji razlog", odgovorila je smiješeci se.

Htio sam da je zagrlim, ali nisam. Mislio sam da je bolje biti profesionalac. Ona je bila u srednjim cetrdesetim godinama i dobro je izgledala, ali ja nisam htio da joj bude neugodno.

Nisu gubili vrijeme da predstave agenta D. Njegovo rukovanje bilo je mlitavo, slabo i površno. Znao sam odmah da pripada vrsti ljudi sa hiljadu lica i da bi mi trebala citava vjecnost da se priviknem na njega i osjecam se ugodno uz takvog tipa. Pokušao sam da ne dozvolim da mi to smeta, jer mi nismo govorili o

Koljenovic

olimpijadi, nego o pitanjima nacionalne sigurnosti i životima pripadnika naših trupa u inostranstvu.

On, medutim, nije ni izgledao impresivno. Djelovao je prljavo, sa neopeglanim pantalonama, cipelama punim prašine, izgužvanom majicom, masnom kosom, masnim i znojnim licem. Takav neuredan i nemaran izgled i nacin oblacenja posljednje je što bih ocekivao od jednog bivšeg vojnika. Ali, šou je morao da se nastavi.

Sa mojim iskustvom sa ljudima i nacinom na koji sam živio, boreci se i pokušavajuci ostati živ svaki dan, a da pri tome nikome ne nanesem bol, niti dopustim da ga neko nanese meni, znao sam da sve vrijeme moram držati podignut gard i uzeti protivniku mjeru prije nego što je on uzme meni. Ako niste bolji od njih, vjerovatno cete završiti dva metra ispod zemlje.

Ja sigurno nisam bio u opasnosti sa svojim prijateljima, ali nisam bio siguran da bih stajao u prvim borbenim redovima pored agenta Doriana. Bio je reptil, možda gušter, možda zmija, svakako emotivno prazan. Bili su to signali koje je emitirao i koje sam osjetio dotakavši njegovu ruku i odmjerivši ga, ali sam se potajno nadao da griješim. Možda je sve to bio samo dio njegove profesionalne tehnike, jer pred sobom sam, nedvojbeno, imao profesionalca.

Ovi ljudi su postali moji prijatelji, uvijek poštujuci moje dobrovoljno ucešce, ali ja sam ovoga puta uhvacen na foru. Ocigledno su odlucili da me pritisnu sa više strana da se uvjere ima li pukotina u mojoj prici o poznavanju Jugoslovenske armije i obavještajnih službi. Ovaj put bio je to odnos tri na jednoga.

Cak i kad si u prijateljskom razgovoru, u kojem se govori o fudbalu ili bejzbolu, ako se to dešava u odnosu tri protiv jednoga, vi nemate šanse za pobjedu. Ono o cemu smo mi razgovarali nije imalo nikakve veze sa bejzbolom. To je bilo mnogo ozbiljnija stvar. Oni su radili po zahtjevu koji je stizao iz Washingtona D.C.

Rat Za Boga I Bosnu

"Ovaj put moram biti posebno dobro skoncentriran na ono što pricam, doslovce u svakoj rijeci i slovu", pomislio sam. Morao sam u svojoj glavi imati jasnu sliku o svemu o cemu mislim i šta govorim, a to što govorim moralo je biti cvrsto, uvjerljivo, glasno i jasno izraženo. Oni ne bi smjeli imati nikakve sumnje u istinitost mojih rijeci.

Nakon duge rasprave nad vojnim kartama, agent Dorian me je krenuo ponovo ispitivati o onome što smo vec bili prošli, pokušavajuci vidjeti da li sam u necemu dvoumio ili pak zaboravio nešto od onoga što sam prethodno rekao, a ja sam pri tome mislio: "Gospodine, ja sam profesor psihologije bez diplome koja visi na mom zidu. Ako si neprijatelj, ne daj Bože, mislim da bih te mogao prevesti žednog preko jezera Mead u Nevadi, a da pri tome i ne shvatiš da si upravo hodao po vodi.

Rukovali smo se i rekli jedan drugom zbogom. Nisam izrazio frazu kako se nadam da cemo se ponovo vidjeti, a nije ni on. Ja sam držao njegovu ruku u snažanom stisaku bez puštanja, gledao ga pravo u oci i rekao: "Gospodine, zemlja mojih predaka je u plamenu, a vi ste ovdje kako bi saznali šta možete uciniti da pomogne da se vatra ugasi."

Pa, on može biti i loš vatrogasac, ali sam pokušao i nisam zatvarao usta u posljednjih šest sati. Nisam, doduše, namjeravao toliko pricati, jer sam obicno naplacivao kad pricam. Medutim, htio sam da ovaj tip zna da sam tvrdokorni patriot svoje zemlje, koja mi je dala sve o cemu sam sanjao.

„Oprostite mi ako sam pricao previše. Samo sam htio biti siguran da ce svi naši americki vojnici doci kuci onakvi kakvi su i otišli, a ne u plasticnim vrecama." Pri tome sam mislio kako ovaj covjek ne bi nikada mogao shvatiti koliko volim ovu zemlju, ma koliko ja o tome govorio.

Nije mi odgovorio. Zurio je negdje prema mojim cipelama. Pustio sam njegovu ruku i rekao zbogom Gale i Deaconu. Deacon je

Koljenovic

prijateljski stavio desnu ruku oko mog lijevog ramena i rekao: "Angie, nadam se da cu te uskoro vidjeti. Mislim da je ovo bio zaista znacajan sastanak. Nadam se da ce zahvaljujuci njemu biti spašeni životi nekih od naših momaka."

Neopisivo je kakvu sam emociju osjetio u tom trenutku kad sam konacno cuo ono što sam želio cuti od njega, od nekoga do koga mi je bilo stalo.

I evo, agent Deacon je upravo izgovorio te carobne rijeci. On je rekao: "Naši momci".A ja sam duboko u svom srcu konacno osjetio da ovdje imam svoju zemlju i da pripadam ovdje, da sam dio društva u najmocnijoj državi na Planeti. Kakav divan trenutak u povijesti, da živiš upravo tu, upravo u tom trenutku.

Ponekad kažu da su Rimsko carstvo i njihovi gradani bili privilegirani u odnosu na druge. Mogu samo reci da, ako je neko sanjao da bude rimski gradanin, dobro, ne mora više sanjati o tome, neka dode i živi u Americi, u Sjedinjenim Americkim Državama. Uz sve to, siguran sam da najsjajniji dani koje je doživio Rim, Amerika tek treba da doživi, cemu onda sanjati o Rimu.

Dakle, ako ste americki državljanin i živite u ovoj velikoj državi, svoje snove ste vec ostvariti. Meni su se moji snovi ostvarili i mogu iskreno reci da razumijem cijenu žrtvovanja za slobodu u kojoj uživamo i sigurnosti koja dolazi sa njom. Te privilegije nisu nešto što dolazi samo od sebe i ja cu rado platiti cijenu koju one zahtijevaju.

Rat Za Boga I Bosnu

XIV

MATE BOBAN, PETER I MINISTAR RAMLJAK

Pitao sam ih: "Koliko daleko ste spremni ici da bi vam imena bila ugravirana u kamen za sva vremena? "

"Pa Angelo, svidalo se to vama ili ne, ja sam vec odavno postao simbol za moje ljude", rekao je Mate.

"Pa Mate, vjerujem da cete živjeti dovoljno dugo da zažalite zbog toga, a ja cu svakako živjeti toliko dugo da to vidim."

"Svako ima pravo na svoje mišljenje, Angelo", rakao je i osmjehnuo mi se samouvjereno.

Desilo se, medutim, onako kako sam ja predvidao. Njegovi ljudi su shvatili da je Mate bio loš lijek za njih u politickom smislu i vremenom su se udalji od njega.

Koljenovic

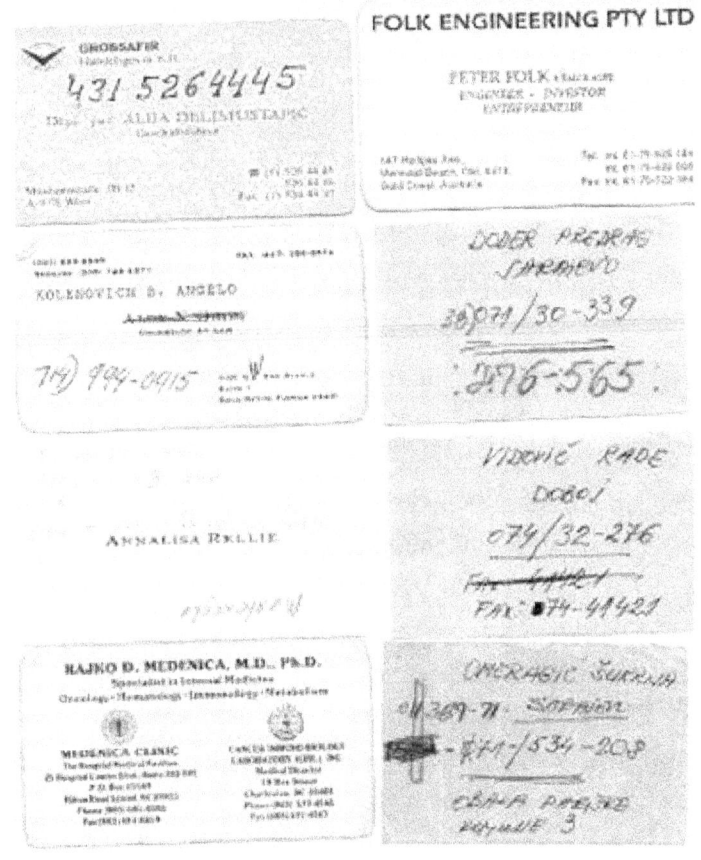

Podsjetnice i rucno pisani brojevi telefona nekih od licnosti s kojima je autor imao kontakte: Alija Delimustafic, Annalisa Rellix, dr. Rajko Medenica, Peter Folk, ali i nekoliko novinara, Predrag Doder, Rade Vidovic, Šukrija Omeragic...

Rat Za Boga I Bosnu

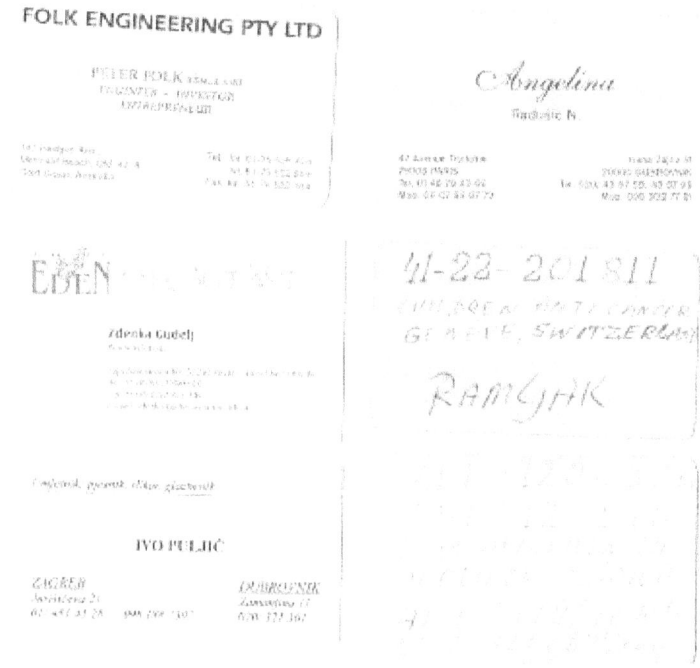

Podsjetnice koje je autor sacuvao sa svoga europskog putovanja 1993. na relaciji Cirih, London, Pariz, Ljubljana, Dubrovnik, Udine, Pula...

***

Kad govorim o spremnosti za žrtvovanje za svoju domovinu, moram navesti primjer Pakistana. Mnoge stvari su se dešavale u Svijetu nedavnoj prošlosti, a jedna od njih bio je rat između Pakistana i Indije, koji se dogodio nekoliko godina prije rata u Jugoslaviji.

Pakistanski ponos bio je povrijeden tokom rata sa Indijom u Bangladešu, pa su Pakistanci odlucili ponos izgubljen na bojnom

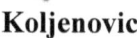
Koljenovic

polju vratiti na drugi nacin, ostvarenjem pojekta koji je mnogima u tom vremenu izgledao nemoguc.

Svaki dostupan resurs i svaki covjek pakistanske obavještajne službe angažirani su da rade na tajnom nuklearnom programu po uzoru na U. S. Manhattan Project, koji je završio stvaranjem prve americke i svjetske nuklearne bombe. Na kraju, oni su uspjeli upisati svoje ime u klub nuklearnih naroda, i Pakistanci su do sada bili vrlo odgovorni clanovi nuklearnog kluba.

Mladi Pakistanci koji su radili u Ujedinjenom Krljevstvu, Europi i Sjedinjenim Americkim Državama bili su spremni da se žrtvuju svoj licni luksuzni život koji su imali na Zapadu i vrate se u Pakistan da pomognu postizanje nemoguceg. Premijer Bhutto, otac Benazir Bhutto, dao je svu potrebnu materijalnu podršku domacim i iz svijeta prispjelim pakistanskim nuklearnim naucnicima i inženjerima, stavljajuci ovaj projekt kao prioritet svih prioriteta za Pakistan. Mlade Pakistance nije bilo teško uvjeriti da se žrtvuju zbog svoje domovine.

Ovo je mjesto gdje je dr Abdul Q. Khan, inženjer koji je obrazovanje stekao u Njemackoj, stupio na scenu i postao poznat kao otac pakistanske atomske bombe. Uz malo srece finansiranje projekta nije bio problem, sve su platili ljudi iz arapskih država, uglavnom Saudijci.

Bilo je saradnika širom svijeta koji su bili voljni držati svoje ruke u džepovima finansijera sa Bliskog istoka i Saudijske Arabije, ucestvujuci u ostvarenju pakistanskog tajnog projekta, pod uslovom da se u paketu kupe i proizvodne komponente i materijal za izradu nuklearne bombe. Znam da nije bilo manjka vrucih mušterija na svjetskoj pozornici da ucestvuju u ovome više nego unosnom biznisu. Jedan od njih bio je i moj prijatelj Peter.

Sa Peterom su radili njegovi prijatelji Klaus i Clay iz Ciriha, obojica penzionirani oficiri švicarske vojske, koji su i dalje bili aktivni u medunarodnoj ilegalnoj trgovini oružjem. Kad sam se

Rat Za Boga I Bosnu

upoznao s njima sumnjao sam da su to njihova prava imena, ali nisam imao nikakve sumnje u pogledu njihovih visokih položaja koje su zauzimali u vojsci.

Onoga dana kad sam sa Peterom otišao u kancelariju ova dva gospodina znao sam da to nije bio obican posjet. Peter je vec imao poslovno iskustvo sa obojicom, i iz njegovih rijeci shvatio sam da je tu bilo izvjesnih problema. Ne zato što ova dvojica nisu bili dovoljno dobri ili što nisu bili od povjerenja u poslu, nego jednostavno zato što je Perer bio ljubomoran na njihovu poziciju u medunarodnoj trgovini oružjem.

Peter je bio dobar u davanju zadataka, ali ne i u primanju zadataka, i otvoreno je prezirao situacije u kojima je bio prisiljen da od nekoga prima naloge. A u ovoj situaciji Peter je dobivao naloge od Klausa i Claya. Zato, da ste mu dali bilo kakav iole razuman razlog, cinilo mi se da Peter ne bi mnogo razmišljao da ih obojicu ubije. Mene, s druge strane, uopce nije zanimalo šta oni misle jedni o drugima, nego da završimo naš posao. Medutim, nakon sastanka, bio sam nacisto da su ova dvojica svakako veca gospoda od moga prijatelja Petera.

U to sam se uvjerio kad smo se ponovo sastali isti dan, vidjevši da je svaka njihova izgovorena rijec imala cvrsto uporište. Iz njihove price bilo mi je jasno da pored veza u vladi imaju izvrsne odnose i sa medunarodnim dilerima oružjem, pa i pakistanskim, s kojima su veoma lako napravili dogovor.

Klaus me je iznenadio svojom ponudom koju je na kraju našeg sastanka kazao svojim jednostavnim nacinom: "Ako bilo šta trebate, Angelo, bilo šta, ja cu vam to srediti... Kratko smo razgovarali, ali dovoljno dugo da prepoznam da slicno razmišljamo u pogledu znacajnih svjetskih dogadanja."

„Pa u tom slucaju, šta mislite o tome da zajednicki ubijedimo moga hrvatskog prijatelja da zaustavi pokolj nevinih gradana u Mostaru?", odgovorio sam u šali.

Koljenovic

Svi su se smijali, iako uz izvjesnu dozu krivice. Mislio sam da trebam reagirati na njihov smijeh, pa sam se nagnuo preko stola malo bliže Klausovom i Peterovom licu i usiljeno ozbiljnim glasom rekao: "Smijte se danas, sutra cete plakati, seronje pavijanske", na šta su se svi ponovo nasmijali.

Kad smo krenuli na ovaj sastanak, Peter se ponašao kao da namjerava ubiti Klausa i Claya zbog novca koji je Klaus navodno dugovao Peteru. Kako smo se približavali mjestu sastanka, on je bio sve mekši. Znao sam od pocetka da cemo u njihovom uredu samo piti kafu, a ne ubijati se. Na kraju je Peter postao sasvim mek i skroman, a njegova prvobitna ljutnja je u meduvremenu negdje nestasla.

Rekao mi je da je on bio taj koji je napravio dogovor sa Klausom i generalom iz Pakistana i bio je ljut što još nije dobio novac. Peter je u sa pakistanskim generalom pravio u Cirihu deal pola godine prije nego što je u Phoenixu u Arizoni bezuspješno pokušavao dobaviti specijalne komponente „Motorole".

Kad sam se vratio kuci gledao sam na televiziji World News, gdje je senator Patrick Moynahan govorio o potpuno istom problemu, o pakistanskom agentu koji širom svijeta shoppinguje nuklearne komponente za Abdula Q. Kahna, oca nuklearnog programa Pakistana.

Tada sam shvatio da Peter nije lagao i da je sve bilo itekako istinito, a potvrdilo se i moje ranije mišljenje o tome koliko je „prijateljevanje" sa tipovima poput Petera Folka, Milana Ramljaka, Mate Bobana i Alije Delimustafica, nepouzdano i opasno.

Srbija je bila u akciji. Televizijski novinari Predrag Doder, Rade Videvic i Šukrija Omeragic sa bh televizije došli su kod mene u Las Vegas privatnim avionom Rajka Medenice sa zadatkom da me povedu sa sobom u placenu privatnu posjetu dr. Medenici da budem njegov gost u Sjevernoj Karolini.

Rat Za Boga I Bosnu

Prvih dana rata i bitke za Vukovar ratni požar se proširio Hrvatskom i odmah podijelio srca ljudi širom Svijeta, kako se to dogodilo i sa mnom i Peterom, kao i sa svim drugim ljudima s kojima sam bio u vezi. Svako je odmah zauzimao vlastiti stav i, iz ovog ili onog razloga favorizirao jednu ili drugu stranu.

Ja u suštini nisam želio biti ni na jednoj strani, jedino što sam želio bilo je da se zaustavi ubijanje i umiranje nevinih. Kako, uostalom, praviti bilo kakve razlike, u trenutku kad je najbitnije bilo to što bez razloga stradaju ljudi. Bilo je skoro milion nevinih ljudi ubijenih sa obje sukobljene strane. Opredjeljivati se u takvoj situaciji djelovalo mi je neukusno, medutim, da li sam bio u pravu?

U prvim danima rata došlo je do erupcije ogromne kolicine negativne energije u srpskoj zajednice u Sjedinjenim Državma, ali i u svim drugim dijelovima Svijeta, žedne krvi svojih bivših jugoslavenskih sudržavljana i sugradana. Cak u Las Vegasu oglasilo se nekoliko lokalnih srpskih razbojnika koji su simpatizirali predsjednika Miloševica. Oni su bili veoma glasni u osudivanju svakog pokušaja interveniranja da se zaustavi ubijanje djece u Hrvatskoj, a kasnije u Bosni i na Kosovu.

Jednoga dana u Las Vegasu su me posjetili srbijanska agentica Annalisa Rellie i njen suprug, koji su došli u moju kucu sa bocom vina za kojega su rekli da mi ga iz Londona šalje jugoslavski ambasador. Podvukli su cinjenicu da je vino „Black Vranac" takoder tamošnje, englesko, na šta sam se ja jedva suspregnuo da se ne nasmijem.

Pitao sam je s cime sam zaslužio da me pocaste svojom posjetom i darom koji su mi donijeli, a ona je s nestrpljenjem krenula da recitira svoju pjesmicu o tome zašto je došla da me posjeti. Nakon što sam cuo razlog njene posjete, ljubazno sam rekao Annalise Rellie da je dobrodošla u moju kucu, ali da žalim što se to ne dogada pod drugacijim okolnostima.

Koljenovic

Vidio sam jasno da je Anni i njenom suprugu potrebno malo poducavanja o povijesti moga naroda. Nakon što sam završio sa podukom znao sam da sam bio uspješan u utjecanju na Annu, ali ne toliko i na njenoga muža. Anna se složila s mojim komentarom o okolnostima pod kojima me posjecuje, pa je objasnila da sa svojim poklonom dolaze po nalogu ambasadora iz Londona, ne svojevoljno.

Prije svega, nisam znao covjeka, i drugo, njegova vlada je stajala iza klanja hiljada pripadnika moga naroda, a on meni šalje bocu vina kao poklon. Bacio sam vino u smece.

Poslao sam povratnu poruku i savjet Miloševicu preko njegovog ambasadora u Washington D.C. U mom razgovoru sa ambasadorom ponovo sam mu ukazao da bi svijet bio mnogo bolji kad bi njegova vlada u Beogradu sutra prestala disati. Izgleda da mu je Annalise objasnila moju poziciju i ono što sam pokušavao postici, što mi je ambasador indirektno i potvrdio, rekavši da je ona bila vrlo jasna u svom obrazloženju.

Ambasador je zastao tokom našeg razgovora i odjednom mi rekao kako vjerovatno nemam sasvim dobru memoriju, i da ipak moram imati još ponekog od svoje porodice u Jugoslaviji, na kojeg sam zaboravio. Opet ta ista idiotska, mafijaško- fašisticka prijetnja.

"Ti mora da se šališ sa mnom kad me to ponovo pitaš...", odvratio sam mu sasvim nediplomatski i nastavio u još oštrijem tonu: „Ne, ne postoji više niko koga tamo možete povrijediti, rekao sam tebi i tvojima vec dva puta, a tebi ce biti žao što si ikada razgovarao sa mnom, obecavam ti."

Bio sam ljut i iznerviran, pa sam mu, izgubivši sasvim svoj uobicajeni mir, rekao da je pecinski covjek, i da nije ni cudo da je takav kad dolazi iz zemlje koja je ista takva. To je bio zadnji put da sam razgovarao s njim.

***

Rat Za Boga I Bosnu

Poslije toga cesto sam bio na putu i napokon sam posjetio i Jugoslaviju, to jest ono što je ostalo od nje. Jedno od mjesta koja nisu izgubila svoju ljepotu, velicinu i znacaj, bilo je ostrvo Brioni, Titovo nekadašnje omiljeno privatno odmaralište, koje sam posjetio u društvu u kojem su bili Boban, Folk i Ramljak.

Castro i Che Guevara bili su tu u povodu razgovora oko oko pada aparthejda u Južnoj Africi. Mi se možemo složiti ili ne složiti o Castrovoj i Guevarinoj viziji svijeta, medutim oko jednoga bismo mogli svi biti saglasni, a to je da su Castro i Gevara bili uspješno instrumentalizirani kao igraci koji su vršili pritisak na zapadni bijeli svijet da ukine tri stotine godina vladavine represivnog aparthejda u Južnoj Africi.

U trenutku kad smo išli u predvorje hotela Hisria tamo je bilo mnoštvo ljudi koji su cekali Bobana i odmah ga okupirali. Ja sam se zaputio za bar gdje sam Peteru, Ramljaku i meni narucio po espreso kafu. Dok je Boban i dalje pokušavao biti zabavan, sada okružen još vecom grupom ljudi, posmatrao sam Ramljaka, bivšeg zamjenika ministra odbrane Hrvatkse, i razmišljao o tome kako je biti bivši.

Tokom razgovora iskoristio sam priliku da kažem Peteru i Ramljaku da prestanu biti glupi, da su Bošnjaci pravi prijatelji Hrvata i da jedino takvo razmišljnje garantira opstanak i jednima i drugima. Podsjetio sam Petera da smo trebali imati konferenciju u Histria hotelu, gdje je Mate tokom vožnje tražio od Petera da nam u njegovo ime rezervira sobe. Bilo je ironicno da je Peter sve naše sobe registrirao na nas kao katolicke svecenike.

"The Man" Mate Boban, cija je zloglasna karijera pocela 1992. i trajala do 1997. godine, svojim je postupcim postao Karadžicu brat po Kristu. Kad je Mate preminuo, ironicno je bilo to što su Srbi koristili njegovu smrt kao sredstvo za vlastitu propagandu, odlucivši zaboraviti brutalna ubistva Bošnjaka i Srba pocinjenih od strane Bobanovih ljudi.

Koljenovic

Da li su Srbi odlucili da pokažu i drugu stranu svog obraza? Ili je to bilo tako samo zato što se Boban takmicio sa Srbima ko ce ubiti više Bošnjaka? Iz bilo kojeg razloga da su odlucili da velicaju Bobana kao brata po Kristu, to je bilo pogrešno.

Samo cetrdeset godina ranije, Ante Pavelic, taj srpski brat po Sotoni, koji je stajao na celu fašisticke tvorevine Nezavisne države Hrvatske, dao je da se izmedu 1941. i 1945. godine u logoru Jasenovac ubije milion ljudi, ukljucujuci 35.000 Jevreja, do 31.000 Cigana i izmedu 300.000 i 600.000 Srba i preko 10.000 Bošnjaka.

Da Boban nije bio brat po Kristu ni Srbije ni Srba, dokazalo se nakon što su Srbi zbrisali sa lica zemlje hrvatski grad Vukovar, cime su krenuli poravnavati stare racune i sjecanja na vrijeme 1941-1945.

Ovdje se može postaviti pitanje zašto su SAD i Velika Britanija, negdje sredinom Drugog svjetskog rata, napustili Dražu Mihailovica, cetnickog gerilaca koji je predvodio kraljevsku jugoslavensku vojsku, i pružili podršku komunistickom vodi Josipu Brozu Titu? Cetnici su bili ubice žena i djece, naoružana rulja koja je za cilj imala fizicko uništenje Bošnjaka i Albanaca, što je, nakon njihovog eliminiranja, preuzeo Tito, zatiruci drugim sredstvima moj bošnjacki narod i njegov identitet.

Za vrijeme sastanka sa Delimustaficem u Zürichu, Peter me je upoznao i sa ostalim svojim pajdašima. Tada sam shvatio da i svi drugi, ne samo Mate, imaju vlastite programe i ideje s kojima su bili opsjednuti.

Vjerujem da su intimno mislili da rade pravu stvar spašavajuci Svijet od sebe ili sebe od Svijeta. Ja sam intimno mislio da je to prilicno težak i plemeniti zadatak, narocito ako su mislili da Svijet treba spasiti od njih.

Mada vrlo slicni, oni su se u jednom veoma razlikovali. Dok je Boban bio ideološki zadojen i opsjednut idejom o nestanku

Rat Za Boga I Bosnu

muslimana u Bosni, Peter, Alija i Ramljak imali su sasvim drugi program. Njihov jedini cilj bio je da se obogate, s krvlju ili bez krvi.

Bio sam usred tog šarolikog društva, ne pripadajuci ni jednima, ni drugima, ni trecima, opsjednut jedino željom da riješim ovu situaciju i izadem kao pobjednik, ali nisam imao nikakve ideje o tome kako to da postignem.

Bio sam odlucan pobijediti tog tipa na svakom koraku. Nije bilo sumnje da je Boban bio duboko uvjeren da je njegov križarski rat opravdan i u to ime on je bio spreman udružiti se i plesati i sa samim Đavolom, ukoliko mu je to obecavalo uspjeh.

Potreba da uvijek bude u centru pažnje, bila je njegova glavna i najveca duhovna hrana. Znao sam da su takvi ljudi lakovjerni i skloni pravljenju grešaka. Prepoznavši tu njegovu slabost, znao sam da cu na kraju uspjeti da ga nadmudrim.

Uz sve to, treba reci da njegove ideje ustvari i nisu bile njegove, nego se ponašao i djelovao po diktatu vlastitog uzora i šefa, Franje Tudmana, ideologa velike Hrvatske. Mate jednostavno nije bio u stanju smisliti tako krupan i opak program kakav je napravio Tudman.

Dan nakon sastanka u Zürichu krenuli smo vozom u Milano. Mate je imao vozaca koji nas je cekao na željeznickoj stanici u Milanu.

Putovali smo na sjever, a Boban je predložio da veceramo u njegovom omiljenom restoranu „Gigolo" u Udinama. Tu smo culi da je za Petera spremljeno jedno prijatno iznenadenje iz Zagreba, koje ce, medutim, primiti tek u Ljubljani, glavnom gradu Slovenije, gdje smo stigli negdje oko 11 sati navecer. Bilo je to priznanje koje su mu odali predsjednik Hrvatske i ministri njihove vlade, u cemu je svoje prste sigurno imao i Ramljak.

Nije bila u pitanju nikakva medalja, niti nešto materijalno, nego je to jednostavno bila pismena zahvalnica Peteru „... za sve njegove žrtve koje je dao za svoju majku zemlju".

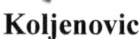

Koljenovic

Razmišljao sam o tome koliko je Peteru bilo stalo do bilo kakvog priznanja nematerijalne prirode. Takoder me je zanimalo šta bi to mogla biti njegova „majka zemlja", Srbija ili Hrvatska. Samo je Bog znao je li on zaista imao majku zemlju. Peter je, naime, bio sasvim nepouzdan, baš kao mali potok koji presuši vec u proljece, cim grane prvo sunce, to jest cim se spomene rijec lojalnost. Na spisku njegovih prioriteta pojam „domovina", ma koja ona bila, zasigurno se nalazila na posljednjem mjestu, i tim smješnija je bila ova njihova ljubljansko-zagrebacko-hercegovacka ceremonija.

Jedina stvar koju sam pouzdano znao jeste da je Peter uvijek i zasigurno bio samo za Petera, a takve je tipove moguce pobijediti samo na njihovom terenu. Da, bio je tu i jedan poklon materijalne prirode, ali za Petera sigurno sasvim nevažan. Naime, njemu je uz zahvalnicu urucen atlas novostvorene hrvatske države, zbog cega se Peter cinio tobože veoma sretnim.

Sljedece jutro bili smo ponovo na putu, vozeci se na jug do Pirana i Rovinja, da bismo tamo odsjeli u Eden Resort hotelu. Koristio sam svaku priliku koju bih ugrabio da podsjetim Peterove prijatelje da se do uspjeha u poslu kojim se oni trenutno, ali i dugorocno bave, može doci na razlicite nacine, a jedan od njih je da se Bosna tretira kao prijatelj umjesto kao neprijatelj.

"Koliko daleko ste u stanju ici kako biste imali svoja imena uklesana u kamen za vjecnost?", upitao sam ih u jednom trenutku. „Mnogi od vas spremni ste skociti do stratosfere u pokušaju da dotaknete lice lice Božije", kazao sam.

Znao sam da je taj fenomen star koliko i historija, ali je problem što je on sve jaci, i bit ce sve jaci. Pojedinci, on ili ona, svejedno, idu vec toliko daleko da tvrde da ce oni biti ti koji ce presudno utjecati da Svijet bude bolji ili lošiji. Ova pojava nije svojstvena samo elitama, nego i malim liderima ili onima koji to tek pokušavaju postati, dakle najobicnijem covjeku.

Rat Za Boga I Bosnu

Pa koliko ce ovi daleko ici kako bi postigli svoj cilj i urezeli svoje ime u neki kamen? Zar nije bilo vec previše žrtava? Dobri ljudi ne postaju sretni zbog toga, izuzev, naravno, ako nemate karakter kakav je imao Mate.

Napokon, bio sam spreman da letim natrag u Vegas i da Bobanu i Folku kažem zbogom do iduceg puta. Po mom povratku u SAD, proslijedio sam dalje važne informacije koje sam dobio od Mate Bobana i moga prijatelja Petera Folka.

Prvo sam obavijestio agenta Dicona o isporuci oružja iz Argentine za hrvatske snage u Bosni i Hercegovini, kao i o mogucnosti isporuke iz Cilea. To nije bilo ni prvo ni posljednje krijumcarenje oružja za HVO (Hrvatsko vijece odbrane) u Hercegovinu, pri cemu je najviše naoružanja slano u Mostar, kao najveci regionalni administrativni i vojni centar.

Insistirao sam kod oficira iz Mornaricke obavještajne službe u San Diegu da ova pošiljka treba biti presretnuta i zaustavljena. Pošiljka je vec bila na putu od brazilske obale preko Atlantika, a njena vrijednost na putu prema Bobanovim rukama dostigla je vrijednost od sedam miliona dolara. Ova isporuka bila je, srecom, uskoro zaustavljena, barem privremeno.

Bez obzira na Peterovo negodovanje zbog moga ponašanja u cijeloj ovoj situaciji, kao i zbog mojih savjeta upucenih Bobanu i Ramljaku da od Bošnjaka kao svojih povijesnih prijatelja ne prave svoje neprijatelje, ja sam bio miran i zadovoljan, ravnajuci se prema vlastitoj savjesti.

Koljenovic

Posljednje Bobanovo pocivalište

Mate Boban je relativno brzo poslije ovih dogadaja dobio svoju nadgrobnu plocu sa njegovim imenom uklesanim u kamen. Kad covjek stane pred jedno ovakvo mjesto, nekako se samo nametne pitanje: „Šta je to cast?"

Odgovor ovisi o individualnom prosudivanju pojedinca, od njegovog karaktera, njegovih životnih stavova i moralnih nacela, što naravno važi i za Bobana. Što se mene tice, cast je moralni teret za kojeg vjerujem da ga svako od nas u nekom trenutku polomi. Cast je nešto s cime je svako od nas roden, a to je nešto s cime Svevišnji nije obdario Matu Bobana.

Prokleta je zemlja ciji stanovnici u politiku miješaju Boga, jer ta zemlja na kraju ne ispuni ocekivanja ni ljudi ni Boga.

Bog je, u to ne treba sumnjati, imao svoga udjela u Bobanovoj smrti? Ali, da li je On u trenutku njegove osude na smrt, prema Bobanu bio nemilosrdan ili milostiv? Prema hrvatskom režimu, Mate Boban nije mogao umrijeti u boljem trenutku, jer se u Haagu njegovo ime spominjalo cešce od imena generala Blaškica ili samog Tudmana. U zapadnim medijima i diplomatskim krugovima

Rat Za Boga I Bosnu

Boban se redovito spominje kao kljucna poveznica sa zlocinima izvršenim u selu Ahmicima, u gradu Stocu, u logoru Dretelj, i to pod patronatom i blagoslovom njegovog mentora u Zagrebu.

Ipak, njegova smrt za Svijet nije bila neka velika senzacija. Možda se prolila koja suza srece, jer je napokon otišao. Samo dvije televizijske stanice, jedna u Zagreba i jedna u šumskoj srpskoj prijestolnici na Palama, izvijestile su o njegovoj smrti. Zagreb njegovoj pojavi i licnosti nije dao nikakav poseban znacaj, niti je tu smrt proglasio nekim velikim svojim gubitkom. Medutim, Pale jesu. Ironicno je to što je Matu Bobana ubilo upravo ono što ga je „proslavilo".

Njegov život, pa tako ni smrt, nisu bili casni. On je ucinio sve da dode do stratosfere kako bi njegovo ime zlatnim slovima bilo uklesano u kamen. Sumnjam da je dotaknuo lice Božje penjuci se uz one nemoralne ljestve. Cast se ne stice na takav nacin. Cast se stice cineci dobro i žrtvujuci se za dobro svih, humanošcu za sve, ne samo za pripadnike svoga naroda.

U zagrebackoj televizijskoj emisiji „Motrišta" njegovi prijatelji su tvrdili kako je Mate Boban posvetio cijeli svoj život dobrobiti Hrvata u Bosni i Hercegovini. Još vece su mu poštovanje ukazali na glavnim TV vijestima bosanskih Srba, gdje je, izmedu ostalog, receno kako je umro Mate Boban, „jedan od najvecih boraca protiv širenja islama u Europi", što su prenijele i srbijanske radio i TV stanice.

Tako su na srpskoj televiziji na Palama objavili da Srbi tuguju zbog Matine smrti, što je bilo ironicno, osobito zbog toga što su Boban i Karadžic, ratne vode bosanskih Hrvata i Srba, personificirali smrtno zavadene bosanske ustaše i cetnike, ali su, i jedni i drugi, u ovoj smrti konacno pronašali razlog da se ujedine i krenu stopama pape Urbana u novi križarski rat protiv muslimana.

Njihove izjave da štite Europu od bosanske dominacije zasluživale su najvcci stepen divljenja, gledajuci, naravno, s njihove

Koljenovic

tacke gledišta. Pri cemu je zapravo najsmješnija bila tvrdnja kako je Boban pokušavao spasiti Europu od islama. Bosna je oduvijek pripadala Europi, još od ilirskih i rimskih vremena od prije dvije i tri hiljade godina, pa sve do danas, i Europa se nema zbog cega bojati Bosne.

Najupecatljivije od svega bile su okolnosti u kojima su se vlasti na Palama opraštale od Bobana, koji je sve vrijeme bio njihov smrtni politicki neprijatelj, ali i partner u groznim srpskim i hrvatskim zlocinima pocinjenim u Bosni i Hecegovini skraja 20. stoljeca. U zlocinima u kojima su bezobzirno ubijani i žene i djeca. Slaveci Bobanovu smrt, Srbi su još jednom pokazali nemoral i neodgovornost, ali i neosjetljivost na vlastite zlocine pocinjene nad Bošnjacima.

Šta se drugo u ovom slucaju moglo ocekivati, ako se cijela srpska nacija ponašala kao što se ponašaju pecinski ljudi? Nažalost, i sam sam bio povezan s tom zvijeri, kao covjek koji nije imao drugog izbora nego da ih pokušati zaustaviti od cinjenja još više štete. Volio bih da sam bio uspješan u tome, ali nije na meni da sudim o tome.

***

Moj prijatelj Peter Folk, takoder Hrvat, ali sa Zlatne Obale Australije, bio je Titov najpouzdaniji covjek i ubica, saucesnik u kriminalu nacionaliste Šešelja iz Srbije. Ovi ljudi su predstavljali veliku opasnost za clanove zajednice useljenika iz Jugoslavije širom svijeta. Ako ste bili oznaceni kao antijugoslavenski ili antititovski opredijeljeni, mogli ste ocekivati da to platite vlastitim životom. Bilo je mnogo ljudi poput ove dvojice koji su bili u službi jugoslavenskih tajnih službi sa zadatkom da sprijece svaki pokušaj ugrožavanja sigurnosti i života neokrunjenog kralja Jugoslavije Josipa Broza Tita.

Mate Boban je roden 1940. godine u u selu Sovici kraj Gruda u Bosni i Hercegovini, a njegov najbliži prijatelj i partner u zlocinu

Rat Za Boga I Bosnu

Peter roden je u Vukovaru u Hrvatskoj, u braku izmedu majke iz mješovitog srpsko-hrvatskog braka i oca bivšeg njemackog vojnika. Peter je završio školovanje u Zadru i Splitu, a njegovi putevi ukrstili su se sa Bobanovim negdje ranih 80-ih, pa je tako Mate u jednom periodu postao Peterov gost u Gold Coastu u Australiji, a zatim i u Njemackoj.

Njih dvojica su ocigledno bili veoma bliski, a povezivala ih je ista ideologija. Njihovi životoposi kazuju da je njihov odgoj bio vrlo slican ili skoro isti. Zato ih razgovori koje su svakodnevno vodili nisu vodili nicemu dobrom niti plemenitom, nego destrukciji usmjerenoj ka svojim susjedima i drugim gradanima koji nisu bili njihove etnicke pripadmosti. Tako su ova dva tipa potpuno odgovarala znacenju poslovice iz moga rodnog kraja, koja kaže: "Ne pokušavaj skupljati kruške pod stablom šljive, tamo ceš naci samo šljive."

Mate i Peter, medutim, nisu se naucili mržnji preko noci, njihova mržnja njegovana je godinama od strane roditelja, a to je nešto što je nemoguce izbrisati. Mržnja se, opet, u srca njihovih roditelja uvukla tokom godina njihovih neuspješnih života, a za svoje neuspjehe bilo im je najlakše kriviti svoje susjede, sugradane, pa napokon i citav svijet.

Njihova djeca su bili samo slucajni slušaoci i publika, koja nije imala izbora da li da se složi ili ne složi sa roditeljskom mržnjom, pa su je i sami upijali i umjesto dobrih i pozitivnih ljudi polako su postajali monstrumi.

O karakteru Matinih roditelja odlicno govori jedan primjer iz njegovog djetinjstva. Njega roditelji nisu krstili u njihovom selu u kojem nisu uživali osobit ugled, nego su ga krstili u susjednom selu Drinovci, gdje su mogli pokazati svoju superiornost.

Gledajuci s moralnog stajališta, oblikovanje mladih života je poput pravljenja automobila. Da biste bili uspješni, morate završiti svaki dio projekta, pri ccmu su tockovi na automobilu posebno bitan

dio za kretanje vozila naprijed ili nazad, kao što je nacin odgoja djece bitan za oblikovanje mentalnog sklopa mladog cojeka, koji ce se, u ovisnosti o odgoju, kretati naprijed ili nazad.

Cilj je stici do krajnjeg odredišta, koje ce vas napokon obilježiti kao pozitivnu ili negativnu licnost. Za roditelje kakvi su bili Matini i Peterovi, ja bih sebi uzeo slobodu i ocijenio ih negativno, jer su dva mlada ljudska bica uputili u krajnje lošem smjeru, kako za njih same, tako i za ljude medu kojima su živjeli i djelovali.

Nažalost, Peterov 18-godišnji sin poginuo je 1980. godine u saobracajnoj nesreci u Gold Coastu. Peter je bio nezadovoljan covjek i prije nego što se dogodila ova nesreca, ali je poslije nje postao sasvim ogorcen. Svi njegovi neuspjesi u životu stopili su se u jedno veliko nezadovoljstvo, a njemu je za pogibiju sina postao kriv citav svijet.

Nakon Drugog svjetskog rata stanovnici Drinovaca bili su stigmatizirani zbog toga što su prišli fašistickom ustaškom pokretu. Grude su u meduvremenu postale regionalni centar, u kojem pocinje niz društvenih dogadanja koja su oblikovala fizionomiju mladog Mate Bobana, koji je bio clan Saveza komunista Jugoslavije i napravio znacajnu karijeru kod kuce, za razliku od vecine mladih Hrvata iz njegovog kraja koji su se zaputili „trbuhom za kruhom" u Njemacku, Austriju, Australiji i SAD.

Samo u San Pedro u Kaliforniji iselilo se oko 70.000 Hrvata, koji su pobjegli od siromaštva u koje ih je gurnula komunisticka osveta zbog ustaške krvave prošlosti i grijeha koji su pocinili njihovi roditelji ili oni sami.

I pored toga što je bio clan Saveza komunista, što mu je, uz licne kvalitete omogucilo da bude uspješan privrednik i ugledan gradanin, Boban je u ranoj mladosti vec bio oblikovan i otrovan ustaškim idejama od svoje uže i bliže okoline, tako da je ustaška ideologija sigurno vec bila usadena u njega, i kad je došlo vrijeme za

Rat Za Boga I Bosnu

kojim je on istinski ceznuo, Boban nije morao biti posebno kreativan, samo je trebao nastaviti ono što su ustaše odavno započele.

Ne uživam baš u podsjecanju ljudi na cinjenice iz povijesti, niti pretendiram da u svemu budem u pravu, medutim mislim je ugled ustaša u zapadnoj Hercegovini bio i ostao neosporan cak i u vrijeme komunista, što je, naravno, držano u tajnosti unutar porodicnih zidova i starih klanova. Kao što je bio slucaj i u pojedinim dijelovima Hrvatske, Bosne i Hercegovine i naravno Srbije, gdje ništa manje zloglasni cetnici nisu bili nimalo manje cijenjeni medu nekim krugovima u narodu. Razlika izmedu cetnika i ustaša bila je neznatna, s tim da su cetnici bili možda jedan stepen zlocudniji, odavno usjekavši staru cestu mržnje duž koje su silovali i ubijali nesrbe koje su smatrali svojim prirodnim i tradicionalnim neprijateljima.

Mate je bio proracunat covjek koji je planirao svaki svoj korak do posljednjeg dana života. Postavši clan SKJ još 1958. omogucio je sebi besplatno školovanje i radno mjesto s kojeg se, uz malo srece, lako moglo stici do Beograda ili Zagreba. Njegovi prijatelji iz djetinjstva tvrdili su da Mate nije bio baš ambiciozan i da je bio prosjecan, medutim oni su u neko doba shvatili da su bili jako u krivu.

Moje iskustvo s Matom bilo je da vas on nikada nije gledao u oci, a u razgovoru nikad ne bi nametao svoje argumente ukoliko se ne bi slagao s vama, niti bi vam isto tako rekao da se slaže s vama, tako da nikada niste bili nacisto šta misli. U svakom slucaju, moje je mišljenje da on nije bio hrabar kao što su ljudi mislili, cak mislim da je bio kukavica.

Jedino je bio hrabar kad bi bio okružen svojim primitivnim, krvožednim ubicama. Njegovi prijatelji svjedoce da je Mate u mladosti imao loš ukus i da se jeftino oblacio. Jedan od njegovih prijatelja iz mladosti opisao ga je kao covjeka sa jednim sivim

Koljenovic

odijelom i sa obaveznom stranackom znackom zabodenom u umašceni rever.

Boban je cesto znao iznenaditi svoje vršnjake. Diplomirao je u vrijeme kad je komunisticka politika prema zapadnoj Hercegovini prolazila kroz brze modifikacije, kako na republickoj, tako i na federalnoj razini. Kraj osmdesetih godina bilo je vrijeme savršeno za pojavu nekoga sa podzemnim programom i poslanjem, za koje je u Hercegovini u vrijeme pojave višestranacja, iz Zagreba izabran da ga prezentira Mate Boban, prepariran za brz rast u politickim stranackim redovima.

Mnogo prije toga, 1945. godine, krenulo je sistematsko komunisticko tlacenje ustaških familija i citavih krajeva Hercegovine, zbog nesudjelovanja tamošnjeg stanovništva s komunistima u ratu protiv nacisticke Njemacke i cetnika iz Srbije. Dvadesetak godina kasnije ova je stega prilicno popustila, pa je vodstvo u Sarajevu odlucilo da umjesto lidera dovodenih iz Sarajeva, lokalno vodstvo prepusti lokalnim politicarima.

To je bio puni pogodak za ljude poput Mate Bobana. Bošnjaci ce požaliti zbog toga trideset i pet godina kasnije, jer su i oni bili ti koji su napravili Bobana onim i onakvim je postao, omogucivši mu da javno otkrije i bori se za ono što je vec odavno bio.

Mi Bošnjaci uvijek smo imali tendenciju pokušati zadovoljiti svakog psa na ulici, samo da bi bili sigurni da nismo nikoga uvrijedili u vlastitoj kuci. A to je znacilo zaboravljati ko smo i šta smo, šta nam je kultura, tradicija i nacionalnost, kao i za šta su naši preci živjeli i umirali stotinama godina.

Koliko god bih želio okriviti Matu Bobana, ja više krivim one koji su mu omogucili da postane cudovište u Bosni i Hercegovini, u svojoj, kao i našim, bošnjackim kucama.

Bošnjacki politicari koji su birani u savezne organe sa sjedištem u Beogradu, uz hrvatske i srpske nacionaliste takoder su

Rat Za Boga I Bosnu

imali zasluge za to. Oni su zaboravili ko su i šta su bili njihovi preci, šta je njihova porodicna tradicija, kultura, etnicka pripadnost. Oni su brinuli o identitetu Srba i Hrvata, Slovenaca i drugih jugoslavenskih naroda i narodnosti, ali ne i o svom i identitetu Bošnjaka. Odustajanje od vlastitog prava na zemlju i upravljanje njome u ime svoga naroda, na zemlju u kojoj su glavnu rijec vodili Srbi i Hrvati, dalo je Srbima i Hrvatima legalitet da preuzmu vlast, tako da smo mi Bošnjaci postali sirocad u našim vlastitim domovima, na našoj vlastitoj zemlji koju smo zaposjedali hiljadu godina.

Da bi opstali u takvoj situaciji i u okolnostima koje su nastupile sa Drugim svjetskim ratom, Bošnaci se masovno pridružuju SKJ. Medutim, bez obzira na sve zasluge i stradanja u ratu, Bošnjaci su nakon oslobodenja 1945. godine bili uskraceni za svoje nacionalno ime, a za naciju im je dato religijsko – musliman, sa malim m, pa su time bili uskraceni i za nacionalnu državu, kakvu su imale druge jugoslavenske republike i narodi, Srbija, Hrvatska, Slovenija, Crna Gora i Makedonija.

Najveci broj bošnjackih politicara uskocilo je u takav jugoslavenski brod podržavajuci interese vrha vladajuce garniture. Oni su tako dali mogucnost cetnicima i ustašama da dobiju priliku da se ponovo bore za svoje ideale i svoje stoljecima sanjane države, veliku Srbiju i veliku Hrvatsku. Oni koji su javno pokazivali želju da reafirmiraju bošnjacku naciju i dodaju jugoslavenskom grbu šestu baklju, bili bi, pod ovom ili onom izlikom, uklanjani sa vlasti.

Bošnjak koji se vinuo do najvece vlasti u Državi bio je Mostarac Džemal Bijedic, koji je do svoje neprirodne smrti 1977. godine bio predsjednik Saveznog Izvršnog vijeca, dakle premijer, uz Tita prvi covjek države. Mnogi smatraju da je Bijedic bio osoba koja je mogla puno više uciniti za Bošnjake, ali da on nije mario za Bošnjaštvo, nego je radio samo za interese Države i SKJ, što neki tumace kao interese Srba, Hrvata i Slovenaca.

Koljenovic

I dok je Bijedic slijedio ideale svoje partije, u njegovoj rodnoj Hercegovini bujao je hrvatski nacionalizam, voden od Titovog generala Franje Tudmana iz Zagreba, to jest Mate Bobana iz Gruda. Uporedo, na drugim bh. prostorima, bujao je srpski nacionalizam.

Drugi pak smatraju da je, kod Tita veoma uplivni Džemal Bijedic i vjerovatno najuspješniji predsjednik vlade u historiji Jugoslavije, kao musliman i Bošnjak predstavljao latentnu opasnost za podzemne velikosrpske i velikohrvatske tendencije i da je za to platio životom, poginuvši zajedno sa svojom suprugom u sumnjivom padu aviona Saveznog Izvršnog vijeca Jugoslavije 1977. godine.

U svakom slucaju, dok su Bošnjaci, uz Albance najoštecenji narod u socijalistickoj Jugoslaviji, iskreno bili na strani Tita i zvanicne jugoslavenske politike, stare nacionalisticke ideje i pokreti radili su uspješno i u tajnosti, pa su se cak ujedinili i raniji nezamislivi neprijatelji, ustaše i cetnici, a sve u cilju ostvarenja njihovog najveceg sna, nestanka Bosne i Hercegovine i Bošnjaka.

Pred kraj socijalisticke Jugoslavije pojavila se garnitura istinskih probosanskih politicara, medu kojima su najistaknutiji bili Branko Mikulic i Hamdija Pozderac, covjek koji je bio glavni kandidat da zauzme najvišu izvršnu poziciju u vlasti, na kojoj je do smrti bio Džemal Bijedic.

Pozderac je, medutim, prije imenovanja na tu funkciju bio optužen za nezakonite radnje u pomaganju krajiškog „Agrokomerca", firme koja je imala meteorski uspon ne samo u jugoslavenskim razmjerima, zbog cega je javno optužen i smijenjen sa svih funkcija, da bi ubrzo nakon toga naprasno umro, bio prakticno ubijen.

Tako su prolazili oni koji su se drznuli uciniti nešto za Bosnu, pa i za Bošnjake. Nemoc takve linije pokazala se i u dogadajima s pocetka 90-tih, kada se pokazalo da ni vec spominjani Mikulic, koji je tada zauzimao najviše republicke politicke pozicije,

Rat Za Boga I Bosnu

zapravo nema nikakve moci niti šanse u borbi protiv u meduvremenu nevjerovatno ojacanih bosanskih srpskih i hrvatskih nacionalista.

Drugi pak Bosanci iz redova Srba i Hrvata, koji su tokom 45 godina socijalisticke vlasti zauzimali veoma visoke pozicije u jugoslavenskoj i bh. politickom vrhu, poput Cvjetina Mijatovica, Rodoljuba Colakovica, Rate Dugonjica i narocito Đure Pucara, slijepo su slijedili sve politicke naputke iz Beograda i Bosna im je bila na posljednjem mjestu. Isto se može reci i za bošnjacku porodicu Dizdarevic, koja se toliko dugo održala u najvisocijim politickih sferama zahvaljujuci upravo svojoj slijepoj poslušnosti.

Medutim, hrvatski nacionalizam nije se pojavio odjednom, padom socijalizma i ukidanjem višestranacja. On se povampirio vec 1966. godine u zapadnoj Hercegovini i prakticno postao „gospodar u svojoj kuci", ali to nije dovelo do politicke liberalizacije nego do potrage za duhovima iz prošlosti.

Pojavom višestanacja i pobjedom nacionalnih stranaka 1990. godine Hrvati se pocinju natjecati jedni s drugima u odanosti režimu koji su upravo prigrlili, kao i u grubostima prema svojim zamišljenim neprijateljima, pripadnicima moga, bošnjackog naroda.

Vecina ljudi koji su 1992. godine postali Bobanovi prvi saradnici bili su ranije clanovi Saveza komunista. Svi su oni napredovali u politici brže nego što su mogli podnijeti, opijeni osjecajem moci i zla koje je uslijedilo, a ciji su oni glavni protagonisti bili. Tako je to bilo sa bivšim partijskim sekretarom SK Vladimirom Šoljicem u Širokom Brijegu, sa Valentinom Coricem u Citluku, sa Perom Markovicem u Capljini. Svi ovi ljudi preko noci su promijenili politicki dres i postali lajavi Bobanovi nacionalisticki glasnogovornici, koji su podržavanjem svoga novog partijskog šefa nacinili veliku štetu multinacionalnoj Bosni i Hercegovini.

Bobanov zamjenik, ministra policije Branko Kvesic, dugo je bio istražni sudija u Mostaru, poznat po svojoj revnosti u kažnjavanju djece koja su pjevala ustaške pjesme. Naravno, to je bilo

Koljenovic

za vrijeme komunizma, neposredno prije rata. On je morao raditi svoj posao kako bi osigurao i zadržao svoju poziciju, ponašajuci se kao lovacki pas odan svom gospodaru u lovu na ptice. Ništa se nije promijenilo osim gospodara, s tim što je gospodar sada bio Mate Boban. Ministar policije takozvane Herceg-Bosne, Bruno Stojic, imao je slicnu biografija. Kao i Jadranko Prlic, koji je bio potpredsjednik posljednje komunisticke vlade Bosne i Hercegovine, kasnije visoki dužnosnik HZ HB, a danas odslužuje dugogodišnju kaznu zbog zlocina pocinjenih nad Bošnjacima, dosudenoj mu presudom medunarodnog suda u Hagu.

Osim cinjenice da su bili uspješni socijalisticki aktivisti, takvi ljudi su se penjali na društvenoj ljestvici uz pomoc režima u Sarajevu, koji je ispravljao nepravdu ucinjenu zapadnoj Hercegovini poslije rata u znak revaša za njihovo en-de-hazijsko politicko opredjeljenje tokom rata, što se na kraju pokazalo pogubno za Bošnjake.

Koga okriviti za sve to osim upravo Bošnjake, koji su uvijek nastojali ne uvrijediti nikoga i ugoditi svima. Bila je to ko zna koliko puta ponovljena greška, a mi smo po ko zna koji put dozvolili da neko drugi bude gazda u našoj vlastitoj kuci.

Mate Boban je 1966. godine napravio još jedan korak naprijed u svojoj karijeri postavši direktor trgovackog preduzeca „Napredak" u Imotskom. Tokom sljedecih dvadesetak godina bio je lokalni partijski sekretar i predstavnik Tvornice cigareta iz Zagreba, što mu je omogucilo putovanja u inozemstvo gdje je upoznao nove prijatelje i buduce partnere u zlocinu i gdje je od lidera hrvatske emigracije dodatno radikaliziran.

Nakon povratka iz Španije, Njemacke i australijske Zlatne obale uhapšen je 1991. i osuden na zatvorsku kaznu zbog svojih politickih veza u inostranstvu i posjete Pavelicevom grobu u Madridu.

Rat Za Boga I Bosnu

Prema drugoj verziji, on nije uhapšen i osuden zbog politickih razloga, nego zbog privrednog kriminala, kojem je takoder bio sklon. Kao loš dak u mladosti, sklon sitnim kradama, hapšen je i vrbovan da radi za policiju, što dodatno rasvjetljava njegov prevrtljivi karakter.

Ovoga puta kriminal je bio vecih razmjera, na putu od Splita ka Imotskom nestao je šleper šecera kojemu se nije moglo uci u trag. Takoder postoji prica o muckama sa imovinskim kreditima, što je vjerovatno najbliže istini.

A o njegovim putovanjima možda bi trebalo pitati Petera Folka, stvarnog finansijera Bobanovih putovanja u inozemstvo i veza sa emigracijom. U svakom slucaju prica o posjeti Pavelicevom grobu snažno je odjeknula u javnosti i nakon što je pritvoren dvije godine je proveo u istražnom zatvoru. I šta god da je istina, zanimljivo je da se mještani Bobanovog rodnog sela kunu da on nikad nije bio u Španiji.

Taj kratki prekid kontinuiteta njegove karijere nije ga brinuo, jer sa agresijom krnje Jugoslavije na Hrvatsku dolazi njegovo vrijeme. Na intervenciju Tudmana iz Zagreba osloboden je daljnjeg izdržavanja kazne i dolaskom rata postaje hercegovacki nacionalni lider i heroj.

Uglavnom, bilo njegovo pritvaranje uzrokovano privrednim kriminalom ili opskurnom politickim djelovanjuem suština price je ista. Boban je uvijek radio na gradenju svoje karijere i od nje ocekivao i ostvarivao veliku licnu korist. U prijeratnim vremenima on je vidio svoju priliku da postane nacionalist sa punim radnim vremenom, ali samo kad su dostave novca u velikim novcanicama redovno stizale iz Zagreba, koji je pošteno placao cijenu za njegovo nacionalno i politicko ubjedenje i djelovanje.

U društvu sa svojim novim prijateljem Peterom Folkom, Mate u toku rata u više navrata zaista posjecuje grob njihovog idola Pavelica. Kad god bi Peter bio u Španiji, pozvao bi me negdje sa

Koljenovic

morske obale i uvijek bi mi pokušavao nešto prodati, ali je zadnji put tražio da idem s njim u Barcelonu gdje je namjeravao kupiti stan.

U ljeto 1990. godine, kada je bilo jasno da su komunizmu u Jugoslaviji dani orbrojani, došlo je do velike ekonomske krize i državni platni fondovi su presušili. Boban je bio brz u realizaciji Tudmanovih zamisli i uz pomoc starih prijatelja, Petera i Ramljaka, ulazi u novi politicki biznis i postaje jedan od osnivaca Hrvatske demokratske zajednice za Hercegovinu (HDZ), kasnije i njen predsjednik, cetvrti po redu, kao i prvi predsjednik samoproglašene Hrvatske zajednice Herceg-Bosne, hrvatskog entiteta u Bosni i Hercegovini, kasnije Hrvatske republike Herceg-Bosna, kao i osnivac Hrvatskog vijeca obrane (HVO)

Rat je postao mašina za štancanje ogromnih kolicina novca prikupljanog kroz donacije simpatizera diljem svijeta i prilika za besramno bogacenje pojedinaca bez ikakve odgovornosti pred pred bilo kim. Bio je rat, i ljudi su umirali i lijevo i desno, ubijeno ih je na stotine hiljada, dok su se s druge strane rijetki bogatili na najprljaviji nacin, na tudoj muci i nevolji, ali je njihova slava bila kratkotrajna.

Slava Mate Bobana i njegove bande bila je kratkog vijeka i ostala velika mrlja na obrazu hrvatskog naroda u Bosni i Hercegovini, dok se za Republiku Hrvatsku ispostavilo da je to jedan od njenih velikih povijesnih neuspjeha, na šta sam sve vrijeme upozoravao Ramljaka i Folka. Bila je to loša procjena historijskih razmjera.

Postoji jedna stvar koju sam prepozao kod Bobana. On je bio poput kameleona, koji se promjenom boje mogao potpuno uklopiti u ambijent, što mu je pomoglo u preživljavanu, za razliku od mnogih ljudi u njegovoj okolini, pa i Petera ili Tudmana.

Za jednu takvu osobu kakav je bio Mate Boban pravo vrijeme je bilo svako vrijeme, od vremena komunizma u socijalistickoj Jugoslaviji, do vremena prije i za vrijeme rata u Hrvatskoj i Bosni i Hercegovini. On je bio odlican dijagnosticar kad

Rat Za Boga I Bosnu

i kako se treba ponašati. Da li je njegova prednost bila u tome što je mislio smireno i djelovao bez panike ili je nešto drugo u pitanju? Vec sam rekao da smatram da je bio kukavica, covjek koji te nikad nije mogao pogledati u oci, ali i covjek koji je strpljivo gurao svoj argument, cak i ako se ne slažete s njim, i na kraju, kao kornjaca, polako ali sigurno, uvijek završavao utrku.

    Sigurno je, medutim, da covjek koji je spreman za utrke sa velikim štetnim posljedicama, u svome mentalnom sklopu od rodenja mora imati ugraden taj element destrukcije. S druge strane, priroda je „proklela" dobre ljude oduzevši im želju za posjedovanjem te karakteristike. Istovremeno, njeno posjedovanje bilo je jedinini nacin da Mate dobije svoje ime uklesano u kamenu.

    Kao i uvijek tokom svoje karijere on se i ovoga puta vješto i brzo prilagodio okolišu i pritom bio izuzetno uspješan. Boban je odmah promijenio konja i krenuo jahati za Hrvatsku Demokratsku zajednicu BiH (HDZBiH). Postao je i jedan od zastupnika u bh. parlamentu.

    Od cega je taj covjek bio sazdan, pa je izgledalo da ga nikad ne napušta sreca u njegovom stalnom hodu naprijed i da ga ništa nije moglo zaustaviti? Za kratko vrijeme otkako sam ga upoznao i sam sam se uvjerio da je poput macke sa devet života.

    Franjo Tudman, predsjednik Republike Hrvatske, vukao je odlucujuce poteze velikohrvatskih ekstremista u Bosni i Hercegovini, pa je, nakon što su se na mjestu HDZ-a BiH od 1990. do1992. izmijenjali Davor Perinovic, Stjepan Kljuic i Milenko Brkic, na insistiranje Tudmana na to mjesto 1992. postavljen Mate Doban, covjek od apsolutnog povjerenja, spreman poslušati svaku naredbu iz Zagreba. Tako je ova mirna i naizgled bezbojna osoba cinovnickog izgleda zasjela na mjesto najvece moci u odlucivanju o sudbini hrvatskog naroda u Bosni i Hercegovini, cime je imao itekakvog utjecaja i na sudbinu druga dva vecinska naroda, Srba i Bošnjaka.

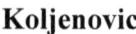

Koljenovic

Prva i svakako najozbiljnija greška koju je FranjoTudjman napravio u svojoj politickoj karijeri je dogovaranje s predsjednikom Srbije Slobodanom Miloševicem, i druga, davanje vlasti u Hercegovini Mati Bobanu, s otvorenim rukama da rastura i komada Bosnu, kako bi vremenom bila podijeljena izmedu Srbije i Hrvatske, cime bi bili ostvareni i Tudmanovi i Miloševicevi snovi.

Ove dvije greške hrvatskog predsjednika bile su uzrok zašto su kasnije mnogi dogadiji pošli po zlu, ali Tudman je bio slijep da to vidi. On je nastavio tajne pregovore sa Srbijom, a to manevriranje pokazalo se kobno i za njegovu politicku karijeru. Kao historicar po vokaciji, trebalo je da se sjeti Mussolinija koji je napravio iste greške, i s politickih nebeskih visina se srucio do samoga dna.

Krajem 1991. Tudman je procijenio da je Kljuic prestao biti poslušan i da bi odbio ici putem kojega je Tudman u Karadordevu i na Dedinju dogovorio sa Miloševicem, a to je bio put koji je vodio podjeli Bosne i Hercegovine i teritorijalnom širenju Hrvatske na granice nekadašnje Banovine iz 1938. i 1939. godine.

Kampanja protiv covjeka koji je prethodno bio Tudmanov omiljeni predsjednik HDZ-a BiH pokrenuta je iz zapadne Hercegovine. Zagreb je bio u akciji i žurbi. Tudman je poslao Vladu Šantica, Iku Stanica i Ignaca Koštromana u Sarajevo da politicki unište Kljuica. Bila je to dobro pripremljena kampanja smišljena u Zagrebu, a realizirana u Sarajevu, po kojoj su Tudmanovi izaslanici trebali medu bh. Hrvatima proširiti vijest da je Stjepan Kljuic izdajnik hrvatskog naroda, te da ga treba ukloniti.

Ogromna podzemna zavjera Zagreba imala je za cilj da se u Bosni i Hercegovini napravi nova bosanska vlada i da se dogadaji odvijaju po željama Zagreba, kao i da se u Bosni i Hercegovini više nikada ne prkosi Zagrebu, barem ne od strane Hrvata koji su postavljeni na položaje po želji Zagreba.

Donesena je odluka da se Stjepan Kljuic smijeni, a poprište njegove politicke likvidacije bilo je na konferenciji HDZ-a BiH u

Rat Za Boga I Bosnu

Širokom Brijegu, gdje su se gotovo svi s kojima se Kljujic prethodno okružio nadajuci se da ce mu biti odani, okrenuli protiv njega, spalivši cilim pod njegovim stopalima. Sve se dogodlo uz blagoslov Franje Tudmana iz glavnog grada Zagreba.

Mate Boban preuzeo je Hercegovinu kao novi predsjednik stranke, ocigledno slijepo odan i poslušan naredbama iz Zagreba, otkrivši da se poslušnocu prema Tudmanu zapravo oslobada vlastite odgovornosti za dogadaje koji su slijedili, a koji su naredivani iz Zagreba. S druge strane, Bobanova odanost i poslušnost su bili bezgranicni, jer je on je smatrao da je Tudman najznacajnija licnost za ukupnu povijest Hrvata.

Kako god, Bobanovo imenovanje koincidira sa pocetkom povijesne tragedije koja se desila izmedu dva naroda, hrvatskog i bošnjackog. Toliko je krvi proljeveno tokom kratke Bobanove vladavine da ni vrijeme nece moci zalijeciti rane i vratiti nekadašnje bošnjacko-hrvatske odnose. Cudno je, medutim, da Boban nije od Medunaordnog suda za ratne zlocine u Hagu optužen za svoju odgovornost koju je imao u tim krvavim dogadanjima.

Tako se dogodilo vjerovatno zbog toga što se smatra kako je on samo provodio politiku kreiranu u Zagrebu. Medutim, Mate Boban je bio autor nekih od najrasistickijih i najšovinistickijih izjava o islamu i muslimanima otkako se raspala Jugoslavija, što nikako ne treba tumaciti kao slucajno ili nepromišljeno ponašanje.

Prilicno je dobro poznato destruktivno ponašanje Mate Bobana dok je bio predsjednik HDZ BiH i lider samoproglašene HZ Herceg-Bosne. Prema HDZ-u Boban je samo štitio i spašavao bosanskohercegovacke Hrvate, ali ako je vjerovati ostatku svijeta Boban je vladao kao i njegov en-de-hazijski prethodnik iz 1941. Ante Pavelic, preko paradržave u kojoj je bilo i koncentracijskih logora, gdje je provedena politika aparthejda i etnickog cišcenja Bošnjaka.

Koljenovic

Rat protiv Karadžicevih Srba je vrlo brzo i ucinkovito priveden kraju i zamijenjen hrvatsko-srpskom saradnjom, tako da su i jedni i drugi sve svoje raspoložive fizicke, duhovne i emocionalne snage mogle biti mobilizirane za borbu protiv Bošnjaka i njihove vjere islama, pa se, po ko zna koji put, potvrdilo da za moj narod nema prestanka fanaticnih križarskih ratova.

Boban je vrlo savjesno provodio naloge svoga gazde iz Zagreba, a propaganda je bila toliko jaka i ucinkovita da se cinilo da nema ni jednog clana HDZ-a koji nije vjerovao da su bosanskohercegovacki muslimani hrvatski vjecni neprijatelji s kojima nema zajednickog života. Sam Boban je jednom rekao: "Mi smo povezani sa Srbima bratstvom u Kristu, a za muslimane nas ne veže ništa, osim cinjenice da su tokom pet stoljeca silovali naše majke i sestre."

Boban je bio lažljivac i licemjer, jer Bošnjaci nisu nikada silovali nicije majke, nego su štitili svoje majke. Ili pak njihove, srpske i hrvatske majke, kada su oni silovali jedni druge. Zbog toga mi hodamo uspravno, i tako je bilo i u prošlosti, a tako je i danas, oboružani visokim moralom jer znamo da su povijesne cinjenice na našoj strani.

Peter je dogovorio sastanak u Zürichu, gdje smo proveli nekoliko dana. Od tamo smo letjeli u London i proveli dva dana. Peter, Mate i ja vecerali smo u restoranu Texas Embassy Grill. Mate je, kao i obicno, „bio glavni", nesvjestan da je zapravo obicni glupan koji ne vidi dalje od svog nosa, to jest od onoga što kao naredbu dobije i slijepo sluša od svoga zagrebackog gazde. Njegovi postupci i njegova sužena vizija dobra i zla bili su takvi da ga je bilo gotovo nemoguce staviti u neki širi europski ili kozmopolitski kontekst.

Mate, Peter i ja smo juna 1993. putovali trajektom preko Lamanša, a ja sam bio tmuran kao i taj dan u hladnom i usamljenom Doveru u Engleskoj iz kojeg smo krenuli, do istog takvog Calaisa u

Rat Za Boga I Bosnu

Francuskoj u kojeg smo stigli. U Calaisu nas je pokupio Matin vozac i kasno te noci bili smo u Parizu u hotelu „Rezonance".

Mate je bio covjek akcije, stalnom u dogovoru sa Zagrebom i uredom Predsjednika, i uopce mu nije smetalo moje prisustvo prilikom tih razgovora. Tvrdio je da razgovara sa Predsjednikom licno.

„Angelo, znaš li da bh. ministar Haris Silajžic ima ured uz moga predsjednika?", upitao me Mate najedenom.

"Wow, nadam se da nece ubiti jedan drugog, to je rizicno da njih dvojica budu tako blizu, s obzirom da su politicki toliko daleko."

"Kako vidite buducnost Bosne i Hrvatske, Angelo?", upitao me je nenadano Mate.

"Pa, mislim da bi bilo dobro da se zaustavi ubijanje s obje strane i onda da se napravi konfederativna država Bosne i Hercegovine i Hrvatske. To je moja želja, da budemo zajedno i da budemo jaki."

Vidio sam da sam Matu i njegove prijatelje uhvatio sasvim nespremne za ovakav odgovor. Oci su mu se širom otvorile kao kod Baje Patka kad vidi milion dolara. Niko nije rekao ni rijeci ne mogavši se snaci u ovoj situaciji i svi su samo klimali glavama u znak slaganja.

Ovo je bio još jedan dokaz Bobanove ogranicenosti i nesposobnosti da brzo i pravilno reagira, te da odmah kaže nešto po cemu bi se znao njegov stav. Takav je bio i u donošenju krupnih odluka, koje ocigledno nije donosio sam, nego je Zagreb bio taj koji je i mislio i djelovao za njega, dok je on bio puka lutka koja je izgovarala tude rijeci..

Mate je vjerovao u sve što mu je receno da je u nacionalnom interesu Hrvata i što bi mu u tom smislu rekao predsjednik Tudman. Pitao sam ga da mi pojasni neke stvari u vezi njihovog rata s

Koljenovic

Bošnjacima, za kojeg sam vjerovao da je najžalosnije poglavlje u hrvatskoj povijesti i da taj rat vodi bosanske Hrvate u katastrofu.

Boban nije bio spreman razgovarati sa mnom o bilo cemu na tu temu jer nisam htio prihvatiti Tudmanovu doktrinu o Bosni. Boban je bio Tudmanov covjek i ostao je to do posljednjeg daha.

Kao što sam vec rekao, kad god bih razgovarao s njim, nikad me nije gledao u oci niti bi pokazivao ljutnju ili kakvu druge emocije. Za mene je to bio znak da pred sobom imam covjeka u kojega se ne može imati povjerenja. On nikada nije raspravljao, pa ako se nije slagao s vama, naišli biste samo na zid šutnje i na njegov pogled ka zemlji. To bi neko, možda, smatrao mudim uzdržavanjem, dok sam ja to smatrao kukaviclukom. U svakom slucaju, nisu mi se nikada dopadali takvi ljudi.

Nakon što smo pozavršavali poslove u Ljubljani krenuli smo do Pule u Istri, gdje smo odsjeli u Hotelu „Histria". Tamo smo uz rucak imali nekoliko posjetitelja koji su bili Matini gosti, a zatim smo se zajedeno odvezli do Hotela „Brioni" na još jedan sastanak sa nekim njegovim prijateljima.

Dok su Boban, Ramljak i njihovi prijatelji kojili planove bog zna o cemu, vjeovatno o njihovim planovima za Hercegovinu, svakako ne dobri za Bošnjake, ja sam mislio kako im stati na put da se njihovi snovi ne ustvare, pa sam o njihovim planovima odmah obavijestio Deacona Olfielda.

To je bio moj zadnji kontakt sa Matom i nisam imao želju da ga ponovo vidim. On nije bio glavni igrac nego laufer koji za Zagreb obavlja mracne poslove u Bosni, i kao takav me više nije zanimao. Moj prijatelj Peter Folk, medutim, nastavio je održavati srdacne i bliske kontakte s Bobanom do samog kraja rata.

Pred kraj putovanja iskoristio sam jedan trenutak kad sam se našao nasamo s Peterom u holu Hotela Histria da mu još jednom kažem kako sam uvjeren da je rat s Bošnjacima besmislen, a da sam iz onoga što sam do sada vidio i cuo u razgovorima sa hrvatskim

Rat Za Boga I Bosnu

celnicima zakljucio da je to zapravo samo još jedan križarski rat bosanskohercegovackih Hrvata protiv Bošnjaka muslimana, koji se vodi iz Hrvatske.

Bilo je jasno da je Mate ambiciozni egomaniak, koji medutim nije znao da se nosi sa sumnjivom slavom koje se dokopao uz pomoc Zagreba, pa mu je ona, kako se to kaže, udarila u glavu. Posmatrajuci njegovo ponašanje vidio sam da Boban nije racionalna osoba dorasla položaju koji su mu namijenili njegovi nadredeni, izmedu ostaloga i da bude predsjednik samoproglašene državice Hrvata u Bosni i Hercegovini.

U vrijeme svoje vladavine Herceg Bosnom, Boban je proputovao pola Europe, od Lisabona, Ženeve i Graza, do Londona, posjetivši i druga mjesta u Svijetu u kojima postoji veca koncentracija emigranata Hrvata, promicuci tobožnju revoluciju hrvatskog naroda u Bosni i Hercegovini, sastajuci se sa takvim licnostima kakvi su bili Roy Gutman ili Tadeusz Mazowiecki, James Baker, Alois Mock ili Henry Kissinger, imajuci uvijek mnogo trikova u rukavu.

Rekao sam Peteru da je Boban imao srece da niko od njegovih pouzdanih ljudi nije uzeo odvijac i pokušao ga njime ubiti ili bar odvrnuti par vijaka koji su se nalazili u njegovoj usijanoj glavi.

Dok smo koracali prema Hotelu „Brioni" Peter se okrenuo prema meni, stavio ruku na moje rame i kazao: "Po svemu, Angelo, tvoja ce se upornost isplatiti. Ne sumnjam u iskrenost onoga što pokušavaš postici, ali zaboravljaš jednu stvar, ovo je rat, i najbolji ce pobijediti."

"Pa u tom slucaju Peter, trebao bi promijeniti stranu, jer si na strani gubitnika i trebaš se prikljuciti mojoj ekipi."

"Šališ se?"

„Ne pada mi na pamet."

Koljenovic

"Možda bi ti trebalo izmjeriti temperaturu", rece on i stavi mi nadlanicu na celo.

"Produži Peter... I ne igraj se doktora. Budi ono što jesi, još jedna titula bila bi ti previše."

"A ja tebi kažem da sam mrtav ozbiljan. Prihvati moj savjet Angie!"

"Hrvati u Bosni nemaju molitvu za pobjedu u ovom ratu, kao ni Srbi uostalom", kazao sam.

"Bilo bi lijepo kad bi mi objasnio zbog cega si toliko samouvjeren?"

"Naravno, zašto ne. Prije svega zato što SAD sto posto stoje iza moga naroda. A oni stoje na strani ljudi koji su moralni. I na strani naroda koji ima armiju od 200.000 vojnika. Koji uz to ne siluju, ne ubijaju žene, djecu i nenaoružane ljude, niti napadaju tude zemlje i domove. Mi smo na pravoj strani historije, budalo! "

Mate je prekinuo naš razgovor izazavši pred hotel deruci se prema nama: "Hej, ljudi, dolazite ovamo!"

"Možda bih ipak mogao porazmisliti o promjeni strane", rece Peter osmijehnuvši se . A zatim dodade ozbiljno: „Ali, ipak prvo moram biti siguran ko ce pobijediti."

"Ne brini Peter, znam ja", kazao sam. „Uostalom, ne bi ti bilo prvi put da mijenjaš stranu. Ti si covjek koji zna kako preživjeti i ne sumnjam ceš se i ovoga puta pravilno opredijeliliti. I umrijeti star i sijed."

Bilo je logucno ocekivati takav ishod nakon neuspjelih Bobanovih misija, kojima je Tudman bio sve manje zadovoljan. Licno, bilo mi je drago da su moja predvidanja bila tacna i da ce svi oni, nakon smijeha, na kraju plakati, baš kako sam rekao prije nekog vremena u Zurichu.

***

Rat Za Boga I Bosnu

Boban je svrgnut nakon krvavog hrvatsko-bošnjackog rata, koji je plamtio širom Hercegovine i u dijelovima Bosne, a u kojem su narocito stadali mostarski starosjedioci Bošnjaci satjerani na lijevu obalu rijeke Neretve. Sklonjene u staru gradsku jezgru, njih su sa desne obale rijeke svakodnevno artiljerijski ravnali bojovnici HVO, pri cemu su pripadnici Armije Bosne i Hercegovine nadljudskim naporima uspijevali odoliti provali nadmocno naoružanih Hrvata.

U namjeri da posreduje u stvaranju klime koja bi rezultirala sklapanjem mira izmedu bošnjacke i hrvatske strane, predsjednik Klinton iz Washingtona jasno porucuje Zagrebu da Sjedinjene Americke Države nemaju namjeru o miru pregovarati sa pojedincima, posebno ne sa manijakalnim tipovima poput Mate Bobana, što je Tudmanu jasno dato do znanja.

Tako je, pod pritiskom tadašnjih senatora Boba Dola i Džozefa Bajdena, sadašnjeg potpredsjednika SAD, Vlada Sjedinjenih Americkih Država uspjela posredovati u stvaranju i potpisivanju mirovnog sporazuma 1994. i na taj je nacin konacno zaustavljeno krvoprolice izmedu Hrvata i Bošnjaka u Bosni i Hercegovini. Tudman je, kako bi spasio vlastitu guzicu, Bobana odmah razriješio svih dužnosti, a na njegovo mjesto postavio Daria Kordica, poslije rata u Hagu osudenog za ratne zlocinje pocinjene nad Bošnjacima.

Nakon što je 1995. godine Daytonskim mirom zakljucen mir u Bosni i Hercegovini, bilo je jasno da bi Peter i Mate napravili itekako mudru odluku da su me poslušali kad sam ih savjetovao da promijene stranu, ali nisu.

Pozivanje lidera najmocnijih europskih država da budu svjedoci i garant mira dogovorenog na Mirovnoj konferenciji za uspostavljanje mira u bivšoj Jugoslaviji u Daytonu u Ohiou 31. oktobra 1995., dogodilo se na inicijativu predsjednika Klintona.

Koljenovic

Mnogi od nas imaju razlicita mišljenja o Konferenciji i uspjehu Daytona, medutim tim je mirom postignuto ono što je najvažnije, zaustavljeno je besmisleno ubijanje.

S druge strane, nove države nastale na teritoriju bivše Jugoslavije danas nisu ni blizu tome da se iskobeljaju iz politickog blata u kojemu se citava ta regija nalazi.

Mate Bobana što se tice, nakon što je vidio da ga je Zagreb žrtvovao, on je i politicki i ljudski potpuno propao, a ubrzo zatim i fizicki nestao, do kraja ne shvativši neke stvari. On je, recimo, morao znati da u svakom ratu i u svakoj politickoj borbi neminovno postoje i oni vojnici svojih vojski i svojih partija koji služe da budu iskorišteni u jednokratnoj upotrebi. Za vrijeme dok je živio u zagrebackom hotelu, neko je ipak morao naci malo sažaljenje za to kopile i dati mu da radi barem kao direktor hotela.

Americkom voljom i angažmanom u rješavanju ratnih sukoba u Jugoslaviji Mate je bio osuden da nakon rata napusti Hercegovinu i podvijenog repa ode u Zagreb, gdje se ponašao kao ranjeni pas koji liže vlastite rane.

Bobanova karijera možda bi ostala na margini naše novije historije i on bi moguce bio upamcen samo kao bezlicni sluga svojih gospodara u Zagrebu, da nije bilo epizode sa katolickom crkvom. Naime, još uvijek nije u potpunosti jasno da li je njegov sukoba sa nadbiskupima Puljicem i Kuharicem potaknut iz Tudmanovog ureda na Pantovcaku jer je Boban u ovom slucaju prekoracio svoje ovlasti.

Rat Za Boga I Bosnu

Koljenovic (u sredini) u društvu patrijarha grcke pravoslavne crkve u Americi Ilia Katrea (lijevo) i bh. ambasadora u SAD Svena Alkalaja (desno)

Ambasador Alkalaj i Stephen Cloobeck vlasnik luksuznog hotela Polo Towersa u Las Vegasu, koji je u cast bosanskog ambasadora i bosanskog naroda organizirao veceru za 450 zvanica, visokih licnosti iz politickog i društvenog života Nevade, kojoj su prisustvovali i diplomati iz Meksika

Koljenovic

Svojevremeno sam u Dubrovniku uz kafu razgovarao sa Ivom Puljicem, braticem kardinala Vinka Puljica, koji mi je ispricao da je pred pocetak bošnjacko-hrvatskog sukoba u Bosni Bosni i Hercegovini 1993. godine Mate poslao pismo nadbiskupu bosanskome Vinku Puljicu, u kojemu je od njega tražio da organizira iseljavanje bosanskih Hrvata u dijelove zemlje gdje ce Hrvati, prema planu iz Zagreba, formirati vecinsku hrvatsku nacionalnu zajednicu, nakon što iz tih krajeva protjeraju ili pobiju muslimane.

Ubrzo zatim slijedilo je još jedno pismo u kojemu je Boban predložio još neke svoje radikalne ideje, zatraživši, izmedu ostaloga, da se sjedište bosanske nadbiskupije premjesti iz Sarajeva u Travnik. On na ove preporuke nije dobio pozitivan odgovor. Bile su odbacene kao glupe i naivne i Boban je kod kardinala Puljica bio sasvim posramljen kao osoba koja se ne ponaša u skladu sa svojim godinama i položajem.

Kardinal je, s druge strane, u skladu sa svojim položajem i politikom crkve bio zgrožen idejom da se pokrece tolika masa ljudi i da ih se ubijedi da ubijaju druge ljude. To je mogao smisliti samo covjek sa veoma zlim srcem.

Osim toga, politika crkve nije nikada težila napuštaju nekih prostora na kojima se ona vec etablirala, nego vlastitom teritorijalnom širenju, pa je i iz ovoga razloga ta ideja od crkve odbacena kao suluda.

Rat Za Boga I Bosnu

Koljenovic sa Dubrovcaninom Ivom Puljicem, braticem bosanskog kardinala Vinka Puljica

U historiji je, nažalost, bilo mnogo ljudi spremnih da se njihova imena ugraviraju u kamen, bez obzira na cijenu djela ili nedjela koje su za to prisiljeni uciniti.

Možemo biti sigurni da su i crkva i kardinal Puljic privatno bili ožalošceni takvom uvrjedom pristiglom od nekoga od svojih vjernika i iz svoga naroda. Pošto Puljic nije pristao na ovaj uvrjedljivi prijedlog, Boban i Tudman su u Hercegovini i u Zagrebu poveli kampanju protiv Puljica, kojega su žigosali kao izdajnika i nadbiskupa u službi predsjednika Alije Izetbegovica. Kardinal Puljic ovo nije oprostio ni Tudmanu ni Bobanu. A ova je epizoda otvorila duboki jaz izmedu crkve i znacajnog dijela katolickog stanovništva.

Šta, napokon, govore cinjenice. Cinjenica je da je Boban poslao pismo, iako ga vjerojatno nije i napisao. Cinjenica je da Tudman nije zauzeo negativan stav prema pismu, ni prema Bobanu. I napokon, ovaj je dogadaj izrodio cinjenicu da su se interesi katolicke crkve i hrvatski nacionalni program definitivno razišli.

Koljenovic

Hrvatske crkvene vode u neko su doba pokušali dokazati da je vjerski sukob na kojemu je Boban insistirao zapravo ispravna stvar, s cim se kardinal Puljic definitivno nije složio, smatrajuci do kraja da je Bobanovo pismo nedopustivo i neprihvatljivo.

Napokon, onoga jutra kada je objelodanjena vijest o Bobanovoj smrti, Glas Amerike je spekulirao o tome da je Boban mogao biti ubijen, a da pri tome ne bude posljedica ni za koga. Sarajevski dnevni list „Dnevni avaz" takoder je izrazio slicne sumnje, vjerovatno zbog tiraža.

Sve su to, po meni, samo glasine. Ponekad smrt može doci po osobu mirno i bezbolno, kao što se to, navodno, dogodilo sa Bobanom dok se igrao sa svojim unucima, baš kao Marlon Brando u ulozi Don Korleonea u kultnom filmu „Kum". Licno sumnjam u Bobanovu srecu u posljednjim danima njegovog života. Izmedu ostalog i zbog toga što se ne zna ni da li je uopce imao unuke? Pa i ako je zaista imao unuke, ko bi pri zdravoj pameti povjerio svoju djecu na cuvanje takvom cudovištu? Zbog toga vjerujem da je Bobana Bog prokleo da nikada ne osjeti šta je to ljubav i humanost.

U to vrijeme bio sam okružen zloglasnim ljudima na mjestima gdje su se dogadali tajni sastanci i dogovori, u Londonu i Zurichu, Dubrovniku, Ljubljani, te u Istri, u hotelima koji su nekada služili jugoslavenskom predsjedniku Titu kao privatne rezidencije.

To je bilo sudbonosno vrijeme za opstanak Bosne i Hercegovine. Naumio sam mnogo toga da postignem u razgovoru sa ljudima širom Svijeta, posebno tokom razgovora na nekadašnjim licnim Titovim posjedima, ali sam ostvario samo dio svojih nauma.

Rat Za Boga I Bosnu

Moja porodica na plivanju: Halim, Man Kiu i Nadira

Po završetku ove drame vratio sam se kuci u Las Vegas, mojoj porodici s kojom najviše uživam, te nastavio tamo gdje sam prije ovih dogadaja stao. Život je bio dobar prema meni.

Moja je poruka da nikada ne smijemo gubiti nadu. Svijet je pun dobrih ljudi.

Koljenovic

The Ambassador

Embassy of Bosnia and Herzegovina Washington

28. mart 1996.godine

Bajram Anđelo Kolenović
5313 Gipsy Avenue
Las Vegas, NV 89107

Poštovani gospodine Kolenović:

    U ime Ambasade Republike Bosne i Hercegovine i u svoje lično ime želim da Vam se zahvalim na srdačnom gostoprimstvu koje ste mi ukazali tokom mog nedavnog boravka u Los Angelesu. Bilo mi je vrlo prijatno među malom zajednicom Bosanaca i Hercegovaca raznih generacija koji, iako kilometrima udaljeni od svoje domovine, nisu zaboravili svoje zemljake u nevolji.

    Mada je najteži period u svojoj dugoj istoriji naroda Bosne i Hercegovine prošao, moramo biti svjesni da nas sve očekuje još mnogo posla na sakupljanju materijalne i druge pomoći našoj zemlji u poslijeratnoj izgradnji, kako bi smo zemlju mogli podići na svoje noge. Vaša uloga će ovdje biti od ključnog značaja. Bosanci i Hercegovci širom Amerike moraju biti jaki i ujedinjeni u interesu opstanka naroda i države Bosne i Hercegovine.

    Vjerujem da se to može postići upornim radom i uz podršku plemenitih ljudi poput svih Vas, te Vam se, za podršku i gostoprimstvo, još jednom, najiskrenije zahvaljujem.

S poštovanjem,

Sven Alkalaj
Ambasador

Pismo zahvale ambasadora Bosne i Hercegovine u SAD, Svena Alkalaja, upuceno Koljenovicu

Rat Za Boga I Bosnu

XV

ISLAMSKA BOMBA

Jedne noci došao sam kuci i, kao i obicno, krenuo na TV-u gledati vesti da vidim šta se dogada u Svijetu. Na ekranu se pojavio senator Patrick Moynihan, moj omiljeni politicar, pravi patriot bistre glave i pravih vizija za našu zemlju. Stajao je na stepenicama Capitol Hilla, a ono što je govorio zapanjilo me je. Nisam bio siguran da sam dobro cuo, ali je on uskoro još nekoliko puta spomenuo "islamsku bombu", od cega sam se doslovce naježio.

Odlucio sam da mu odmah napišem pismo.

"Dragi senatore Moynihan,

bio sam jako uznemiren nakon vašeg istupa na televiziji u kojem ste govorili o indijskoj i pakistanskoj utrci u naoružavanju. Vi ste tom prilikom Pakistan nazvali „islamskom bombom". Senatore, upozoravam vas da takvo nešto ne postoji. I pitam vas: „Da li je Hirošimu bombardirala kršcanska bomba, jer su Truman i Roosevelt bili kršcani?" Ako jeste i ako je upotreba oružja za masovno ubijanje svojstvo kršcanstva, to onda demonizira kršcanstvo i vrijeda sjecanje na Isusa Krista.

Ja sam musliman, kao još sedam miliona americkih gradana. Mi znamo da je islam vjera samilosti, bratstva, milosrda i razumijevanja za sve ljudske patnje. Ne postoji nikakvo opravdanje da se jedna tako strašna pojava nazove islamskom.

Vama se vjerovatno ucinilo veoma dobrom idejom da na ovaj nacin skrenete pažnju na pakao u koji srljaju neke zemlje u južnoj Aziji. Medutim, zašto niste govorili o tome da Kina nije uništila svoje

Koljenovic

rakete i bombe kad su to ucinili Amerika i Rusija. Ja ne vjerujem da bi Kina ostala van angažmana u mogucem indijsko-pakistanskom ratu, koji bi sigurno imao utjecaja i na njihove granice.

Možemo li onda mi ostati van takvog sukoba? Predlažem vam da svoj angažman preusmjerite na sveukupan problem moguceg novog ratnog sukoba izmedu Pakistana i Indije, a ne da optužujete religiju jedne od strana u sukobu. To nikome nece pomoci.

Angelo Koljenovic"

Sve do tada govorio sam sebi da se ovde osjecam dobro i da ovdje pripadam, ali šta je sad ovo, kako je moguce da covjek kojem se toliko divim sada stoji ispod kipa Abrahama Lincolna u DC-ju, koji mene satanizira kao gradanina ove zemlje? Nakon onoga što je on rekao, u jednom sam se trenutku upitao gdje onda ja mogu naci pravi dom za sebe i svoju porodicu?

Evo odgovora senatora Moynihana.

Rat Za Boga I Bosnu

October 9, 1998

Mr. Byram Angelo Kolenovic
6800 E. Lake Mead Blvd., #1075
Las Vegas, Nevada 89115

Dear Mr. Kolenovic:

With the recent nuclear tests in India and Pakistan, we are closer to nuclear war than we have been at any time since the Cuban Missile Crisis. This is a challenge which requires the highest attention and the most subtle diplomacy and extensive discussions with India and Pakistan.

Congress must also be involved in addressing the issues which arise from the nuclear tests in South Asia. The current sanctions regime provides no authority for the President to waive any of its provisions. The President needs the flexibility to negotiate in South Asia and Congress should not adjourn before we have provided the President with the tools to reach agreements in South Asia.

Most importantly, the President should go to India. The actions which we take to address this volatile situation will have profound repercussion on the future of the subcontinent and the world. Such stakes require the President's active participation. We must talk with India and Pakistan as a matter not just of their survival, but of our own as well.

Sincerely,

Daniel Patrick Moynihan

"Poštovani gospodine Koljenovic,
sa nedavnim nuklearnim probama u Indiji i Pakistanu mi smo bliže nuklearnom ratu nego što smo bili bilo kada poslije kubanske krize. Ovo je izazov koji zahtijeva najvecu pažnju, najsuptilniju diplomaciju i opsežne razgovore sa Indijom i Pakistanom.
Kongres mora biti ukljucen u rješavanje pitanja koja proizlaze iz nuklearnih proba u južnoj Aziji. Sadašnje sankcije koje Predsjednik ima na raspolaganju nemaju nikakvog efekta. Predsjedniku je potrebna fleksibilnost da pregovara u Južnoj Aziji. Zbog toga Kongres treba naoružati Predsjednika ovlastima da

Koljenovic

svojim angažmanom omoguci postizanje sporazuma u Južnoj Aziji. Što je najvažnije, predsjednik treba da ide u Indiju.

Radnje koje preduzimamo za rješavanje ove nestabilne situacije imaju duboke reperkusije na buducnost Potkontinenta. Napokon, mi moramo razgovarati sa Indijom i Pakistanom ne samo zbog njihovog, nego i zbog vlastitog opstanka.

S poštovanjem,

Daniel Patrick Moynihan. "

To je bilo lijepo i uctivo sroceno štivo senatora Moynihana, ali ono nije imalo nikakve veze sa onim o cemu sam ja njemu pisao. To što je on meni pisao nije imalo nikakve veze sa njegovom „islamskom bombom". Zašto mi nije napisao, recimo, jesu li atomske bombe koje ima Izrael, jevrejske bombe?

Ponašao se kao da nikada nije skovao i javno izgovorio tu skandaloznu sentencu punu vjerske netrpeljivosti: „Islamska bomba!" To je bila tako zastrašujuca ideja, cija bi upotreba zaprijetila stvaranjem otvorene i nepopravljive netrpeljivosti prema muslimanima.

Bilo je to dovoljno da Amerikanci sve muslimane vide kao divlje bradate fanatike s rukama na okidacima atomskih bombi, pri cemu svaki od njih zaziva smrt nevjernika, koja ce mu omoguciti pasoš za Raj. Ako je to stvarno tako, onda nece ostati niko ko ce pisati naša imena na našim nadgrobnim spomenicima.

Bio sam razocaran njegovom kratkovidošcu, koja je prouzrocila njegove tako rigidne stavove o Pakistanu i islamu. Znao sam da je senator Moynihan bio dobar covjek i istinski americki patriot. Mi smo dijelili iste stavove i ideje o sigurnijem Svijetu, s tim što sam ja pod tim podrazumijevao i sigurnost za islamski svijet i muslimane.

Nakon nekog vremena Osama Bin Laden se pojavio na naslovnim stranicama novina i u udarnim vijestima televizijskih

Rat Za Boga I Bosnu

stanica. Prema ovim vijestima, on je živio negdje u Sudanu, a optuživan je za povezanost sa bombaški napadom na kasarne naše vojske u Saudijskoj Arabiji. Bin Laden je bio covjek u bijegu. Izgledalo je kao da ga svi traže. Sudanska vlada djelovala je kao da ga se pokušava riješiti, ali se cinilo da Ladenu niko nije htio pružiti gostoprimstvo.

Pomislio sam: "Evo još jednog gada koji stvara veoma lošu sliku o islamu i zajedno sa Palestincima šalje našu vjeru direktno u Pakao."

On je na kraju svojevoljno napustio Sudan i zaputio se u Afganistan, zajedno sa svim njegovim milonima dolara. Amerikanci su bombardirali sudanske tvornice mlijeka i tako dali još jedan razlog i priliku Arapima da nas optužuju da ih progonimo, a štititmo Izrael, što je bila cista istina. U meduvremenu, Bin Laden se udobno skrasio u Afganistanu, zemlji bez reda i zakona u posljednjih dvadeset i pet godina.

Bin Ladenove kalkulacije bile su ispravne: Afganistanske beznadno siromašne i neobrazovane mase bile su idealan objekt za vjersku i svaku drugu manipulaciju. On je odmah regrutirao hiljade ljudi koji su ga vjerno slijedili u njegovim teroristickim antizapadnim ispadima, a sebe je uzdigao na poziciju neprikosnovenog islamskog autoriteta i vode Afganistana. Da bi postigao svoj cilj, Bin Laden je poceo ubijati svakoga ko je stajao na njegovom putu. To se moglo videti još samo u horor filmovima.

Daytonska mirovna konferencija za postizanje mira u Bosni bila je svjež dašak zraka koji je došao od našeg predsjednika Billa Clintona i naše administracije. Mogu samo zamisliti kako to izgleda biti u poziciji da pokušaš riješiti sve probleme širom svijeta koji cijelom covjecanstvu zadaju glavobolju, i biti odgovoran za crnu torbu u kojoj se nalazi šifra za aktiviranje nuklearnih projektila. Pitam se kako se Predsjednik osjecao svako jutro kad ide u sobu za

Koljenovic

sastanke, pri cemu mora vrtiti svoju glavu u svim pravcima kako bi sagledao sva dogadanja koja su se desila prethodne noci.

Kako je razdvojiti ono što je važno od onoga što nije? Ponekad mi dode da žalim Predsjednika, ali za tim nije bilo potrebe, sve je to išlo u njegov rok službe. On mora da vodi, organiziira i štiti ne samo naš narod i našu zemlju, nego i ostatak svijeta. Njemu je, medutim, potrebna sva pomoc koju može dobiti iz bilo kojeg izvora, pa sam i sam napisao jedno pismo redsjedniku Clintonu, u kojem sam naveo svoje mišljenje o tome šta bi trebalo biti na dnevnom redu Daytonske konferencije o Bosni.

"Poštovani predsjednice Clinton,

moje ime je Bajram Koljenovic, i americki sam državljanin roden u Bosni. Ja sam siguran da Vam ne trebam govoriti o tome šta se danas dogada u Bosni i Hercegovini.

Medutim, teror i tragedija o kojima izvještavaju mediji postaju krvaviji iz dana u dan. Moji saradnici i ja imali smo izvjesnu podršku od americkih i stranih lidera. Medutim, ovaj proces je spor, a dogadaji se odvijaju brzo.

Predsjednik Slobodan Miloševic bez sumnje djeluje pod pritiskom ekstremnih srpskih nacionalista, uz ciju pomoc je došao na vlast, a koji od njega zahtijevaju aktiviranje Jugoslavenske armije.

Hrvatski Srbi gube, a bosanski Srbi nisu uspjeli zakonski odvojiti komad Bosne i Hercegovine i pripojiti je Srbiji. Stoga su to odluciti napraviti nasilno, ratom. Njihova akcija zahtijeva odlucan odgovor europskih velikih sila, jer postoji realna opasnost da citav Balkan eksplodira.

Bilo bi pogrešno misliti da Sjedinjene Države nece biti ukljucene u ovaj sukob. Dva NATO saveznika, Grcka i Turska, ubrzo ce se su u ovome balkanskom sukobu staviti na suprotne strane. Njemacka je u velikoj mjeri vec ukljucena, a Francuska se zalaže za vecu ukljucenost. Zapadnoeuropska alijansa stvorena poslije

Rat Za Boga I Bosnu

Drugog svjetskog rata stvorila je previše cvrstu vezu da bi sada bila prekinuta na ovome balkanskom sukobu.

Ako ne žele da naškode tom savezu i ljudima u Europi koji mu pripadaju, Sjedinjene Države se moraju ukljuciti. Podsjecam Vas da nijedna od generacija u ovom dijelu južnog Balkana ne pamti da se za njenog života granice nisu mijenjale, a da nijedna tamošnja zemlja nije bez nacionalnih manjina ili pokrajina koje nisu zadovoljne svojim geopolitickim statusom.

Pozivam Vas da povecate vaše napore kako bi stranke u sukobu što prije sjele za pregovaracki stol, prije nego što dogadaji ucine te napore uzaludnim. Pozivam Vas da donesete olakšanje Bosanacima koji hrabro brane svoje domove bez adekvatnog oružja ili mocnog svjetskog pokrovitelja. Bez obzira koliko velike napore napravite sada, oni ce biti manji u odnosu na posljedice ukoliko ih ne ucinite.

Vaši napori trebaju uvjeriti predsjednika Miloševica da vrati svoju vojsku u kasarne. Takoder ga treba uvjeriti da ce u suprotnom, ako nastavi sa svojim vojnim akcijama u Bosni i Hercegovini, zapravo smanjiti svoju kontrolu nad situacijom, a ne povecati je, jer ce veci i jaci od njega biti prisiljeni da vojno djeluju protiv njega i njegove vojske. Držanje Jugoslavije izvan ratnog sukoba u Bosni i dovodenje bosanskih predstavnika za pregovaracki stol, jedini je nacin da se zadrži ovaj požar od rasplamsavanja na cijelu regiju, možda i šire.

Molim Vas da ne odustanete od ovoga pokušaja, jer su mnogi raniji pokušaji bili uzaludni. Sjedinjene Države moraju i ovdje pokazati da su svjetski lider broj 1, i da niko drugi ne može riješiti ovaj problem nego mi. Ako uspijete dovesti ovo podrucje do mira, tada ce sljedeci izazov, koliko god bude kompleksan, biti lakše rješiv. U suprotnom, ovdje ce se problemi još više usložiti i imati još pogubnije posljedice.

Bajram Angelo Koljenovic"

Koljenovic

Evo pisma predsjednika Clintona, kojemu zahvaljujem za njegova nastojanja.

THE WHITE HOUSE
WASHINGTON

October 25, 1995

Byram Angelo Kolenovich
5313 Gipsy Avenue
Las Vegas, Nevada 89107

Dear Byram:

I appreciate hearing your views regarding the situation in the former Yugoslavia.

This past summer, I decided that the time had come to launch an all-out effort to achieve a peaceful solution to the conflict. I was convinced that the dramatic changes on the ground, along with NATO's renewed commitment to use air power to protect the safe areas in Bosnia, provided a window of opportunity to achieve a comprehensive settlement that could finally end the conflict. Since mid-August, an American negotiating team has been conducting virtually nonstop shuttle diplomacy with the parties to the conflict. Thanks to U.S. leadership, important results have been achieved.

NATO air power has been instrumental in helping to end the siege of Sarajevo. In September, our negotiating team secured the agreement of the parties to basic principles of a peace settlement in Bosnia. These principles confirm that Bosnia will continue as a single, internationally recognized state within its present borders. Earlier this month, our negotiators gained the parties' agreement to a nationwide cease-fire and to the commencement of peace talks beginning on October 31 at Wright-Patterson Air Force Base in Ohio.

Many difficult issues remain to be solved in the coming weeks, but I believe we may be closer than at any time in the past four years to a lasting peace in the former Yugoslavia. I have instructed my negotiators to spare no effort in clearing away the remaining obstacles to a settlement.

Thank you for your interest in this critical issue.

Sincerely,

Bill Clinton

"Dragi Bajrame,
Sa poštovanjem i pažnjom cijenim vaše mišljenje o situaciji u bivšoj Jugoslaviji. Prošlog ljeta konacno sam odlucio da je došlo vreme da uložimo sve naše napore u postizanju mirnog rješenja sukoba. Bio sam uvjeren da su dramaticne promjene na teritoriji

Rat Za Boga I Bosnu

BiH otvorile mogucnosti za postizanje sveobuhvatnog rješenja koje bi moglo definitivno okoncati sukob. Od sredine augusta americki pregovaracki tim provodi gotovo non-stopnu virtualnu šatl diplomaciju sa strankama u sukobu. Zahvaljujuci liderstvu Sjedinjenih Americkih Držav postignuti su znacajni rezultati.

NATO snage imaju presudnu ulogu u pomaganju da se okonca opsada Sarajeva. U septembru, naš pregovaracki tim osigurao je sporazum sukobljenih strana o osnovnim principima mirovnog sporazuma o Bosni i Hercegovini. Ovi principi potvrduju da ce BiH nastaviti živjeti kao jedna, medunarodno priznata država, u okviru svojih sadašnjih granica. Mirovni pregovori koji su poceli 31. oktobra u Wright-Patterson Air Force Base u Ohaju o mnogim teškim pitanjima bit ce nastavljeni i u narednim sedmicama i mislim da cemo biti bliže konacnom rješenju nego u bilo kojem ranijem trenutku tokom sukoba u bivšoj Jugoslaviji.

Ja sam instruirao moje pregovara c e da ne štede napore u otklanjanju preostalih prepreka za postizanja konacnog rješenja sukoba.

Hvala na Vašem interesovanju za ovo kriticno pitanje.

*S poštovanjem,
Bill Clinton"*

Predsjednik je izjavio da bi volio da se ocisti put od preostalih prepreka za mir. Prepreke za mir su bili ljudi s kojima se pregovaralo. Danas su oni na sudenju za genocid ili im je vec presudeno. Vjerujem da su ove Predsjednikove rijeci od historijskog znacaja. Nakon prijema Predsjednikovog pisma osjetio sam da je njegova licna pažnja istinski posvecena ovome problemu.

Konferencija za štampu koju je Predsjednik Klinton održao u Daytonu nije bila lijek koji bi ijedan ljekar propisao za stvarno ozdravljenje pacijenta. Ono što stvarno mislim da kažem je da bi bilo

Koljenovic

koji politicar ili lider koji bi se danas osvrnuo na tu konferenciju, rekao da dogovor nije propao, da je mir postignut, ali da dogovor nije donio dugorocno rješenje za probleme Bosne i Hercegovine.

Bosna i Hercegovina danas još uvijek nije slobodno društvo. Ona je podijeljena u dva entiteta, od kojih je jedan republika, a drugi nije, pri cemu je i taj drugi drugi entitet nacionalno podijeljen na dva entiteta, doduše ne i administrativno.

Ja ova dva eniteta nazivam zatvorima, ili, hajde da budem blaži, rezervatima, nastalim nakon rata, silovanja, ubijanja i protjerivanja stanovništva, rezervatima u kojima su ostali samo nacionalno „jednobojni" stanovnici, pri cemu je sve što je drugacije, izuzetak. Ta podjela me podsjeca na ono što su ucinili bijelci koji su došli u Ameriku, pobili domorodacka plemena, a ono što ih je preostalo zatvorili u rezervate, kako ne bi bili smetnja ostatku društva. I ovdje je bila slicna situacija, s tim što su se u jednom entitetu dobrovoljno zatvorili i ogradili, a u drugom su bili vecinom primorani na to.

Ja ne želim nikoga uvrijediti. Ja sam rodenjem Europljanin, i nisam uvijek bio ponosan na ono što su moji preci ucinili kroz historiju. Postoji mnogo stvari zbog kojih se svi mi moramo izviniti, i postoji mnogo stvari koje su se dogodile zbog kojih trebamo žaliti. Bosna je jedna od posljednjih takvih poglavlja u povijesti covjecanstva. Svet je ocigledno odlucio dati Srbiji priliku da sa Planete zbriše jedno od prvih Ilirskih plemena na Balkanu. Srecom, ti su ljudi bili obrazovani, školovani, spretni, mudri i otporni, i zato su preživjeli. Zapad se u meduvremenu predomislio, necu pitati iz kojeg razloga, jer se bojim da cu dobiti odgovor koji vec znam.

Neki pojedinci danas placaju za svoje nedjela, ali to je skoro kao da gledate u zvijezde. Ta su sudenja poput onih zvijezda na nebu. Možda ce vam se posreciti da nekad vidite bljesak eksplozije neke od njih, ali slika neba nece niukoliko biti promijenjena. To je isto. Šta ce to, napokon, znaciti onima koji su ubijeni?

Rat Za Boga I Bosnu

Ono na šta, medutim, svakako treba obratiti pažnju kad se govori o ratu u Bosni i americkom odnosu prema tom ratu, jeste da se tu dogodila jedna nesretna koincidencija. Naime, sasvim je loša okolnost po Bosnu i Hercegovinu bila ta da je rat u Bosni bio u najvecem jeku upravo u vrijeme americkih predsjednickih izbora, te da je preuzimanje predsjednicke dužnosti poremetilo americke politicke prioritete u Svijetu, pa i u Bosni i Hercegovini. Bush stariji je, nažalost, sve ostavio Clintonu da rješava, pa i problem rata u Bosni, a evo i njegovog pisma u kojem daje savjet Clintonu i želi mu uspjeh na mjestu predsjednika SAD-a.

Koljenovic

Pismo Georga Busha starijeg svome nasljedniku Biu Clintonu

Tragedija u BiH je neuspjeh ljudske samilosti. Zašto je moj predsjednik oklijevao da intervenira, da spasi živote stotina hiljade nevinih ljudi? Predsjednik George Bush stariji nije želio da se ukljuciti u sukob u Bosni. Boutros Boutros-Ghali, sekretar UN-a, sastao se sa Predsjednikom nebrojeno puta, a istina koja je izlazila iz njegovih konjskih usta (to je, uostalom, bilo i ime koje sam mu dao, poglavica UN Konjska Usta), bila je cista laž. Tako je Bush stariji ostavio svome nasljedniku Clintonu da rješava pitanje rata u Bosni i Hercegovini.

Zašto se ne pokušamo ponašati više susjedski, više iskreno, i zašto drugima cinimo ono što ne bismo željeli da drugi cine nama?

Rat Za Boga I Bosnu

Moji preci u Bosni bili su samilosni i milostivi. Ono što su dobili u zamjenu su oštri macevi i zle misli, a maceve koje je napravio moj narod ne daju mu da ih upotrijebi i odbrani se.

Ne želim kriviti nikoga. Umjesto toga, citirat cu stihove velikog bosanskog pjesnika Maka Dizdara iz njegove pjesme „Suncani Hristos:

"Ni život ni smrt ne pripada meni
Ja sam tek onaj koji je u sjeni
Onog što u vremenu se
Ovremeni"

Pitam se da li je Pjesnik znao šta ce se dogoditi njegovom narodu? Da li je plakao kad je ovo napisao? Da li je on pozdravio svoj narod na Nebu sa istim rijecima nade, kao što ih je uputio onima od kojih je odlazio?

Kao nikada do sada, mi danas imamo ocajnicku potrebu reci da je islam i iznad Istoka i iznad Zapada. Zašto?

Prvo, jer je islam vjera i religija, kultura i politika, ljudi i zemalja, Istok i Zapad. Ovo dvojno znacenje koje u svemu prati islam neodvojivo je od njegovog punog smisla, kao religije koja sjedinjuje vjeru pojedinca sa njegovom kolektivom sviješcu. On je jedinstvo svijeta kulture i svijeta politike. On je ogroman broj ljudi širom svijeta, koji vjeruju da je njihova religija nacin življenja.

Islam je neizbrisiv uzorak Istoka, neizbježno prisutan na Zapadu. Islam je iznad Istoka i Zapada jer jevreji, kršcani i muslimani dijele vjerovanje u jednog Boga, koji nas je sve stvorio od jedne duše, da bi nas zatim rasuo poput sjemena u bezbrojna ljudska bica. Oni dijele istoga oca Adama (Adema) i istu majku Evu (Havu). Oni dijele zrak koji dišu i vide radanje Sunca svaki dan. Oni dijele Abrahamovu (Obrahimovu) vjeru i vjerovanje u Noinu (Nuhovu) barku. Oni dijele ljubav za Djevicu (Mariju) i poštovanje za njenog sina Isaa (Isusa). Oni dijele istinite price o Mojsiju (Musi) i o njegovom Božijom rukom vodenom putovanju na celu svoga naroda

Koljenovic

kroz pustinje Sinaja. Oni dijele jasnu rijec Kur'ana i uzoran život poslanika Muhameda, i nemaju drugog izbora nego da prihvate etiku dijeljenja kao pravi put ka boljoj buducnosti za sve.

Bazirano na onome što je receno, ocito je da ce islam ostati i iznad Istoka i iznad Zapada. Istok ce i dalje slijediti svoje ideale, a Zapad ce se suociti s realnošcu svoga odnosa prema islamu i muslimanima. Americki muslimani nastavit ce u ovom kontekstu i u postojecoj realnosti tražiti svoje mjesto na Zapadu.

Medutim, dok je Islam iznad Istoka i Zapada, muslimani nisu. Oni nisu ni iznad ni izmedu Istoka i Zapada, oni su danas i na Istoku i na Zapadu, u središtu svega toga i istovremeno sve to. Naravno, americki muslimani imaju pravo da cvrsto drže do ideala Istoka, ali oni imaju i obavezu da se suoce sa realnošcu Zapada i da prihvate sve ono što je na Zapadu dobro. Ustvari, americki muslimani su sada u poziciji da artikuliraju neke ideale Istoka koji jednoga dana mogu postati realnost i Istoka i Zapada. Ovo je zaista najzahtjevnija misija današnjih muslimana, da budu avangarda u promociji dobra i sprjecavanju triumfa zla. Ovo je ujedno i pravi nacin za muslimanski ummet (narod) da vrati vlastito dostojanstvo u vremenu ocaja i nepovjerenja.

U Americi je, kako sam vec rekao, omoguceno svakom njenom stanovniku, pa time i svakom americkom muslimanu, da komunicira sa onima koje je narod izabrao da ga predstavljaju u vlasti, pa i na najvisocije mjesto u Državi. Pri tome, potpuno je nebitno da li je to pismo u kojem adresantu nešto zamjerate ili mu pak imate potrebu dati podršku u necemu, odgovor cete u svakom slucaju vrlo brzo dobiti. Evo još jednog primjera koji potvrdujc to pravilo:

Rat Za Boga I Bosnu

Slika i pismo američkog predsjednika Georga W. Busha

Koljenovic

THE WHITE HOUSE
WASHINGTON

September 8, 2004

Mr. Bajram A. Koljenovic
5805 Gipsy Avenue
Las Vegas, Nevada 89107-3607

Dear Mr. Koljenovic:

Thank you for your kind words of support.

I am honored to lead our country during this historic time. Our Nation has confronted great challenges, and we are meeting the tests of our time with courage, clarity, and resolve.

My Administration has taken important steps to secure our homeland, respond to the threats of terrorism, and extend peace and freedom around the world. We are also working to strengthen our economy and to ensure that all our citizens can realize the promise of America.

I am grateful for your support as my Administration continues to address these critical issues. Laura joins me in sending our best wishes.

Sincerely,

George W. Bush

Slika i pismo americkog predsjednika Georga W. Busha upuceno na adresu americkog gradanina Bajrama Koljenovica za kojega koljenovic kaze cisto i jasno daje Georg Bush njegov Presjednik.

Rat Za Boga I Bosnu

Dragi gospodine Koljenovic,
hvala Vam na ljubaznim rijecima podrške.
Pocasvovan sam da vodim našu zemlju u ovim historijskim vremenima. Naša se nacija suocava sa velikim izazovima, a mi se sa iskušenjima našeg vremena nosimo hrabro, cestito i odlucno.
Moja je administracija poduzela znacajne korake da osigura bezbijednost naše domovine, odgovarajuci na prijetnje terorizma, šireci mir i slobodu širom svijeta. Mi takoder radimo na jacanju naše ekonomije, nastojeci osigurati svim gradani ostvarenje svega što im Amerika obecava.
Zahvalan sam vam na podršci našoj administraciji da uspješno rješava sva kriticna pitanja. Laura se pridružuje srdacnim pozdravima koje vam upucuje.
Iskreno,
George W. Bush

Koljenovic

XVI

NAJOKRUTNIJI UDARAC

Bilo je rano ujutro, oko šest i trideset, jedanaestog septembra 2011. Radio sam nocnu smjenu u najludem gradu na svijetu, koji nikad ne spava i u kojem zabava nikad ne prestaje. Ušao sam u kucu na vrhovima prstiju, kao što je bio moj obicaj u takvim prilikama, istuširao se i obukao mekanu pidžamu. Zatim sam poljubio dvoje naše male usnule djece i šapnuo im da ih volim. Isto sam uradio i sa mojom suprugom koja se osmjehnula i protegnula se po krevetu, cime mi je bez rijeci poželjela dobrodošlicu.

Otišao sam u moju radnu sobu, ukljucio televizor i pustio ga da radi bez tona. Na ekranu sam vidio neobican prizor. Jedan od njujorških nebodera blizanaca je gorio i dim se širio na sve strane. Taj mi je prizor djelovalo kao kakva veoma bizarna razglednica ili kao kadar iz nekog od onih filmova cija su tema masovne katastrofe. Ipak, sve je izgledalo nekako realno. Posebno je bilo cudno to što u ranim jutarnjim vijestima jedna lokalna televizijska stanica prikazuje slike njujorških kula blizanaca. Trenutak kasnije slika se vrtila uživo. Pojacao sam ton i shvatio da je dim bio pravi. Novinari su, naime, upravo govorili o tome kako je avion udario u jedan od tornjeva. Zacudo, to je u meni u pocetku izazvalo manje užasa od radoznalosti.

Rat Za Boga I Bosnu

Bio sam tužan zbog tog prizora, naravno, ali ne i iznenaden. Pomislo sam, kako je neko mogao biti toliko glup sa se pored tolikog neba zabije baš u jedan od njujorških tornjeva.

Plamen i dim bili su sve veci. Slušao sam nagadanja novinara o onome šta se moglo dogoditi. Naravno, niko nije imao nikakvog pojma, ali njih to nije sprijecilo da neprestano blebecu, predstavljajuci se, kao i obicno, strucnjacima za sve.

Odjednom je odnekud iskrsnuo još jedan avion i zabio se direktno u drugi toranj, cijih je neliko spratova odmah planulo u eksploziji. Bio sam užasnut. Shvativši šta se dogada, znao sam istog trenutka da se Svijet zauvijek promijenio i moje se srce slomilo.

Suze su mi ispunile oci i psovao sam i plakao glasno, pozivajuci moju suprugu iz susjedne sobe. Moji prsti su sami prolazili kroz moju bradu, tjeme i kosu na potiljku.

Prvo što sam ucinio bilo je da telefonom pozovem brata, a koji minut kasnije oboje smo plakali uz telefone. Obojica smo gajili ista osjecanja prema Njujorku, osjecajuci posebnu vezanost za kule „blizance", svjedoceci izgradnji njihovih posljednjih spratova, buduci da smo tada živjeli u Njujorku. Znali smo da je pred našim ocima upravo rastao najnoviji simbol ove predivne zemlje i tog predivnog grada u kojega smo nedavno prispjeli, a koji nam je širom otvorio vrata.

Novinari su vec rekali da to ocito nije bilo slucajno. Drugacije receno, bilo je ocigledno da je to ucinjeno namjerno. Ko god je to uradio, uradeno je planski i sa najvecom odlucnošcu. Kad je javljeno o još dva aviona, od kojih je jedan pao u brdima Pennsylvanije, a drugi se zabio u Pentagon u Washingtonu, nije bilo nikakve sumnje da su poslani da nanesu štetu našoj zemlji i našem narodu. Žao mi je što to kažem, ali odmah sam pomislio: "Evo, opet Palestinci. Oni i Izraelci ubijaju se svaki dan, kao da ce sutra biti kasno da umru."

Koljenovic

Vecinu vremena Palestinci bacaju kamenje na Izraelce, a Izraelci im uzvracaju svojim sofisticiranim americkim Apache helikopterima i americkim F-16 borbenim avionima. S vremena na vrijeme Izraelci stave u akciju i svoje mocne buldožere kojima se upute u „borbeni zadatak" poravnavanja kuca susjednih palestinskih porodica. Svi smo vidjeli na našim televizorima hiljade Palestinaca koji se okupe po ulicama i u bijesu vrište za osvetom. I svaki put ce se neko osvetiti u njihovo ime. Tako se, zbog neodgovornosti rukovodstva obje strane, izraelske i palestinske, ciklus nasilja nikad ne prekida.

Ja sam, nadam se, naucio biti oprezan u procjeni necije krivice bez prethodno utvrdenih dokaza. Nisam narocito religiozna osoba, iako sam roden kao musliman. Medutim, ja ne živim po strogim zakonima Kur'ana, nego živim po zakonima ove zemlje, koje su naši preci napisali, kako je to rekao Abraham Lincoln: „od ljudi, za ljude".

Na dan bombaškog napada na Murray Federal building u Oklahoma Cityju vidio sam mnogo ljudi iz struke koji su u svom izvještavanju izražavali svoje osjecaje preko svojih sofisticiranih tekstova na engleskom jeziku, radeci to iz svoje perspektive za svoju publiku. Njihovi izvještaji razlikovali su se u mnogo cemu, osim u jednom, u sumnji da iza napada stoje muslimanski teroristi, da bi neki od njih kasnije izgubili posao zbog neopravdanih optužbi. Svaki put kad idem u krevet, ja poljubim moju djecu za laku noc, zahvalan oficiru koji je uhvatio Timothyja McVeigha. Barem jednom to nije bio muslimanski terorist koji je pokušao nauditi našoj zemlji i cijeloj našoj naciji.

Mogu zaista reci, iako je moje srce ožalošceno tom tragedijom, da mi je laknulo kad su javili da zlocin nije pocinio musliman. Koliko nesretan covjek mora biti da bi došao na ideju da pocini jedno takvo nedjelo. Kao i druga društva, ni naše, nažalost, nije savršeno, ma koliko bilo lijepo i privlacno za život. Cudno je,

Rat Za Boga I Bosnu

medutim, da u jednom ovakvom, bogatom i dobro uredenom, ali ne i savršenom društvu, djeca mogu odrasti s takvom mržnjom prema rukovodstvu zemlje koja im je dala sve ono o cemu u vecini drugih zemalja djeca mogu samo sanjati.

Moje olakšanje bilo je kratkog vijeka. Islamski ekstremisti širom svijeta okrivljuju Ameriku i ostatak Zapada za grijehe njihovih oceva i djedova. Zato se cini da je mržnju prema zapadnom svijetu sve manje moguce riješiti miroljubivim putem. S druge strane, ovdje u Americi se smatra da ako vam se nešto ne svida, to trebate riješiti na vašim glasackim mjestima, a ne mecima i bombama.

Oni nisu izabrali taj nacin. Umjesto toga, oni su iskoristili slobodu naše transportne industrije, aviokompanija i aerodroma, i od naših prekrasnih aviona napravili smrtonosno oružje. Oni su izabrali nanijeti bol ljudima koji nisu imali nikakve veze sa svadama u njihovim domovinama. S druge strane, povijest je pokazala da je naša zemlja suosjecajna i brižna, bez obzira na strašne optužbe za koje ljudi krive Ameriku.

Tokom godina vidio sam da Amerikanci imaju vrlo fin obicaj da brzo opraštaju i zaboravljaju. Ipak, mislim da ce proci dugo vremena prije nego što Amerika prestane kriviti sve muslimane i sav islam za tragediju koja se dogodila tog 11. septembra. Da li je to nepravedna optužba? Ona, nažalost, nije u potpunosti neopravedana. U mojim ocima ne postoji ništa što bi opravdalo historijsku cinjenicu da vecina lidera islamskog svijeta ima predstavu o nemuslimanima kao mrskim neprijateljima, jer ne žive po islamskim zakonima, i preziru ih zbog toga u punom smislu te rijeci.

Mislim da do toga dolazi uglavnom zbog pogrešnog korištenja politickih mehanizma država koje podsticu fundamentalisticki islamski puritanizam, što je u Americi mudro zabranjeno Prvim amandmanom Ustava.

Ponašanje po islamskim zakonima, izabrano dobrovoljno, može proizvesti vrlo cestit život. Ali primjena islamskih zakona u

interpretaciji opresivnih vlada dovodi do progona svih koji se ne ponašaju po njihovim uzusima. Ovo se takoder može primijeniti i na pokušaj ekstremnih puritanskih autoritarnih fundamentalistickih kršcana da zakonski legaliziraju svoje predrasude i tabue.

Napadati Ameriku ili Izrael ili bilo koju drugu zemlju samo zato što ne žive po islamskim zakonima je strašan zlocin i tragedija sa strašnim i dugotrajnim posljedicama, što se odnosi i na one koji pravdaju zlocine u ime nakaradnih tumacenja svojih religija.

S tim u vezi svakako treba spomenuti pobožnog jevrejskog fanatika koji je ubio ministra vanjskih poslova Izraela, gospodina Rabina, zatim pobožnog kršcanskog pobornika zabrane abortusa, koji je ubio doktore u ime Boga ili pak muslimanskih mucenika koji su srušili njujorške kule blizance u ime Allaha. To su ljudi koji su svojim cinom vlastitoj vjeri zadali najokrutniji udarac.

Niko na svijetu nije patio više zbog svojih bezumnih i glupih postupaka kao muslimani. Nadam se da svaki musliman u Svijetu ima ogledalo u hodniku svoje kuce. Nadam se, takoder, da smo svi mi u stanju pogledati u ogledalo i vidjeti u ogledalu precizan opis vlastitog lica i vlastite vjere.

Gledajuci se u ogledalo, bez straha se pitam da li sam zaboravio šta znaci dostojanstveno živjeti, da li volim život, da li poštujem sebe i druge, bez obzira na njihova uvjerenja? Ono što vidim kad se pogledam u ogledalo je istinska i iskrena želja da isto to vidim na licu svakog ljudskog bica.

Ja sam ljudsko bice i volim svakoga od vas bez obzira na vaša uvjerenja i vašu boju kože. Ne vidim razloga da se ljudi plaše svoga susjeda, koji je vaš sugradanin, s kojim dijelite istu državu, isti kontinent i, napokon, istu planetu Zemlju. Cesto se uhvatim kako razmišljam o tome kakvu buducnost imaju moja djeca i djeca cijeloga svijeta, s takvom mržnjom kakvu u sebi nose djecaci poput onih što su sjeli u avione i zabili ih u njujorške kule blizance, u brda Pensilvanije, u Pentagon u Washingtonu, ubijajuci nevine ljude.

Rat Za Boga I Bosnu

I moji americki zemljaci nerijetko su bivali neprijatelji našeg americkog naroda, poput Timothy McVeigha, ili Columbinskih djecaka iz države Colorado, ubica 12 djecaka i jednog profesora iz svoje škole, kojima bih, kad bih imao prilike, kazao da su trebali putovati širom svijeta i vidjeti šta je prava nepravda, a zatim se vratiti u našu veliku državu i reci društvu šta je to što im nedostaje.

Mi bismo im znali odgovoriti gdje smo pogriješili. Odgovor bi bio jednostavan, nismo savršeni, ali smo sigurno bolji od mnogih drugih, u zemlji ciji ustav brine za pripadnike naše velike nacije. Kao što stara izreka kaže, ako imate sve, ništa vam nece nedostajati, a ako ne razumijete šta imate, onda je to što imate vrlo lako izgubiti. Ako nikada niste imali ništa, trebat ce vam veoma mnogo da nešto steknete. Ja sam dobio šansu da od nekoga ko nema ništa, steknem sve. Da li sam odustao? Nisam! Ja sam se casno i dostojanstveno borio da steknem koliko mi treba, i na isti cu nacin štititi ono što imam.

Da li je 11. septembar 2001. bio naš "kljucni trenutak"? Moj otac i njegov prijatelj otišli su 1952. godine u Austriju, gdje su sreli staricu koja je sebe titulirala "Princezom od Salzburga", tvrdeci da je jedina živa princeza Habzburške dinastije. Nakon strahota koje je doživjela za vrijeme i poslije dva svjetska rata, završila je kao turisticki vodic.

U svojoj kolekciji od preko šezdeset godina dragocjenih uspomena ona se živo sjecala kako se žalila majci da joj je život dosadan. "Sutradan", rekla je, "culi smo da je nadvojvoda Franz Ferdinand ubijen u atentatu u Sarajevu."

Zastala je zbog efekta price i dodala: "Život mi poslije toga više nikada nije bio dosadan. Od tog trenutka bila je to samo stalna borba život, bez ruža i parada, svecanih prijema i balova u imperijalnom dvorcu."

Ima dana kad život i povijest krenu stranputicom mimo svih planova i ocekivanja, baš kao što podivljala bujica krene s planina i

poplavi citav grad. Atentatom na nadvojvodu Franza Ferdinanda od strane srpskih nacionalista u Sarajevu 1914. godine poceo je Prvi svjetski rat. Slijedila je pojava Hitlera u Njemackoj, Musolinija u Italiji, Franca u Španiji, „kristalne noci" u Njemackoj. Zatim se dogodio niz drugih kljucnih historijskih trenutaka, prvo Drugi svjetski rat, zatim bombardiranje Pearl Harbora, atentat na Kenedija, rat u Vijetnamu, Kubanska krize 1962...

Jedan od kljucnih dogadaja za iščašenje puta historije bilo je upravo ubistvo nadvojvode Ferdinanda, kojega je pocinio mladi srpski radikal po imenu Gavrilo Princip i mala grupa zavjerenika okupljena oko tajne organizacije „Mlada Bosna", djelujuci po uputama i nadzorom srbijanske tajne oficirske organizacije iz Beograda „Ujedinjenje ili smrt". Ova je srbijanska zavjerenicka organizacija šire bila poznata kao „Crna ruka", a voda joj je bio pukovnik Dragutin Dimitrijevic Apis. Njihov plan bio je stvaranje velikosrpske, odnosno jugoslavenske države, a sredstvo kojim se organizacija služila u ostvarenju svojih politickih ciljeva bilo je nasilje i teror.

Hoce li se 11. septembar 2001. ispostaviti kao jedan od tih, za historiju kljucnih dana? Bio je to strašan i tužan dan, koji ce nastaviti živjeti u sjecanjima svih ljudi koji su vidjeli šta se tog dana dogodilo u Njujorku. To je dan kada se trajno promijenio ne samo americki, nego i život svih ljudi u Svijetu. Postoji konkretan razlog zbog kojeg to kažem i odlican razlog da se ne izbjegava takav zakljucak, jer je ovaj dogadaj još jednom uperio americke nacionalne reflektore na islam i muslimansko-americku zajednicu.

Politicarima, medijima i piscima, od cijih službenih izvještaja i interpretacija ovisi formiranje nacionalnog mnijenja, apokalipticna nota je naprosto neodoljiv izazov. U njihovoj je prirodi da sve što se u tom trenutku dogada proglase "važnijm nego što mislite", što je izjava u cijem podtekstu stoji da se misli na sve što se dešavalo u prošlosti ili što se dešava u sadašnjosti, pa možda i od onoga što ce

Rat Za Boga I Bosnu

se desiti u buducnosti. Medutim, kad devalvirate pojmove kao što su "kriza" i "rat", kako to novinari svjetskih medija cine posljednjih nekoliko godina, apokalipsa ostaje jedina dovoljno jaka rijec koja „zvuci", kad se dogodi neki takav dogadaj.

Ako zakljucimo da nacionalne krize mogu biti manje nego što jesu, to onda stvara logicku kontradikciju, osjecaj nesigurnosti, koji ce navesti ljude da se ne mogu opredijeliti da li da prihvate jedno ili drugo stanovište. Bush je proglasio da se pobjeda u ratu protiv terorizma sastoji upravo od sveobuhvatnih promjena. Ako se život, medutim, trajno i dramaticno mijenja nagore, terorizam ce onda dobiti rat. Ako ljudi postanu uvjereni da je, recimo, letenje u avionu rizicnije nego što se ranije mislilo, terorizam je onda ispunio svoj cilj, zar ne?

Ideja da ce ratovi u Iraku i Afganistanu promijenili sve, mogla je postati ispunjeno prorocanstvo jedino pod uslovom medunarodnog povjerenja u takvu intervenciju i, naravno, uz ogromne troškove za borbu protiv terorizma izražene u milijardama dolara. U svakom slucaju, bilo je ironicno to što su Amerikanci do 11. sepembra bili uvjereni da je život divan, a da su poslije toga bili sigurni da ce biti strašan. Ako je to zaista tako, onda možemo reci da je terorizam pobijedio, a da se velike sile nece odreci terora nad nejakim zemljama i pojedincima, zbog cega ce, s druge strane, terorizam i njegova ideologija dodatno jacati.

Tokom više od deset godina, mantra americke politike bila je "promjena." Predsjednik Bush je rekao: "Ja cu progoniti politicke krivce i teroriste koji rade po njihovom nalogu. To je ono što moji glasaci traže od mene. A to je rat Vi možete biti sa mnom ili protiv mene."

Politicari svih stranaka obecali su podršku. Iako nisu bili direktno pogodeni napadom, milionima ljudi širom svijeta život se zaista tragicno promijenilo. Prerano je reci da li ce za vecinu nas svakodnevni život biti stalna i dramaticna nizbrdica koja vodi u

nigdje, ili ce sve ipak završiti bolje od toga. Postoji nešto u ljudima što ih uvijek opterecuje strahovima od nepoznatog sutra i uvijek vodi u pretpostavku o najgorem. Možda je tako mudrije, nego misliti da ce dobro u ljudskom rodu imati posljednju rijec.

    Kako je moguce da nismo znali da se protiv nas sprema neka zavjera, kada su znakovi upozorenja bili svuda oko nas? Kako je moguce da smo na napade na našu zemlju i tolika upozorenja odgovorili ratom. Možda je to tako jer postoji nekoliko pogrešnih nota u trenutnom nacionalnom refrenu? Jedna od njih je zastrašivanje, koje se uvijek krije u nalicju slijepog patriotizma.

    To je uznemirujuce i bojim se da su nas ljudi skloni kriviti da ne saosjecamo dovoljno sa boli porodica žrtava, što je nova optužba protiv nas. Tragicnost ovoga incidenta dovoljno je tužna za sve nas, medutim svi, cak i oni periferno ukljuceni u posljedice tragedije, i dalje nastavljaju zapomagati zbog nekih posebnih trauma koje osjecaju kao posljedicu ovog teroristickog napada. "Oh, jadni mi, treba nam vremena da tugujemo, da se dozovemo i malo žute trake za naše revere", kažu oni. Za mnogobrojne porodice pogodene tragedijom, te se trake prodaju i nose kao poziv na ispostavljanje racuna, koji se može platiti samo muslimanskom krvlju.

    Ja imam i tu traku, a i naljepnicu sa zastavom SAD-a na mome automobilu, i pitam se gdje ide profit od tih „bedževa"? Nažalost, on ne ide porodicama žrtava. Ali zato neko nepoznat postaje veoma bogat na krvi naših gradana, vatrogasaca, policajaca i vojnika palih u u tragediji od 11. septembra. Oni traže simpatiju za sebe, a ne za porodice žrtava za koje osecamo bol, jer oni su ti koji pate zbog poginulih muškaraca i žena u ovoj tragediji. To što radimo nije u redu, jer nema nicega casnog u demonizaciji naših gradana i pozivima na osvetu, umjesto da se pokaže spremnost za komuniciranje i želja za rješavanje problema koji su doveli do ovoga strašnog dogadaja. Nakon svega, mi muslimani iskreno dijelimo bol sa obiteljima stradalih i žalimo zbog svega što se dogodilo, ali ne

Rat Za Boga I Bosnu

samo zbog gubitka života nevinih ljudi, nego i zbog osjecaja krivnje koji je nametnut svim americkim muslimanima, ali i muslimanima cijeloga svijeta.

Prošlo je petnaest godina od njujorških dadanja od 11. septembra, a americki psihijatri još uvijek pišu recepte za lijekove pacijentima koji dolaze zbog pritužbi da imaju posttraumatski sindrom. Pitanje je koliko još godina treba proci prije nego što se neki psihijatar odvaži i predloži da se islamofobija prestane tretirati kao duševna bolest i proglasi onim što ona zaista jeste, netrpeljivost i mržnja!? Amerkanci su, medutim, bolji, jaci i mudriji nego što se obicno misli i jasno im je da im se dogodio predsjednik koji je u jednom trenutku poželio prikupiti što više istomišljenika, pri cemu su im razumljiva i izvjesna pretjerivanja kojima se u takvim slucajevima pribjegava.

Opasno je za lidere koji se nalaze na mjestu na kojem je bio George Bush obecavati konacnu pobjedu izvojevanu na nacin koji je on zamislio, kad je poznato da to nije moguce. Ono protiv cega se mi borimo je terorizam, a ne konvencionalna vojska. Pošto je i Predsjednik znao da je terorizam nemoguce poraziti u nekonvencionalnom ratu, on je morao organizirati jaku propagandnu mašineriju.

Terorizam je beskonacni niz ideologija i taktika dostupnih svim neprijateljski raspoloženim ljudima prema odabranom neprijatelju, u ovome slucaju nama. Pojedinacni neprijatelj može biti poražen. Teroristi, medutim, mogu biti samo generalno obeshrabreni, ali mogucnost terorizma nikada ne može biti eliminirana. Nakon 11. septembra gradani Amerike su shvatili da je život riziciniji nego što su to ranije mislili, ali su vremenom shvatili da, zahvaljujuci naporima muškaraca i žena u našim oružanim snagama, život i nije toliko rizican kako im je izgledalo u danima nakon njujorške tragedije.

Koljenovic

S druge strane, odmah nakon 11. septembra hiljade, možda i miloni muslimanskih vjerskih ucitelja, ucenjaka, politicara i aktivista u zemlji i inostranstvu osudili su terorizam kao antiislamski. Ugledni americki muslimanski ucenjaci izdali su fetvu protiv svih oblika terorizma. Putem online publikacija americkih muslimanana dokumentirani su izvještaji i izjave više od 10.000 muslimanskih vjerskih ucenjaka i voda koji osuduju teroristicki akt od 11. septembra i terorizam opcenito.

Usprkos stalnim osudama i akcijama koje muslimanskih lideri i institucije vode protiv terorizma, mit o muslimanskoj šutnji o terorizmu i dalje živi. Neki aktuelni politicari idu tako daleko da postavljaju otvoreno pitanje lojalnosti svih americkih muslimana, karakterizirajuci ih kao prijetnju domacoj sigurnosti. Americki muslimani su stoga s pravom ogorceni na terorizam koji se vrši prema Americi i Amerikancima, ali i prema njima, americkim muslimanima.

Maja 2007. godine Pew Research Center je objavio prvo ikada ucinjeno istraživanje medu Amerikanacima muslimanima srednje klase o njihovim stavovima o širokom spektru društvenih, politickih i ekonomskih pitanja. Sve u svemu, u izveštaju se navodi da americki muslimani imaju generalno pozitivan pogled na americko društvo i da vecina americkih muslimana vjeruje da ce ih naporan rad dovesti do prosperiteta.

Sve u svemu, cini se da su americki muslimani veoma dobro socijalno integrirani u americko društvo i njegov historijski i kulturni mozaik. Jedno od zajednickih osjecanja u americkoj muslimanskoj zajednici danas je cvrsto uvjerenje u važnost definiranja sebe i svoje vjere na svoj nacin, ne dopuštajuci drugima da govore u njihovo ime. U tom smislu, cini se da je americka sloboda vjeroispovijesti i tolerantan pogled na razlicite stilove života najviše pogodovala muslimanima, kao najmladoj ili barem najmanje brojnoj religijskoj skupini u ovoj zemlji.

Rat Za Boga I Bosnu

XVII

Poziv na pravednost

Otac sam troje prekrasne djece. Mada ih sve podjednako volim, moj odnos prema njima se u ponekoj sitnici razlikuje, kao što se i oni medusobno razlikuju po svojim razlicitim etnickim linijama. Usprkos tome, nemoguce je da ih ja ne volim sve podjednako, a ne jedno više od drugog.

Cinjenica je da ih volim sve razumljiva je svakom ocu na svijetu. Ako su naša djeca razlicita, onda ih volimo i zbog njihove razlicitosti, a ne usprkos njima, i ona su za toliko veca u našim srcima.

Zašto je tim istim ocevima toliko teško da vide da Bog isto tako voli sve nas, bez obzira na naše razlike? Mi svi vjerujemo u istu istinu, a ona glasi da su sva ljudska bica djeca jednog Boga, bez obzira na naš etnicki identitet, na naša vjerska uvjerenja, ili na našu naciju ili državljanstvo.

U Bibliji se negdje kaže da Bog nije ,,poštovalac" pojedinaca. To znaci da ne postoji zemaljska titula, sila, ni bogatstvo koje covjek može posjedovati, a koje ce mu omoguciti da poraste u Božjim ocima. Vjerujem takoder da Bog nije ,,simpatizer" vjerskih ustanova i njihovih službenika, kao ni bilo kojih politickih pravaca i snaga. Ono što Bog želi je da se vjernicima omoguci da žive dobrim, cistim, kreposnim, zdravim i prosperitetnim životom.

Svi mi vjerujemo da postoji samo jedan Bog. Mudri priznaju da se Bog ne može opisati i definirati, jer Bog je veci od svih naših ljudskih iskustava, i On ne može biti opisan nijednom zemaljskom

Koljenovic

metaforom. Postoji jedan Bog, i svi se nadamo je moguce živjeti mirno i dobro na nacin koji ce zadovoljiti Boga. Istovremeno, mi svi tvrdimo da iskreno vjerujemo, i svi želimo da vjerujemo u to.

U to ime ja cu reci molitvu za sve nas pred jednim od mnogih Njegovih lica, pred jednim Svijetom od mnoštva Njegovih svjetova, pred jednim nebeskim Rajem, najvecim od svih Njegovih cuda. Amin.

Mi stojimo zajedno na istom odredištu, raspravljajuci o putevima koji su nas doveli ovamo i o granicama koje nas dijele, svaki naoružan nuklearnim oružjem, i svaki spreman da uništi ovaj zemaljski raj kako drugi ne bi nastavio živjeti u njemu.

Šta je to što nas može spasiti od samouništenja i prokletstva da budemo protjerani kroz kapije našeg zemaljskog raja? Odgovor je jednostavan. Nama je potrebno jedno novo, sveopce otkrice, možete ga nazvati i bogojavljenjem, na koje bismo svi pristali. Tada bismo shvatili da svi mi tražimo istoga Bog i da smo ga svi vec pronašli, ali nema nikoga da nam to glasno kaže.

Sve što moramo uciniti je izboriti se da sva Božja djeca mogu slobodno izabrati kako ce se i gdje moliti jednom te istom Bogu. Svako od nas morao bi, pri tome, izbrisati iz svoje religije strašne greške koje leže u našim rijecima i našim djelima, prestati praviti budale od sebe i poceti se ponašati kao civilizirani ljudi koji su u stanju pokazati da mogu biti bolji nego što jesu.

Pri tome, mi iz našeg govora moramo izbristi dvije rijeci, SAMO i JEDINO:

"Ovo je jedini mudar program i ovo je jedini nacin ..."
"Samo sjeme Abrahamovo ..."
"Samo oni koje je spasila Isusova krv ..."
"Jedino vjera u islam ..."

Nijedna od ovih njihovih istina nije istinita i ponašajuci se tako oni od Boga prave idola i stvaraju netrpeljivost medu onima koji treba da se vole kao braca. To je jednostavna istina koja ce nas

Rat Za Boga I Bosnu

efikasno osloboditi. Svi smo mi žrtve zastrašivanja naših propovjednika i njihovih malih i velikih laži.

Ima li nade da oprostimo to što smo tokom povijesti cinili jedni drugima i da nam On oprosti? Vjerujem da ima, ali tek kad mu kao Njegova djeca dodemo zajedno u ljubavi i pokajanju.

Isto tako mi moramo postici i politicki konsenzus koji je takoder vrlo jednostavan. On je veoma precizno opisan u rijecima Ustava Sjedinjenih Americkih Država, posebno u njegovoj Povelji o ljudskim pravima. Vlade Svijeta moraju se obavezati da zaštite slobode svog naroda, ukljucujuci i slobodu izbora razlicitih vjerskih oblika kroz koje bi se ljudi obracali Bogu i obožavali Boga.

Omogucavajuci takve politicke slobode mudri ljudi ce privuci svoje susjede i zajednicki ce se posvetiti zajednickoj dobrobiti. S obzirom na vjerske slobode koje su omogucili, mudri ljudi ce sebi približiti one koji iskreno vjeruju u Boga i slave predivni bogati svijet koji nam je Bog dao.

Omogucimo ljudima da prepoznaju i shvate da su strogi zakoni islama i judaizma, kao i cedna moralnost kršcanstva, nalozi koje smo pozvani da prihvatimo dobrovoljno, motivirani duhom Božjim. Naša vjera, svi se slažu u tome, mora biti dobrovoljna i iskrena, ako želimo da bude prihvacena od Boga.

Ne želim citirati Kur'an ili Bibliju, ali se pitam ko je bliži Raju, bogat ili siromašan covjek? Imati ili nemati? Ponekad siromašak koji posjeduje samo dobrotu svoga srca i poznavanje svoga uma, može pokloniti drugom covjeku, pa i Bogu, više nego bogataš koji može poklanjati samo materijalna dobra, duboko ubijeden da je samo to pravi poklon.

Osnivaci Sjedinjenih Americkih Država mudro su u Ustav ukljucili navode iz Biblije i Kur'ana, koji naglašavaju da zakon ne smije biti nametnut silom, jer su tada ljudi motivirani strahom, umjesto mudrošcu i pravednošcu.

Koljenovic

To je ucinjeno, izmedu ostalog, i zato što oni koji raspolažu silom neminovno postanu nasilnici, samovoljno namecuci nevoljnima vlastiti oblik morala, što je i tužno i licemjerno. Umjesto toga, ljudima treba pomoci da shvate da, kako god nas religija uci da dobrovoljno prihvatimo njene zakone, isto tako moramo dobrovoljno prihvatati i slijediti naše sekularne zakone, pa ce se religijski i državni zakoni medusobno sretno nadopunjavati i podržavati, prihvaceni srcem i dušom ljudi.

Velika je prednost živjeti u sekularnoj državi koja vam dozvoljava da se dobrovoljno potcinjavate Bogu i duhovnom prosvjetljenju, a pri tome uživate najbolje plodove politickog prosvjecenja. To je upravo ono što omogucava americki nacin života. SAD svojim Ustavom i zakonima garantiraju naše religijske slobode i obicaje. Svako može izabrati da privatno živi po vjerskim zakonima religije kojoj pripada ili je izabere, a istovremeno niko ne može iskoristiti sekularnu silu da bilo kome nametne izbor koji on ne želi. Ljudi podržavaju državne službe jer vjeruju njihovim liderima, kao zaštitnicima mira i slobode.

Ljudi svojevoljno žive po nacelima svojih religija, preko kojih su duhom Božjim potaknuti da žive mirnim i moralnim životom. Ne postoji bolji ni ispravniji nacin življenja.

Moja je zemlja materijalno bogata, ali je bogata i u svome srcu, pomažuci nevoljnicima i siromašnima širom svijeta. Moja je zemlja saosjecajna, milostiva i darežljiva, jer nas svaka od naših brojnih religija poziva da budemo takvi.

Dobro se osjecam jer znam da ovdje u Americi ravnopravno žive muslimani, kršcani, jevreji i svi drugi koji baštine najveca svjetska blaga, veliko srce, otvorene ruke i otvoren um, koji ce nas zaštitili da se ne izgubimo u medusobnim svadama, da se držimo naših slobodarskih zakona, koji ce uciniti da naša srca ostanu ispunjena samilošcu za sve naše zemljake i za svu našu zemaljsku bracu, kako god oni izabrali da se zove naš zajednicki Bog.

Rat Za Boga I Bosnu

Bog uz kojeg sam ja podizan je Allah. On je savršeno saosjecajan, tolerantan i beskrajno ga volim.

Neka naš jedini Bog, sa svim svojim imenima, blagoslovi i zaštiti ovu veliku naciju.

I neka covjeka dobrota i razum ima posledlju rijec u ovom carobnom svijetu.

Life and Citizens-ship if not understood can be overwhelming just as a bad dream,to a child.

Author: Angelo Bajram Koljenovic

American Honor Books
www.americanhonorbooks.com

Las Vegas NV 89107

Koljenovic

Ostale Knjige

Other titles from American Honor Books:
Sacrifices by James Nathan Post
The Blood Planet By Neli Kolenovic
Forgotten Soldiers
Blood of Montenegro
My Heart And my Mind
My Friend GI:
Krv Crne Gore
The Unholy War -- One Root, One God

www.ingramcontent.com/pod-product-compliance
Lightning Source LLC
Chambersburg PA
CBHW071645090426
42738CB00009B/1426